100가지 식물로 읽는 세계사

사과와 장미부터 크리스마스트리까지
인류와 역사를 함께 만든 식물 이야기

100가지 식물로 읽는 세계사

사과와 장미부터 크리스마스트리까지
인류와 역사를 함께 만든 식물 이야기

사이먼 반즈 지음 | 이선주 옮김

현대
지성

지구는 온통 식물의 행성이다. 벼·밀·보리·콩·옥수수에서 감자·고추·마늘·토마토와 사과·딸기·포도·바나나 그리고 장미·난초·백합·튤립과 참나무·소나무·대나무·올리브나무·바오바브나무에 이르기까지 끝도 없이 다양한 식물이 지구를 뒤덮고 있다. 동물인 우리가 이파리를 뜯고 나무를 베며 마치 이 행성의 주인인 양 행세하지만 고래와 코끼리, 심지어 공룡의 무게를 다 합해도 나무의 무게에 비하면 그야말로 '새 발의 피'다. 저자는 보기 드문 수다쟁이다. 이 많은 식물에 얽힌 설화와 과학 지식을 정리하기 위해 그가 얼마나 많은 사람과 이야기를 나눴고, 얼마나 많은 책을 읽었고, 얼마나 많은 수업을 들었을까 상상하기조차 어렵다. 독자들은 그 긴 고행의 시간을 반복할 필요가 없다. 이제 이 한 권으로 충분하다. 저녁 식사 자리에서 어떤 요리가 나와도 좌중을 사로잡을 수 있다. 연인과의 데이트는 물론, 어떤 크고 작은 모임에서도 손쉽게 '스몰 토크'를 이어갈 수 있다. 식물은 우리 주변 어디에나 있으니까. 식물은 대지가 하늘을 우러러 부르는 노래다. 영국 시인 알렉산더 포프는 자연의 여신을 정숙한 여성처럼 대하자고 한다. "지나치게 입히지도 말고 완전히 벗기지도 말자"라고 부탁한다. 결실의 계절인 이 아름다운 가을에 이토록 풍성한 식물 인문학 책을 소개할 수 있어 참으로 뿌듯하다.

최재천
이화여대 에코과학부 석좌교수, 생명다양성재단 이사장

"아마존은 지구의 허파다." 이 말은 21세기형 거짓말이다. 아마존이 없어도 우리는 숨 쉬는 데 아무런 문제가 없다. 아마존에서 만들어지는 산소는 아마존이 다 사용한다. 우리가 수백만 년 숨 쉴 산소는 충분하며, 지금도 대부분의 산소는 바다에서 만들어진다(97장 식물성 플랑크톤). 그렇다면 아마존은 없어져도 되는가? 절대로 아니다. 아마존은 산소 때문이 아니라 생명 다양성 때문에 꼭 존재해야 한다(14장 브라질너트나무). 생명

다양성은 식물에 의존한다. 마지막 빙하기가 끝나자 인류는 농업을 발명했다(2장 밀). 식물을 통제하고 가꾸고 새롭게 탄생시켰다. 고생대 석탄기와 페름기 식물들은 대기를 이루고 있던 이산화탄소를 포집해 석탄으로 땅속 깊숙이 보관해두었다(16장 노목). 인류는 그 석탄으로 현대 문명을 이루었다. 우리 문명 역시 식물이 예비한 것이다. 기후위기 시대에 우리는 생물 다양성을 강조하지만, 그 다양성의 근본인 식물을 하나씩 살피는 데는 소홀했다. 왜? 재미없잖아……. 하지만 나는 이 책으로 돌파구를 찾았다. 재미있고 유익하다. 100가지 식물이 생물학이라는 날줄과 문학·역사·문화·예술·기술이라는 다채로운 씨줄로 얽혀 화려하고 포근한 직물이 되었다. 읽고 몸을 한번 감싸보시라. 세상이 달리 보일 것이다.

이정모
전 국립과천과학관장, 『찬란한 멸종』 저자

"나는 식물에 관심 없어요." 내가 평소 사람들에게서 자주 듣는 말이다. 그러면 나는 말한다. "매일 먹고, 입고, 자고, 살아가는 이상 당신은 식물에 관심이 없을 수가 없습니다." 이 책의 저자 또한 인간은 식물 없이 단 하루도 살 수 없으며, 인류의 과거와 현재, 미래 모두 식물과 관련 있다고 말한다. 식물과 우리 삶이 밀접히 연결된 100가지 근거가 이 책에 담겨 있다. 매일 쌀과 밀가루를 먹고 커피를 마시지만, 식물에는 딱히 관심이 없다고 생각하는 모든 도시인에게 이 책을 추천한다. 나는 감히 이 책을 가리켜 자연에 기대어 발전해온 인류의 빚을 기록한 '부채 노트'라 부르고 싶다. 우리가 진 빚을 톺아보고 현실을 마주하는 일은 우리 미래를 설계하기 위한 선택이 아닌 필수다.

이소영
식물세밀화가, 원예학 연구자, 『식물의 책』 저자

〈메이저 참나무〉(헨리 도슨, 1844년)

차례

그런 단어가 만들어지기 500년 전에 이루어진 생물 다양성에 관한 연구:
〈대단한 풀밭〉(알브레히트 뒤러, 1503년)

들어가며

나무는 땅이 하늘을 우러러 쓰는 시,

우리는 나무를 쓰러뜨려 종이로 만들어

우리의 공허함을 기록한다.

└→ 칼릴 지브란

우리는 인간이다. 우리는 세상을 바꾸는 존재다. 우리는 세상을 손바닥 안에 쥐고 있다. 우리는 늘 그랬듯 지금도 태양을 먹고 있고, 살아 있는 동안 내내 먹을 것이다. 그 외에는 아무것도 먹을 수 없다.

우리는 음식이라는 형태로 태양에너지를 소비한다. 식물을 통해 태양에너지를 소비할 수 있다. 식물은 광합성 과정을 거쳐 태양으로부터 음식을 만들어낸다. 세상의 다른 어떤 존재도 이러한 일을 해낼 수 없다. 우리는 식물을 직접 먹거나 간접적으로 섭취한다. 식물을 먹는 동물을 먹거나 더 긴 먹이사슬을 거쳐 식물을 먹는 동물을 먹은 동물을 먹는다.

식물은 우리가 숨 쉬는 공기도 준다. 식물은 광합성을 하면서 이산화탄소를 흡수하고 산소를 배출한다. 식물은 비가 내리는 방향과 기후를 조절한다. 식물은 우리에게 안식처와 아름다움, 위로, 의미, 건물, 배, 그릇, 악기, 종교적 상징물을 제공한다. 우리는 사랑을 전할 때 꽃을 활용하고, 장례식에서도 꽃을 활용한다.

우리는 식물의 화석을 연료로 사용해 산업과 교통수단의 동력을 얻는다. 역사를 통틀어 우리는 식물을 이용해 지식을 저장하고, 사냥을 하고, 불법 거래를 하고, 전쟁에 필요한 연료를 공급하고, 마음 상태를 바꾸고, 우리의 신분을 드러냈다. 최초의 총도 식물을 이용해 만들었다. 우리는 식물에서 불을 얻었다. 우리는 식물을 재배하려고 사람들을 노예로 삼았다. 우리는 어떤 종류의 식물은 재배하고, 어떤 종류는 멸종시키면서 세상을 변화시켜왔다. 우리는 식물을 통해 생물이 지구에 어떤 영향을 미치는지 이해해왔다.

과학자들은 완전히 다르게 분류하지만, 대부분의 민간 분류나 모든 슈퍼마켓에서는 버섯을 식물로 여긴다. 사실 버섯은 식물보다는 우리 동물과 비슷하다. 버섯 역시 식물을 먹고, 식물 없이는 존재할 수 없기 때문이다. 그러나 나는 오랜 관습을 인정해 균류를 9개의 장으로 정리했다. 최초의 항생제 페니실린이 발견되어 수많은 질병을 치료하는 데 도움을 준 푸른곰팡이, 빵이나 맥주의 발효에 이용되면서 수천 년 동안 인간의 삶을 윤택하게 만들어준 효모도 균류에 포함된다.

우리 인간은 스스로를 이성을 갖추고 자연을 뛰어넘은 고귀한 존재, 무한한 능력을 지니고 천사처럼 행동하는 존재라고 생각한다. 우리는 신과 같은 존재가 되었고, 세상을 우리 뜻대로 주무르고 있다.

그러나 우리 인간은 여전히 식물 없이는 하루도 살 수 없다. 우리의 과거는 모두 식물과 관련이 있다. 우리의 현재도 모두 식물과 관련이 있다. 식물이 없다면 우리의 미래도 없다. 그 100가지 이유가 바로 여기에 있다.

001
교살무화과나무

모든 역사는 나무 그늘에서 시작된다

나무 그늘에 앉아 신록을 올려다보면 가장 완벽하게 기분이 상쾌해진다.

· 제인 오스틴, 『맨스필드 파크』

역사는 나무와 함께 시작한다. 아마도 모든 역사가 그렇게 시작하리라. 우리의 족보를 하나하나 거슬러 올라가보자. 증조부의 증조부의 증조부까지. 충분히 위로 거슬러 올라가면(수백 년이 아니라 수백만 년을 헤아릴 정도로 멀리 올라가보면), 대부분의 시간을 나무에서 보낸 조상을 만나게 된다. 그들은 똑똑했고, 서로 마주 보는 양손의 엄지손가락으로 나뭇가지를 아주 잘 잡을 수 있었다. 세상을 입체적으로 잘 볼 수 있는 눈 덕분에 그만큼 나뭇가지 사이의 거리를 잘 판단할 수 있었다. 그들은 아프리카에서 살았고, 놀랍도록 나무에 잘 적응해서 살았다. 정말 오랫동안, 매우 안정적으로 삶을 꾸려나갔다. 그런데 기후가 바뀌었다. 기후변화는 이 책에서 앞으로 거듭 등장할 주제다.

기후가 바뀌면 다른 모든 것이 바뀐다. 우리는 오늘날 그 사실을 새삼 깨닫고 있다. 우리 조상들이 살던 당시에는 세계가 상당히 추워지면서 숲의 잎들이 떨어졌다. 숲은 나무들이 드문드문 서 있는 초원으로 바뀌었다. 이

나무에서 저 나무로 옮겨가려면 발로 걸어가야 했다. 다음 나무로 더 신속하게 이동하기 위해 똑바로 서서 걷기 시작했다. 그 후 세대를 거듭하면서 나무를 움켜잡을 수 있는 손이 도구를 만들고 이용하기에도 적당하다는 사실을 깨달았다. 나무에서 살 때 도움이 되었던 시력 또한 땅에서도 유용하다는 사실을 깨달았다. 뛰어난 지능 덕분에 능수능란한 지략으로 환경에 적응했다. 그들은 식물을 채집하고 동물을 사냥했다. 아프리카의 대초원이 그들의 집이 되었다.

그러나 나무는 여전히 그들의 생존에 중요한 역할을 했다. 나무는 그저 먹을거리를 얻을 수 있는 곳만이 아니었다. 나는 자주 대초원에서 걷곤 하는데, 그러한 환경에서 무엇을 해야 할지 아는 사람이라면 먹을거리와 물을 얻을 수 있다. 그러나 햇볕이 쨍쨍 내리쬐는 한낮에 열매를 따거나 동물을 사냥하는 것은 바보 같은 짓이다. 우리 조상이 누구였든 그런 바보는 아니었다. 그들은 몸이 뜨거워지고, 지치고, 땀을 흘리게 되는 살인적인 햇볕을 피해 하루 일과에서 적어도 네 시간 이상을 쉬었다. 어른이라면 햇볕을 피할 나무를 중심으로 머릿속 지도를 그렸다.

이동하는 사람에게 겹겹의 잎들이 머리 위에서 넓고 깊은 그늘을 드리워 햇볕을 빈틈없이 가려주는 나무보다 소중한 존재는 없다. 나는 잠비아를 방문한 사람들과 함께 초원을 걸을 때면 아침 여섯 시에 길을 나선다. 세 시간쯤 후에 나무 그늘에서 쉬자고 하면 그들은 열렬히 반긴다. 그늘에 앉아 쉬고, 먹고, 마시고, 이야기하고, 곰곰이 생각하는 시간을 보낸다. 이 시간으로 모두가 뜻밖의 깊은 의미를 느낀다. 이것이 우리의 뿌리로 되돌아가는 경험이기 때문이다.

아프리카 대초원의 온갖 나무 그늘 가운데 최고는 교살무화과나무가 드리우는 그늘이다. 무더운 날에 여행할 때 나무 그늘 밑을 걸으면 마치 성

상쾌하고 시원한 곳: 남아프리카공화국 드 후프 자연보호 구역, 교살무화과나무의 넓은 그늘 밑에서 쉬는 타조와 영양

당에 들어간 기분이 든다. 육체와 정신이 금방 생기를 되찾고, 감사하는 마음에 심지어 경외심까지 느껴진다.

이 나무의 그늘은 엄청나게 넓다. 다 큰 교살무화과나무의 줄기에서 뻗어난 나뭇가지들이 드리우는 그늘의 반지름은 20미터나 된다. 이 나뭇가지들 밑에서 수십 명이 쉴 수 있다. 가족이나 다른 집단들이 서로 간섭하지 않으면서 그늘 밑에 모여 쉴 수 있다. 나무 그늘 밑에서 몇 시간씩 꾸벅꾸벅 졸고, 먹고, 마시고, 노래하고, 사람들과 어울리고, 이성과 시시덕거리고, 대화하거나 계획을 세우면서 느긋하게 지낼 수 있다. 인류 문명은 나무 그늘에서 시작되었고, 특히 교살무화과나무 그늘을 좋아했다.

동부와 남부 아프리카 대초원에는 다양한 종의 교살무화과나무가 있다. 그러나 어떤 종이든 살아가는 방식은 똑같다. 교살무화과나무는 숲을 이루는 나무로 진화했다. 숲을 이루는 나무의 삶에서는 빛을 얻기 위한 경쟁이 가장 중요하다. 일반적인 나무의 삶은 땅속 씨앗에서 시작한다. 싹이 트면 뿌리는 땅속으로 자라고, 녹색의 새순은 주위의 모든 잎과 경쟁하면서 햇빛을 향해 위로 자란다. 하지만 무화과나무는 기존 질서를 뒤집는 방법을 만들어냈다.

무화과나무속(*Ficus*)에는 대략 850종의 무화과나무가 있다. 우리가 열매를 먹기 때문에 익숙한 무화과나무의 학명은 피쿠스 카리카(*Ficus Carica*)다. 우리는 무화과를 1만여 년 전부터 재배해왔다. 무화과를 최초로 재배한 식물이라고 주장하는 경우도 있다. 로마시대를 예리하게 관찰하면서 기록한 플리니우스는 "무화과는 회복에 도움이 되므로 오랜 병으로 기운이 떨어진 사람이 먹기에 가장 좋은 음식"이라고 기록했다.

무화과를 먹어본 사람이라면 누구나 알겠지만, 무화과를 먹을 때는 수많은 씨도 한꺼번에 먹게 된다. 새들(특히 아프리카의 청비둘기)은 과일을 먹은 다음 풍부한 비료가 될 똥과 함께 씨들을 배출한다. 그런데 새들이 씨들을 자신이 머무른 나무에 배출할 때도 많다. 이것은 열매를 맺는 식물 대부분에게는 나쁜 소식이지만, 무화과나무는 바로 그것을 원한다. 높은 나뭇가지에서 새순이 돋아나면 비교적 햇빛을 보기가 쉽기 때문이다. 새순이 돋으면서 공기에서 수분을 흡수하는 뿌리도 자라난다.

지금까지는 괜찮다. 많은 열대식물이 땅에 절대 닿지 않으면서 공중에 뜬 뿌리로 이런 전략을 활용한다. 그런 식물들은 무게를 지탱할 힘 말고는 나무에 어떤 부담도 주지 않는다. 열대우림에서는 이렇게 식물들이 붙어 있는 나무들을 볼 수 있고, 이런 식물들을 통틀어 착생식물이라고 부른다. 착생식물은 공기뿌리로 습한 공기에서 필요한 수분을 쉽게 얻는다. 그러나 무화과나무는 그보다 더 많은 것을 원한다. 무화과나무 뿌리는 계속 아래로 자라나고, 모든 과정이 순조로우면 뿌리가 땅에 닿는다. 일단 땅에 뿌리를 내리고 나면 스스로 뻗어가기 시작한다. 이제 더 이상 숙주에 붙어서 지탱할 필요가 없다. 반(半)착생식물이 되는 것이다.

숙주였던 나무는 이제 이리저리 얽힌 뿌리들에 꽉 붙잡힌다. 이 중간 단계에서는 하나의 나무에 두 가지 잎과 두 가지 꽃이 피고, 두 가지 열매가 열리는 것처럼 보인다. 이 단계에서는 무화과나무와의 관계가 숙주 나무에 도움이 될 수도 있다. 폭풍우가 몰아칠 때는 더욱 그렇다. 그러나 결국 순조로운 과정을 밟고 나면 무화과나무가 숙주 나무를 뒤덮고, 그 때문에 숙주 나무는 종종 죽고 만다. 아기 무화과나무가 살아남을 수 있도록 지원을 아끼지 않은 숙주 나무의 줄기는 썩어서 쓰러지고, 무화과나무는 뒤엉킨 뿌리로 지탱하며 홀로 선다. 숙주 나무의 속은 텅 비면서 타고 오르기 쉬워진다. 그렇다고 무화과나무를 베어버릴 이유는 없다. 좋은 그늘을 드리울 나무, 좋은 열매를 맺을 나무를 잃을 뿐이다. 게다가 제멋대로 뻗은 뿌리에서 자라난 무화과나무는 목재로는 정말이지 쓸모가 없다.

열매를 맺는 무화과나무는 그늘을 찾는 인류의 조상들에게 쉼터와 함께 먹을거리도 주었다. 나무줄기는 또한 곤충과 박쥐, 도마뱀, 파충류, 설치류, 양서류 그리고 새들의 집이 되었다. 주위의 다른 나무들이 열매를 맺지 않는 시기에도 종종 열매를 맺는 무화과나무는 많은 동물에게 꼭 필요한 먹이를 제공한다. 따라서 무화과나무는 서식지에서 가장 중요한 핵심종, 즉 서식지를 유지하는 데 큰 역할을 하는 종이다.

당연하게도 무화과나무가 등장하는 이야기뿐 아니라 무화과나무 자체에 대한 옛이야기가 많이 전해져 내려온다. 무화과나무는 케냐 키쿠유족의 기원과 관련한 신화에서 결정적인 역할을 한다. 키쿠유족에게는 죽은 조상들의 영혼이 깃든 나무이기도 하다. 무화과나무 껍질을 달인 물은 임신과 순조로운 출산에 도움이 된다고 한다. 무화과 열매는 아프리카뿐 아니라 여러 다른 지역에서 배변을 촉진해 거의 설사까지 하게 만드는 음식으로 유명하다. 무화과나무와 숙주 나무가 서로 뒤엉킨 모습을 본 냔자족 사이에 내려오는 매력적인 전통이 있다. 무화과나무 껍질을 달인 물을 마시거나 심지어 그 물로 함께 목욕하면 남녀 관계를 돈독히 할 수 있다는 믿음이다. 무화과나무와 무화과에 기생하는 작은 말벌에 관한 아프리카 속담도 있다. '아무리 아름다운 무화과나무라 해도 열매 안에는 벌레가 있을지 모른다'라는 속담이다. 우리 모두가 새겨들을 만한 말이다.

기원에 관한 또 다른 이야기에서도 무화과나무가 한몫한다. 탐험가이자 생물학자였던 앨프리드 러셀 월리스는 동남아시아에서 발견한 무화과나무 종들에 매료되어서 "숲에서 가장 비범한 나무"라고 불렀다. 그는 무화과나무의 생존 투쟁을 연구하면서 생물이 진화해온 원리를 이해했고, 자신의 생각을 찰스 다윈에게 전했다. 그런데 월리스가 생각해낸 이론이 바로 다윈이 지난 25년 동안 연구해온 이론과 똑같았다. 엄청난 공격을 받을 거라 예상해 진화론에 관한 책의 출판을 몇 년 동안 미뤄왔던 다윈은 드디어 자신의 이론을 발표하기로 결심했다. 두 사람의 공동 이론은 1858년에 런던 린네학회에서 발표되었지만, 전혀 관심을 얻지 못했다. 다윈은 다음 해에 혼자서 『종의 기원』을 출간했다. 책이 나오자마자 세상이 떠들썩해졌다. 월리스는 진화론을 자신이 먼저 생각해냈다고 주장하지 않았기 때문에 과학사에서 각주로만 남았다. 그러나 월리스와 그가 연구한 무화과나무가 없었다면, 다윈은 그의 이론을 영원히 발표하지 않았을 수도 있다.

나는 자주 무화과나무 그늘 아래 앉아서 홀짝홀짝 차를 마시고, 이야기

를 나누거나 아무 말 없이 그저 대초원 너머를 바라본다. 이러한 휴식에 감
사하며 다음에 할 일을 계획하거나 보통은 그저 가만히 앉아 있는다. 무화과
나무 밑에 앉아 있으면 인류가 처음 시작되었던 때로 돌아간다. 인류의 역사
는 교살무화과나무 그늘 밑에서 시작되었다.

002
밀

인류가 먹기 위해 바꾼 대지의 풍경

오늘날 우리에게 일용할 양식을 주시고….

└ 「주기도문」

밀속(*Triticum*)의 풀들이 세계를 정복했다. 선진국 농촌 지역의 상공을 비행하거나 미국 네브래스카에서 운전만 해봐도 인간이 밀을 얻기 위해 지구를 관리하고 있다는 사실을 확실히 알 수 있다. 인간은 오랫동안 밀을 갈아 먹으면서 영양을 얻어왔다. 밀을 재배하기 전부터 그랬다. 대부분 나라에서 밀은 그저 중요한 음식이 아니라 음식 그 자체다. 빵만이 아니다. 파스타와 국수, 세몰리나, 불구르, 쿠스쿠스, 비스킷, 뮤즐리, 팬케이크, 피자, 케이크, 아침에 먹는 시리얼 모두 밀을 사용해서 만든다.

씨앗은 인간의 식생활에서 언제나 빼놓을 수 없는 일부였다. 우리는 해바라기 씨앗을 껍질 채로 우물우물 씹으면서 우리 조상과 연결된다. 껍질을 깨서 먹으려면 얼마 되지 않는 양을 먹는데도 상당히 힘이 든다. 씨앗의 껍질을 한꺼번에 벗겨두는 편이 훨씬 낫다. 시간과 에너지를 더 경제적으로 쓸 수 있기 때문이다.

현대 인류의 두개골에 있는 근육 조직은 우리 조상들의 그것과 다르다.

| 겨울이 다가왔다: 〈추수하는 사람들〉(피터 브뤼헐, 1565년)

우리에게는 이제 강력한 근육을 갖춘 단단한 턱이 없다. 근육이 더 붙을 수 있는 시상능도 없다. 시상능과 같은 근육 조직은 음식을 소화하기 쉬운 상태로 만들기 위해 필요했다. 그러나 우리와 조금 더 가까운 조상들이 더 효율적으로 영양을 얻는 방법을 발견했다. 음식을 입에 넣기 전에 먹기 쉬운 상태로 만드는 것이었다. 그들은 씨앗의 껍질을 벗기고, 촉촉하고 부드럽게 만들었다. 식물을 구워서 연하게 만들고, 포유동물과 조류의 결합조직을 자른 다음 살을 구워서 부드럽게 만들었다. 고대 주거지의 바위들에서 3만여 년 전의 것으로 추정되는 녹말가루를 발견했다. 더 쉽게 먹으려고 씨앗을 으깨

서 만든 녹말가루였다. 시간이 지나자 인류는 그 가루를 요리하기 시작했다. 녹말가루에 물을 넣어 죽을 만들거나, 물을 조금 적게 넣고 반죽해서 구웠다. "우리에게 일용할 양식을 주시고…"라는 문장은 아마도 인류가 드린 첫 번째 기도였을 것이다. 인류의 첫 기도는 응답받았다.

1만 2,000여 년 전에 인류의 역사는 엄청난 변화를 겪었다. 여러 다른 변화가 잇따르는 변화였다. 인간은 농업을 발명해 농부가 되었고, 일정한 장소에 정착했으며, 일정한 공동체를 만들었다. 그들은 평생 땀 흘려 일한 대가로 안전해졌고, 기대수명이 훨씬 늘어났다. 농업은 세계 곳곳에서 거의 동시에 발명되었다. 그중 유럽과 서아시아의 농업은 모두 비옥한 초승달 지역에서 시작되었다.

비옥한 초승달 지역은 나일강과 티그리스·유프라테스강과 관련 있는 땅이다. 지도로 보면 초승달보다는 부메랑 모양 같다. 기후가 좋고, 강가의 땅이 비옥하고, 물을 얻기 쉬워서 농사를 짓기 좋은 환경이다. 그곳에서 사람들은 더 이상 먹을거리를 찾아다니지 않고 재배하기 시작했다. 그들은 동물을 길들여 가축을 기르고, 식물을 재배했다. 그들에게 가장 중요한 식물이 밀속(생물의 분류 체계에서 '속'은 '종'보다는 높은 단계, '과'보다는 낮은 단계다)의 풀이었다. 우리가 익히 아는 밀이다.

어느 단계가 되자 인간은 발효한 빵을 만들기 위해 곡물 가루를 사용하기 시작했다. 빵이 언제 발명되었는지는 추측만 할 수 있을 뿐이다. 어쨌든 우리는 부엌에서 빵을 만들 수 있다. 나 역시 자주 빵을 만든다. 밀가루에 물을 섞어 내버려두면 공기 중의 야생 효모 포자가 들어가 발효하기 시작한다. 요구르트를 넣으면 젖산균이 들어가기 때문에 이 과정을 앞당길 수 있다. 발효하도록 두었다가 밀가루를 더 넣고 힘 있게 저어서 반죽을 만든다. 반죽이 부풀어 오르도록 몇 시간을 두었다가 구우면 시큼한 빵 한 덩이가 생긴다. 고대에도 지금의 우리처럼 빵을 만들었다. 발효된 반죽 일부를 보관하면서 균이 밀가루를 먹으며 살아남게 놔두면 언제든 빵을 만들 수 있는 상태가 된다.

| 밀과 효모, 인간의 협업: 〈빵 굽는 여성〉(칼 문, 1937-1943년)

밀은 전분이라는 형태로 우리가 에너지를 얻기 위해 활용하는 탄수화물을 공급한다. 글루텐이라는 형태로 우리가 근육을 만들기 위해 활용하는 적당한 양의 단백질도 공급한다. 지금 우리가 먹는 밀의 품종들은 이전의 밀보다 글루텐이 더 풍부한데, 그래서 밀을 먹으면 문제가 생기는 사람들도 있다. 글루텐은 반죽을 잘 뭉치게 하는데, 반죽을 치대면 더 잘 뭉친다. 이 과정에서 효모는 이산화탄소를 내보내고, 끈적끈적한 글루텐이 그 이산화탄소를 포집해 가둔다. 반죽을 치대면 질감이 점점 탱탱하게 변하는 것을 느낄 수 있다. 글루텐을 뺀 밀가루로 빵을 만들 때는 달걀흰자처럼 반죽을 뭉치게 하는 재료를 넣어야 이산화탄소를 가둘 수 있다. 빵은 식이 섬유도 공급한다. 밀의 배젖이 남아 있는 통밀가루에는 섬유질이 풍부하다. 인간은 섬유질을 소화하지 못하지만, 섬유질 덕분에 대변을 배설하는 양이 늘어나면서 음식을 더 잘 소화하게 된다.

쌀을 주식으로 삼는 아시아를 제외하면, 거의 모든 지역의 문화에서 빵은 아주 중요하다. 기독교 의식에서도 빵은 핵심 역할을 한다. 성찬식에서는 빵과 포도주로 상징적인 식사를 한다. 가톨릭 신자는 실제로 그리스도의 몸을 상징하는 빵을 감사하는 마음으로 먹는다.

고대 로마의 풍자시인 유베날리스는 식욕과 가벼운 오락에만 집착하는 사람과 정치인에게 경멸을 퍼부었다. 빵과 서커스는 그때나 지금이나 상징적인 의미가 있다. 플리니우스는 "기원전 174년 이전 그리고 페르세우스 왕과 전쟁하기 전에는 로마에 빵집이 하나도 없었다. 로마 시민들은 직접 빵을 만들곤 했다. 빵 만드는 일은 여성의 특별한 임무였다. 대부분의 나라에서는 지금까지도 그렇다"라고 썼다. 빵을 만드는 데는 시간이 많이 들기 때문에 전문 제빵사가 생겨난 것은 일종의 진보였다.

농업은 절대 만만한 일이 아니었다. 땅을 일구고, 들판의 잡초를 뽑고, 해충에게 피해를 입지 않도록 보호하고, 농작물을 수확한 다음 가루를 내서 빵을 만들기까지 몹시 힘든 과정을 거쳐야 했다. 농업은 언제나 불안정한 날씨에 취약했다. 식물을 재배하는 일은 양날의 검과 같아서 보상과 함께 위험이 뒤따른다. 밀을 심으면 주인은 원하는 만큼 씨앗을 모두 얻을 수 있다. 그러나 한 가지 작물만 심으면 땅의 회복력이 떨어져서 취약해진다. 농업이 발달하면서 점점 더 몇몇 작물만 집중적으로 재배하는 방식이 늘어났다. 이러한 환경에서는 곤충과 곰팡이, 균 모두가 이점을 누린다. 맛이 없거나 못 먹는 식물 종의 방해를 받지 않고 이 식물에서 저 식물로 쉽게 옮겨 다니면서 피해를 입힐 수 있기 때문이다. 전통적인 농업에서는 늘 자연재해에 두려워하지 않고 맞서야 한다. 기도하고, 열심히 일하며, 어떻게든 방법을 찾아내 극복해야만 한다.

우선 가축의 똥을 비료로 활용해 농토의 질을 높일 수 있다. 그리고 농작물의 종류를 바꿔가며 심으면 생산성이 늘어난다. 밀과 콩을 번갈아 심을 수도 있다. 강낭콩, 렌즈콩 등 콩 종류도 다양하다. 사료로 쓸 작물로 클로버와 알팔파를 재배할 수도 있다. 그러면 토양에 질소가 풍부해지고, 다음 해에 심는 작물에 도움이 된다. 해마다 농작물을 바꿔 심는 윤작은 적어도

6,000년 전부터 시작되었다. 가끔은 농사를 짓지 않고 땅을 묵히는 것도 도움이 된다. 성경의 『레위기』에서는 이스라엘 사람들에게 "내가 너희에게 주는 땅으로 간 다음, 그 땅이 주께 안식년을 지키게 하라"라고 가르친다.

18세기에 농기구가 연달아 발명되면서 농사짓는 속도가 굉장히 빨라졌다. 농업이 덜 노동집약적인 일이 되면서 더 많은 사람에게 식량을 공급할 수 있게 되었다. 씨를 뿌리는 기계인 파종기는 사실 고대 바빌로니아와 중국 모두에서 수 세기 전에 발명되었다. 그러나 유럽에서는 훨씬 나중까지 널리 사용되지 않았다. 파종기가 발명되기 전에는 손으로 씨를 뿌렸다. 성경의 씨 뿌리는 사람 비유는 씨 뿌리는 일이 성공할 수도 있고, 실패할 수도 있는 일임을 잘 보여준다. 땅에 제대로 심기지 않아서 농부가 잃어버린 씨앗을 곧, 잘 살지 못해서 하나님을 잃어버린 영혼에 빗댄다. 반면 파종기는 똑같은 간격과 똑같은 깊이로 씨를 뿌리기 때문에 오늘날 우리에게 익숙한 가지런한 밭을 만든다. 말이 끄는 파종기를 발명한 사람은 18세기의 천재 제스로 툴이다.

농업과 제빵이 점점 더 산업화하고, 세계가 점점 더 서구화하면서 밀은 계속해서 전 세계를 정복해나갔다. 쌀을 재배하는 지역까지 모든 나라에 빵이 파고들었고, 이제 토스트 샌드위치가 인도에서도 인기 있는 간식이 되었다. 콤바인 수확기가 발명되면서 농사 과정은 더욱 쉬워졌다. 수확부터 타작, 탈곡까지 중요한 세 가지 작업을 모두 해낼 수 있는 기계다. 이 기계는 옥수수를 줄기째 벤 다음 줄기와 껍질을 차례차례 제거한다. 미국에서는 1835년에 처음으로 말이 끄는 콤바인 수확기를 사용했다.

요즘은 디젤 엔진을 단 콤바인 수확기들이 끝없이 펼쳐진 밀밭을 누비며 줄지어 작업한다. 수확기는 옆에서 따라다니는 트랙터 뒤의 트레일러에 탈곡한 밀을 쏟아붓는다. 요즘은 농작물이 곤충이나 무척추동물, 곰팡이 같은 문제로 피해를 입지 않도록 화학적 수단으로 보호한다. 땅에는 화학비료를 뿌리고, 일찌감치 제초제를 사용해 잡초를 죽인다.

농업이 발달하면서 훨씬 더 많은 사람에게 식량을 공급할 수 있게 되었다. 따라서 이제 더 많은 사람이 살아남아 자손을 낳는다. 세계 인구는 계속 늘어나고 있고, 점점 더 많은 음식이 필요해진다. 어떤 사람들은 유전자 변형 품종이 식량 문제의 해결책이 될 것이라고 생각한다. 그러나 반대하는 사람들은 전 세계에서 일어난 생태학적 문제가 종종 그러하듯, 기술이 의도치 않은 영향을 끼쳐 문제를 일으킬 수 있다고 이야기한다.

빵은 실제 삶뿐 아니라 삶에 대해 생각하는 방식에서도 여전히 중요한 역할을 한다. 전해 내려오는 유명한 이야기에 따르면, 먹을 빵이 없다는 가난한 사람들의 호소를 들은 마리 앙투아네트가 이런 말을 했다고 한다. "Qu'ils mangent de la brioche." 보통 '그들에게 케이크를 먹게 하라'라고 번역되어온 말이다. 사실 브리오슈(brioche)는 케이크가 아니다. 달걀과 버터가 듬뿍 들어간 반죽으로 만드는 빵으로, 매일 먹기는 힘든 호사스러운 빵이다. 러시아의 볼셰비키는 1917년에 농부들에게 '평화와 땅 그리고 빵'을 주겠다고 약속했다. 누구든 이보다 더 원할 것이 무엇이 있겠는가?

'빵은 생명의 양식'이라는 말은 17세기로 거슬러 올라가는 진부한 표현이다. 히피처럼 살았던 젊은 시절, 나와 친구들은 돈을 빵(bread)이라고 불렀다. 돈은 밀가루 반죽이라고 불리기도 했다. 1940년대와 1950년대에 메이저 대회에서 네 차례 우승한 남아프리카공화국의 골프 선수 바비 로크가 남긴 말은 유명하다. "스윙할 때는 쇼를 위해서, 퍼팅할 때는 돈(dough: 밀가루 반죽)을 위해서 한다." 경기에서 눈에 덜 띄는 부분에 치중해야 우승자가 될 수 있다는 뜻이다.

밀은 어디에나 있다. 밀의 전 세계 무역량은 다른 모든 작물을 합한 양보다 많다. 2021년에는 전 세계에서 7억 7,200만 톤가량의 밀이 생산되었다. 밀 생산량은 계속 늘어나고 있다. 밀에는 단백질이 14퍼센트 정도 들어 있어 대부분의 식사에서 식물성 단백질의 주요 공급원이다. 놀랍게도 밀을 재배하려면 다른 어떤 작물보다 많은 땅이 필요하다. 지구의 땅은 비옥한 초승달 지역에서 자생하던 식물 품종이 잘 자랄 수 있도록 모조리 바뀌고 관리되었다.

003
장미

사랑과 욕망을 품은 아름다움

424호에 장미 스무 송이를 보내면서 계산서 뒤에 "에밀리, 사랑해"라고 써줘.

└ 영화 《카사블랑카에서의 하룻밤》에서 그루초 막스의 대사

교회에 와서도 마음이 뜨거워지지 않는다면 성경을 펼쳐 가장 아름답고 관능적으로 쓰인 "나는 샤론의 꽃, 골짜기의 백합…"을 읽어보자. 아가(雅歌)라고도 부르는 솔로몬의 시들은 지금으로부터 3,000년 전쯤에 쓰였다. 그 시에서는 장미에 빗대 완벽한 아름다움을 표현하려고 한다. 이후 3,000여 년에 걸쳐 시인과 연인은 장미에 빗대 사랑과 욕망을 표현해왔다. 틀림없이 솔로몬 이전에도 수천 년 동안 그리해왔을 것이다. 아름다움을 진화론적으로 어떻게 설명할 수 있을까? 어떤 기능이 있기에 아름다움이 존재할까? 동물의 왕국에서는 구애할 때 보통 선물을 한다. 거미는 먹을거리를 거미줄로 포장해 선물하고, 펭귄은 조약돌을 선물하고, 개구리매는 날아가면서 음식을 선물로 던져준다. 우리의 여성 조상들은 장미로 자신을 꾸몄을까? 우리의 남성 조상들은 상대의 아름다움을 찬미하고 자신의 욕망을 표현하기 위해 여성에게 꽃을 바쳤을까?

내 사랑은 붉은, 붉은 장미 같다
6월마다 새로 피는 꽃이지

로버트 번스의 시로, 사랑을 노래한 가장 위대한 시 가운데 하나다. 그에게 사랑이란 무슨 의미일까? 자신이 사랑하는 여성의 아름다움을 장미와 비교한 걸까, 혹은 이제 활짝 꽃핀 그의 열정을 장미로 이야기한 걸까? 좋은 시라면 늘 그렇듯, 이 단순한 구절에 십여 가지 이상의 의미가 담겼다. 그러나 어떤 방법으로 꺾어도 장미와 사랑은 떼려야 뗄 수 없는 관계임은 분명하다.

들장미는 유럽과 아시아, 북아메리카, 북부·서부 아프리카에서 자란다. 나는 아르메니아의 한 골짜기 아래에서 우연히 야생 장미 정원을 발견했다. 개울이 정원을 가로질러 흐르는데도 둑은 쾌적하고 깔끔했다. 샴페인 한 병과 아름다운 소녀가 있다면 그곳은 천국이 될 게 분명했다.

개울가에 장미가 흩날릴 때,
늙은 하이얌이 고급 적포도주를 마시네

빅토리아시대에 에드워드 피츠제럴드가 번역해서 많은 사랑을 받은 오마르 하이얌의 시집 『루바이야트』에 나오는 구절이다. 장미는 300종 정도가 있지만, 재배 품종은 수없이 많다. 3만 가지라고도 한다. 끊임없이 더 완벽한 아름다움을 찾으려 하는 정원사들은 장미속(Rosa)의 서로 다른 종끼리 교배시키며 엄청나게 많은 품종을 만들어냈다. 대부분의 야생종 장미는 흰색이나 분홍색이지만, 노란색이나 빨간색도 있다. 꽃잎은 대부분 다섯 장인데, 재배를 통해 아주 많이 변화했다. 요크셔테리어가 늑대와 다르듯이, 재배한 줄리엣 장미는 관목인 개장미(Rosa Canina)와 전혀 다르다.

장미 나무는 잎이 무성한 나무다. 보통 로즈 힙(rose hip)이라고 부르는 열매를 맺고, 열매 안에는 씨들이 들어 있다(열매라고 모두 먹을 수 있는 것은

제 눈에 안경: 〈장미를 든 마리 앙투아네트〉
(엘리자베스 루이스 비제 르 브룅, 1783년)

아니다. 열매는 꽃이 피는 식물의 씨가 들어 있는 씨방이 무르익은 것이다). 곤충들이 들장미의 꽃가루받이를 해준다. 또 새들이 열매를 먹고, 씨앗과 함께 배설물을 배출하면서 씨앗을 퍼뜨린다. 반면 많은 재배 품종이 열매를 맺지 않는다. 꽃잎 사이가 너무 촘촘해서 꽃가루받이를 할 수 없기 때문이다. 많은 재배 식물이 그러하듯이, 재배 품종 장미도 대부분 인간의 도움 없이는 번식하지 못한다. 꺾꽂이로 번식시키는 경우가 많은데, 전문 용어로는 영양번식

(무성생식)이라고 한다. 정원사라면 잘 아는 방법이다. 다 자란 식물 일부를 잘라낸 뒤 좋은 환경에서 뿌리내려 새로운 식물로 자라게 하는 방법으로, 새 식물은 부모 식물과 유전적으로 동일하다. 사실상 복제인 셈이다.

사람들은 언제부터 장미를 재배하기 시작했을까? 2,500여 년 전으로 거슬러 올라가는 증거가 있다. 그러나 단순히 영양가를 위해서가 아니라 아름다움을 위해서 장미를 가꾼다는 생각은 훨씬 더 예전부터 있었을 가능성이 높다. 상류층 사람들이 부와 여가 그리고 하인을 가지게 되면서부터였을 것이다. 인간은 아마도 밀을 재배하기 시작했을 때부터 아름다움을 즐기기 위해 식물을 길렀을 수도 있다. 밀을 더 크고 잘 자라게 하기 위해 잡초를 뽑고 거름을 주면서 재배했던 방식은 아름다움을 즐기려고 기르는 식물에도 확실히 효과가 있었을 것이다.

장미는 향기가 좋아서 기르기도 했다. 으깬 꽃잎을 수증기로 증류해서 얻는 장미유나 꽃잎을 물에 끓여서 만드는 장미수로 향수를 만들 수 있다. 몸을 자주 씻지 못했던 시대에는 이런 향수로 몸 냄새를 가렸다. 장미수는 오늘날 화장품과 약으로 사용된다. 바클라바와 할바, 굴라브 자문, 터키시 딜라이트 등의 디저트도 장미수를 넣어 만든다.

장미는 무척 잘 알려져 있고, 많은 사랑을 받은 꽃이기에 그 상징적인 의미 또한 풍부해졌다. 장미는 그리스 신화에서 사랑의 여신인 아프로디테의 꽃이다. 가시에 찔린 아프로디테의 피로 흰 장미가 붉게 물들었다는 이야기가 있다. 아프로디테가 트로이의 영웅 헥토르의 시신에 장미유를 발랐다는 이야기도 있다. 영국 화가 단테이 게이브리얼 로세티가 그린 〈베누스 베르티코르디아〉에서는 아프로디테가 장미에 둘러싸여 있다.

장미는 로마제국의 방탕과도 관련이 있다. 황제들은 장미수로 목욕하고, 연회장을 장미 꽃잎으로 뒤덮었다. 농부들은 그들이 먹을 작물 대신 황실이 즐길 장미를 길러야만 했다. 클레오파트라는 장미 꽃잎으로 뒤덮은 침실로 안토니우스를 유혹했다고 한다.

이런 음탕한 역사에도 불구하고(어쩌면 그런 역사 때문에라도) 장미는 동정녀 마리아와 관련된 순수함의 상징이 되었다. 가톨릭에서 기도할 때, 특히 동정녀 마리아에게 기도할 때 사용하는 묵주는 이런 순수함을 기념한다. 구슬이 열 개씩 다섯 묶음으로 연결된 묵주는 장미 꽃잎의 수를 나타낸다. 묵주는 마리아의 성스러운 신비를 곰곰 생각하는 데 활용된다. 수태고지, 예수의 탄생, 부활, 예수승천, 성모승천이 성모 마리아의 다섯 가지 기쁨이다. 독일 화가 뒤러의 1506년 작품 〈로사리오 축일〉에서 마리아는 자신을 둘러싸고 경배하는 사람들에게 장미를 나눠주고 있다. 성모 마리아와 장미의 이런 관련성은 장미 모양의 스테인드글라스 창문이 있는 성당 건물에서도 나타난다. 샤르트르 대성당의 장미 창문이 가장 크고 유명하다. 이런 연관성이 드러나는 성가도 있다. 1420년에 만들어진 그 성가는 이렇게 시작한다.

> 예수를 잉태한 장미처럼
> 이런 미덕을 지닌 장미는 없네.

이슬람 전통의 기하학적인 정원에서도 장미가 중심이 된다. 사디의 시집 『장미 정원』과 마무드 샤비스타리의 시집 『성스러운 장미 정원』은 이슬람교 신비주의 종파인 수피파에서 가장 중요한 두 작품이다. 장미는 우리의 가장 고상한 생각 그리고 가장 원초적인 생각 모두에서 찾을 수 있다.

인류는 자연스럽게 휘장이나 상징적인 무늬로 장미 문양을 즐겨 사용했다. 장미는 영국의 수호성인 성 조지를 상징하는 꽃이고, 미국에서 다섯 개 주를 상징하는 꽃이다. 로널드 레이건 대통령은 1986년에 장미를 미국을 상징하는 꽃으로 지정했다. 영국에서는 15세기에 장미전쟁이라고 불리는 내전이 벌어져 30년 동안 싸웠다. 붉은 장미 문장(紋章)을 사용하는 랭커스터 가문과 흰 장미 문장을 사용하는 요크 가문의 싸움이었다. 1485년 보스워스 전투로 전쟁의 승패가 결정되었다. 전투를 승리로 이끈 랭커스터 가문의 헨리 튜더는 영국의 왕 헨리 7세가 되었고, 요크 가문의 엘리자베스와 결혼하면서 두 가문을 통합했다. 그리고 튜더 장미 문장으로 이 통합을 기념했다. 붉은색과 흰색이 섞인 장미로, 물론 꽃잎은 다섯 장이다.

1848년 프랑스혁명 이후 붉은 장미는 사회주의와도 관련되었다. 장미에는 무엇이든 고르는 대로 의미를 붙일 수 있지만, 언제나 아름다움이나 도덕적 미덕과 연관된다. 그러나 다른 모든 상징처럼 장미의 상징도 여러 의미로 해석할 수 있다. 윌리엄 블레이크는 시집 『경험의 노래』에서 해로운 힘에 피해를 입고 고통스러워하는 장미를 묘사했다.

> 오 장미여, 너는 병들었구나.
> 어두운 밤에 날아다니는
> 보이지 않는 벌레가
> 휘몰아치는 폭풍 속에서
> 진홍빛 환희를 안기는
> 너의 침대를 찾아냈구나.
> 그리고 그의 어둡고 비밀스러운 사랑이
> 너의 삶을 파괴하는구나.

나폴레옹의 아내인 프랑스의 조제핀 황후는 재배한 장미를 극찬했다. 그녀는 말메종성에 있는 그녀의 정원을 '유럽에서 가장 아름답고 신비로운 정원'으로 만들고 싶었다. 그녀가 꿈꾸는 정원에서는 장미가 가장 중요했다.

장미는 깊은 차원에서 인간을 기쁘게 하는 꽃일 뿐 아니라, 놀랍도록 무엇이든 잘 받아들이는 꽃이다. 일종의 독창적이고 교묘한 조작이다. 요즘 장미의 크기와 모양은 어지러울 정도로 가지각색이고, 아름다움의 개념도 이상야릇할 때가 많다. 어린 시절 우리 집 정원에는 구역질 나는 연보라색의 블루문이라는 품종의 장미가 있었다. 가족 모두가 싫어했지만, 그 장미는 해마다 도도하게 꽃을 피웠다. 25년 뒤에 부모님이 이사하셨을 때도 열심히 꽃을 피웠다.

장미는 여전히 전 세계 사람들이 꽃다발이나 꽃꽂이용으로 가장 좋아

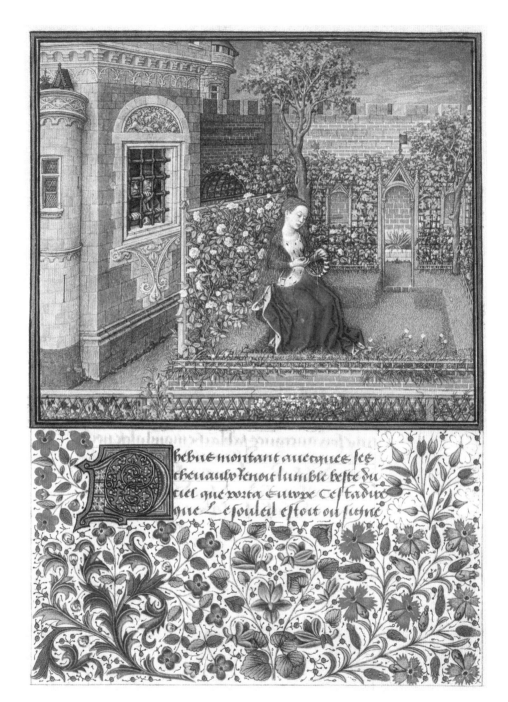

장미 정원에서 부르는 에밀리아의 노랫소리를 듣고 있는 감금된 기사들: 1468년에 출판된 조반니 보카치오의 책 『테세이다』에 실린 삽화

하는 꽃이다. 꽃봉오리를 꺾은 다음 냉장 보관해 비행기에 실어 세계 곳곳으로 운반한다. 사람들은 비행기 운송이 탄소 배출을 늘린다고 걱정하지만, 보통은 장미를 포기하지 못한다. 꽃의 아름다움을 즐기기 위해, 또 애정을 담은 선물을 건네기 위해 필요하기 때문이다. (조제핀 황후의 의뢰를 받아 그리기도 한) 피에르 조제프 르두테와 앙리 판탱라투르는 장미를 세심하고 정확하게 그렸고, 모네와 세잔, 르누아르는 인상주의적으로 장미를 표현했다.

밸런타인데이에는 여기저기에서 사랑하는 사람들에게 장미를 선물한다. 우리의 사랑을 표현하기 위해 언제나 장미가 필요하다. 소설 『장미의 이름』을 쓴 움베르토 에코는 "장미는 의미가 너무 많아서 이제 의미가 거의 남아 있지 않은 상징적인 존재"라고 말했다. 장미는 아마도 아름다움만큼이나 피할 수 없는 존재다. 사람들은 흔히 일과 가정의 걱정거리에서 벗어나고 싶을 때 '장미 향기를 맡으라'고 말한다. 그리고 우리는 그렇게 한다.

004
완두

완두콩이 보여준 유전법칙의 비밀

A+2Aa+a

이 수식은 서로 다른 형질을 교배해서 얻은 잡종 식물의 자손에 대한 계통을 제공한다.

└ 그레고어 멘델

접시 위의 생선과 감자튀김 사이에서 굴러다니거나, 인도 음식 머터 파니르에 풍부함을 더하는 밝은 녹색의 완두콩. 그것을 만족스럽게 바라보면서 완두콩이 생물의 유전법칙을 밝혀내는 데 중요한 역할을 했다는 사실을 떠올리는 사람은 거의 없다. 태양왕 루이 14세가 신선한 녹색 완두콩을 대단한 사치품으로 여겨 선물을 받고 넋을 잃었다는 이야기 또한 소문일 뿐이다.

찰스 다윈은 1859년에 출간한 『종의 기원』에서 생물의 진화에 관해 설명했다. 그는 '왜' 진화하는가를 설명했다. '어떻게' 진화하는가는 다른 누군가가 설명해야 할 몫이었다. 다윈은 장소와 시대에 잘 적응하는 생물이 다른 생물보다 유리하고, 그것이 곧 자연선택의 힘 때문이라고 보았다. 잘 적응한 생물이 더 오래 살고, 더 번식을 잘한다. 그들이 똑같이 유리한 특징을 지닌 자손을 낳는다면 자손들 역시 번성하면서 아마도 결국 유리한 특징을 자손에게 물려주게 될 것이다. 환경에 가장 잘 맞고 잘 적응하는 생물이 살아남아 자손을 퍼뜨린다는 사실은 환경의 힘에 의해 자연선택이 이뤄지는 적자

생존의 원칙을 보여준다. 다윈이 책에서 직접 언급하지는 않았지만, 인간과 원숭이가 같은 영장류이므로 같은 조상에서 비롯되었다는 사실을 암시했기 때문에 세상이 발칵 뒤집혔다.

그것은 다윈이 수십 년 동안 생물을 집중적으로 연구해서 얻은 논리적 추론이었다. 그러나 다윈이 내린 결론에 사람들은 계속 적대감을 보였다. "좋아, 기발한 생각이야. 그렇지만 실제로 어떻게 그렇게 되지?"라는 것이 진화론에 반대하는 사람들이 던진 질문 중 하나였다. 자연선택이라는 개념을 거부하는 사람들뿐만 아니라 지지하는 사람들도 이러한 질문을 던졌다. 다윈은 그에 대한 답으로 기발하지만 맞지는 않았던 범생설(汎生說: 환경에 의해 세포에 축적된 변이가 범유전자를 만들고, 혈액에 의해 생식세포로 이동해 후대에 유전된다는 학설—옮긴이)이라는 이론을 연구했다.

그렇다면 진화는 실제로 '어떻게' 이루어질까? 그 답은 완두에서 찾을 수 있다. 지금은 체코공화국의 도시인 브르노에 있는 성 토마스 수도원에서 실험과 연구를 하던 한 수도사가 그 답을 찾았다. 그 수도사는 1856년부터 1863년까지 완두에 관한 중요한 연구를 했고, 다윈이 질문을 던지기도 전에 이미 꽤 확실한 답을 얻었다. 그 수도사의 이름은 그레고어 멘델이었다. 다윈은 그에 대해 들어본 적도 없었다. 완두와 완두의 유전을 결정하는 요소들에 관한 멘델의 연구는 1866년에 출판되었다. 그러나 아무도 눈여겨보지 않았다.

멘델은 1822년에 태어났다. 그는 과학 교육을 받았고, 수학에도 뛰어난 재능을 보였다. 그러나 가난한 농부의 아들이어서 공부에만 전념할 돈이 없었다. 그래서 그는 수도사가 되었다. 그것이 "끊임없이 먹고사는 걱정을 하지 않아도 될" 해결책이었다고 그는 말했다. 덕분에 과학 연구를 할 기회도 얻었다. 그의 세례명은 요하네스였다. 아우구스티누스회에 들어가면서 그레고어라는 이름을 얻었다.

그는 유전학을 공부하기 시작했고, 처음에는 쥐를 연구했다. 그러나 수도원장은 수도사가 하루 종일 쥐의 번식을 연구하는 것이 마땅하지 않다고

유전이 이루어지는 법칙: 수도사이자 유전학의
선구자인 그레고어 멘델이 완두를 연구하고 있다

반대했다. 멘델은 유전을 결정하는 원칙이 동물이나 식물이나 같다고 추측
하면서 연구 대상을 식물로 바꾸었다. 그의 추측은 옳았다. 그는 2만 제곱미

터 정도의 정원을 가꾸면서 2만 8,000가지의 식물을 연구했다. 그중 대부분이 완두였고, 그는 완두를 통해 유전법칙을 찾아냈다. 이제는 거의 모든 사람이 유전법칙을 받아들이고, 다윈주의처럼 기본적인 원칙으로 여긴다. 멘델은 유전법칙이 어떻게 작용하는지 우리에게 설명해냈다.

그는 색깔과 키, 꼬투리 모양과 씨앗 모양, 꽃받침이 가지각색인 여러 완두 식물의 일곱 가지 특성을 연구했다. 그는 완두를 교배하면서 면밀하게 관찰했고, 수학적으로 정확하게 기록했다. 실험 결과가 오차 하나 없이 무척 정확해서 이런 결과가 진짜일 리 없다는 주장이 나올 정도였다. 그러나 그의 실험 결과는 연구자들에 의해 여러 번 거듭 검증되었다.

유전은 단순히 유전자가 섞이는 문제가 아니다. 키가 큰 식물과 작은 식물을 교배하면 중간 키의 식물이 잔뜩 생기는 식이 아니다. 키가 큰 식물도 생기고, 작은 식물도 생긴다. 큰 키가 멘델이 말한 우성 '인자(factor)'라면 키 큰 식물 셋이 생길 때 키 작은 식물 하나가 생기는 식이다. 이렇게 얻은 키 작은 식물과 다른 키 작은 식물을 교배하면, 큰 키가 열성 인자임에도 키 큰 생물도 생기고, 키 작은 식물도 생긴다. 다시 말해, 멘델은 유전자가 유전하는 법칙을 발견했다. 그가 인자라고 부른 것을 우리는 이제 유전자(gene)라고 부른다. 그는 우열의 법칙, 분리의 법칙, 독립의 법칙이라는 세 가지 유전법칙을 제시했다. 이 법칙들은 오늘날까지도 받아들여지고 있다.

세상에는 가장 이성적인 사람들조차 깜짝 놀랄 만한 우연의 일치가 벌어지기도 한다. 멘델이 사망한 지 16년 후인 1900년, 똑같은 두 달 동안 세 나라의 세 연구자가 각각 멘델의 연구를 다시 발견해서 그의 실험을 똑같이 따라 해보았다. 그뿐 아니다. 그들 모두 멘델의 연구가 먼저라고 인정했다. 그들의 결론은 다윈의 이론을 뒷받침했다. 1930년대와 1940년대가 되자 다윈과 멘델의 연구가 함께 현대 진화 이론으로 받아들여졌다. 혹은 멘델 연구의 중요성을 가볍게 여기며 신다윈주의로 부르기도 했다. 다윈은 비둘기를 키우면서 진화를 이해하는 데 많은 도움을 받았다. 멘델 역시 자신이 키우던 완두를 연구했다.

완두는 7,000여 년 전부터 이집트의 나일강 삼각주에서 재배되었다. 그러나 당시에는 녹색의 달콤한 완두콩을 씹어 먹지는 않았다. 그들은 잘 익힌 완두콩을 먹었다. 물에 푹 불려서 요리하면 맛있어진다. 완두콩은 단백질과 섬유질이 풍부한 좋은 음식이다. 가난해서 고기를 먹기 어려운 사람들도 완두콩은 먹을 수 있었다. 게다가 완두콩은 더운 날씨에도 잘 보존된다. 말린 완두콩을 밀봉한 그릇에 습기 없이 보관하면 벌레가 생길 위험도 없고, 다음 해의 완두콩 수확이 끝난 한참 뒤까지도 보존할 수 있다. 완두는 중세시대에 중요한 식물이었다. 우리 조상이 살아남아 지금 우리가 존재할 수 있게 된 것도 완두콩 덕분인지 모른다.

> 뜨거운 완두콩 죽! 차가운 완두콩 죽!
> 9일 전에 만들어둔 냄비 안의 완두콩 죽.
> 어떤 사람은 뜨거운 죽을, 어떤 사람은 차가운 죽을 좋아하지.
> 어떤 사람은 9일 전에 만들어둔 냄비 안의 완두콩 죽을 좋아하지.

언제 어디에서 시작되었는지 알 수 없는 이 오래된 노래는 별미는 아니지만 늘 두고 먹을 수 있는 가장 좋은 음식에 대해 이야기한다. 매릴린 먼로가 주연한 1959년 영화 《뜨거운 것이 좋아》의 제목도 이 노래에서 따왔다. 완두콩을 먹으면 배가 불러 다음 날 활동할 에너지를 얻을 수 있다. 완두콩은 배고픔을 해결해주었고, 굶어 죽지 않게 해주었다. 완두는 예전이나 지금이나 유용한 작물로, 밀과 번갈아 심기 좋다(2장 참조). 완두 식물의 뿌리는 토양이 질소를 품게 한다. 완두콩을 수확하고 남은 식물들은 시들어 죽은 다음 토양에 질소를 되돌려주어 다시 밀을 재배하기 알맞은 땅으로 만든다.

완두콩은 다 익기 전에도 수확할 수 있는데, 이러한 완두콩은 호사스러운 음식으로 인기였다. 덜 익은 완두콩은 밝은 녹색으로 달콤해서 먹기 좋다. 그러나 그리 오래 보관하지 못한다는 문제가 있다. 더운 날씨에는 며칠밖에 보관할 수 없다(일찍 수확하면 보통의 수확기보다 더울 때일 가능성이 높다). 덜 익은 신선한 완두콩은 부자의 식탁에나 오를 수 있는 음식이었다. 루이 14세가 그런 완두콩을 특히 좋아했다. 그는 베르사유궁의 정원 안, 왕의 텃밭이라고 불린 9만 제곱미터 정도의 땅에서 재배하기 까다로운 여러 채소를 길렀다. 뛰어난 왕실 정원사 장바티스트 드 라 캥티니는 유리를 활용해 (어마어마한 돈을 들여) 제철보다 일찍 과일과 채소를 재배했다. 왕은 그곳을 정말 좋아해서 정원사와 함께 자주 찾곤 했다. 그 텃밭은 참으로 가정적인 발상이었지만, 농부들이 먹는 음식을 재배하지는 않았다. 그곳에서는 아티초크와 아스파라거스, 강낭콩, 완두콩을 재배했다. 귀족들은 해마다 가장 먼저 완두콩을 식탁에 올리려고 경쟁을 벌였다. 완두콩을 너무 많이 먹어 죽은 사람도 있다는 소문이 떠돌았다

통조림이 발명되자 더 많은 사람이 연녹색 완두콩을 먹을 수 있게 되었다. 밀봉된 용기에 음식을 담은 다음 끓이면 용기 안의 미생물이 죽는다. 프랑스의 니콜라 아페르가 1809년에 그 방법을 발명했고, 제1차 세계대전으로 통조림 식품에 대한 수요가 부쩍 늘었다. 전쟁터의 병사들에게 식량을 공급해야 했기 때문이다.

냉동식품 기술이 발달하고 가정용 냉장고가 보급되면서 연녹색 완두콩을 더 쉽게 먹을 수 있게 되었다. 게다가 통조림보다 더 맛있게 먹을 수 있었다. 냉동식품 기술은 미국의 클래런스 버즈아이가 발명했다. 그는 겨울에 래브라도 해안에서 낚시를 하면서 물고기가 물 밖으로 나오자마자 얼어버리는 모습을 눈여겨보았다. 물고기를 냉동해두면 몇 달이 지나도 먹을 수 있을 뿐 아니라 맛도 좋았다.

천천히 냉동하면 별로 효과가 없다. 얼음 결정이 만들어져 세포막을 파괴하기 때문이다. 게다가 해동하면 수분이 빠져나가 음식 맛이 떨어진다. 버즈아이는 1824년에 급속 냉동 기술을 확립했다. 요즘은 슈퍼마켓에서 버즈아이 완두콩을 사서 왕처럼 즐길 수 있다.

005
버드나무

상서로운 모습만큼 이로운 나무

열두 그루의 노란 버드나무가 얕은 물가에서 하늘거리네.

└ 인크레더블 스트링 밴드의 노래 〈마야〉

우리는 버드나무가 어딘지 모르게 우아하고, 분명 물을 아주 좋아한다고 생각한다. 버드나무 중에서는 공원 호숫가에 많이 심는 수양버들이 우리에게 가장 익숙하다. 크리켓 경기를 할 때 사용하는 배트는 버드나무로 만든다. 그래서 잘난 척하는 해설자들은 그 배트를 '버드나무(willow)'라고 부른다. 우리 조상들은 물고기를 잡거나 바구니를 만들 때 버드나무를 이용했다. 열을 내리고 통증을 줄이는 데도 버드나무를 활용할 수 있다. 인간은 버드나무의 수액 안에서 발견한 성분을 합성하는 방법을 알아냈고, 그렇게 아스피린이라는 약이 탄생했다.

갯버들과 고리버들을 포함하는 버드나무속(*Salix*)에는 400종 정도의 버드나무가 있다. 버드나무는 춥거나 온화한 북반구 전역에서 자란다. 다른 많은 속의 나무들과 달리, 버드나무는 대부분 축축한 땅에 편안하게 뿌리를 내린다. 그러고 보통 가늘고 길며 유연한 가지들을 가진 키가 큰 나무로 자란다. 그 모습은 하늘거리면서 우아하다. 추운 지역에서는 느린 성장이 불가

피하고, 그래서 덩굴성 관목으로 자
라기도 한다. 버드나무에는 잎이 나
기 전에 꽃부터 피는데, 생김새가 강
아지 꼬리를 닮아 버들강아지라 부른
다. 암꽃과 수꽃이 각기 다른 나무에
서 피기 때문에 엄밀히 따지면 암수
딴몸 식물이다.

버들강아지: 버드나무의 꽃

　　버드나무를 강가에 일부러 심을 때도 많다. 버드나무 뿌리 덕분에 강둑
이 탄탄해지기 때문이다. 강가에 버드나무를 심으면 강물의 범람을 막고, 배
가 다닐 수로를 유지하는 데 도움이 된다. 버드나무 뿌리가 너무 왕성하게
자라면 배수관이나 하수관, 오수 정화조를 막아서 오히려 인간에게 걱정거
리가 될 수도 있다. 버드나무 뿌리는 잘라내도 금방 다시 생기고, 떨어진 가
지에서도 자라난다. 오스트레일리아는 수로를 튼튼하게 관리하려고 버드나
무를 외국에서 들여왔다. 그런데 버드나무는 토종 유칼립투스보다 더 번성
했고(92장 참조), 국가적으로 규제가 필요한 유해 식물로 지정되었다.

　　버드나무 껍질에서는 씁쓸한 수액이 잔뜩 나온다. 이 수액에는 통증을
줄이고 열을 내리는 살리신산이 풍부하게 들어 있다. 우리에게 놀랍도록 도
움을 주는 이 물질을 어떻게 발견했는지에 관해 온갖 이야기가 따라다닌다.
고대 수메르의 점토판에는 버드나무가 어떻게 통증을 덜고 열을 내리는 데
도움이 되는지 설명하는 내용이 나온다. 고대 이집트의 파피루스(20장 참조)
역시 똑같은 이야기를 전한다. 기원전 5세기에 살았던 그리스 의사 히포크
라테스 또한 버드나무로 만든 약의 효능에 주목했다. 버드나무는 로마와 유
럽의 중세 생활에서 일상적으로 사용하는 약초였다. 콜럼버스가 발견하기
전에 아메리카 대륙에서도 사용했다.

　　한참 후 에드워드 스톤이라는 18세기 영국 성직자가 버드나무의 효능
을 재발견했다. 한 이야기에 따르면, 그는 열병의 일종인 학질로 고생하던
도중 산책을 하러 나갔다고 한다. 고열에 시달리면서도 밖으로 걸어 나갈

| 약효: 〈수양버들〉(클로드 모네, 1919년)

정도라면 아마도 불쾌하지만 생명을 위협하지는 않는 감기 정도의 병이었을 것이다. 열 때문에 머리가 약간 이상해져서인지 그는 걷다가 버드나무 껍질 한 조각을 긁아먹었다. 그는 퀴닌이 들어 있는 기나나무의 껍질은 맛이 아주 쓰다는 사실을 알고 있었고(7장 참조), 버드나무 껍질에도 비슷한 약효가 있는지 궁금했다.

그는 식물의 모양이 곧 그것의 효능을 알려준다는 약징주의에 따라 그럴 가능성이 있다고 생각했다. 약징주의란 어떤 식물이 신체의 한 부분처럼 보인다면 신체의 그 부위에 치료 효과가 있다는 믿음이다. 그래서 영어로 된 풀이름 중에는 간(liverwort)이나 폐(lungwort), 비장(spleenwort) 심지어 이빨(toothwort)이 들어간 이름도 있다. 버드나무는 축축한 장소를 좋아하고, 축축한 장소는 학질과 관련이 있기 때문에 그는 버드나무가 학질에 효능이 있다고 추측했다. 식물의 모양이 효능을 알려준다는 주장은 물론 신뢰를 잃은 지 오래였다. 그가 추측한 근거는 틀렸지만, 버드나무 껍질에 약효가 있다는 사실은 맞았다. 그는 버드나무 껍질을 말려서 가루로 만든 다음 학질로 고생하는 사람들에게 주었고, 효과가 있었다. 그는 자신이 발견한 내용을 기록했고, 런던의 영국 왕립학회에서 그것을 발표했다.

프랑스의 앙리 르루는 유효 성분인 살리신을 결정체 형태로 분리했다. 1874년에 헤르만 콜베가 살리신 합성에 성공했다. 문제는 살리신을 많이 복용하면 구토와 혼수상태를 유발할 수도 있다는 점이었다. 그다음 펠릭스 호프만이 소화 장애를 덜 일으키면서 그의 아버지가 앓던 류머티즘을 치료할 새로운 합성 방법을 찾아냈다. 이것이 바로 아세틸살리실산이다. 염료 회사이자 제약 회사인 바이엘은 아스피린이라는 이름으로 그 성분을 판매했다.

1956년에 파라세타몰, 1962년에 이부프로펜이 처음 생산되기 전까지 아스피린은 세계 최고의 진통제였다. 그때쯤에는 아스피린이 다른 목적으로도 사용되고 있었다. 아스피린은 피가 엉기지 않도록 해준다. 1948년 무렵에는 심장마비 환자에게 아스피린을 처방했다. 오늘날에는 심장마비와 뇌졸중 예방에도 활용한다. 아스피린이 어떻게 작용하는지 알아낸 연구자들은 1982년 노벨 의학상을 받았다.

버드나무는 크리켓 배트를 만들기 적합하다고 여겨지는 유일한 목재다. 가볍고 단단한 데다 충격을 잘 흡수하기 때문이다. 유연하지만 잘 쪼개지지 않고, 튼튼하면서 공기주머니가 있어서 공을 때리고 치는 도구로 완벽하다. 배트의 용수철 손잡이가 충격 흡수에 도움이 되기는 하지만, 무엇보다 버드나무로 만든 판의 특성 덕분에 별로 힘을 들이지 않아도 공을 때려 멀리 보낼 수 있다. 고급 배트는 모두 영국의 버드나무를 사용한다. 카슈미르의 버드나무로 만든 배트는 더 딱딱해서 품질이 떨어진다고 여긴다.

버드나무의 길고 유연한 가지는 쉽게 휘어져서 여러 모양으로 만들 수 있다. 선사시대부터 인류는 버드나무로 개울물 안에 넣어두는 어망을 만들어왔다. 물고기가 쉽게 안으로 들어올 수 있지만, 쉽게 나갈 수는 없게 만든 어망이었다. 어망에 잡힌 물고기를 모아 마찬가지로 버드나무로 만든 바구니에 담아 집으로 가져왔다. 어떤 식물이든 얼기설기 짜서 만든 바구니 같은 용기를 고리버들(wicker)이라 부른다. 고리버들을 활용하는 기술은 적어도 고대 이집트로 거슬러 올라가고, 그보다 훨씬 더 오래전으로 거슬러 올라갈 수도 있다. 버드나무가 자라는 곳에서는 어디든 버드나무를 용기를 만드는 데 활용했다. 가축을 가두는 울타리와 인간이 살 집을 만들 때도 버드나무는 좋은 재료다.

사람들은 긴 이파리들이 물에 잠겨 있곤 하는 수양버들에 대해 오래전부터 순전히 미적인 환상을 품어왔다. 분류학을 확립한 칼 폰 린네는 1735년에 처음 펴낸 『자연의 체계』에서 버드나무에 살릭스 바빌로니카(*Salix babylonica*)라는 이름을 붙였고, 속명과 종명을 나란히 적는 이명법을 만들어냈다. 살릭스 바빌로니카는 시편 137편을 떠올리며 지은 이름이었다. 시편 137편에는 "우리는 바빌론 강변에 앉아서 시온을 기억하며 울었다. 우리가 수금을 버드나무 가지에 걸었으니"라는 유명한 구절이 있다. 여기서 바빌론강은 물론 티그리스·유프라테스강이다. 사실 그곳에는 버드나무가 없다. 이 구절은 포플러 종의 나무를 잘못 번역한 것이다.

수양버들의 원산지는 중국 북부다. 그 매력적인 특징 때문에 사람들은 수천 년 동안 수양버들을 심고 가꾸었다. 2세기부터 18세기까지 왕래했던 실크로드를 통해 다른 여러 교역품과 함께 유럽으로 전해졌고, 곧 유럽에서 중요한 나무가 되었다. 18세기 시인 알렉산더 포프는 영국으로 수양버들을 들여온 사람으로 알려져 있다. 그는 튀르키예에서 서퍽 부인에게 무화과를 담은 바구니를 보내며 살아 있는 수양버들 나뭇가지를 달라고 애걸했다고 한다. 그렇게 받은 나뭇가지를 런던 남서부 트위크넘의 템스강 변에 있는 집

| 우는 연인들: 수양버들 아래에 있는 전설 속 연인 레일리와 마즈눈, 이란 옷감(20세기 초)

에 심었다. 그래서 영국의 다른 수양버들이 모두 그 수양버들의 후손이라는 이야기가 있다. 하지만 애석하게도 이 이야기는 전혀 사실이 아니다. 그래도 트위크넘에 심은 포프의 수양버들은 아주 잘 자랐다.

모양을 보고 효능을 알 수 있다거나, 신의 섭리에 대한 다른 주장을 믿고 싶어질 정도로 버드나무는 정말이지 상서롭고 이로운 나무다. 그런데 무언가 으스스한 일과 관련되는 경우도 많다. 중국에서 버드나무를 키우는 지역의 사람들은 청명절에 버드나무 가지로 조상의 무덤을 쓸어내린다. 일본에서는 버드나무가 귀신과 관련이 있다고 생각한다. 영국의 민담에도 불길한 버드나무가 등장하는데, 최근 작품들에서 다시 등장하고 있다. 『반지의 제왕』에서 호빗족 메리와 피핀은 버드나무 영감의 뿌리에 갇힌다. 『해리 포터』 시리즈에서는 해리와 친구들이 후려치는 버드나무 때문에 걸핏하면 어려움을 겪는다.

100가지 식물로 읽는 세계사

006
풀

우리의 삶은 풀로 뒤덮여 있다

사람의 날들은 풀과 같으니….
　└ 『공동 기도서』

모든 육체는 풀이다. 『이사야서』에 나오는 구절로, 삶의 덧없음을 이야기할 때 자주 인용되는 구절이다. 풀은 우리를 만든다. 풀은 한때 우리가 사는 세상의 경계를 정했고, 지금도 우리가 관리할 수 있는 곳이라면 어디든 그런 식으로 경계가 정해진다. 우리는 세상의 끝없이 많은 땅을 풀로 바꾸었다. 인간은 언제나 풀을 뜯어 먹는 포유동물, 특히 소의 고기를 즐겨 먹었다. 우리는 사냥꾼으로서, 그다음에는 목축업자로서, 그다음에는 농부로서, 이제는 도시 거주자로서 동물의 고기를 찾았다. 소는 풀을 먹는다. 따라서 많은 사람이 간접적으로 풀을 먹는 셈이다. 우리는 모두 풀로 이루어져 있다. 그리고 할 수만 있다면 언제 어디에서나 우리의 집을 풀로 에워싼다. 우리는 풀 위에서 놀거나 풀 위에서 노는 사람들을 지켜본다. 삶은 대부분 풀로 이루어진다.

밀과 쌀, 옥수수 같은 곡물도 풀이다. 이 곡물들이 인간에게 필요한 에너지의 51퍼센트를 채운다. 대나무와 함께 이러한 곡물들은 각각 다른 장들

에서 자세하게 이야기하려고 한다. 전문가가 아닌 사람은 조금 당황스러울 수 있지만, 대나무 역시 일종의 풀이다. 이번 장에서는 잔디밭과 목초지의 녹색 식물을 주로 다룰 것이다. 우리가 풀이라는 단어를 들을 때 보통 떠올리는 그런 식물들이다.

풀은 780가지 속과 1만 2,000가지가 넘는 종이 포함된 벼과(*Poaceae*) 식물이다. 벼과 식물 모두가 꽃이 피는 식물로 분류되는데, 다시 한번 전문가가 아닌 사람들은 조금 당혹스러울 수 있다. 그러나 어느 정도 기회가 생기면 풀은 꽃을 피운다. 그 꽃들이 그저 눈에 잘 띄지 않을 뿐이다. 꽃가루받이를 곤충에게 의존하지 않기 때문에 눈에 잘 띄도록 과시할 필요가 없다. 풀은 탁 트인 풀밭에서 바람에 의해 꽃가루받이가 이뤄진다. 이리저리 날린 수술의 꽃가루가 암술머리를 찾아갈 수 있게 보통 바람이 잘 부는 곳에 꽃이 핀 풀이 많다.

여기까지는 좋다. 하지만 중요한 점은 풀에는 자신만의 고유한 강점이 있고, 이것이 오늘날의 세상을 만드는 데 도움이 되었다는 사실이다. 풀은 끝부분에서부터 자라지 않는다. 밑에서부터 자란다. 자라나는 부분(세포분열과 성장이 일어나는 부분)은 엄밀히 말하면 분열조직이라는 곳인데, 풀은 그 부분이 밑동 근처에 있다. 그리 흥미로운 사실로 들리지 않을 수 있다. 하지

만 이것 때문에 세상이 바뀌었다. 원하는 만큼 얼마든지 풀의 끝부분을 잘라
낸다 해도, 풀은 계속 자라난다.

그 덕분에 동물들이 풀을 뜯어 먹은 다음에도 풀은 여전히 살아남을 수
있다. 풀이 사라지지 않아야 방목하는 동물도 살아남을 수 있다. 거대한 세
렝게티 국립공원에서 영양들이 풀을 뜯으며 옮겨 다니는 모습을 보면 이러
한 원칙을 확인할 수 있다. 영양들은 비가 오는 곳을 찾아다닌다. 비가 오면
출발해 그곳에 도착할 즈음에는 이미 비를 맞아 새로운 풀들이 많이 자라나
있다. 고개를 내민 다른 식물들도 동물들이 뜯어먹는데, 그중 풀만이 끈질
기게 살아남는다. 이러한 관계를 영양이 자신의 이익을 위해 땅을 관리하고
있다고 볼 수도 있고, 반대로 풀이 생태계를 지배하기 위해 영양을 이용하고
있다고 볼 수도 있다.

최초의 인간은 아프리카 대초원 전역에서 사냥하면서 모여 살았다. 아
프리카 대초원은 거의 풀밭이고, 군데군데 나무들이 모여 있다. 몸집이 큰
야생동물은 아직도 아프리카에서 가장 많이 산다. 몸집이 큰 초식동물은 풀
을 뜯어 먹으며 살고, 몸집이 큰 육식동물은 초식동물을 먹으면서 산다.

소나 양, 염소 떼를 끌고 다니며 반(半)유목민 생활을 하면서 인류는 크
게 발전했다. 목축이 어떻게 시작되었는지에 대해서는 두 가지 추측이 있다.
하나는 사냥에서 자연스럽게 발전했다는 추측이다. 사냥을 잘하려면 사냥
할 동물에 대해 잘 알아야 하고, 그 동물 무리를 따라다녀야 한다. 그렇게 가
까워지다 자연스럽게 직접 키우기 시작했다는 설이다. 두 번째 추측은 혼합
농업을 하면서 농작물 재배에 별로 도움이 되지 않는 땅을 활용하는 방법으
로 목축이 발달했다는 설이다. 서로 완전히 반대되어 보이는 다른 많은 주장
이 그렇듯, 두 가지 추측이 모두 맞을 수도 있다. 유목 생활은 수천 년 동안
이어졌고, 지금도 그렇게 생활하는 곳이 많다. 동물들이 풀을 느긋하게 뜯어
먹게 하고, 한 곳의 풀을 먹어치우면 다른 곳으로 이동하는 것이 유목 생활
의 기본이다. 미국 서부에서 방목을 했던 사람들도 똑같은 방식으로 살았다.

문명은 대체로 나무를 베어 숲을 없애고 풀밭을 만드는 과정을 따

49

라 형성되었다. 사람들은 풀밭을 만든 다음, 고기로 먹을 동물들을 비롯해 5,000년 동안 전 세계의 교통수단이 되었던 말도 키웠다. 숲을 없애 풀밭으로 만드는 과정은 계속되고 있는데, 1980년대부터는 이것이 세계의 골칫거리가 되기 시작했다. 풀밭보다 탄소를 훨씬 더 효과적으로 저장해서 기후변화의 속도를 늦추는 숲이 사라지고 있기 때문이다.

영국과 유럽 여러 곳에서는 대부분 공유지에서 방목을 했다. 그러나 이후 부자와 권력자가 자신들의 이익을 위해 그 땅에 울타리를 쳤다. 17세기의 한 노래는 이런 변화를 압축적으로 보여준다.

공유지에서 거위를 훔친
남자와 여자는 법으로 가두네.
그러나 거위가 지낼 공유지를 훔친
더 심한 악당은 풀어주네.

요즘은 가축을 방목하기 위해 울타리를 친 풀밭을 집중적으로 관리한다. 이렇게 하려면 비료와 살충제, 까다롭게 고른 제초제 등을 사용해야 한다. 그에 더해 사료용으로 재배하는 호밀풀 같은 특정 유형의 풀을 골라 심으면서 관리해야 한다. 이 과정을 통해 목초지는 일정하게 밝은 색깔을 띤다. 거의 호밀풀만 심은 그런 들판을 보통 개량 초지라고 부른다.

실제 들판에서 지내지도 않는 동물을 먹이기 위해 풀을 기르기도 한다. 건초(말린 풀)는 많은 가축의 겨울 사료다. 건초를 만드는 과정은 까다롭기로 악명 높다. 풀을 들판에서 말려야 하는데, 날씨 변화에 대응할 수 없기 때문이다. 여름에 갑자기 천둥, 번개와 함께 내린 비로 건초가 젖어 쓰지 못하게 되는 경우가 많다. 요즘은 건초 대신 풀을 베어 발효시킨 사일리지를 만들어 그러한 어려움을 피한다. 겨울에는 소와 다른 초식동물들에게 사일리지를 먹인다. 겨울에만 소를 외양간에 두는 것이 오랫동안 일반적인 관행이었는데, 이제는 소를 계속 외양간에만 두는 경우가 점점 더 많아지고 있다.

외양간에서만 지내는 소의 먹이는 모두 눈앞에 보이는 여물통 안에 있다. 여기에는 풀 외에 다른 먹이가 담겨 있을 수도 있다. 뒤에서 그중 몇 가지를 이야기하려고 한다.

풀은 우리에게 우리가 먹는 동물의 먹이 이상의 의미가 있다. 풀은 인류의 행복을 위해 꼭 필요한 요소 같다. 우리는 풀에 둘러싸이고 싶어한다. 영국에는 정원이 있는 집이 많다. 그런 집에는 대부분 잔디가 깔려 있고, 식물이 자라는 계절에는 매주 잔디를 깎는다. 미국 교외에는 도로에서 멀찍이 떨어져 안쪽에 자리 잡은 집이 많다. 울타리를 치지 않은 그 집들의 잔디밭은 도로까지 이어진다. 대체로 모든 잔디밭이 똑같고, 모두 잔디를 깎아야 한다. 많은 주택단지에는 풀이 나 있는 길가가 있다. 주요 도로들의 옆은 풀로 덮여 있는 경우가 많다. 로저 맥고프는 이런 광경에 영감을 받아 M1 고속도로 주유소의 아름다운 보조원에게 두 줄의 시를 바쳤다.

나는 포장되지 않은 갓길을 원했네.
그러나 당신은 포장된 갓길을 주었지.

만약 당신이 어마어마한 재산을 가진 사람이라면 사슴 공원이 있는 시골집을 살지도 모른다. 그리고 팔라디오풍의 창문을 통해 인간이 상상할 수 있고, 돈으로 살 수 있는 가장 기분 좋은 경치를 바라볼 것이다. 다 큰 나무들이 군데군데 서 있고, 잘 다듬어진 넓은 풀밭이 물가까지 이어지는 풍경이다. 사슴이 보일 수도 있고 보이지 않을 수도 있지만, 짧게 다듬어진 풀밭을 보면 사슴이 있음을 짐작할 수 있다. 우리는 왜 그런 경치를 선택할까? 부자들이 실제로 얻는 집이 우리가 정말로 원하는 집이라고 생각하면 타당할 것이다. 그들은 왜 그런 경치를 선택할까?

1장으로 돌아가서 생각해보자. 인류 최초의 조상들은 교살무화과나무 밑에서 모처럼 평화롭고 만족스러운 시간을 보낼 때, 이러한 경치를 보았을 것이다. 시원한 그늘을 드리우는 나무들이 있고 마실 물을 얻을 수 있으면서

그건 어때요: 햄프턴 코트의 풀밭에서 열린
크리켓 경기(1836년)

큰 포유동물들이 사는 평원. 나는 탁 트인 풀밭에 대한 갈망이 인간의 본능적 욕구, 최초의 인간이 살았던 이상적인 풍경을 만들어내려는 시도일지 모른다고 생각한다.

드넓은 풀밭은 전체를 관리해야 한다. 사슴을 기르지 않고, 풀을 깎지 않으면 풀이 제멋대로 자라서 지저분해 보인다. 그러면 자연을 제대로 대하지 못했다는 사실을 세상이 알게 될 것이다. 잘 깎은 풀밭은 우리에게 자연이 필요하다는 사실, 그리고 우리가 자연의 힘을 두려워한다는 사실을 모두 보여준다. 지저분한 집 앞 잔디밭을 보면 그 집의 주인을 알코올 중독자라고 생각할 수도 있다. 자신의 잔디밭을 관리하지 못하는 사람은 곧 자신의 삶을 통제하지 못하는 사람으로 보인다.

어떤 사람들은 잔디 깎기를 싫어도 해야 할 잡일로 여긴다. 또 어떤 사람들은 그 일에 대단한 의욕을 보인다. 꼼꼼하게 고른 제초제로 잔디밭에 새로 돋아나는 식물들을 제거한다. 그렇게 만든 줄무늬 잔디밭은 물론 깔끔하지만 생기가 없어 보이기도 한다. 그렇다곤 해도 잔디밭은 놀기에 아주 좋은 장소다. 탁 트여 있어서 다양하게 활용할 수 있고, 넘어져도 아프지 않다. 그곳에서 유치하게 치고받던 싸움이 청년들의 진지한 시합으로, 더 나아가 오늘날 우리가 하는 조직적인 경기로 발전했다. 축구와 미식축구, 럭비, 오스트레일리아식 풋볼 경기는 모두 풀밭에서 한다. 크리켓과 테니스, 골프, 야구도 모두 풀밭에서 시작했다. 크리켓 경기에서 두 위켓 사이에 있는 좁고 긴 20미터의 풀밭은 매우 쉽게 변한다. 5일 동안 진행될 수 있는 경기에서 풀밭의 상태는 하루하루 달라진다. 골프는 잔디에서 하는 또 다른 경기다. 페어웨이와 퍼팅 그린의 잔디는 워낙 집중적으로 관리해서 더는 잔디처럼 보이지도 않는다. 페어웨이와 러프 사이 경계선은 황무지와 문명 사이의 경계선 같다. 어떤 경기는 풀밭에서 멀어졌다. 테니스는 풀밭 위에서 시작했지만, 이제 콘크리트 바닥이나 흙바닥 경기장에서 더 자주 진행된다. 하키(필드하키)는 이제 대부분 인조 잔디에서 경기를 한다. 전 세계 모든 국가의 상상력을 사로잡은 스포츠는 풀밭에서 시작되었다.

100가지 식물로 읽는 세계사

인간은 풀밭에서 사는 동물 가운데 하나다. 우리 인간은 맨 처음 아프리카 대초원을 거닌 이후 400만여 년 동안 머나먼 길을 걸어왔다. 그러나 여전히 풀에 대해 깊은 동질감을 느낀다. 풀밭은 인류가 시작된 곳이다. 우리가 돌아갈 곳, 우리 눈을 즐겁게 하는 곳, 우리가 경기를 하는 곳, 통제력을 높이면서 우리 마음을 달래는 곳이다.

007
기나나무

제국을 건설한 말라리아 치료제

수에즈 동쪽 어딘가로 나를 실어 보내주세요. 최고가 최악과 같은 곳이죠.

└ 러디어드 키플링의 시 〈만달레이로 가는 길〉

기나나무는 제국을 건설한 나무다. 기나나무가 없었다면 유럽은 해외에서 모험을 벌여 다른 문명을 지배하지 못하고, 그저 교역소와 군사 기지를 두는 데 그쳤을 것이다. 기나나무는 아마도 세상의 다른 어떤 식물보다 인간의 생명을 많이 구했다. 말라리아를 치료하고 예방하는 퀴닌은 300여 년 동안 기나나무로만 만들 수 있었다. 퀴닌에 탄산수를 섞은 토닉 워터는 세계 대부분 지역에서 술에 섞어 마신다.

기나나무의 원산지는 남아메리카다. 유럽인이 찾아오기 시작한 1492년 이전에는 남아메리카에 말라리아라는 질병이 거의 알려지지 않았다. 말라리아를 일으키는 병원균에 감염된 유럽인이나 아프리카 노예가 남아메리카에 병을 옮겼을 가능성이 높다. 말라리아에 걸린 사람이 모기에 물리고, 그 모기가 감염되면서 말라리아가 남아메리카 생태계로 들어왔다.

기나나무가 열을 내리는 데 도움이 된다는 사실은 이미 남아메리카 지역에서 널리 알려져 있었다. 하지만 기나나무가 말라리아 치료에 효능이 있다는 사실은 우선 말라리아라는 질병이 존재해야 발견할 수 있는 사실이었다. 린네는 1742년 기나나무에 친초나(Cinchona)라는 속명을 붙였다. 친초나속에는 23가지 정도의 종이 있다. 리마의 스페인 총독인 친촌 백작이 기나나무 껍질로 말라리아를 치료했다는 이야기에서 이름을 따왔다(린네는 라틴어로 철자를 바꾸었다. 그의 이명법은 라틴어를 바탕으로 삼는다). 치료를 받은 사람은 백작 부인이었고, 그 후 그녀는 말라리아로 고생하는 사람들을 치료하기 위해 기나나무 껍질을 대량으로 유럽에 들여왔다.

　말라리아는 유럽 전역에서 잘 알려진 병이었고, 흔히 학질(5장 참조)이나 삼일열, 습지열로 알려졌다. 모기는 습지대에서 가장 잘 번식하기 때문에 사람들은 말라리아가 늪의 공기와 관련이 있는 병이라고 믿었다. 말라리아라는 말 자체가 '나쁜 공기'라는 뜻이다. 기나나무 껍질이 아주 가치 있는 재료라는 사실은 이내 분명해졌다. 서양 의학에서는 주로 예수회 의사들이 가장 먼저 활용하기 시작해서 예수회의 껍질로 알려졌다.

　이후 그 나무껍질의 역사에는 혼란스럽고 모순적이며 믿기 어려운 이야기가 많다. 마치 마술 같은 과정이 은밀하게 이뤄지는 이야기를 하는 것만 같다. 어쨌든 말라리아를 치료한 백작 부인의 너그러운 마음 덕분에 그 나무껍질이 유럽에 들어왔다. 여러 사람이 시도했지만, 결국 에식스 습지에서 진료하던 영국 의사 로버트 테이버(혹은 탤버)가 그 지역에서 그 나무껍질로 말라리아를 치료하는 데 성공했다. 그는 영국의 해군 장교를 치료하면서 명성을 얻었고, 찰스 2세가 그의 치료에 관심을 가졌다(그가 왕을 치료했다는 이야기도 있다). 테이버는 프랑스로 건너가 왕세자를 치료하면서 부와 명성을 얻었다. 혹은 루이 14세를 치료했다는 설도 있다.

　유럽이 먼 나라들을 점점 더 심하게 착취하면서 기나나무 껍질의 값이치도 치솟았다. 나무껍질을 벗겨서 팔려고 많은 나무를 훼손했다. 남아메리카에서 가장 활발하게 활동하던 스페인의 식민지 개척자들은 기나나무를 쉽게 얻을 수 있었다. 다른 식민지 국가들도 기나나무를 공급하고 싶었지만, 19세기 초 즈음에는 수출이 금지되었다.

Dodd delt.

Jesuits Bark.

Pratters sculp.t

찰스 레저는 볼리비아에서 기나나무의 종자를 밀수했고, 그의 조수 마누엘은 그 과정에서 맞아 죽었다. 영국은 바보같이 이런 밀수품을 거절했지만, 네덜란드는 종자를 사서 나중에 네덜란드 식민지가 된 자바섬에 조림지를 만들었다. 이후 클레먼츠 마컴이 인도 우타카문드 부근에 있는 닐기리 구릉과 스리랑카에 영국의 조림지를 만들었다.

말라리아가 얼마나 대규모로 퍼졌는지 이해하는 것이 무엇보다 중요하다. 20세기 초까지는 모기가 말라리아를 옮긴다는 사실을 알아차리지 못했다. 그래서 모기에 물리지 않는 것이야말로 말라리아에 걸리지 않는 가장 중요한 첫 단계라는 사실을 아무도 몰랐다. 1만 2,000여 년 전, 인간이 옮겨 다니며 수렵·채집을 하던 생활을 그만두고 농부가 된 이후부터 말라리아는 인류의 생활에서 중대한 영향을 미치는 요인이었다.

지금까지 지구에서 살았던 인간 중 절반이 말라리아로 사망했으리라 추정된다. 세계보건기구(WHO)에 따르면, 오늘날에도 최소한 매년 50만여 명이 말라리아로 사망한다. 사망자 수만 문제가 아니다. 말라리아에 걸린 사람은 베개에서 고개를 들 힘조차 없어서 오랜 기간 일하지 못한다. 순전히 경제적인 면에서만 따진다면, 말라리아는 제국의 매출과 수익에 어마어마한 피해를 끼쳤다. 말라리아가 퍼지는 바람에 아프리카를 더 많이 착취하지 못했고, 아프리카 대륙은 백인들의 무덤으로 불렸다.

기나나무를 재배하는 조림지를 만들면서 그 모든 상황이 바뀌었다. 퀴닌을 정기적으로 복용하면서 말라리아를 치료하고 예방할 수 있게 되었다. 퀴닌은 기나나무 껍질에서 추출한 알칼로이드(자연적으로 생기는 유기화합물)로, 그 나무를 이르는 페루어에서 따온 이름이다. 프랑스의 화학자 피에르 조제프 펠티에와 조제프 카벤투가 1820년에 처음으로 나무껍질에서 퀴닌을 추출했다. 퀴닌을 활용하면서 유럽인들은 아내와 아이들, 가족까지 식민지로 데려올 수 있었다. 식민지가 순전히 경제·군사적 목적으로만 이용

| 기적의 나무: 채색 판화에 묘사된 기나나무(1795년)

되는 곳이 아니라 가족이 사는 거주지가 되었다. 인도에서 영국의 지배자들은 여러 세대를 거치면서 가문을 이루었고, 인도를 고향으로 부르게 되었다. 이후 찬양하기도 하고 불쾌하게 여기기도 하면서 두 문화 사이에 깊은 문화 교류의 과정이 계속 이어졌다.

퀴닌을 매일 복용할 때 큰 걸림돌은 끔찍하게 쓴 맛이다. 그래서 인도에 사는 영국인들은 퀴닌에 탄산수와 설탕을 섞어 먹기 시작했다. 훨씬 나아졌지만, 여전히 맛은 없었다. 그래서 그들은 진(gin)을 섞었다. 1858년에 처음으로 토닉 워터를 상업적으로 생산해 판매하기 시작했다. 한 세기 이상에 걸쳐 영국은 인도를 진과 토닉으로 지배했다. 요즘에는 토닉 워터에 퀴닌을 훨씬 덜 넣는데, 진을 마시는 사람은 대부분 이런 약간 쌉쌀한 맛을 좋아한다. 퀴닌은 자외선을 비추면 형광으로 빛나는 성질이 있다. 밝은 햇빛 아래에서도 배경을 어둡게 해서 토닉 워터를 관찰하면 같은 효과를 볼 수 있다.

퀴닌으로 뭐든지 할 수 있어: 레 궁전에서 열린 영국 연회, 1882년에 출간된 책에 실린 헨리 테오필 힐더브랜드의 판화

제2차 세계대전 중 일본이 자바섬과 기나나무 조림지를 차지하면서 미국은 더 이상 퀴닌을 얻을 수 없게 되었다. 미국은 퀴닌을 얻을 수 있는 다른 곳을 찾기 위해 남아메리카로 탐험대를 보냈다. 그동안 아프리카와 남태평양에서 수만 명의 미국 병사가 말라리아로 사망했다. 퀴닌은 언제나 경제적인 가치뿐만 아니라 군사적인 가치도 있었다.

그러나 1944년에 드디어 화학적으로 합성한 퀴닌이 생산되면서 상황이 바뀌었다. 그 이후로는 다른 형태의 치료법도 개발되었다. 세계를 정복하겠다는 희망과 야망의 중심에서 큰 역할을 했던 나무는 이제 그저 나무로 돌아갈 수 있었다. 300여 년 동안 기나나무는 세계에서 가장 중요한 식물 가운데 하나였다. 그러나 오늘날에는 식민주의와 같이 온전히 이해받기 어려운 20세기 역사의 한 부분으로 남았다.

008
해바라기

고흐가 열정을 바쳐 그린 꽃

나는 해바라기를 바라보며 마음의 평안을 얻는다.

└ 빈센트 반 고흐

콜럼버스가 대서양을 건너기 훨씬 전부터 남아메리카에서는 해바라기를 키웠다. 먹기 위해 재배했지만, 눈에 확 띄는 모습이 매력적이었음은 의심의 여지가 없다. 분명 유럽 사람들은 매력적인 모습에 반해 바다를 건너 해바라기를 가져갔을 것이다. 해바라기는 유럽에 정착하고 나서도 마찬가지로 유용하고 소박한 농작물이었다. 그러나 해바라기는 이제 고통스러운 삶을 살았던 한 예술가에 대한 전설, 천재에 대한 열광과 뗄 수 없는 관계가 되었다.

해바라기속(*Helianthus*)에는 70가지 종이 있다. 그러나 이 책에서는 주로 재배종인 헬리안투스 아누스(*Helianthus annus*)를 다루려고 한다. 해바라기의 꽃은 두상화(꽃대 끝에 많은 꽃이 뭉쳐 머리 모양을 이룬 꽃―옮긴이)로, 해와 닮은 이 부분은 엄밀히 말하면 꽃이 아니라 꽃차례(꽃이 줄기나 가지에 붙어 있는 순서나 배열에 따른 상태)다. 해바라기는 각각의 머리가 수많은 개별적인 꽃으로 이루어져 있다. 우리는 대부분 꽃잎이라고 말하고, 식물학자들은 레이 헤드(ray head)라고 부르는, 꽃의 바깥쪽 부분에 난 것들 하나하나가 사

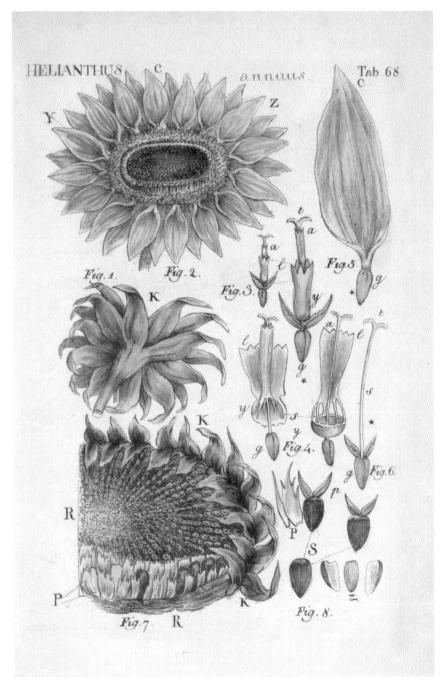

태양을 닮은 꽃: 헬리안투스 아누스, 『린네의 성 체계 해설』
(존 밀러, 1798년)에 실린 삽화

실 꽃이다. 이 바깥쪽의 꽃들은 번식을 하지 않는다. 그 꽃들은 꽃가루를 실어 나르는 매개자인 곤충들에게 이리로 오라고 신호를 보내는 역할을 한다. 곤충들은 중앙 원반에 나선형으로 정교하게 배열된 수많은 작은 꽃의 꽃가루를 실어 나른다. 해바라기는 키가 크기로 유명하다. 평균 키는 3미터인데, 9.17미터까지 자란 해바라기도 있다.

해바라기는 씨앗이 들어 있는 열매를 얻기 위해 재배되었다. 우리가 흔히 해바라기 씨라고 부르는 부분은 엄밀히 따지면 열매다. 실제로는 겉껍질을 이로 벗겨내고 열매 안의 씨앗을 먹는다. 인류는 해바라기를 5,000여 년 동안 재배해왔다. 씨앗은 으깨서 빵을 만들 때 넣거나 콩과 호박, 옥수수와 함께 섞어 죽을 만들기도 한다.

유럽인은 해바라기가 예뻐서 유럽에 들여왔고, 특히 18세기에는 큰 인기를 끌었다. 러시아인은 씨앗을 으깨면 유용한 기름을 얻을 수 있다는 사실을 발견했다. 이것은 생각보다 더 좋은 소식이었다. 러시아 정교회는 사순절 기간 동안 기름 대부분을 사용하지 못하게 했는데, 해바라기유를 발견하면서 작은 즐거움들을 누릴 수 있게 되었기 때문이다.

해바라기는 햇볕이 많이 드는 곳에서 잘 자란다. 해바라기유는 요리할 때 사용하고, 씨앗을 으깨고 남은 부스러기는 가축에게 먹였다. 해바라기는 언제나 인간에게 가깝고 유용한 존재였지만, 눈에 확 띄는 모습 때문에 용도를 넘어서는 의미가 생겼다. 사람들은 해바라기가 해를 뒤쫓는다는 놀라운 사실을 발견했다. 해가 아침에 동쪽에서 떠서 저녁에 서쪽으로 질 때까지 하루 종일 해바라기가 해를 향해 고개를 돌린다는 것이었다. 윌리엄 블레이크는 시집 『경험의 노래』에서 이런 시를 썼다.

아 해바라기! 시간에 지쳐서,
태양의 발걸음을 헤아리며 :
떠돌이의 여정이 끝나는
향기로운 황금빛 나라를 찾지.

그러나 해바라기는 꽃봉오리일 때만 태양의 발걸음을 헤아린다. 꽃(혹은 꽃차례)이 활짝 피면 가만히 있는다. 그렇다고 해서 우리가 자유롭게 살수 있는 새로운 시대 혹은 장소에 대한 갈망을 담은 위대한 시의 의미가 퇴색되지는 않는다.

해바라기는 인류에게 점점 더 유용한 농작물이 되었다. 그중 헬리안투스 투베로수스종(*Helianthus tuberosus*)은 덩이줄기라는 뜻의 라틴어(tuberosus)가 들어간 이름에서 알 수 있듯이 뿌리를 먹을 수 있다. 우리가 예루살렘 아티초크라고 부르는 음식이 바로 이 뿌리다(한국에서는 흔히 뚱딴지 혹은 돼지감자라고 부른다―옮긴이). 해바라기유는 적어도 올리브유(82장 참조)보다는 만드는 비용이 덜 들기 때문에 볶음이나 구이 등 다양한 요리에 사용되고, 심지어 바이오 연료로도 사용할 수 있다. 바이오 연료가 지구 자원을 유용하게 이용하는 방법인지에 대해서는 여전히 논쟁이 있다(이 문제는 95장에서 더 다루려고 한다). 정유 회사 BP는 해바라기 무늬를 로고로 사용하는데, 아마도 (회사의 주요 사업인) 화석연료로 기후변화에 따른 재난을 심화시키는 그들의 역할을 가려보려는 의도 같다.

해바라기는 1870년에서 1900년 사이에 예술을 위한 예술을 주장하면서 벌어진 유미주의 운동에서 중요한 상징이었다. 유미주의 운동은 모든 인간을 위대한 기계의 부품으로 여기는 산업화 제일주의에서 벗어나고자 했다. 유미주의 운동의 가치관은 오늘날에도 사람들의 생각에 여전히 영향을 미친다. 흔히 집이 기능적일 뿐 아니라 아름다워야 한다는 생각 또한 유미주의적 사고다. 유미주의 운동은 단순함에서 아름다움을 추구하는 일본 예술에 영향을 많이 받았다. 일본 그림에서는 국화가 중요한 소재인데, 해바라기는 국화와 상당히 닮았다. 따라서 해바라기는 유미주의 운동에서 인기 있는 꽃, 심지어 새로운 교리를 대표하는 상징이 되었다. 물론 그만큼 조롱도 많이 당했다. '정말이지 아주 기가 막힌(Quite Too Utterly Utter: 유미주의 운동을 풍자하는 표현―옮긴이)'이란 제목의 악보집 커버에는 해바라기를 든 우아한 젊은 남성이 등장한다.

1887년 파리에서 혁신적인 그림들을 보여주는 작은 전시회가 열렸다. 그중에는 땅에 누운 해바라기를 아주 공들여 연구하면서 그린 작품이 있었다. 빈센트 반 고흐의 작품이었다. 또 다른 화가 폴 고갱은 전시회에서 본 고흐의 해바라기 그림을 무척 마음에 들어했고, 자신의 그림 한 점과 고흐의 해바라기 그림 두 점을 바꾸자고 제안했다. 그는 고흐의 해바라기 그림들이 "완전히 빈센트 자신"이라고 말했다. 이후 수많은 사람이 그의 의견에 동의했다.

반 고흐는 예술과 아름다움, 우정을 나누며 서로 지지하는 인류애를 기

| 빈센트의 꽃들: 〈시든 해바라기 넷〉(빈센트 반 고흐, 1887년)

100가지 식물로 읽는 세계사

반으로 한 예술가 공동체를 꾸리겠다는 꿈이 있었다. 고갱은 반 고흐와 함께 지내기로 했고, 고흐는 프랑스 남부의 아를에서 집을 빌렸다. 그는 고갱이 도착하기를 기다리면서 해바라기를 계속 그렸다. 이번에는 꽃병에 꽂힌 해바라기였다. 커피와 술을 진탕 마시고 물감을 물 쓰듯이 쓰면서 무시무시한 창조성을 폭발시켜 엿새 만에 해바라기 그림을 네 점이나 그려냈다.

반 고흐가 맹목적이고 본능적인 에너지 덩어리를 폭발시킨 특이한 천재였다는 전설을 너무 믿지는 말자. 그는 의도적으로 네덜란드의 꽃 그림 전통을 따랐지만, 대신 최신 기술을 동원해 새로운 방식으로 그렸다. 반 고흐는 노란색을 사랑했다(디기탈리스에 대한 49장 참조). 노란색은 그에게 기쁨을 상징했다. 새롭게 만들어낸 황홀한 노란색 물감으로 그림을 그리면서 그는 기쁨을 느꼈다. 가장 유명한 해바라기 그림들에서는 거의 노란색만 사용했다.

그는 흔히 볼 수 있는 꽃이어서 해바라기를 선택했다. 귀하게 온실에서 자라는 꽃이 아니라 수많은 드넓은 들판에서 자라는 꽃이기 때문이었다. 모든 사람이 일상적인 삶에서 아름다움과 기쁨을 누릴 수 있어야 한다는 것이 고흐 예술의 바탕이었다. 현실적인 이유도 있었다. 해바라기는 공짜는 아니어도 싸게 살 수 있다. 길가에 떨어져 있기도 하고, 들판의 해바라기를 쉽게 빌릴 수도 있다. 고흐는 "정상성은 포장된 길이다. 걷기에는 편하지만 꽃이 자라지 않는다"라고 쓴 적이 있다.

그는 아를에서 동생 테오에게 보낸 편지에서 "나는 마르세유 사람들이 부야베스(마르세유의 전통 음식—옮긴이)를 먹듯이 그림을 그리고 있어. 내가 열정적으로 커다란 해바라기를 그린다고 해도 그리 놀랍지 않을 거야"라고 썼다. 그는 한창때가 지나 꽃잎(꽃차례)이 떨어지며 시들고 있는 해바라기를 많이 그렸다. 그는 각기 다른 방식으로 시들어가는 모습에 흥미를 느꼈다.

고갱이 아를에 왔고, 9주 동안의 폭풍우 같은 시간이 지난 후 둘만의 예술가 공동체는 깨져버렸다. 고갱이 그림을 그리고 있는 고흐의 모습을 그리기 전까지는 괜찮았다. 그림 속 고흐는 해바라기를 그리고 있었다. 글쎄, 해바라기가 아니면 달리 무엇을 그렸겠는가. 심한 말다툼과 자해, 이후 고흐의 뭉클한 명작들과 개인적인 절망, 끔찍한 최후까지. 그의 남은 이야기는 더 말할 필요가 없을 정도로 매우 잘 알려져 있다. 그가 몇 년만 더 버텼다면, 오늘날 그의 작품을 향한 엄청난 찬사와 사랑을 그도 느낄 수 있었을 것이다. 심지어 그가 죽은 해에도 브뤼셀의 전시회에서 격렬한 언쟁이 벌어졌다. 프랑스의 화가 앙리 드 툴루즈 로트레크와 폴 시냐크는 고흐의 그림을 "우스꽝스러운 해바라기 화분"이라며 무시하는 벨기에 화가 앙리 드 그루에게 맞섰다. 주먹 싸움까지 갈 뻔할 정도였는데, 로트레크가 그루에게 결투를 신청했다는 설도 있다.

이제 고흐의 해바라기들은 우리에게 뭉클한 감동을 준다. 매년 500만 명 정도가 그의 다양한 해바라기 그림을 감상한다. 고흐는 해바라기 그림을 파리에서 다섯 점, 아를에서 일곱 점 그렸다. 그중 한 점은 제2차 세계대전 중 미국이 일본을 폭격할 때 파괴되었다. 1987년 일본 보험회사 회장 야스오 고토는 고흐의 해바라기 그림 한 점을 2,508만 7,500파운드(오늘날 1550억 원 정도—옮긴이)에 구입했다.

고흐가 아를에서 그린 해바라기 그림들은 모나리자만큼이나 유명하다. 각각의 그림은 티셔츠와 마른행주, 냉장고 자석 등 온갖 형태로 수없이 복제되어 너무 흔해져서 되레 해바라기라는 꽃 자체는 주목하지 못하기 쉽다. 그러나 중요한 것은 고통스러웠던 예술가의 신화 같은 삶이 아니다. 해바라기 그림은 환희가 얼마나 압도적인 감정인지, 그리고 그런 고조된 경험이 얼마나 끔찍하게 무너지기 쉬운지를 보여준다.

009
참나무

거대한 참나무 주변에는 이야기가 쌓인다

모든 참나무는 그곳에 떨어진 도토리 몇 개에서 시작되었다.
ㄴ 헨리 데이비드 소로

영국인은 참나무를 아주 좋아하고 특별하게 생각한다. 그러나 참나무는 영국뿐 아니라 불가리아·키프로스·에스토니아·프랑스·독일·몰도바·요르단·라트비아·리투아니아·폴란드·루마니아·세르비아·웨일스 등 여러 나라를 상징하는 나무이기도 하다. 2004년에는 참나무가 미국을 상징하는 나무로 공식 지정되었다. 제2차 세계대전에서 영국 병사들은 참나무 숲을 지키려고 싸웠고, 그들의 적이었던 나치군은 전쟁 영웅에게 참나무 잎 무늬가 새겨진 기사 철십자 훈장을 수여했다. 많은 나라가 참나무와 자신의 나라를 동일시한다. 참나무속(Quercus)에는 600여 종이 포함된다. 참나무속에 속하지 않는 많은 나무도 비공식적으로 참나무라는 이름으로 불리는데, 그중 실제 참나무는 일부에 불과하다. 열대우림에는 확실히 도토리를 맺는 참나무 종들이 있다. 영국에도 여러 종의 참나무가 있다. 영국 참나무라고 불리는 로버 참나무(Quercus robor)는 영국인이 소중하게 여기는 참나무다. 그 밖에 졸참나무와 솜털참나무, 칠면조참나무, 코르크참나무, 털가시나무도 있다. 외국에서 영

함께 살아갈 나무: 참나무들이 줄지어 서 있는
〈무지개가 뜬 풍경〉(페테르 파울 루벤스, 1636년경)

국으로 들어온 참나무들도 있는데, 영국에는 애국심에서 비롯한 순수 혈통
을 중요시하는 경향이 있다. 참나무를 애국심의 상징으로 여기는 사람은 참
나무 종들이 쉽게 잡종을 만들어낸다는 사실을 알고 나면 탐탁지 않아 할
것 같다.

　보통 맨땅을 내버려두면 한해살이풀이 자라다가 여러해살이풀이 자라
고 점차 숲으로 변한다. 이렇게 떼를 지어 자라는 식물 집단이 바뀌다가 마
지막 단계에 이르러 안정기가 되었을 때 나타나는 식물 집단을 극상 식생이

라고 부른다. 영국의 저지대에서는 대부분 참나무가 극상 식생이다. 길게 자라난 가시나무 덩굴은 자연스럽게 자작나무 같은 선구자 나무의 보호자 역할을 하게 되는 경우가 많다. 그저 이렇게 바뀌는 식물 집단을 조절해주는 것이 바로 농업과 정원 가꾸기다. 정원을 가꾸지 않고 내버려두면 몇 세기 만에 하늘이 보이지 않는 참나무 숲으로 바뀔 것이다.

영국 전역에서 실제로 얼마나 그런 일이 진행되었는지는 역사생태학자들의 논쟁거리다. 인간이 널리 정착하기 전에는 분명 야생 돼지와 들소, 말, 사슴이 여러 지역에서 비교적 탁 트인 땅을 돌아다녔을 것이다. 아마 우리 조상들도 탁 트인 땅에 군데군데 참나무들이 서 있는 풍경을 바라보았을 것이다. 어찌 되었든 어느 면으로 보나 참나무는 극상 종이다. 참나무는 환경의 본질을 바꾸고, 풍경의 중요한 특징이 되며, 더 많은 종이 먹고살 기회를 준다. 영국에서 참나무만큼 많은 종을 먹여 살리는 나무는 없다.

많은 지역에서 참나무를 신성시한다. 인간은 크고, 강하고, 튼튼하고, 나이가 많은 참나무에 깊은 인상을 받는다. 영국 서퍽주에 있는 스테이버턴 공원에 참나무에 관한 흥미로운 이야기가 있다. 16세기 종교개혁으로 수도원들이 해체되어갈 무렵, 스테이버턴의 수도사들은 마지막 부탁을 했다. 농작물 하나만 더 심고 그것을 수확할 때 수도원을 떠나게 해달라는 부탁이었다. 부탁은 받아들여졌고, 수도사들은 도토리를 심었다. 그래서 스테이버턴에는 500년 남짓 되는 참나무가 많다.

번개와 관련된 신 제우스와 토르 모두 참나무를 신성하게 여긴다. 자랑스레 우뚝 선 참나무들은 벼락을 자주 맞는다. 고대 로마의 정치인이자 학자였던 플리니우스는 주피터(로마의 제우스)와 참나무의 관계에 주목하면서 "나무들은 오래된 의례를 따르는 신들의 전당이다. 시골에서는 지금까지도 눈에 띄게 큰 나무를 신에게 바친다"라고 말했다. 켈트족 드루이드교의 성직자들도 참나무 숲을 신성하게 여겼다.

참나무는 인간에게 먹을거리도 주었다. 도토리를 말린 후 빻아서 만든 가루는 곡물이 부족할 때 먹을 비상 식량이 되었다. 전쟁 중에 커피가 떨어지면 도토리를 커피 대용품으로 활용하기도 했다. 그러나 보통은 돼지에게 도토리를 먹이는 일이 더 흔했다. 가을 숲에 돼지들을 풀어놓고 먹이를 찾게 하는 것은 오래된 전통이다. 돼지를 방목할 권리는 많은 곳에서 지켜져왔고, 수백 년 동안 논쟁거리였다. 어떤 지역에서는 방목하는 가축들과 계절에 따라 돼지들까지 먹여 살리는 삼림 목초지 체계가 개발되었다. 스페인과 포르투갈에서는 코르크참나무들 주위에 인공 목초지 데헤사(dehesa)를 만들었다. 코르크참나무의 껍질은 코르크 병마개를 만드는 데 쓰려고 벗겨낸다. 고대 농업의 많은 관행이 그러하듯, 코르크참나무 재배는 의도치 않게 야생동물에게도 도움이 된다. 그러나 최근에 뚜껑을 돌려서 여는 병에 포도주를 담아서 파는 관행이 늘어나면서 야생동물들이 위기를 맞고 있다.

거대한 참나무 주위에는 이야기가 쌓인다. 영국 윈저 그레이트 공원에 크라우치 참나무라는 나무가 있다. 헨리 8세와 곧 그의 두 번째 아내가 될 앤 불린이 그 나무 주위에서 춤을 추었고, 훗날 그들의 딸인 엘리자베스 1세

| 이야기들을 품은 거대한 나무: 셔우드 숲의 메이저 참나무

100가지 식물로 읽는 세계사

여왕이 그 나무에서 뻗어 나온 나뭇가지 아래에서 소풍을 즐겼다. 셔우드 숲의 메이저 참나무는 최소 800살이 넘은 고목이다. 전설에 따르면, 로빈 후드가 노팅엄 보안관을 피해 그 나뭇가지에 숨었다는 말도 있고, 로빈 후드가 그 나무 밑에서 부하들과 잔치를 벌였다는 말도 있다. 아마도 둘 다 맞을 것이다.

로열 참나무는 영국의 보스코벨 하우스 정원에 서 있다. 찰스 2세는 왕위에 오르기 전인 1651년, 우스터 전투를 치른 후 이 나무에 숨었다. 의회파 군인은 나무 바로 밑을 지나가면서도 그를 발견하지 못했다. 찰스 2세는 영국의 훌륭한 일기 작가 새뮤얼 피프스에게 이렇게 말했다. "집에 그대로 있거나 숲으로 들어갔다면 아주 위험했을 거야(보스코벨 가까이에 커다란 숲이 있었다). 다음 날까지 무사히 넘길 수 있는 방법을 하나 발견했지. 아주 평평한 땅에 서 있는 커다란 참나무 위로 올라가는 거였어. 거기선 주위를 둘러볼 수 있거든. 도망친 우리를 찾으려고 숲을 샅샅이 뒤질 게 확실했으니까. … 우리는 이삼 년 전쯤에 올라가보았던 커다란 참나무로 올라갔어. 가지와 잎이 워낙 무성하게 자라 몸을 숨길 수 있었지. 우리는 그곳에서 하루 종일 앉아 있었어."

살아 있는 참나무도 무척이나 훌륭하지만 죽은 참나무 역시 문명이 발달하는 데 큰 도움을 주었다. 참나무는 밀도가 높고 단단하기 때문에 참나무로 무언가를 만들면 튼튼하고 오래간다. 나는 참나무로 뼈대를 만든 집에서 14년 동안 살았다. 500여 년 전에 지은 집인데도 여전히 튼튼하다. 목조 주택은 유럽인에게 수백 년에 걸쳐 삶의 바탕이었다. 참나무로 정교한 가구를 만들기는 어렵지만, 내구성은 뛰어나다. 최고의 술은 요즘도 참나무 술통에서 익힌다. 술통 안에서도 술이 공기와 접촉할 수 있기 때문에 발효가 된다. 오늘날까지도 와인, 브랜디, 위스키는 참나무 술통 안에서 숙성시킨다.

하지만 무엇보다도 참나무로 만든 배가 참나무와 자신을 동일시하는 전통에 가장 많은 영향을 미쳤다. 바이킹은 1,000여 년 전에 참나무로 좁고 긴 배를 만들었다. 영국 해군의 배는 옛 영국의 나무 성벽으로 불렸다.

1660년에 영국 군함 여덟 척을 복원한 후에는 로열 오크(참나무)라는 이름을 붙였다. 2011년에는 영국에 로열 오크라고 불리는 펍이 467군데나 있는 것으로 추산되었다. 참나무로 만든 배는 견고하다. 참나무 줄기 중앙의 가장 단단한 목재는 참나무의 심장이라 불린다. 데이비드 개릭은 참나무에서 영감을 받아 애국심 가득한 노래 가사를 썼다(작곡은 윌리엄 보이스가 했다). 이 노래는 1760년 새해 첫날에 처음으로 공연되었다. 영국 해군이 네 번의 해전에서 승리한 '놀라운 해'인 1759년을 기념하는 공연이었다.

참나무의 심장이 우리 배, 참나무의 심장이 우리 장병;

우리는 언제나 준비되어 있네, 건실한 청년들, 건실한!

우리는 싸울 것이다 그리고 다시 또다시 승리할 것이다!

최고의 건물들을 지을 때도 참나무를 사용했다. 참나무는 상당히 단순하고 유연하지 않은 건축 자재다. 하지만 천재적인 건축가는 참나무를 이용해 놀랍도록 우아한 건물을 만들어낸다. 참나무를 이용한 최고의 기술은 아마도 외팔 들보 기술일 것이다. 튀어나온 들보가 중간에서 만나지는 않지만, 천장을 떠받치는 구조물 역할을 한다. 햄프턴코트 궁전의 대형 홀이 전형적인 사례다.

참나무로 만든 모든 건물 가운데 가장 위대한 건물은 아마도 파리의 노트르담 성당일 것이다. 1160년에 건축을 시작해 불과 한 세기 후에 완공되었다. 그러나 이후 몇 세기에 걸쳐 많이 바뀌었다. 그 성당에는 1,300그루의 나무에서 나온 목재가 들어가 있다. 1,300그루면 0.2제곱킬로미터 정도의 땅을 덮을 만큼 많은 나무로 '숲'이라고 불릴 만하다. 그런데 2019년에 불이 나서 성당 건물의 상당히 많은 부분이 파괴되었고, 나무 뼈대로 만든 첨탑도 무너져 내렸다. 목조 건축의 한계가 너무나 명확하게 드러났다. 그러나 노트르담 성당이 오랫동안 멋진 전성기를 누렸음은 분명하다. 성당 건물은 즉시 복원 작업에 들어갔다.

참나무는 독일의 국가 정체성에서 정말로 중요하다. 1936년 베를린 올림픽(일명 나치 올림픽)에서는 금메달을 딴 선수들에게 참나무 묘목을 선물로 주기도 했다. 영국 팀은 6미터급 요트 경기에서 금메달을 땄다. 키잡이였던 크리스토퍼 보드먼은 시상식 참석을 거부했는데도 결국 참나무 묘목을 받았다. 그는 노퍽주 하우힐에 있는 그의 가족이 살던 집에 그 묘목을 심었다. 제2차 세계대전 중 그곳에서 23미터 정도 떨어진 지점에 폭탄이 떨어졌다. 그러나 그 나무는 살아남았다. 이후 1987년 영국을 강타한 돌풍으로 심각한 피해를 입었고, 2013년에는 꼭대기 부분이 잘려나갔다. 그럼에도 그 나무는 여전히 그곳을 지키고 있다. 그 나무는 히틀러의 참나무라 불린다.

010
데이지

사랑받는 꽃 혹은 뽑아야 할 잡초

데이지, 땅에 핀 진주 같은 별,

절대 지지 않는 별꽃들

└ ● 퍼시 비시 셸리의 시 〈질문〉

서로 완전히 상반되는 생각을 동시에 할 수 있는 능력이 아마도 인간의 두드러진 특징일 것이다. 그리고 야생 세계에 대해서라면 우리는 그렇게 하고 있다는 사실조차 의식하지 못한 채 이런 특징을 계속 드러낸다. 데이지는 꽃인가, 아니면 잡초인가? 이런 질문은 의미가 없다. 그러나 우리 자신에 대한 중요한 진실을 드러낸다는 점에서 데이지가 지니는 의미는 크다. 식물학자에게 데이지는 꽃이 피는 식물이다. 어떤 정원사에게 데이지는 잔디밭을 더욱 매력적으로 만들어주는 존재다. 그러나 정원에 조금이라도 데이지가 있으면 수치라며 부들부들 떨고, 어떤 수단을 써서라도 완전히 없애버려야 한다고 생각하는 정원사도 있다.

데이지는 동물들이 골고루 뜯어먹는 풀밭에서 생존하도록 진화했다. 낮은 풀밭에서 작고 납작한 잎들이 돋아나고 꽃을 피운다. 곤충이 꽃가루받이를 해주고, 씨앗이 바람을 타고 흩어진다. 데이지는 웬만한 땅에서도 잘 자라는데, 인간들은 기회가 될 때마다 잘 정리된 풀밭을 만들기 때문에(6장

집초 혹은 꽃: 데이지

참조) 인간들이 있는 곳을 데이지가 따라다니는 경우가 많다. 데이지는 잔디 깎는 기계가 있는 곳에서 잘 자란다. 잔디가 길게 자란 잔디밭에서는 데이지를 잘 볼 수 없다. 그러니 데이지가 눈엣가시라면 그저 잔디를 깎지 않고 놔두는 것도 방법이다. 그러면 분명 다른 여러 종류의 식물이 많이 자라날 것이다. 그러고 보면 인간은 한 종류만 키우는 것을 참 좋아한다.

잔디 깎는 기계의 칼날을 아무리 낮춰도 데이지는 잔디밭에서 살아남는다. 그런 식으로는 데이지의 잎들을 절대 제거할 수 없다. 끝부분을 잘라낼 수는 있지만, 데이지는 기회만 있으면 다시 자라난다. 울퉁불퉁한 땅에서는 잔디 깎는 기계의 칼날이 데이지 꽃에 닿지 않는 경우가 많다. 데이지는 기계 밑으로 몸을 숙였다가 칼날이 지나간 후 다시 일어난다.

잔디밭이 최고의 상태를 유지해야 한다고 믿는 사람들에게 데이지는 골칫거리다. 잔디를 먼저 한 방향으로 깎은 다음, 다시 반대 방향으로 깎아서 줄무늬를 만드는 단정한 잔디밭은 잔디밭 주인의 신분을 보여주는 수단이다. 누군가에게 돈을 주고 잔디 깎는 일을 시킬 만큼 여유가 있다는 의미일 때가 많기 때문이다. 데이지를 없애려면 손으로 뿌리 뽑거나, 완전히 없어질 때까지 매주 칼로 잘라내야 한다. 데이지의 뿌리를 파내는 도구를 살 수도 있다. 그러나 데이지를 없애는 데는 주로 화학적인 방법이 사용된다. 제초제를 골라서 잔디밭에 뿌리면 다른 식물들을 죽이면서 잔디를 잘 관리할 수 있다.

한 발자국 떨어져 보면 이 모든 행동이 참으로 이상하다. 그러한 행동은 어느 정도 인간의 통제 욕구와 관련이 있다. 잔디를 깎고, 다른 식물이 자라나지 못하도록 없애면서 인간은 안도감을 느낀다. 우리가 자연을 길들여서 관리할 수 있다는 사실을 보여주기 때문이다. 우리는 우리 자신의 방식대로 자연을 소유한다. 그러나 그렇게 관리하려면 끊임없는 노동이 필요하다. 절대 끝날 리 없는 노동이다. 이러한 점에서도 역시 많은 사람이 안도감을 느낀다. 잔디는 규칙적으로 자주 깎아야 한다. 잔디 깎기를 드문드문하면 오히려 데이지가 살아남는 데 도움을 준다. 일단 데이지와의 전쟁에서 한 번 이기고 나면, 칼날을 낮추고 계속 잔디를 깎아줌으로써 데이지의 번식을 막아야 한다.

데이지는 생존력이 아주 강하다. 풀을 뜯어 먹는 동물과 커다란 포유류의 무거운 발걸음 사이에서도 살아남은 데이지는 잘 관리된 잔디밭에서 거뜬히 적응한다. 데이지는 일찍 꽃을 피우고 늦게까지 지지 않는다. 영국에서는 3월과 10월, 심지어 포근한 겨울에도 데이지 꽃을 볼 수 있다. 데이지는 밤에 꽃잎을 오므렸다 해가 뜨면 다시 꽃잎을 펼친다. 데이지 꽃 역시 작은 해처럼 보인다. 꽃과 해는 모두 '낮의 눈(eye of the day)'이라고 불려왔다. 초서는 데이지를 더 긍정적이고 압축적으로 묘사한다.

무엇보다 거짓말은 하지 않을 거예요.
그러나 사람들이 데이지를 쳐다보면서

┃ '데이지가 있다': 〈오필리아〉(존 윌리엄 워터하우스, 1894년)

데이지 혹은 낮의 눈,

황후 그리고 모든 꽃 중의 꽃이라고

부른 이유가 있어요.

다른 30여 종의 풀과 마찬가지로, 데이지도 상처 치료에 활용할 수 있다. 그래서 '상처용 풀(woundwort)'이라고 불리기도 한다. 토끼들의 모험을 그린 소설인 리처드 애덤스의 『워터십 다운』에서는 운드워트(Woundwort) 장군이 눈길을 끄는 악당으로 등장한다. 그는 전투가 끝나면 데이지에서 짜낸 즙에 적신 붕대를 칼과 창에 베인 상처에 싸맸고, 전투를 하기 전에는 자루에 데이지들을 모았다.

데이지는 그 자체로도 사랑받는다. 데이지는 어린 시절 그리고 순수함과 관련된다. 꽃의 줄기에 틈을 만든 다음 다른 줄기를 집어넣는 작업을 반복하면 데이지 왕관이나 목걸이를 만들 수 있다. 보티첼리의 위대한 작품 〈프리마베라〉에 등장하는 봄(꽃)의 여신 플로라는 머리에 데이지를 두르고 있다. 데이지는 여자아이의 이름으로도 인기가 있다. 2010년에는 잉글랜드와 웨일스에서 여자아이에게 17번째로 많이 붙이는 이름이었지만, 2021년에는 150번째로 떨어졌다. 그 이름은 잘난 척하지 않고 가식이 없는 아름다움, 가장 훌륭한 아름다움이라는 인상을 준다. 프랜시스 스콧 피츠제럴드의 소설 『위대한 개츠비』에서 데이지 뷰캐넌처럼 말이다. 해리 데이커가 1892년에 쓴 노래 〈데이지 벨(두 사람이 타는 자전거)〉에서 그러한 인상을 더 확실하게 느낄 수 있는데, 이 노래는 워릭 백작의 부인 데이지 그레빌을 생각하며 썼다고 한다.

데이지, 데이지,

대답해줘요, 제발!

나는 반쯤 미쳤어요.

모두 당신을 사랑하기 때문이에요!

멋진 결혼식은 아닐 거예요.

나는 마차를 마련할 여유가 없으니까요.

그래도 당신은 둘이 타는 자전거의

의자에 앉아 사랑스러워 보일 거예요.

반면 제임스 러브록과 앤드루 왓슨이 1983년에 발표한 컴퓨터 시뮬레이션 데이지월드는 암울한 문제를 다룬다. 두 종류의 데이지가 사는 가상의 행성을 보여주는 컴퓨터 시뮬레이션으로, 러브록의 가이아 가설을 증명하려는 목적으로 만들어졌다. 러브록은 지구를 하나의 살아 있는 유기체, 스스로를 조절하는 복잡다단한 체계로 생명을 지탱하는 유기체라고 가정한다. 이 체계를 어지럽히면 위험하고 파괴적인 결과를 낳는다는 추론이다. 가이아 가설을 증명하기 위해 데이지를 고른 것은 아주 적절했다. 일부러 단순하게 압축한 컴퓨터 시뮬레이션의 (소박하기까지 한) 단순함을 잘 보여줄 뿐 아니라 자연의 양면성도 드러내기 때문이다.

우리는 데이지를 좋아한다. 데이지에 대한 노래를 부르고 딸에게 데이지라는 이름을 붙인다. 그러면서도 잔디밭에 데이지가 보이면 위신이 떨어진다고 생각하며 뽑아버린다. 우리는 삶에서 데이지를 원하는 걸까, 아니면 원하지 않는 걸까? 데이지는 꽃일까, 잡초일까? 모두 맞는 말이다.

011
효모

효모가 인류에게 준 두 가지 선물

여기 나뭇가지 밑에 빵 한 덩어리와
포도주 한 병, 시집 한 권 그리고 당신이 있네.
└ 오마르 하이얌의 시집 『루바이야트』(에드워드 피츠제럴드 번역)

효모는 균류다. 균류는 식물이 아니지만, 우리는 보통 같은 종류로 생각한다. 그들이 우리처럼 살아 있기는 하지만, 움직이지는 않기 때문이다. 우리인간은 삶을 이분법적으로 보길 좋아한다. 밝거나 어둡고, 선하거나 악하고, 사랑하거나 미워한다고 생각한다. 그리고 세상을 동물과 식물로 나눈다. 그러나 일반 사람들의 인식과 달리 과학적인 분류법은 전통적으로 진핵생물(세포핵이 있는 생물)을 동물과 식물 그리고 균류라는 세 영역으로 나눈다. 사람들은 균류가 식물보다 동물에 더 가깝다는 사실에 조금 혼란스러워한다. 동물과 균류 모두 직접적 혹은 간접적으로 식물을 먹고 산다. 식물은 자신의 먹이를 스스로 만들어낼 수 있는 유일한 생명체다. 이 책에서는 아홉 가지 균류에 대해 다루었다. 균류와 식물이 완전히 다르다는 사실은 변함이 없지만, 균류가 우리 삶에서 중요한 역할을 하고, 일반 사람들의 인식에서는 식물로 여겨지기 때문에 포함했다.

효모가 없었다면 우리는 어떻게 되었을까? 효모가 없었다면 인간이라

즐거움이 시작되게 하소서: 〈술 만들기의 네 요소〉(조반니 안토니오 펠레그리니, 1717년)

는 종은 살아남지 못했을지도 모른다. 농촌 공동체를 이루지 못했을 수도 있다. 효모는 1,500종 정도가 있고, 다세포 생물 조상에서 진화한 단세포 생물이다(여기에서 생물이 점점 더 복잡해지는 쪽으로만 진화하지는 않는다는 사실에 주목하자. 단순한 것이 유리하다면 점점 더 단순한 형태로 진화할 수도 있다). 효모(yeast)는 비공식적인 용어다. 두 개의 문(門)에 여러 종의 효모가 있다(문은 전통적인 분류법에서 계 바로 아래의 생물 분류 단위다. 우리 인간은 척추동물문에 속한다).

　우리는 보통 한 종의 효모, 사카로미세스 세레비시아(*Saccharomyces cerevisiae*)만을 이용한다. 이 균류는 탄수화물을 이산화탄소와 알코올로 바꿀 수 있다. 이 과정을 발효라고 부른다. 효모 덕분에 우리는 술과 발효된 빵을 얻었다. 술과 빵은 인류의 수많은 문명에서 정말 중요한 역할을 했다. 기독교 교회의 성찬식에서는 빵과 포도주를 중심으로 의식을 진행한다. 화성에서 온 인류학자가 본다면 우리가 효모를 신으로 숭배한다고 결론 내릴지도 모른다.

신에게 감사하게도 효모는 어디에서나 구할 수 있다. 2장에서 설명했듯이, 시큼한 사워도 빵을 만드는 과정에서 효모는 저절로 생긴다. 무척이나 쉬운 과정이어서 분명 진 세계에서 그런 일이 자연스레 반복적으로 계속 일어났을 것이다. 반죽을 오래 방치해두면 야생 효모가 모여들어 부풀어 오르기 시작한다. 부풀어 오른 반죽을 버리기 아까우니 어쩌다 한번 구워본다. 그렇게 100배 더 맛있는 빵을 만드는 법을 터득했을 것이다.

효모가 알코올을 만든다는 사실은 오히려 더 간단하게 발견할 수 있다. 조금이라도 기회가 생기면 실제로 무엇이든 알코올로 변한다. 아무것도 하지 않아도 된다. 내가 아는 한 여성은 일을 쉬는 동안 『신은 술꾼을 좋아해』라는 책을 쓰기 시작했다. 아쉽게도 그녀는 책을 끝마치지 못하고 취직해 다른 일을 하게 되었다. 그러나 그 책에 쓰려던 내용은 진실로 남아 있다. 술은 부자든 가난한 사람이든 누구나 쉽게 구할 수 있다. 언제나 그랬다.

가장 오래되었다고 알려진 몇몇 문헌에서도 효모에 대해 언급한다. 메소포타미아의 맥주 여신 〈닌카시에 대한 찬가〉에는 여신에 대한 기도와 그녀가 준 위대한 선물인 맥주를 만드는 방법이 쓰여 있다. 글을 읽지 못하는 사람이 많은 문명에서는 중요한 정보를 노래로 외웠다. 남아 있는 기록은 4,000여 년 전의 것이지만, 찬가는 분명 그보다 훨씬 더 오래전부터 존재했을 것이다. 고대인은 맥주를 만들면서 이 노래를 불렀으리라.

발효시켜 걸러낸 맥주를 따를 때
티그리스강과 유프라테스강의 물이 쏟아지는 것 같네.

1만 3,000여 년 전에도 맥주가 존재했다는 증거가 있다. 술은 대부분의 인류 문명이 발달하는 데 중심 역할을 했다. 종교적인 의식과 황홀한 경험, 신들과의 교감 그리고 즐거움과 흥겨움을 위해 인류는 술을 활용했다. 메소포타미아 전설에는 술자리 놀이가 등장한다. 기원전 1800년 무렵, 길가메시 서사시에서 영웅 길가메시는 "배를 채우고, 낮이나 밤이나 즐겁게 지내라"라는 이야기를 듣는다. 맥주에는 칼로리가 많아서 수분과 영양을 동시에 섭취할 수 있어 육체노동을 하는 사람에게 좋다. 메소포타미아 노동자들은 실제로 맥주를 보수로 받았다는 증거가 발견되었다(오늘날 독일에서는 맥주를 유머러스하게 액체로 된 빵이라고 부른다). 더구나 술은 물보다 보관이 더 용이하다. 따뜻한 날씨에는 건강에 나쁜 영향을 미치는 미생물이 물에 금방 증식한다. 당시에는 수인성 전염병에 대해 전혀 몰랐지만(세균 때문에 질병이 생긴다는 이론은 18세기까지 제대로 발달하지 않았다), 콜레라와 장티푸스에 어떻게 걸리는지 알아야만 물 마시기를 피할 수 있는 것은 아니었다. 나쁜 물에는 나쁜 냄새가 나고 불쾌한 맛이 난다. 농업 사회에서 동물 배설물로 오염되지 않은 신선한 물을 찾기란 어려운 일이었다. 맥주는 이 모든 문제의 해결책이었다. 수분 섭취를 위해 마셨던 맥주는 보통 우리가 21세기에 익숙하게 마시는 맥주보다 훨씬 도수가 약하다. 이제는 맥주가 세계에서 세 번째로 많이 마시는 음료가 되었다. 첫 번째가 물, 두 번째가 차다. 인류 역사에서 얼마나 많은 사람이 맥주 덕분에 생명을 유지할 수 있었을까? 셀 수 없이 많을 것이다. 오염된 물 대신 마실 술을 만드는 데 필요한 효모가 없었다면 농경 사회에서 수인성 전염병이 널리 퍼질 때 인류는 살아남을 수 없었을 것이다.

뒤에 나오는 장들에서 알코올에 대해 더 자세히 살펴보려고 한다. 우리 인류의 역사에서 술이 핵심 역할을 했다는 사실을 진지하게 받아들여야 하기 때문이다. 그러나 효모와 함께 술이 시작되었다는 사실도 잊지 말아야 한다. 포도주를 만들려고 포도를 으깰 때 이미 포도 껍질에는 효모가 있다. 그래서 금방 발효해 포도주로 변하는 것이다. 벌꿀로 만드는 벌꿀 술은 어떨까? 분명 야생 효모 때문에 야생 벌집이 발효하는 것을 우연히 발견한 사람들이 벌꿀 술을 만들었을 것이다. 중국인은 쌀을 발효시켜 술을 만든다. 콜럼버스가 발견하기 전의 아메리카 대륙에도 다양한 술이 있었다.

다음 장으로 넘어가기 전에 효모의 또 다른 용도를 이야기해야겠다. 효모를 추출해서 만든 제품으로, 영국의 마마이트, 오스트레일리아의 베지마이트와 프로마이트, 독일의 비탐-R, 스위스의 세노비스 같은 상품명으로 더 잘 알려져 있다. 채식주의자에게 도움이 되는 건강보조식품이다. 요리할 때 첨가하면 풍미를 돋우고, 빵에 발라먹기에도 좋다(취향이 아닐 수도 있지만). 영국의 마마이트는 구역질할 정도로 싫어하는 사람도 있음을 전제로 광고를 한 유일한 식품이다. 텔레비전 광고에서 첫 데이트 후 여자의 집으로 들어가는 남녀를 보여주는데, 첫 키스를 한 후 남자는 참지 못하고 구역질을 한다. 여자가 마마이트를 먹고 왔기 때문이다.

효모 덕분에 세계의 여러 문화권에서 꼭 필요한 주식과 취하게 만드는 술을 얻을 수 있었다. 술은 우리 기분을 유쾌하고, 편안하고, 들뜨게 한다. 반면 싸움꾼이나 폭력적인 사람 혹은 중독자로 만들기도 한다. 그러므로 오마르 하이얌의 시집 『루바이야트』 중 몇 구절을 더 인용하면서 마무리하고자 한다.

> 새벽의 왼손이 하늘에 떠 있을 때 꿈을 꾸면서
> 나는 선술집 안에서 외치는 소리를 들었네.
> "일어나, 얘들아. 그리고 잔을 채워.
> 인생의 술잔이 마르기 전에…"

100가지 식물로 읽는 세계사

012
대마

평화로운 혁명의 상징에서 의학적 사용까지

내 마음의 담배 연기 사이로 사라지도록 나를 데려가줘.

└ 밥 딜런의 노래 〈미스터 탬버린 맨〉

새롭고 더 나은 세상에 대한 희망이 모두 한 식물에 뿌리를 두고 있는 것 같았다. 카페에는 음악이 흘렀고, 혁명의 기운이 감돌았다. 어딜 가든 대마초 냄새가 났다. 그저 즐거움을 얻기 위해 대마초를 피우는 것이 아니었다. 그것은 세상을 달리 보는 방식이었다. 야망이나 경쟁심을 버리고 친절하고 너그럽게, 깊은 통찰력과 높은 창의력을 지니고 세상을 보는 방식이었다. 물론 히피 시대는 조롱의 대상이 되어왔다. 사랑과 평화 같은 가치를 진지하게 지지할 정도로 어리석은 사람들을 상상이나 할 수 있겠는가?

대마초는 히피 문화의 중요한 일부였다. 가치관을 공유하면서 일치된 정체성을 만들어내는 대마초의 비합법적인 성격 때문에 '반문화(counter-culture: 사회의 지배적인 주류 문화에 반대하고 저항하며 대안적인 문화를 지향하는 사회운동—옮긴이)'라는 도발적인 이름을 얻었다. 거칠게 말해, 세계 지도자들이 무릎을 맞대고 함께 앉을 수 있다면 세상은 훨씬 더 좋은 곳이 되리라는 믿음을 지지했다. 대마초에 대한 관심은 매우 빨리 시들해졌지만, 공유한 가치관 일부는 여전히 남아 있다. 권력을 추구하는 사람들에게 세상을 이롭게 하겠다는 마음이 없을 수 있다는 생각, 자유가 없는 삶은 의미가 없다는 생각, 자연이 없다면 살 가치가 없다는 생각이 바로 그것이다.

오늘날에는 세계 평화를 이야기하는 자리에서 활용하는 경우가 거의 없지만, 대마초는 여전히 전 세계에서 소비된다. 이제는 여러 나라에서 합법적으로 피울 수 있다. 대마초는 적어도 4,000년 동안 마약으로 사용되어왔고, 종종 의례와 종교의식에서 중요한 역할을 했다.

대마초는 보통 세 종류가 있다고 한다. 이 대마초들에는 테트라하이드로카나비놀(THC)이라는 향정신성 약물 성분이 들어 있다. 대마초는 왜 이러한 약물 성분을 만들어낼까? 여기에서는 신이 대마초를 만들어 우리 모두가 약물에 취할 수 있게 했다는 식의 설명보다는 진화론적으로 접근해보고자 한다. 식물도 동물처럼 자신을 보호하는 방법을 발전시킨다. 장미의 가시에 대해서는 이미 살펴보았고, 니코틴과 카페인에 대해서도 뒤에서 살펴보려고 한다. 카나비놀 성분 또한 질병을 옮기는 미생물이나 지나친 자외선에서 식물을 보호한다는 주장이 있다.

하나 확실한 점은 대마초가 자신을 위해 목적을 가지고 카나비놀을 만들어낸다는 사실이다. 어찌 되었건 대마초를 이용하면 두뇌에 놀라운 효과를 일으킬 수 있다는 사실을 인간이 알아냈다. 분명 대마초 잎을 씹어 먹다가 그런 사실을 발견했을 것이다. 대마초는 마약으로 사용되기 전 여러 해 동안 삼으로 재배되었다. 대마 줄기의 껍질은 굵고 좋은 섬유의 원료로 쓰이고, 섬유 가닥들을 꼬아서 아주 탄탄한 밧줄을 만들 수도 있다. 인간은 적어도 1만 년 전부터 대마를 사용했다. 밧줄은 분명 인간이 쓴 최초이자 가장 중요한 도구였을 것이다. 그러나 돌칼과 달리 오랫동안 보존되지 못했다. 지금까지 보존될 수 있었다면 우리는 아마 석기 시대를 대마 시대라고 불러야 했을지도 모른다. 현대에는 THC 함량이 아주 낮은 품종의 대마를 산업용으로 재배한다. 이 대마로 밧줄이나 옷, 신발을 만들고, 동물 사료와 바이오 연료로도 활용한다.

실례지만, 하늘에 잠시 키스할게요: 지미 핸드릭스와
대마를 그린 것으로 보이는 레이먼드 리 워필드의 그림

대마초의 원산지는 중앙아시아와 인도 아대륙이다. 기원전 1500년에
서 기원전 500년까지, 즉 인도의 베다 시대에는 대마초를 종교적인 목적으
로 사용했다. 히피 운동에서는 베다 시대의 경전을 열렬히 숭배했다. 실제로
읽은 사람은 별로 없었지만 말이다. 대마초를 피운 최초의 흔적은 중국 서부
파미르고원에서 발견되었다. 2,500여 년 전 그 지역에서 장례를 지낼 때는
나무 상자 위에서 대마초를 태운 후 들이마시는 것이 의식의 일부였다. 아
마도 죽은 사람을 만나기 위해서였을 것이다.

어떤 종교 의례에서든 의식이 변화된 상태를 경험하는 것은 의례의 중
요한 일부다. 금식을 하고, 리드미컬하게 구호를 외치거나 노래를 부르고,
춤을 추고, 숨이 가빠지고, 기진맥진하고, 자학하면서 의식을 고양시켜 환각

89

상태에 빠지려고 한다. 이러한 방법들 중 여러 가지를 동시에 행하거나 모두 활용하기도 했다. 그런데 향정신성 약물을 사용하면 그보다 더 빠르고 수월하게 효과를 볼 수 있다.

대마초가 자라는 곳에서는 대마초를 피우는 일이 전통 문화의 일부가 되었다. 동양의 지혜에 대한 서양인의 환상에도 대마초가 한몫했다. 19세기 유럽 문화에서 대마초는 이국적인 정서를 불러일으키는 대상이었다. 프랑스의 정신과 의사 자크 조제프 모로는 북아프리카와 서아시아를 여행한 후 대마초의 효과에 대한 논문을 썼다. 이 논문에 영향을 받아 파리에 해시시(대마초를 압착·가공해 제조한 약물을 이르는 말—옮긴이) 클럽이 만들어졌다. 1844년부터 1849년까지 활동한 모임으로 빅토르 위고, 알렉상드르 뒤마, 샤를 보들레르와 제라드 드 네르발 등이 회원이었다. 아일랜드 의사 윌리엄 오쇼네시는 영국 동인도회사에서 일한 후 많은 양의 대마초를 영국에 가져왔다. 보들레르는 『인공 낙원』, 피츠 휴 러들로는 『대마초 피우는 사람』에서 대마초에 관해 썼다.

대마초는 19세기 말에 접어들며 대부분의 선진국에서 법으로 금지되었다. 1840년에 모리셔스, 1870년에 싱가포르에서 금지되었다. 대마초 때문에 그 지역 노동자들의 생산성이 떨어질까 우려했기 때문이다. 미국에서는 1906년에 처음으로 규제하기 시작했다.

대마초는 반문화의 초기 형태, 즉 재즈 음악과, 1960년대 히피 운동과 그들의 평화적 혁명 사상의 선배 격인 비트 세대 시인들과 연관되며 유행했다. 정부는 어떤 종류의 혁명이든 끔찍이 싫어한다. 그래서 대마초를 악마화하고 대마초를 피우는 유명 인사들을 박해했다. 롤링 스톤스의 믹 재거(지금은 믹 경)는 1967년에 대마초 소지 혐의로 징역형을 선고받았다. 그러나 한 유명 지도자가 영국의 일간지 『타임스』에 알렉산더 포프의 시에서 따온 「누가 수레바퀴로 나비를 짓이기는가?」라는 제목으로 기고문을 실으면서 그 문제를 다시 수면 위로 끌어올렸다. 1972년에 미국 대통령 리처드 닉슨은 재선을 위한 선거운동을 벌이면서 4년 전에 다른 곳에서 대마초 소지 혐의를 받았다는 이유를 들어 존 레넌을 강제 추방하려고 했다. 레넌은 베트남전쟁이 한창일 때 전쟁을 공개적으로 반대했고, 시위대는 그의 노래 〈평화에 기회를 주세요〉를 불렀다.

히피 운동은 사그라들거나 새로운 형태로 바뀌었다. 대마초는 이제 혁명이 아니라 쾌락의 상징이 되었다. 2016년 통계에 따르면, 미국 성인의 51퍼센트는 언젠가 한 번은 대마초를 피운 경험이 있었고, 12퍼센트는 지난 한 해에 대마초를 피운 적이 있었다. 대마초를 평화롭고 지적인 술의 대안으로 이야기할 때가 많지만, 대마초를 피운다고 해서 유쾌해지지는 않는다. 아마도 그래서 지금까지 술만큼 인기를 얻지는 못한 듯하다. 대마초가 그 자체로는 비교적 안전한 약물이지만, 더 해로운 약물로 이끌 수밖에 없는 '관문 약물'이라는 사실이 법적 규제를 주장할 때 자주 드는 이유 중 하나다. 세계가 선택한 약물인 술은 대부분 나라에서 합법적으로 마실 수 있다. 그러나 술 때문에 죽은 사람이 대마초 때문에 죽은 사람보다 훨씬 더 많다. 대마초를 피운다고 언제나 니르바나(열반) 상태를 경험하는 것도 아니다. 대마초에 취약한 사람이나 지나치게 많이 피운 사람은 정신 질환이나 여러 정신적 문제를 겪을 수 있고, 그 때문에 정상적인 생활을 못하게 될 수 있다.

최근에는 대마초의 의학적 효능에 관한 연구들도 나오고 있다. 통증 관리, 화학요법 중 느끼는 메스꺼움 줄이기, 식욕 증진 등을 위해 성공적으로 활용되기도 한다. 그 결과 대마초를 법으로 규제하지 않는 곳이 많아졌다. 암스테르담의 특정 장소들에서는 1976년부터 이미 대마초를 합법적으로 피울 수 있다. 2013년에는 우루과이에서 대마초가 법의 규제에서 벗어났고, 지금은 남아프리카공화국과 캐나다, 조지아, 미국의 11개 주에서 합법이다. 땅에서 재배하지 않고 수경 재배를 하는 현대적인 대마초 품종은 의도적으로 THC 함량을 매우 높일 수 있어서 내가 젊을 때 느꼈던 고양 상태와는 완전히 다른 경험을 선사한다.

나는 캐나다 뉴브런즈윅에서 '대마초(Cannabis)'라고 명시된 한 가게에 대마초를 피우는 친구와 함께 들어갔다. 나이가 지긋하고 친절한 여성이 문앞에서 우리의 신분증을 검사했다(엄마가 점수를 매기는 것 같았다). 그다음 쾌활한 청년이 우리를 응대했다. 대마초를 거래하는 곳이 아니라 애플의 쇼룸을 방문한 것 같았다. 나는 그곳에서 대마초를 다시 피우고 싶다는 충동이 들지 않았다. 그러고는 이내 대마초 합법화로 캐나다가 타락의 구렁텅이로 빠져들지 않았음을 깨달았다.

013
난초

열망과 집착에 휩싸인 식물

내가 당신 옷 위에 꽃 장식을 바로잡아주어도 될까요?

충격으로 흐트러졌네요.

└ 마르셀 프루스트, 「스완의 사랑」 『잃어버린 시간을 찾아서』

꽃은 생식과 깊은 관련이 있다. 그것은 식물학적인 사실이지만, 인간에게도 비슷한 역할을 한다. 우리는 꽃을 사랑을 표현하는 선물, 애정과 욕망의 상징으로 활용한다. 난초의 중세 영어 단어는 '고환 풀(bollockwort)'이다. 아리스토텔레스의 제자이자 위대한 식물학자, 그리스 철학자였던 테오프라스투스는 난초를 오키스(orchis)라고 불렀다. 역시 고환이란 뜻의 단어다. 둘 다 난초의 일부 품종에서 나타나는 이중 덩이줄기를 보고 붙인 이름이다.

난초는 꽃으로 유명하다. 식물의 생식기관으로서 뚜렷하고 화려한 성적 매력을 지녔다. 또한 이국적인 자태로 찬사를 받으며, 열망과 집착을 불러일으킨다. 그 열망과 집착에는 지나치고 위험한 낌새가 있다. 19세기에는 많은 사람이 사로잡힌 그런 열망을 난초열(orchidelirium)이라고 불렀다. 전 세계에는 난초 재배에 열중하는 수백 개의 협회가 있다. 찰스 다윈은 절친한 친구인 식물학자 조지프 후커에게 보낸 편지에서 "내 삶에서 제일 많은 관심을 쏟은 주제가 난초야"라고 썼다.

생물 분류로 볼 때, 난초과(*Orchidaceae*)는 763가지 속에 2만 8,000여 가지 종이 포함되어 있을 정도로 무척이나 방대하다. 보통 열대지방이나 온실에서 자라지만, 북쪽 지방에서 자라는 종도 많다. 영국에는 52가지 종이 있는데, 열렬한 추종자들이 이들을 보기 위해 찾아온다. 존 파울스의 소설 『대니얼 마틴』에서 주인공 대니얼 마틴은 놀랍게도 앤서니가 '난초의 신비'에 대해 자신과 같이 관심이 많다는 사실을 알게 되고, 그와 인생을 함께하는 친구가 된다. 그는 앤서니가 난초를 사람처럼 그린다는 사실을 알아차린다. 난초의 꽃잎은 사람의 모습과 비슷하고, 마치 무릎까지 내려오는 남근을 달고 있는 것 같다.

얼마나 요란한지! 난초는 꼭 그렇게까지 요란해야만 할까? F. 스콧 피츠제럴드는 "'저 숙녀를 아세요?' 개츠비는 흰 꽃이 핀 자두나무 아래 당당하게 앉아 있는, 눈부시게 아름다워서 인간이라기보다 난초 같은 여성을 가리켰다"라고 썼다. 난초는 거의 식물이 아닌 것처럼 보인다. 간절하게 갈망하는 동물이나 고기 혹은 피부 같다. 난초는 정말 그렇게 절박할까? 사실 그렇다. 난초는 서로 개별적으로 꽃가루받이를 하는 것이 아니라, 화분괴(꽃가루덩이)라고 불리는 큰 덩어리로 꽃가루받이를 한다. 이것이 씨앗을 퍼뜨리기 위한 난초의 전략이다. 난초는 놀라울 정도로 작은 씨앗을 엄청나게 많이 만들어내고, 그 씨앗들을 바람에 실어 흩어 보낸다. 각 꽃의 암술머리에 붙으려면 많은 양의 꽃가루가 필요하다. 띄엄띄엄 꽃가루를 뿌려서는 도움이 되지 않는다. 큼직한 꽃가루덩이가 아니면 제대로 해내기 힘들다.

이렇게 씨앗을 퍼뜨리는 전략에는 두 가지 선택지가 있다. 첫 번째는 많은 양의 꽃가루가 정확하게 딱 알맞은 꽃에 가서 붙도록 하는 것이다. 두 번째는 터무니없이 많은 꽃가루를 만들어내는 것이다. 난초는 첫 번째 방법을 쓴다. 다시 말해, 난초는 꽃가루를 옮겨줄 곤충을 가장 극적인 방식으로 유인해야만 한다. 그러려면 다른 꽃들보다 커다랗게, 오랫동안 지지 않는 꽃

| 절대 실패하지 않는다: 〈난초를 보낸 사람〉(클래런스 F. 언더우드, 1929년)

을 피워야 한다. 이 모든 것이 무모하고 지나치게 보인다. 하지만 터무니없이 많은 꽃가루를 만들어내는 방법에 비하면 더 우아하고 경제적이다. 효과가 좋은 방법이긴 하지만, 어쩔 수 없이 대가도 따른다. 꽃가루를 옮겨주는 데 특화된 곤충에게 의존할 수밖에 없기 때문에 그런 곤충이 없다면 난초는 생명을 이어나갈 수 없다.

유럽에서 볼 수 있는 꿀벌 난초가 전형적인 사례다. 꿀벌 난초의 꽃은 단독성 벌(무리를 짓지 않고 홀로 생활하는 벌—옮긴이)의 암컷처럼 보인다. 또한 꿀벌 냄새를 흉내 낸 냄새를 내뿜는다. 수컷 꿀벌은 그 꽃에 짝짓기를 시도하다가 날아간다. 다른 꿀벌 난초에도 똑같이 속아 넘어가고, 그 과정에서 꽃가루받이가 이루어진다. 난초가 꿀벌을 닮았다는 사실이 놀랍기는 하지만, 결코 완벽하게 닮은 것은 아니다. 그래서 사람들은 꿀벌이 어리석다고 생각하지만… 인간 남성도 여성의 사진이나 그림을 보고 흥분해 달려든다는 사실은 잊은 것 같다. 난초꽃이 흉내 내는 단독성 벌은 영국 같은 북쪽 지역에서는 거의 발견되지 않는다. 이곳에서는 훨씬 덜 효과적인 자가수분 방법에 의존해야 한다. 다윈은 1876년에 정확히 그 주제에 관한 책을 출간했다. 자가수정과 타가수정의 효능을 비교하는 내용이었다(해란초를 다룬 33장에서 이에 대해 더 설명한다). 그는 자가수분 식물의 약점을 입증했고, 유전학에 대한 그레고어 멘델의 발견 중 일부를 예견했다(4장 참조).

다윈은 1863년에 켄트의 다운 하우스(찰스 다윈의 집)에 온실을 만들었고, 오랜 시간을 들여 난초를 돌보았다. 온실이 거의 완성되었을 때 그는 "온실을 채울 생각에 학창 시절처럼 들뜬 기분"이라고 말했다. 그가 온실에서 키운 식물 중 하나가 마다가스카르 난초(Angraecum sesquipedale)였다. 그가 그 난초의 꿀샘(꽃의 꿀을 생산하는 조직—옮긴이) 길이를 재보니, 거의 30센티미터에 달했다. 그 난초의 꽃가루받이는 어떻게 이루어졌을까? 엄청나게 긴 주둥이를 지닌 커다란 나방이 끝까지 빨아내려고 노력하지 않는 이상 꽃가루가 나오지 않을 것이라고 다윈은 짐작했다. 당시에 이런 추측은 조롱거리가 되었다. 그러나 40년 후 바로 그런 주둥이를 가진 박각시나방의 아

다윈이 키운 식물: 마다가스카르 난초 그림, 『난초 도감』의
삽화(존 뉴전트 피치, 1897년)

종이 발견되었다. 그 나방은 크산토판 모르가니 프레딕타(*Xanthopan morganii praedicta*)란 적절한 이름을 얻었다. '이거 봐, 내가 뭐라 그랬어'라는 뜻이 담긴 이름이다. 이것은 다른 종끼리 서로 영향을 주며 진화하는 방식인 공진

화(共進化)의 원리를 보여주는 완벽한 사례다. 다윈은 『종의 기원』을 출간한 지 3년 후인 1862년 『난초의 수정』을 출간했다. '이거 봐, 내가 뭐라 그랬어'라는 메시지가 담긴 책이라 볼 수 있다.

멋쟁이 작가: 〈마르셀 프루스트 초상〉의 일부(자크 에밀 블량슈, 1892년)

그러나 지식에 대한 순수한 욕구 때문에 유럽에서 난초 붐이 일어난 것은 아니었다. 그보다는 섹스, 돈, 권력을 비롯한 온갖 세속적인 것에 대한 맹목적인 욕구 때문이었다. 굉장히 화려한 외관을 자랑하는 열대 난초는 19세기에는 구하기가 어려웠다. 매우 부유해야만 얻을 수 있었기 때문에 단춧구멍이나 가슴에 꽂은 난초는 강력한 부를 과시하는 수단이었다. 프랑스의 화가 자크 에밀 블랑슈는 약간 미숙하지만 눈길을 끄는 재능을 지닌 스물한 살의 멋쟁이 작가 마르셀 프루스트의 초상화를 그린 적이 있다. 그림 속 프루스트는 옷깃에 카틀레야 난초(특히나 현란한 꽃)를 꽂은 채 상대방을 응시하며 불안하면서도 자기만족에 빠진 듯한 표정을 지으려고 애쓴다. 몇 년 후 그는 위대한 작품 『잃어버린 시간을 찾아서』의 앞부분에서 화류계 여성 오데트를 뒤쫓는 샤를 스완에 대해 쓴다. 말이 장애물을 보고 놀라 뒷걸음질 치자 마차와 함께 오데트와 그녀 옷에 달린 꽃 장식이 흔들린다. "보세요, 여기 조금 있네요. 분명 당신 옷에 꽃가루가 떨어진 것 같아요. 제가 손으로 털어드릴까요?" 이러한 그의 행동이 다음 이야기로 이어지고, 그후 두 사람은 사랑의 행위를 '카틀레야 하기'라고 부른다.

난초는 큰 사업이었다. 난초 수집은 부자가 되기 위해 벌이는 모험이었다. 런던에서 토트넘의 존 데이는 난초를 잔뜩 수집한 후 사업을 벌였다. 트레버 로런스 경은 에리데스 라우렌시니아(*Aerides lawrenciniae*)로 불리게 될 난초 표본 하나를 235파운드(오늘날 아마도 10만 파운드 정도의 가치. 한화로는

100가지 식물로 읽는 세계사

1억 7,600만 원 정도—옮긴이)에 사들였다. 1879년 창간된 영국의 청소년 잡지 『보이스 오운 페이퍼』는 '난초 사냥꾼'이라는 제목의 이야기를 연재했다.

번식시키기가 정말 어렵다는 사실이 난초의 큰 매력이자 신비 중 하나다. 대부분의 종은 아예 번식이 불가능하다. 균사체라고 하는 곰팡이 실에서 나오는 영양분을 공급받아야만 씨앗이 발아한다는 것이 문제다. 1922년, 씨를 뿌리는 배양토에 꼭 필요한 영양분을 주입하는 방법이 개발되었고, 이때부터 난초가 널리 퍼졌다.

난초는 이국적인 매력 덕분에 명성을 유지했다. 렉스 스타우트의 소설에 등장하는 탐정 네로 울프(1934년에 창조되었다)는 난초 연구에 전념했고, 1939년 출간된 레이먼드 챈들러의 소설 『빅 슬립』에서 필립 말로는 스턴우드 장군을 장군의 난초 온실에서 만난다. 온실 속 난초들의 줄기를 "갓 씻어낸 시체들의 손가락 같았다"라고 묘사한다. 그러나 오늘날에는 슈퍼마켓에서 콩 통조림 하나를 사면서 난초도 같이 살 수 있다. 야생 난초의 대규모 불법 거래가 이루어지고 있고, 그로 인해 생태계가 심각한 피해를 입고 있다. 그러니 난초를 사기 전에는 출처를 확인하는 편이 좋다. 합법적으로 구입하는 것도 전혀 어렵지 않다. 모두를 위해 난초의 신비로움과 이국적인 매력을 유지하는 것이 과연 좋을까? 아니면 그건 그저 모순일 뿐일까? 난초가 정말로 소박한 식물이 될 수 있을까?

브라질너트나무

열대우림이 우리에게 주는 선물

> 나는 브라질에서 온 찰리의 고모야. 견과류의 원산지에서 왔지.
> └ 브랜던 토머스의 희곡 《찰리의 고모》

우리는 정글을 자연이 지배하는 영역, 가장 용감한 사람들만이 감히 도전하는 장소라고 여겼다. 우리는 정글을 환상의 공간으로 상상했다. 1940년부터 발표하기 시작한 정글 만화는 표범 가죽 반바지를 입고 악어, 고릴라와 씨름하는 백인 남자의 모습을 일상적으로 보여주었다. 우리는 정글의 법칙이 문명 세계보다 훨씬 더 거칠고 사납다고 생각했다. 정글은 쓸모없지만 너무 야생적이어서 매력적이었다. 궁극적인 길들이기는 불가능하다는 사실을 알면서도 길들여야 하는 곳이라고 생각했다. 우리는 이제 그곳을 열대우림이라고 부른다. 열대우림은 취약함의 상징이 되었다. 어떤 사람들은 그곳을 믿기 어려울 정도로 아름다웠지만 이제는 그 아름다움이 사라져가는 세계로 바라본다.

　우리는 나무만 보고 숲을 보지 못할 때가 많다. 우리를 매료시키는 것은 생태계 자체다. 그러나 우리 눈에는 몇몇 종의 나무들만 유독 잘 보인다. 저지대 열대우림은 특히 그렇다. 이곳은 우거진 나뭇잎들이 하늘을 가리고 있는 것이 특징인데, 군데군데 다른 나무들보다 훌쩍 더 큰 나무가 서 있다. 이런 나무를 건조하게 돌출목이라고 부르는데, 브라질너트나무가 바로 전형적인 예다. 브라질너트나무의 나무줄기는 지름이 2미터를 넘는 경우가 거의 없지만, 키는 50미터까지 치솟을 수 있다.

열대우림의 돌출목: 다른 나무들 위로 우뚝 솟은 브라질너트나무

우리는 이 나무의 씨앗을 잘 안다. 우리가 브라질너트라고 부르면서 먹는 음식이다. 그러나 브라질 사람들은 '카스탄아스 도 파라(castanhas-do-para)', 즉 파라의 밤이라고 더 많이 부른다. 지방이 많은 이 훌륭한 견과류와 관련해 멋진 사실이 있다. 브라질너트는 재배할 수 없다. 그저 주워 모을 수밖에 없다. 훼손되지 않은 숲에서 주운 브라질너트만 우리 식탁에 올라오는 것이다. 브라질너트를 재배하는 조림지를 만들려는 시도는 번번이 실패했다. 브라질너트를 먹을 때마다 숲이 온전하게 남아 있다는 사실을 축하하는 셈이다. 브라질너트나무가 열매를 맺으려면 꽃가루받이가 이루어져야 한다. 몸집이 큰 꿀벌 종류만 그 나무의 반쯤 닫힌 꽃잎에서 꽃가루받이를 할 수 있다. 이 꿀벌도 훼손되지 않은 숲을 떠나서는 살 수 없다.

열매가 익는 데 14개월이나 걸리지만, 브라질너트나무는 긴 시간을 감당할 여유가 있다. 어렵지 않게 500년 이상을 살 수 있고, 1,000년까지 사는 나무도 있다. 열매 무게는 2킬로그램이 넘고, 완전히 익으면 쿵 하고 땅에 떨어진다. 그 열매는 안쪽에 털 같은 섬유질이 많아 코코넛 껍질처럼 보인다. 열매 안에는 오렌지 조각처럼 모여 있는 브라질너트가 있는데, 한 열매에 24개까지 들어 있다.

숲의 거인: 18세기에 호세 코디나가 그린 브라질너트 수채화

그 열매에는 구멍이 하나 있다. 그 구멍은 브라질너트의 주요 포식자인 아구티들이 열매를 먹을 때 도움이 된다. 아구티는 마치 다리가 긴 기니피그처럼 보이는 설치류다. 아구티가 브라질너트를 먹는 것은 우연이 아니다. 그들은 앉은자리에서 씨앗을 모두 먹지 않고, 나머지를 땅에 묻은 뒤 나중

100가지 식물로 읽는 세계사

에 돌아와 다시 먹는다. 그때 끝까지 먹히지 않고 땅에 남는 씨앗들이 있다. 이 씨앗들에서 싹이 난다. 그렇게 자란 묘목은 어두컴컴한 숲 아래에서 거의 휴면 상태로 지낸다. 열대우림의 땅은 햇빛의 2퍼센트 정도만이 겨우 비집고 들어올 수 있는 곳이다. 그러나 폭풍우가 큰 나무를 쓰러뜨리면

구멍이 뚫린 열매: 브라질 너트 나무의 열매

기회가 생긴다. 갑자기 쏟아지는 햇빛에 브라질너트 묘목들(과 경쟁자 나무들)은 무성한 잎사귀로 하늘을 덮는 나무가 되기 위해 애쓴다. 복권 당첨과도 같은 기회를 얻은 나무들은 하늘을 덮을 만큼 큰 나무로 자라고, 더 나아가 다른 나무들을 뛰어넘어 높이 치솟는다. 운이 좋아야만 살아남는 것처럼 들리겠지만, 환경이 훼손되지 않는다면 브라질너트나무는 몇백 년을 거치면서 아주 확실하게 살아남는다.

아구티뿐 아니라 인간도 떨어진 브라질너트를 주워 모은다. 어떤 지역에서는 마을 사람들이 함께하는 일이고, 어떤 지역에서는 떠돌이 노동자에게 돈을 주고 시키는 사업이 되었다. 사업의 미래는 얼마나 규제하고 절제하느냐에 달렸다. 브라질너트를 너무 집중적으로 채집하면 숲이 재생되지 않는다. 묘목이 사라지면 그 사업도 언젠가 끝이 날 것이다. 브라질너트를 덜 채집한 곳에서 보이는 어린나무들은 사업에서 지속 가능성을 실천한 좋은 사례다.

브라질너트는 면역 체계 관리에 도움이 되는 셀레늄이라는 성분을 함유하고 있어서 귀하게 여겨진다. 브라질니트의 특징 중 하나는 인간이 일상에서 섭취하는 유일한 방사성 음식이라는 점이다. 브라질너트에는 라듐이 들어 있다. 그러나 브라질너트를 먹는 사람들을 보면 알 수 있듯이, 몸에 치명적일 만한 함유량은 아니다. 브라질너트에서 짠 기름은 시계의 윤활유로 활용하고, 화장품과 페인트에도 사용된다. 나무는 건축과 바닥재로 쓰기에

질이 좋은 목재다. 그러나 열매를 더 중요하게 여기기 때문에 브라질너트나무는 대부분의 다른 나무보다는 좋은 기회를 얻는다.

지난 100년 동안 우리는 열대우림을 파괴해왔다. 처음에는 지구를 더 문명화하기 위한 선의의 행동으로 보았다. 말하지 못하는 자연을 길들일 필요가 있다고 여겼다. 이제는 우리 스스로 재앙을 불러온 꼴이라고 널리 이해한다. 처음에는 모르고 시작했지만, 이제는 어떤 결과를 낳을지 뻔히 알면서도 우리는 열대우림을 계속 파괴하고 있다. 더 말할 것도 없이, 열대우림은 이산화탄소를 흡수하고 산소를 내뿜기 때문에 육지에서 가장 생산적인 곳이다. 이산화탄소는 온실가스라서 대기 중 이산화탄소의 양이 늘어나면 지구가 이전보다 더 뜨거워진다. 지구 온도가 눈에 띄게 상승하고 있고, 세계의 생태학적 균형이 깨지고 있다. 지구 평균 기온이 1900년보다 섭씨 0.8도 상승했고, 21세기 말이 되면 2.6도에서 4.8도까지 상승한다고 예측한다. 열대우림은 또한 수증기를 내뿜어 구름과 비를 만든다. 열대우림을 파괴하면 산소와 비를 만들어내는 체계를 잃는 셈이다.

열대우림의 대규모 파괴가 이루어진 바탕에는 열대우림이 엄청나게 울창한 이유가 엄청나게 비옥한 땅 때문이라는 생각이 깔려 있다. 이것은 잘못된 생각이다. 열대우림은 분명 온도와 습도가 아주 높고, 5,000만 년 이상 그러한 환경을 유지했다. 일정한 온도와 습도 그리고 울창한 숲은 뒤얽혀서 놀랍도록 복잡한 상호 의존 체계를 이루었다. 열대우림이 울창한 이유는 토양 때문이 아니라 숲 그 자체 때문이다. 씨앗은 숲의 바닥에 떨어져 다시 싹을 틔운다. 그럼에도 인간은 여전히 숲을 파괴하면서 열대우림을 생물이 살기 어려운 환경으로 만들고 있다. 브라질너트를 먹으면서 열대우림이 다른 데서는 기대조차 할 수 없는 크나큰 혜택을 우리에게 주고 있다는 사실을 잠깐이라도 머리가 아닌 배로 느껴보자.

015
기름야자

팜유 산업의 명과 암

나는 외치고, 너도 외쳐, 우리 모두 아이스크림을 달라고 외쳐.

↳ 하워드 존슨과 빌리 몰, 로버트 A. 킹의 노래 〈아이스크림〉

우리는 지난해에 얼마나 많은 팜유를 먹어치웠을까? 2015년 한 해 동안 전 세계 사람들이 평균 7.7킬로그램의 팜유를 소비했다. 가공식품이나 포장식품을 많이 먹을수록 팜유를 많이 소비하게 된다. 팜유는 빵이나 감자칩, 마가린, 아이스크림, 피자, 인스턴트 국수, 초콜릿 등 다른 많은 음식에 들어 있다. 비누와 샴푸, 립스틱과 치약에도 들어 있다. 전체 포장식품의 절반가량에 팜유가 들어간다. 팜유는 너무나도 쓸모가 많아서 거의 마술처럼 보일 지경이다. 바이오 연료로도 점점 더 유용하게 쓰이고 있다. 이에 대해서는 씨앗기름 추출을 다루는 95장에서 팜유로 만든 바이오 디젤의 탄소 배출량이 화석연료의 탄소 배출량보다 세 배나 많다는 사실에 주목해 더 자세히 살펴보려 한다.

팜유는 5,000여 년 동안 유리에 사용해왔다. 고대 이집트의 가장 오래된 도시 중 한 곳인 아비도스에서 다량의 팜유가 담긴 항아리들이 발견되었다. 기름야자나무에는 주요한 세 가지 종이 있다. 아메리카 기름야자와 남아

메리카의 마르피아 기름야자 그리고 재배할 때 단연코 가장 중요한 아프리카 기름야자다. 18세기와 19세기에 산업혁명이 일어났을 때 팜유는 윤활유로 사용되었고, 양초를 만드는 데도 사용되었다. 인류 문명에서 어둠을 몰아내는 일은 아주 중요했다. 1870년에는 주로 서아프리카의 많은 국가가 팜유를 수출했다. 그러다 주요 수출품이 코코아로 바뀌었다(72장 참조). 1910년에 말레이시아로 전해진 다음에는 동남아시아가 기름야자의 진정한 본거지가 되었다. 크기는 작지만 보기 좋은 나무여서 처음에는 장식용 나무로 재배했을 수도 있다.

기름야자 열매에서 짜낸 팜유는 처음부터 유용했지만, 1940년 이후 20년 동안만큼 유용하게 쓰인 적은 없었다. 이때는 농촌이나 집이 아니라 공장에서 음식을 만들기 시작한 시기였다. 케이크를 직접 굽는 것이 아니라 살 수 있게 되면서(그리고 세상이 넓어지면서) 음식의 개념이 근본적으로 바뀌었다. 팜유는 그런 변화에서 중요한 역할을 했다.

팜유는 기름야자의 열매와 씨앗에서 얻을 수 있다. 팜유의 포화지방 함량은 유난히 높다. 그리 놀라운 일은 아니겠지만, 바로 그 이유 때문에 팜유가 잘 팔렸다. 포화지방은 트랜스지방보다는 몸에 덜 해롭다. 고기와 유제품에는 트랜스지방이 들어 있는데, 유통 기한을 늘리기 위해 처리한 식물성 경화유는 이보다 더 위험하다.

이러한 지방을 함유한 식품은 건강에 해롭다는 이유로 미국과 몇몇 나라에서 금지되었다. 심장병과 뇌졸중을 일으키는 나쁜 콜레스테롤을 함유하고 있기 때문이다. 한때는 모든 지방을 적으로 여기면서 지방을 전혀 먹지 않는 식습관을 대단한 목표로 삼는 사람이 많았다. 좀 더 지나서 특정 종류의 지방(단일 불포화지방산과 다중 불포화지방산)이 건강에 아주 좋다는 사실이 밝혀졌다. 견과류, 특히 브라질너트(앞 장 참조)와 가장 유명하게는 올리브유(82장 참조)가 그러한 지방을 함유하고 있다.

어디에나 있다: 브라질 티주카 숲의 기름야자

팜유에 든 포화지방은 좋은 지방과 나쁜 지방의 중간 정도라고 보면 된다. 따라서 많은 가공식품과 화장품에 사용해도 무방하다고 본다. 버터와 치즈, 팜유 같은 포화지방은 상온에서 거의 고체 상태다. 팜유로 만든 비누를 미국에서는 팔모리브, 영국에서는 선라이트 소프라는 상표를 붙여 판매한다. 선라이트 소프는 세계 최초로 포장하고 상표를 붙여 판매한 세탁비누다. 제조회사 레버 브라더스가 1884년에 처음 시장에 내놓았고, 오래된 이 크리스마스 캐럴에도 등장한다.

> 양치기들이 밤중에 모두 물통 주위에 둘러앉아
> 그들의 양말을 빨 때
> 선라이트 소프 하나가 내려왔네.
> 그러자 양치기들은 비누를 문지르기 시작했네.

기름야자나무에는 열매가 다발로 열린다. 열매에서 짜낸 기름은 정제해서 색깔과 냄새를 없앨 수 있다. 지방 함량이 더 높아지도록 가공할 수도 있다. 이런 과정을 통해 가공식품에 쓰이는 물질로 만든다. 팜유는 두루두루 활용할 수 있을 뿐 아니라 값도 싸다. 젖소의 우유로 만드는 버터나 1950년대와 1970년대에는 고래의 지방으로 만들었던 마가린보다 훨씬 싸다. 으깨고 남은 씨앗 폐기물은 동물 사료로 활용한다.

팜유는 점점 더 많이 활용되고 있다. 우리 모두 2015년보다 팜유를 더 많이 소비한다. 해바라기(8장)에서 같은 양의 기름을 얻으려면 기름야자 재배 면적의 열 배가 필요하다. 인류는 팜유 산업에 의존하게 되었고, 국제자연보전연맹이 조사한 바와 같이, 우리 생활의 일부가 되었다. 우리는 팜유를 피할 수 없다.

기름야자는 열대기후에서 가장 잘 자란다. 오늘날 전 세계 생산량의 85퍼센트를 말레이시아와 인도네시아에서 공급한다. 보르네오섬이 기름야자의 중심지다. 보르네오섬은 브루나이라는 작은 왕국을 제외하면 면적의

완성품: 선라이트 소프 포장지

4분의 3이 인도네시아, 나머지가 말레이시아 영토다. 이곳의 팜유 산업에는 문제가 많다. 어린이에게 일을 시키는 곳들이 있는데, 그 어린이 노동자들이 노예에 가까운 환경에서 일하고 있다는 비판을 받는다. 인도네시아에서 넘어온 불법 이민자들이 말레이시아에서 일하는 경우도 있다. 게다가 기름야자를 재배하는 대부분의 조림지는 열대우림을 파괴하고 만들어졌다.

보르네오의 자연보호 단체 LEAP와 협력하기 위해 말레이시아를 방문한 적이 있다. 그곳에서 처음 들은 말에 나는 놀랐다. 단체의 창립자 신시아 옹은 "좋은 사람인 우리가 나쁜 팜유 산업에 맞서자는 게 아닙니다. 양극화할 필요는 없어요. 팜유와 자연보호, 팜유와 숲 혹은 팜유와 오랑우탄의 대결이 아니에요. 그러한 구도는 누구에게도 도움이 되지 않을 거예요. 그보다는 우리 앞에 놓인 상황에 대처하는 게 중요합니다"라고 말했다. 환경보호

활동가는 팜유 산업계와 협력해야 한다. 그 산업계에도 책임감 있고 지속 가능한 사업으로 보이고 싶어하는(실제로도 그렇게 되고 싶어하는) 곳들이 있다.

　　오로지 기름야자만 재배하는 조림지와 굉장히 다양한 생물이 공존하는 열대우림은 극명하게 대조된다. 하늘에서 내려다보면 어지러울 정도다. 보르네오 숲의 스타는 오랑우탄과 난쟁이 코끼리다. 기름야자 산업의 확장은 그들의 미래를 위태롭게 한다. 인구가 점점 늘어나면서(이 글을 쓰는 지금은 매년 8,200만 명씩 늘어나고 있다) 인간이 단일 재배를 위해 조성한 조림지 때문에 다른 공간이 부족해지고 있다. 우리는 언젠가 그 대가를 치를 것이다.

016
노목

산업혁명의 동력이자 기후위기의 원인

오, 어디로 가는 거야, 너희 모든 커다란 증기선들아,

영국의 석탄을 싣고, 소금 바다를 오르내리며.

└ 러디어드 키플링의 시 〈커다란 증기선〉

노목(蘆木)은 멸종된 나무다. 속새라고 불리는 집단에 속한다. 속새강(綱)은 한때 번성했지만, 지금은 한두 종만 남아 있다. 노목은 키가 30미터까지 자랄 수 있었다. 노목이 존재하지 않았다면 인류 역사의 과정은 크게 달라졌을 것이다. 노목은 말 그대로 인류의 역사가 농업사회에서 산업사회로 나아가는 데 연료가 되었다. 노목은 고생대 석탄기에 습기가 많은 거대한 숲에서 하층 식생(숲이나 삼림 지대에서 아랫부분의 식생을 이루는 식물 집단—옮긴이)으로 자랐다. 노목은 생존하고, 번성하고, 죽었다. 죽은 노목 가운데 많은 수가 이탄으로 변했다. 이탄은 식물이 산성 상태에서 분해되면서 만들어진다. 이탄이 이후 수천 년 동안 바위에 눌려 엄청난 압력을 받으면 석탄으로 만들어진다. 그 석탄은 인류 역사에 거대한 전환점, 즉 산업혁명의 동력이 되었다. 그리고 석탄이 기후변화를 일으키는 주범이라는 사실 또한 이제 우리는 잘 알고 있다.

석탄은 연소한다. 연소하는 과정에서 열이라는 형태로 에너지를 내보

낸다. 불을 자유자재로 다룬다는 점이 인간과 인간이 아닌 동물을 빠르게 구분할 수 있는 아주 드문 방법 중 하나다(22장 참조). 인류는 석탄이 연소한다는 사실을 일찌감치 알아차렸다. 어떤 지역에서는 땅 위나 지표면에서 아주 가까운 땅속에서 석탄을 쉽게 얻었다. 대단한 전문 지식이 없어도 석탄이 나무처럼 연소하면서도 나무보다 더 뜨겁고 길게 잘 연소한다는 사실을 발견할 수 있다. 중국에서는 6,000여 년 전에 이미 석탄 난로를 썼다. 고대 유럽에서도 석탄에 대해 알았다. 기원전 4세기에 태어난 테오프라스투스는 "석탄으로 알려진 그것들은 흙으로 만들어졌고, 일단 불이 붙으면 숯처럼 연소한다"라고 썼다. 멕시코에서는 아스테카인이 석탄을 사용했다. 석탄은 852년 『앵글로색슨 연대기』에도 등장한다.

그러나 모두 아직은 석탄을 보편적으로 사용하지 않을 때 이야기다. 18세기가 되면서 상황이 바뀌기 시작했다. 지표에서 긁어내는 데서 더 나아가 땅을 파서 석탄을 캐내는 기술이 발달했고, 동시에 다른 기술들도 눈부시

100가지 식물로 읽는 세계사

게 발달했다. 증기력을 발견한 것이 가장 주요했다. 이전에는 불가능했거나 무모할 정도로 많은 자원과 인력이 필요했던 작업을 증기력을 활용해 간단하게 해낼 수 있게 되었다.

　제임스 와트가 주전자에 물을 끓일 때 증기의 힘 때문에 뚜껑이 덜커덩거리는 모습을 보고 '저 힘을 이용할 수 있다면…' 하는 생각을 떠올려 증기력의 원리를 발명했다는 이야기가 전해 내려온다. 하지만 제임스 와트가 그 원리를 발명한 것은 아니었다. 사실은 토머스 뉴커먼이 1712년에 증기기관

미래의 연료: 석탄기·이첩기 강 삼각주의 노목 식물들, 3억 6,000만 년 전에서 3억 5,000만 년 전 무렵

을 처음으로 발명했다. 그러나 1776년에 와트가 내놓은 기관이 훨씬 더 효율적이었다. 그는 원리를 처음 발견하지는 않았지만, 그 원리를 활용하는 데서 천재성을 발휘했다. 이제 증기기관이 만들어낸 에너지를 회전운동으로 바꿀 수 있었다. 그저 위아래로 왕복운동을 하는 것이 아니라 바퀴처럼 빙글빙글 돌았다. 인류는 새로운 시대로 나아가고 있었다. 석탄을 태울 때 생기는 에너지, 즉 증기의 힘을 이전에는 상상도 하지 못했던 용도로 활용할 수 있게 되었다.

석탄기 숲에서 자란 노목에 까마득하게 오랜 시간 동안 무지막지한 지질학적 압력이 가해지면서 만들어진 이 검은 흙덩어리가 이제 인간이 살아가는 방식을 바꾸었다. 그 변화의 과정은 옷감 만드는 작업을 처음으로 완전히 산업화하면서 시작되었고, 그 후로도 계속 진전되었다. 우리의 집과 직장 그리고 오가는 길에 있는 물건 대부분은 이제 손으로 만들어지지 않고 공장에서 제조된다.

석탄은 모든 변화의 중심이었다. 일반적으로 전 세계 석탄 사용량이 줄어들고 있다고 여기는 오늘날조차 석탄은 여전히 우리가 의존하고 애타게 찾는 에너지를 제공한다. 산업혁명이 성공하면서 인구가 늘었고, 인구가 넘치면서 산업이 발달했다. 점점 더 많이 필요해지고 있는 에너지를 어떻게 확보하느냐가 관건이다.

석탄은 타오르고, 증기는 바퀴를 돌렸다. 인구가 늘어나자 그에 맞춰 도시가 확장되었다. 겨울에는 사람들이 석탄을 태우면서 몸을 따뜻하게 유지했다. 대기는 연기로 가득했다. 우리는 아직도 그것을 나쁘게 받아들이지 않는다. 연기를 내뿜는 굴뚝은 집 안이 따뜻하리라는 사실을 짐작게 한다. 빠르게 달리면서 뒤따르는 객차 위로 검은 연기를 내뿜는 열차는 여행에 대한 낭만적인 기분을 불러일으킨다. 석탄은 싸고 쉽게 구할 수 있었다. 땅속에서 석탄을 캐내는 데 드는 노동력이 쌌기 때문이다. 석탄은 점점 더 세상의 모든 문제에 대한 확실한 해결책이 되었다.

그러나 석탄을 지나치게 많이 사용하면서 대기오염이 심해졌다. 바람이 없는 겨울날, 도시에는 두껍고 숨 막히는 안개가 내려앉았다. 런던의 짙은 누런색 안개는 악명이 높았고, 아서 코넌 도일의 추리소설 『셜록 홈스』에 자주 등장해 유명해졌다. 그 안개는 연기와 그을음, 아황산가스가 뒤섞여 으스스한 빛깔을 내는 런던 특유의 안개로 알려졌다.

> 유리창에 등을 비비는 누런 안개,
> 유리창에 얼굴을 비비는 누런 연기,
> 혀로 저녁의 구석구석을 핥았네.

T. S. 엘리엇의 시 〈J. 앨프리드 프루프록의 사랑 노래〉에 나오는 구절이다. 이 시의 안개는 아마도 런던의 안개나 스모그일 것이다[스모그(smog)는 연기(smoke)와 안개(fog)를 합친 단어다]. 1952년에 엿새 동안 계속된 런던의 그레이트 스모그로 4,000여 명이 사망하고, 10만여 명이 병에 걸렸다. 물론 교통과 산업도 완전히 엉망이 되었다. 이 일로 결국 1956년에 영국 안에서 석탄 사용을 제한하는 대기오염 방지법이 생겼다. 1962년에도 비슷한 일이 일어났다. 나도 당시에 안개를 뚫고 학교에 갔던 기억이 있다. 내 얼굴 앞에 손을 가져다 대도 거의 보이지 않을 정도였다.

석탄으로 인해 빅토리아시대에 낭만적 성공이란 개념이 생겨났다. 그러나 산업화를 순전히 축복으로만 느끼지는 않았다. D. H. 로런스의 소설 『채털리 부인의 연인』은 단순히 성애에 관한 소설이 아니다. 이것은 석탄에 대한 소설이기도 하다. 작품 안에서 채털리 부인과 사냥터지기의 기쁨이 산업화된 국가의 비참함과 대조된다. 성적으로 불능인 데다 신체에 장애가 있는 남편 클리퍼드 채털리 경은 탄광을 소유하고 있다. 그는 탄광을 현대화하려고 하면서 자연에 대해서는 아무 감흥도 느끼지 않는다. 로런스는 광부에 대해 "이보다 더 추할 수 없지만, 아직 살아 있다! 그들은 모두 어떻게 될까? 석탄이 사라지면 아마도 그들은 다시 지구상에서 사라질 것이다"라고 썼다. 조지 오웰은 1937년에 출간한 『위건 부두로 가는 길』에서 땅에서 석탄을 캐내는 방법에 관해 썼는데, 차분하면서도 생생하고 정확한 기록으로 충격을 주었다.

다음 몇 해 동안 석탄 연소로 인한 문제가 더 많이 드러났다. 석탄이 연소할 때 생기는 이산화황과 질소산화물 배출물이 대기 중의 수분과 섞이면서 산성비가 된다(나는 "산성비를 막자"라는 글귀가 적힌 우산을 들고 다니곤 했다). 또한 석탄은 연소하면서 이산화탄소와 메탄을 내뿜는데, 이는 기후변화를 일으킨다. 메탄은 온실가스로 이산화탄소보다 21배나 더 많은 영향을 미친다. 그럼에도 여전히 석탄을 연소해 전기를 생산한다. 배터시와 원즈워스의 로츠 로드에서 화력발전소들이 굴뚝으로 연기를 내뿜는 장면을 기억하는 런던 사람들이 많다. 뱅크사이드 화력발전소는 오늘날 테이트 모던 미술관이 되었다.

이제 대부분의 나라가 석탄 사용을 단계적으로 줄여나가고 있다. 그로 인해 '석탄 정점(peak coal)'이라는 새로운 계산법이 나왔다. 한 국가가 석탄 사용을 계산적으로 줄이기 시작한 해를 의미하는 말이다. 독일은 1985년을 정점으로 찍었고, 미국은 2008년에 정점에 이르렀다. 중국은 석탄 화력발전소를 여전히 새로 짓고 있다. 많은 나라에서 무엇이든 가능한 대로 석탄을 대체할 다른 동력원을 활용하고 있다. 석유나 천연가스처럼 비교적 깨끗한 화석연료를 쓰거나, 비싸고 위험한 원자력 기술 혹은 물과 햇빛, 바람 같은 이른바 재생에너지를 활용한다. 석탄의 매장량은 2060년에 바닥날 것으로 추산된다. 그때까지 남은 석탄을 계속 사용하면 지구 온도는 이미 예측한 값보다 더 높게 올라갈 것이다.

석탄(분해된 노목과 다른 식물들)은 이전으로는 되돌릴 수 없을 정도로 지구를 바꾸어놓았다. 이 식물들은 인간이 살아가는 방식을 변화시켰다. 그리고 데이비드 애튼버러 경이 말한 인류 역사상 가장 큰 위기를 일으키는 데 주요한 역할을 했다. 그가 말한 위기는 흑사병이나 세계대전이 아니라 바로 기후위기다.

017
벼

인류 절반의 식탁 위 주인공

모내기를 하는 소녀들

진흙이 묻지 않은 건

그들의 노래뿐이네.

└ 고니시 라이잔의 하이쿠

서양인에게는 밥이 음식의 한 종류다. 그러나 세계 인구의 40퍼센트에게는 밥이 음식 그 자체다. 그들에게 음식을 먹는 일은 곧 밥을 먹는 일이다. 밥은 모든 것의 중심이고, 아마 영혼의 중심일 수도 있다. 광둥어를 쓰는 사람들은 "먹자"라고 말하지 않는다. 꼭 "밥을 먹자"라고 말한다. '밥을 먹는다'라는 의미가 곧 '먹는다'라는 의미다. 그들은 아침으로 칸지(쌀죽), 점심으로 딤섬을 먹는데, 둘 다 쌀이 많이 들어간다. 저녁에는 둥근 탁자에 둘러앉아 밥과 함께 음식을 잔뜩 나눠 먹는다. 그들은 밥을 많이 먹는다. 부자든, 중산층이 되려고 애쓰는 사람이든, 보수가 낮은 일을 하는 일꾼이든, 가난하게 사는 사람이든 누구나 밥을 먹는다. 밥은 곁들이가 아니라 매 끼니 먹는 주식이다. 나는 홍콩이 아직 영국령일 때 주룽-칸톤 철도로 자주 여행했다. 그런데 그 철도에서 본 귀국하는 중국인 가족들은 모두 홍콩에서 산 전기밥솥을 들고 있었다. 과장이 아니다. 전기밥솥은 모두가 가장 먼저 사는 물건이었다.

　벼는 일종의 풀이다. 아프리카가 원산지인 벼와 아시아가 원산지인 벼

두 종이 널리 재배되었다. 벼는 옥수수, 사탕수수 다음으로 세계에서 세 번째로 생산량이 많은 농작물이다. 옥수수와 사탕수수는 가축 사료로도 재배한다. 벼는 인간이 먹으려고 재배하는 가장 중요한 곡물로, 밀보다 더 중요하다. 쌀은 전 세계에서 인류가 소비하는 총 칼로리에서 5분의 1가량을 차지한다.

벼는 중국의 양쯔강 유역에서 처음 재배되었다. 벼를 재배한 지 1만 3,000년이 넘었다고 주장하는 사람들도 있다. 벼에 대한 전설이 하나 있다. 언젠가 모든 농작물을 쓸어버린 대홍수가 일어났고, 사람들은 절망에 빠졌다. 그때 개 한 마리가 몸에 씨를 붙이고 나타났다. 사람들은 그 씨를 심었고, 그렇게 벼를 발견했다. 인도에서는 7,000여 년 동안, 아프리카에서는 3,500여 년 동안 벼를 재배했다. 고대 그리스와 로마 사람들도 쌀을 알았다. 기원전 4세기에 알렉산더대왕의 정복 전쟁에 참전하고 돌아온 군인들이 쌀을 가져왔다. 500여 년 전 유럽의 식민지 개척자들은 쌀을 가지고 아메리카 대륙으로 건너갔다.

벼는 보통 1년생 식물로 재배하기 때문에 매번 새로 심는다. 그러나 열대지방의 유리한 조건에서는 베어낸 벼의 뿌리에서 싹이 자라날 수도 있다. 이걸 움벼라고 부른다. 벼를 베어서 수확할 때 뿌리를 남겨두면 회복해서 새로운 싹이 돋아난다. 이런 식으로 같은 뿌리에서 30년 정도 계속 수확할 수 있다. 벼는 강우량이 많은 지역에서 잘 자라고, 상대적으로 노동력이 덜 필요하다.

벼는 전통적으로 논에서 재배한다. 다른 곳에 뿌린 볍씨가 싹이 나서 자라면 적당한 시기에 논에 옮겨 심는다. 이렇게 모내기를 하는 중이나 모내기한 후에 5~10센티미터 깊이로 논에 물을 댄다. 이렇게 하면 세 가지 장점이 있다. 물이 필요한 벼에 계속 물을 공급할 수 있고, 벼와 경쟁할지도 모르는 식물들을 막는 효과도 있으며, 자라나는 벼를 먹어치우려는 동물들이 쉽게 다가오지 못한다. 하지만 관리를 잘해야 한다. 물이 새는 것을 막지 못하면 논을 관리하려고 해도 소용없다. 오리를 논에 풀어두고 벼를 재배할 수

| 쌀을 찬양하는 대지예술: 필리핀 루손섬의 계단식 논

도 있다. 오리가 잡초와 해충을 먹어치우기 때문에 꽤나 도움이 된다.

논에서 벼를 재배하는 관행으로 인해 세계 최고의 장관 중 하나가 만들어졌다. 필리핀 루손섬 북부 바나웨의 원주민들이 오랜 세월 동안 직접 일군 계단식 논은 산 전체에 걸쳐 연이어 펼쳐져 있다. 멀리서 보면 믿기지 않는 광경이다. 양쪽 논 사이 좁은 논두렁을 따라 산비탈을 걸을 수 있다. 걷는 동안 정교하게 만든 관개시설을 통해 숲이 우거진 산꼭대기에서 바닥까지 흘러내리는 물소리가 내내 귓가에 맴돈다. 2,000여 년 전에 가장 기본적인 도구들로 그 계단식 논을 만들었으리라 짐작한다. 그 논의 면적은 1만 제곱킬로미터가 넘고, 길이를 모두 합하면 2만 킬로미터에 이른다. 지구 둘레의 절반 정도다. 태산같이 큰 쌀의 중요성을 찬양하는 대지예술 같다.

벼를 재배하기 위해 반드시 땅에 물을 댈 필요는 없다. 그러나 물을 대지 않고 재배하면 노동력이 더 많이 필요하다. 잡초를 더 많이 뽑아야 하

伯耆
大野
大山遠望

六十余州名所図会

기 때문이다. 벼를 추수한 다음 낟알을 찧어 겉껍질을 벗기면 현미를 얻을 수 있다. 그다음 보통 쌀겨와 씨눈을 제거해 백미를 만든다. 백미는 현미보다 보관하기 좋지만, 영양분은 더 적게 들어 있다. 히피 시대에는 현미가 인기였다. 기존 사회가 바보처럼 버린 경이로운 음식으로 여겨졌다. 밥 딜런은 1964년 앨범《모든 걸 집으로 가져오기》에 실린 노래에서 현미를 언급했는데, 배고파 죽겠다고 했더니 '현미와 해초, 더러운 핫도그'를 준 여성에 대해 불평하는 내용이다. 진지하게 이야기하자면, 흰쌀밥만 먹으면 티아민(비타민 B1) 부족으로 생기는 각기병에 걸릴 수 있다. 현미는 백미보다 티아민을 열 배나 많이 함유하고 있고, 좋은 섬유질도 풍부하다.

쌀은 끓여서 먹어야 한다. 물을 흡수해야 맛있어진다. 쌀을 먼저 볶은 다음 끓일 수도 있는데, 리소토, 필래프, 비리야니 등 여러 나라 음식이 그런 방법으로 맛을 돋운다. 쌀은 매 끼니 쌀을 찾지 않는 곳에서도 중요한 식재료다. 그러나 쌀 때문에 불편한 감정이 생기기도 한다. 엉클 벤스 라이스는 쌀을 살짝 익힌 후 포장해서 판매하는 제품이다. 이러면 일부 영양분은 보존하면서 바구미가 생기지 않게 막을 수 있다. 1950년대에서 1990년대까지는 미국에서 가장 많이 팔린 쌀 브랜드였다. 그런데 그 상품의 포장에 흰머리의 아프리카계 미국인 얼굴이 등장한다. 예로부터 나이 많은 노예나 하인을 '엉클'이라고 불렀기에 지금 보기에는 불편한 마음이 생길 수 있다.

대부분 문화권에는 보통 우유와 설탕을 넣고 만드는 쌀 푸딩(한국에서는 타락죽 혹은 우유죽─옮긴이) 종류의 음식이 있다. 쌀 푸딩은 예로부터 어린이나 병약자와 관련된다. 쉽게 소화되면서 영양분이 많은 음식이기 때문이다. 싯다르타 가우마타가 깨달음을 얻기 전에 마지막으로 먹은 음식이 쌀 푸딩(유미죽)이었다고 한다. 이후로 싯다르타는 극단적인 금욕주의에서 벗어나 중도를 따르는 여정을 시작했다(보리수에 대한 30장 참조). 영국에서는 쌀 푸딩이 예로부터 따분한 건전함과 연관된다. 동화『곰돌이 푸』를 창작한

모내기: 폭우가 내리는 여름날의 모내기(우타가와 히로시게, 1857년)

A. A. 밀른이 쓴 〈쌀 푸딩〉이라는 시는 이렇게 시작한다.

> 메리 제인에게 무슨 일이 있나요?
> 그녀는 있는 힘껏 울고 있어요.
> 그리고 그녀는 저녁도 먹지 않을 거예요—다시 쌀 푸딩이네요—
> 메리 제인에게 무슨 일이 있나요?

　1960년대 이른바 녹색혁명 시대에는 '기적의 쌀'을 만들어내려고 했다. 병충해에 강하고, 축 처져서 상하는 일이 없게 더 짧고 단단하며, 수확량은 훨씬 더 많은 벼를 만들어내려고 했다. 그러나 척박한 토양 등 여러 이유로 기대한 바를 이루지 못했다.

　요즘은 벼 재배를 하는 논에서 메탄이 발생한다는 사실이 문제다. 논에 물을 대서 산소가 부족해지면 토양에서 특정 박테리아가 번성한다. 그러면 그 토양이 메탄을 내뿜는다. 메탄은 지구온난화를 일으키는 가장 강력한 온실가스다. 전 세계 메탄 배출량의 1.5퍼센트가 쌀 생산으로 발생한다.

　인류가 쌀로 술을 만든 것은 자연스럽고 필연적인 일이었다. 쌀로 만든 술은 쌀 문화의 일부다. 중국은 황주, 일본은 사케라는 쌀로 만든 술이 있다. 쌀은 또한 맥주 제조에도 많이 사용된다. 예로부터 맥주는 보통 보리(29장 참조)로 만들었다. 그러나 옥수수(94장 참조)와 쌀도 맥주 제조에 사용할 수 있다. 이런 맥주를 '부가물 맥주'라고 부른다. 쌀을 많이 넣는 맥주는 복잡하지 않고 깨끗하고 상쾌한 맛이 나는 편이다. 삿포로와 아사히 같은 상표의 일본 맥주가 그렇다. 버드와이저 역시 보리뿐 아니라 쌀을 사용해 만든다. 쌀가루는 다양한 곡물가루를 혼합해 만드는 경우가 많은 글루텐 프리 밀가루를 만들 때도 사용한다.

　많은 사람에게 쌀은 거의 공기와 같은 존재다. 그들 삶에서 쌀이란 서양인의 삶에서 빵보다 훨씬 더 중요하다. 삶의 일부라기보다 삶 자체이고, 내일로 나아갈 힘이다.

018
서양메꽃

세상에 좋거나 나쁜 식물은 없다

잡초와 황야가 영원히 남아 있길.
ㄴ 제라드 맨리 홉킨스의 시 〈인버스네이드〉

서양메꽃은 놀랍도록 아름다운 식물이다. 나팔 모양의 흰색과 분홍색 꽃을 굉장히 무성하게 피워낸다. 기차 창문 너머로 보면 종종 꽃 울타리로 바뀌어 버린 철책을 볼 수 있다. 그런데 이 식물을 싫어하는 사람도 많다. 서양메꽃은 끈질긴 생명력으로 자라나면서 뻗어 나가는 데 탁월하다. 이것은 인류가 추구하는 목표이기도 하다. 하지만 서양메꽃은 인간을 불편하게 만든다. 우리가 먹을거리를 얻거나 보고 즐기려고 키우는 식물들을 빙빙 타고 올라가면서 그들의 공간과 햇빛, 비, 영양분을 빼앗기 때문이다. 서양메꽃은 일단 자리 잡으면 제거하기가 정말 어렵다.

인류가 1만 2,000여 년 전에 농업을 발명하면서 역사의 흐름은 바뀌었다. 인류가 농사를 지으면서 정착지와 이웃이 생기고, 안정감을 얻고, 서로 협력하고, 전쟁하고, 지배계급이 생겼다. 이런 모든 상황 때문에 인류는 식물을 선택했다. 인류 문명은 여기에 이 식물을 심고, 저 식물은 심지 말자는 결정으로부터 시작되었다. 이 식물은 좋고, 다른 모든 식물은 나쁘다. 우리

잡초 혹은 꽃: 서양메꽃 그림
(애니 L. 프랫, 1914~1924년)

100가지 식물로 읽는 세계사

서양메꽃 미인: 〈잎 위의 요정〉(존 시먼스, 1860년)

는 예로부터 삶을 일과 놀이, 사랑과 미움 등 끊임없이 이분법으로 나누어 본다. 그중 선과 악으로 나누는 이분법이 가장 중요하다. 아마도 인간은 농사를 지으면서 밀은 좋고, 밀과 경쟁하는 식물들은 나쁘다고 단순하게 이해하면서 이런 개념에 사로잡혔을 것이다.

이런 생각은 마태복음에도 분명하게 나온다. 예수는 원수가 잡초를 뿌리고 간 밭을 비유로 든다. 주인은 지금 당장 그 문제를 해결하려고 하지 말고 추수 때까지 기다리라고 하인들에게 이야기한다. 추수 때 잡초는 먼저 뽑은 후 단으로 묶어서 불태워버리고, 밀은 거두어 곳간에 들이라고 명령한다. 예수는 이 비유에 대해 "밭은 세상이다. 좋은 씨는 그 나라의 자녀들이요, 잡초는 악한 자의 자녀들이다. 잡초 씨를 뿌린 원수는 악마요, 추수 때는 세상이 끝나는 날이요, 추수꾼은 천사들이다"라고 설명한다.

밀은 천사의 식물이고, 잡초는 악마의 식물이다. 밀이 좋고 잡초가 나쁘다는 사실은 말할 것도 없이 명백해서 강력한 비유다. 킹 제임스 영어 성경에서 잡초(tare)로 번역된 단어는 그리스어로 쓰인 원서에서는 지자니아(zizania)다. 나중에는 목초의 일종인 독보리로 번역되었는데, 둘 다 덜 자랐을 때는 밀과 비슷해 보인다.

우리를 방해하는 식물을 우리는 잡초라고 부른다. 정원에서 아이들이 괭이질하는 어른에게 "그건 꽃이에요, 잡초예요?"라고 묻는다. 둘 중 하나여야 한다. 거기에 있어야 하거나, 있지 말아야 하거나. 거기에 있지 말아야 한다면 잡초, 즉 완전히 나쁜 식물이다. 프랑스어로 잡초는 모베 에르브(mauvais herbes)인데, 나쁜 풀이라는 뜻이다. 따라서 잡초를 뿌리 뽑는 것은 옳은 일이다.

잡초를 처리하는 능력은 기본적으로 식물뿐 아니라 잡초를 통제하려고 애쓰는 사람들에게도 삶과 죽음이 걸린 문제다. 선택한 식물들을 잘 키우고 다른 식물들이 자라지 못하게 하는 능력에 공동체의 미래가 달려 있기 때문이다. 원치 않는 식물 종류에 대한 비난 투의 용어들은 그 식물로 인한 도덕적 실패를 암시한다.

그 땅을 돌보는 사람에게 도덕적 실패에 대한 비난이 향한다. 그 자리에 없는 이웃들의 단점을 들먹이는 일이 주말농장에서 채소를 키울 때의 즐거움 중 하나다. 제대로 관리하지 못해 나팔 모양의 분홍색 서양메꽃이 잔뜩 자리를 차지한 밭을 보면서 "돌보지도 못하면서 주말농장은 왜 하는 거야?"라고 흉본다.

서양메꽃은 끈질긴 생명력으로 경제 작물의 생산성과 수익성을 위협하는 몇몇 식물 가운데 하나다. 영국의 농부들을 괴롭히는 주요 식물로 갈퀴덩굴과 꼬리풀·개꽃·꼬리풀·개쑥갓·들갓·이질풀·별꽃·야생 팬지·방가지똥·명아주·냉이·엉겅퀴아재비·미나리과 잡초·소리쟁이·마디풀·양귀비 그리고 서양메꽃이 있다.

서양메꽃은 유럽과 북아메리카가 원산지다. 야생 메꽃은 18세기에 곡물과 함께 우연히 아메리카에 전해졌다. 지금도 농사에 해를 끼치는 식물 가운데 하나다. 서양메꽃은 다른 식물의 줄기 표면을 타고 오르며 짓누른다. 조건이 맞으면 너무 빨리 자라고, 인간이 재배하는 대부분의 식물보다 성장 속도가 빠르다.

겉으로 보이는 문제보다 더 큰 문제가 있다. 진짜 문제는 뒤엉킨 거대한 뿌리다. 이 문제에 대한 정확한 정보를 얻기란 어렵다. 우리는 자연이 적대적이어서 먹을거리를 빼앗아 우리를 말려 죽이려 한다고 쉽게 과장하는 경향이 있기 때문이다. 서양메꽃의 뿌리는 땅속으로 9미터 정도까지 자란다. 30미터까지 자랐다는 주장도 있다. 20년 된 씨앗에서도 싹이 나서 자랄 수 있다. 잘라낸 뿌리에서도 되살아나기 때문에 뿌리를 잘라도 소용없다.

서양메꽃을 이렇게 저렇게 없애라고 권하는 말은 아주 많이 들린다. 7년 동안 3주에 한 번씩 쟁기질을 하면 서양메꽃을 없앨 수 있다거나, 식물이 살아가는 데 필요한 빛을 차단하는 뿌리 덮개로 5년 동안 빛을 차단하면 서양메꽃을 죽일 수 있다는 말도 있다.

그보다 덜 극단적인 방법도 있다. 정원에서 6개월 동안 뿌리 덮개를 덮어둔 다음 덮개를 벗긴다. 그다음 땅을 간다. 그 후 눈에 보이는 서양메꽃의 줄기를 모두 뽑아낸다. 이렇게 노동집약적인 방법은 작은 땅에서는 효과가 있지만, 위험할 수 있다. 살려두려는 식물까지 쉽게 해칠 수 있어서다. 3년 동안 '인정사정없이' 벌초하면 그 식물을 없앨 수 있을지 모른다. '끈질기게 노력하라. 꽃을 피울 틈을 주지 말라.'

그러나 제초제를 사용해서 해결하는 경우가 더 많다. 이 방법 역시 보호해야 하는 식물마저 해칠 수 있다는 문제가 있다. 서양메꽃에 직접 바르는 제초제도 있다. 글리포세이트를 사용하는 제초제는 서양메꽃과 다른 많은 잡초를 제거하는 데 효과가 있다. 아주 널리 사용되는 제초제다. 우리는 그것을 단지 사악한 식물만을 골라 죽이기라도 하는 듯 '잡초 킬러(weed killer)'라고 부르길 좋아한다. 글리포세이트는 1970년에 몬산토에서 처음으로 만들어냈다. 몬산토는 농업용 화학제품과 생명공학 관련 미국 기업으로 1901년에 설립되었고, 2018년에 바이엘에 팔렸다. 글리포세이트는 전 세계에서 널리 사용되는데, 라운드업이라는 상표의 몬산토 제품이 가장 많이 사용된다.

글리포세이트에는 무분별한 사용 말고도 여러 문제가 있다. 글리포세이트는 음식에도 들어가는데, 세계보건기구는 2015년 글리포세이트가 '인간에게 암을 유발할 수 있다'라고 발표했다. 글리포세이트에 내성이 있는 변종 식물도 생기기 시작했다. 북아메리카에서는 이 제초제의 무분별한 사용이 아스클레피아스의 성장에 영향을 끼쳤다. 아스클레피아스는 제왕나비의 애벌레가 먹는 식물이다. 제왕나비는 먼 거리를 이동하기로 유명한데, 최근 개체 수가 급격하게 줄어들고 있다. 이제 몇몇 나라는 글리포세이트 사용을 금지했다.

서양메꽃을 비롯한 다른 원치 않는 식물을 없애는 방법이 애초에 그들로 인해 생긴 문제만큼이나 큰 문제를 일으키고 있다. 인류는 1만 2,000여 년 동안 온갖 방법을 동원해 몇몇 종의 식물과 전쟁을 벌여왔다. 인구가 늘어나면서 식량을 위해 수확량을 늘리는 기술에 대한 수요도 증가하고 있다. 우리는 어떤 식물이 좋고, 어떤 식물이 그렇지 않은지 선택해왔다. 그런 선택의 효과는 광범위하고 복잡다단하게 나타난다. 그러므로 명백하게 좋거나 명백하게 나쁘다고 말할 수 있는 식물은 결코 없다.

019
개양귀비

전쟁의 틈바구니에서 피어난 꽃

소처럼 죽어간 저들을 위해 어떤 애도의 종을 울리는가?
무시무시한 분노에 찬 총소리뿐.
└→ 윌프레드 오언의 시 〈불우한 청춘을 위한 찬가〉

선홍색 꽃이 피는 개양귀비는 오랜 세월 곡식밭에서 흔히 보였다. 일단 자리 잡고 나면 농작물에 피해를 주지 않고 제거할 수는 없었기에 밀이 녹색에서 황금빛으로 익어갈 무렵에는 양귀비의 붉은 꽃이 더해져 풍경을 더욱 빛냈다. 초가지붕 건물이 있는 들판에서 크리켓 경기를 한 적이 있다. 한쪽 경계선 옆의 들판에는 샤이어 말들이 풀을 뜯고 있었고, 다른 쪽 경계선 옆에는 양귀비꽃으로 빨갛게 물든 밀밭이 있었다. 교회 시계는 3시 10분 전에 영원히 멈춰 있었고, 변화구와 낮게 던지기, 드로숏, 롱 스톱 같은 세월이 흘러도 변치 않는 의례대로 경기를 진행했다.

그러니까 사람들은 양귀비에 무심할 수가 없다. 양귀비는 그저 농경지의 평범한 잡초가 아니다. 양귀비는 엄격하게 관리하면서 하나의 농작물만 재배하지 못했다는 사실을 농촌 전체에 요란하게 광고해 농부를 난처하게 만든다. 그러나 스쳐 지나가는 농부가 아닌 사람들은 양귀비를 보며 밀려드는 향수를 느낀다. 그저 아름답기 때문만이 아니라 그들이 결코 알지 못했던 시대를 생생하게 떠올리게 하기 때문이다.

양귀비는 농경지에서 특히 잘 자란다. 양귀비 씨앗은 오래 살아남는데, 20년 동안 땅속에 있다가도 땅을 일구면 싹을 틔운다. 농사를 지으려면 땅을 갈아야 하니 농경지가 양귀비에게 유리한 것이다. 양귀비는 밀을 추수하기 전에 꽃을 피우고, 씨앗을 퍼뜨린다. 밀을 추수할 때쯤에는 양귀비 씨들은 이미 다음 해를 준비하고 있다. 양귀비 씨앗은 바람에 흩어진다. 꽃잎이 떨어지고 씨앗 머리만 남아서 바람에 흔들리며 씨앗을 흩날린다. 양귀비는 봄과 여름 내내 꽃을 피운다. 이렇게 묵묵한 점이 인간이 통제하는 환경에서는 언제나 장점이다. 또, 양귀비는 약간의 독이 있어서 풀을 뜯는 동물들에게 먹히지도 않는다.

양귀비는 유럽 그리고 파키스탄 동쪽의 아시아 지역 대부분에서 흔히 볼 수 있다. 북쪽으로는 스칸디나비아와 발트해 연안국들에까지 있다. 오늘날 농경지에서는 양귀비가 거의 보이지 않는다. 앞 장에서 이야기한 제초제, 특히 글리포세이트를 사용하면서 양귀비가 흩어져 있는 밀밭은 사라졌다. 농업은 더 효율적으로 농산물을 생산하게 되었지만, 시골 풍경은 인간의 감각을 효율적으로 만족시키지 못하게 되었다. 영국에서 양귀비는 지역 의회가 풀베기에 지나치게 열을 올리지 않는 지역의 길가에서 볼 수 있다.

개양귀비는 다른 종류의 양귀비(아편양귀비에 대한 57장 참조)와 구분하기 위해 여러 이름으로 불렸다. 들 양귀비나 보통 양귀비, 밀 양귀비, 붉은 양귀비, 플랜더스 양귀비라고 불렸다. 양귀비는 정원 식물로도 길러졌는데, 재배 품종에 따라 노란색, 주황색, 분홍색, 흰색의 놀랍도록 선명한 꽃을 피운다. 영국에서는 특히 빨간색을 정말 중요하게 여긴다. 제1차 세계대전 동안 치열한 전투가 벌어졌던 플랜더스(플랑드르)의 들판에 피었던 양귀비도 빨간색이었다.

영국에서는 양귀비가 전쟁에서 숨진 군인을 추모하는 꽃이자 애국심의 상징이 되었다. 종전 기념일이면 영국 군인들의 희생을 기억한다는 사실을 보여주기 위해 빨간 양귀비꽃 배지나 브로치를 단다. 양귀비는 상징의 힘이

PLATE 13

개양귀비 꽃 그림,
『식물학에 관한 대화』의 삽화(토머스 밀튼, 1817년)

얼마나 큰지 보여주면서 동시에 그것이 얼마나 쉽게 변질되는지도 보여준다. 영국에서는 양귀비꽃 배지를 달았는지 여부가 한 사람의 미래에 심각한 영향을 줄 때도 있다. 심지어 양귀비가 총리를 몰락시킬 수도 있다(영국의 전 총리 데이비드 캐머런은 왼쪽 가슴에 양귀비꽃 배지를 단 사진을 페이스북에 올렸다가 곤욕을 치렀다. 배지를 실제로 달고 찍은 사진이 아니라 합성 사진이라는 사실이 밝혀졌기 때문이다—옮긴이).

앞에서 이야기했듯, 양귀비는 일군 땅에서 잘 자란다. 제1차 세계대전 때 전례 없이 땅을 파헤치면서 양귀비가 엄청나게 많이 피어났다고 한다. 양귀비는 길게 이어진 참호들 사이, 즉 대치하는 양쪽 군대 중간에 있는 무인 지대에서 자라나 밝고 선명한 꽃을 피웠다. 서부 전선은 벨기에의 두 지방, 프랑스의 한 지방에 걸쳐 있었다. 합쳐서 플랑드르라고 부르는 지역인 파스샹달과 이프르도 서부 전선에 포함되었다. 오랜 전쟁 때문에 우리 대부분은 이 지역을 플랑드르 들판으로 알고 있다. 캐나다의 의사이자 제1차 세계대전에 참전한 중령 존 매크래가 쓴 시 〈플랑드르 들판에서〉가 유명하다. 단순하지만 감동적인 이 시는 대를 이어 사람들의 마음속에 자리 잡았다. 시 자체가 익숙하지 않은 대부분의 사람에게도 영향을 미쳤다.

플랑드르 들판에 양귀비들이 자라네.
줄줄이 늘어선 십자가들 사이에서

존 매크래는 제2차 이프르 전투 후에 이 시를 썼고, 1915년 영국 잡지 『펀치』에 시를 발표했다. 죽은 자가 보낸 메시지 형식을 띤 시로, '계속 싸우라'는 명확한 메시지가 담겼다. 역시 제1차 세계대전에 참전했던 시그프리드 서순과 윌프레드 오언 같은 매우 훌륭한 시인들이 표현한 괴로움과 절망이 이 시에는 전혀 보이지 않는다. 전쟁은 계속되어야 하고, 그래야 그들의 죽음이 헛되지 않는다는 명확한 메시지만 있다. 여기에서 양귀비와 핏빛 그리고 전사자라는 방정식이 영원히 자리 잡았다.

1878년에 태어난 프랑스 여성 아나 불이 처음으로 그러한 아이디어를 냈다. 그녀는 프랑스 문화 단체인 알리앙스 프랑세즈의 강사로 영국과 미국에서 일했다. 그녀는 결혼 후 호칭인 게랭 부인이란 이름으로, 지칠 줄 모르는 기금 모금자로 기억된다. 그녀는 제1차 세계대전이 공식적으로 끝난 11월 11일 종전 기념일에 과부와 고아, 참전 용사들을 위한 모금에 집중하자는 멋진 제안을 했다. 더욱 멋진 것은 양귀비를 상징으로 삼자는 아이디어였다. 그녀의 제안은 받아들여졌다. 11월에는 양귀비꽃이 피지 않기 때문에 천

감상적으로 포장된 전쟁: 〈플랑드르 들판에서〉(윌리 워너, 1919년)

이나 종이로 인조 양귀비를 만들어 착용하는 일이 중요해졌다. 이후 종전 기념일은 양귀비의 날(Poppy Day)로 불리게 되었다.

양귀비는 지금도 기금 모금의 수단이 되고 있다. 영국 재향군인회는 양귀비를 활용해 기금을 모금한다. 이 단체는 전현직 군인과 가족들을 지원한다. 2018년에는 양귀비 캠페인으로 5,000만 파운드(897억 원 정도—옮긴이)를 모았다. 양귀비로 전사자를 추모하는 행사는 캐나다 시인과 프랑스 여성의 아이디어로 시작되었고, 다른 나라들에서도 열린다. 그런데도 영국에서는 철저하고 명백하게 영국적인 행사로 여긴다.

양귀비꽃을 다는 일은 점점 더 중요해졌다. 양귀비꽃은 10월 중순부터 정치인들의 옷깃에서 보이기 시작한다. 텔레비전 뉴스 진행자들은 10월 마지막 주부터 양귀비꽃을 달고, 어떤 이유로든 텔레비전에 등장하는 사람들은 모두 금방 따라서 단다. 양귀비꽃을 의무적으로 다는 기간은 점점 더 길어지고 있다. 양귀비꽃을 달지 않고 텔레비전에 등장하는 사람들은 비난받는다. 전사자들에게 경의를 표하지 않았다고 비난받는 신문들도 있다. 나의 할아버지는 제1차 세계대전 중 그리스 살로니카 전투에서 싸웠고, 병장까지 진급하셨다. 할아버지는 양귀비꽃을 의무적으로 달자는 제안에 경악하셨을 것이다. 분명 달지 않으려고 하셨을 것이다.

양귀비가 정치적 상징으로서 가지는 힘은 그것이 정치적이지 않다는 주장에서 비롯된다. 2011년, 국제축구연맹(FIFA)은 종전 기념일이 얼마 남지 않았을 때 열린 경기에서 스페인과 맞설 영국 팀이 양귀비 무늬가 새겨진 셔츠를 입지 못하게 했다. 그러나 영국이 매우 격분해 항의하는 바람에 연맹이 양보했다. 데이비드 캐머런은 영국 총리였던 2010년, 양귀비꽃을 다는 시기에 중국을 공식 방문했다. 중국은 그에게 양귀비꽃 배지를 달지 말아달라고 요구했다. 제국주의 영국이 벌인 아편전쟁을 떠올리게 해서였다(57장 참조). 캐머런 총리는 그 부탁을 거절했다. 양귀비꽃을 다는 일이 총리 역할 중 그야말로 무엇보다 가장 중요했을 것이다.

영국의 뉴스 진행자 존 스노는 양귀비꽃 착용을 거부해 논란을 일으켰다. 그는 '양귀비 국수주의'를 비판했다. 몇몇 이슬람교도 단체는 양귀비꽃 착용을 영국 제국주의의 상징으로 여기면서 거부한다.

그렇다 하더라도 양귀비꽃에는 상상력, 특히 영국인의 상상력을 불러일으키는 힘이 있다. 제1차 세계대전이 일어난 지 100주년을 맞은 2014년에는 런던탑에서 양귀비꽃을 활용한 설치미술을 전시하면서 기념했다. 도자기로 만든 양귀비꽃들로 해자를 가득 채운 작품이었다. 양귀비꽃 도자기 88만 8,246개는 제1차 세계대전에서 사망한 영국과 대영제국 출신 군인의 숫자다.

우리는 자연의 세계에서 강력한 상징을 많이 가져온다. 인간의 마음이 자연에 강력하게 반응하기 때문이다. 자연에 온갖 의미를 붙이는데, 그중에는 상반된 의미도 많다. 식물들은 우리 마음을 채운다. 원하거나 원하지 않는 식물, 재배하거나 방해된다고 걸핏하면 죽이는 식물 모두 우리 마음속 풍경의 일부다. 옳고 그름, 삶과 죽음 모두 잡초로 요약된다.

020
파피루스

지식을 전달하고 문명의 발전을 이끌다

책을 읽으면 충실한 사람이 되고,

회의를 하면 준비된 사람이 되고,

글을 쓰면 정확한 사람이 된다.

└ 프랜시스 베이컨

양귀비는 역사를 대변한다. 그러나 파피루스는 상징이 아니라 역사 그 자체다. 인류는 두껍고 끈적끈적한 파피루스의 줄기를 종이처럼 활용해 역사를 기록하고 남겼다. 이 사초과(sedge) 식물 덕에 시간을 뛰어넘어 지식을 직접 전달할 수 있게 되었다. 입에서 입으로만 전하던 때보다 오류를 줄일 수 있었다. 처음으로 어마어마한 지식을 저장할 수 있었고, 아무 때나 찾아보고, 대대로 전해줄 수도 있었다.

글로 쓴 지식이나 신화 이야기와 너무 밀접한 관련이 있어서 파피루스 역시 자라나고, 광합성을 하고, 생명을 유지하는 식물이란 사실을 종종 잊어버린다. 습지에서 밝은 녹색의 파피루스를 처음 보았을 때 동물 머리의 신들도, 황제의 근엄한 옆얼굴도 없어서 어색하게 느껴졌다. 역사를 기록하고 바꾸는 도구의 재료로는 전혀 보이지 않았다. 붉은 주교라고 불리는 새들(금란조) 때문에 선명한 녹색이 더 돋보였다. 파피루스는 그 새들에게 번식할 기회를 준다. 그들이 후손에 유전자를 물려주어 불멸을 추구할 기회를 준다.

고대 이집트인은 파피루스로 만든 두루마리에 영혼의 불멸에 관한 생각을 기록했다

매년 나일강이 범람하면서 파피루스로 가득한 거대한 습지가 만들어졌다. 5미터 높이까지 자라는 파피루스는 물가의 풍경을 압도한다. 고대 이집트인은 파피루스를 엄청나게 많이 얻을 수 있었다. 자연스럽게 배와 매트, 밧줄, 샌들, 바구니 등 온갖 용도로 파피루스를 사용했다. 가축 사료로도 활용했다. 파피루스는 땅속에서 수평으로 자라난 변형된 줄기인 뿌리줄기에서 돋아나 뻗어나면서 뿌리를 내리고 새순을 틔운다. 이 뿌리줄기는 인간이 먹을 수 있다.

파피루스는 고대 이집트 사람들이 삶을 이해하고, 세상 속에서 그들의 위치를 이해하는 데 중요한 역할을 했다. 파피루스는 어둠과 홍수에서 땅이 나타나는 그들의 창조 신화에서도 중요한 역할을 한다. 홍수는 아스완 댐이 건설되기 전에 나일강을 따라 매년 일어난 사건이었다. 이시스가 아들 호루스와 함께 파피루스 늪에 숨었다는 신화도 있다. 그녀의 남편 오시리스를 죽이고 왕국을 차지한 남동생 세트가 아들을 해치지 못하도록 보호하기 위해서였다. 파피루스는 신화에서도 주요하게 등장하지만, 현실에서도 아주 중요한 식물이다. 파피루스는 유럽 문명의 기원이라 할 수 있는 이집트 문명에서 핵심 역할을 했다. 무엇보다 파피루스는 역사를 전하고 삶과 죽음을 이해하는 도구였기 때문에 아주 중요했다. 이집트인은 그것들을 기록하는 체계를 발명했고, 그것을 우리는 글쓰기라고 부른다.

이집트인이 문자를 처음 사용했을 수도 있고, 아닐 수도 있다. 그런 질문은 학자들에게 맡기는 것이 최선이다. 수메르의 고대 문자에서 아이디어를 얻었을 수도 있고, 여러 문명이 각각 문자를 발명했을 수도 있다(어쩌면 정말로 그럴 수도 있다). 확실한 것은 기원전 4,000년 무렵 이집트에서 상형문자를 사용하고 있었다는 사실이다. 기원전 2,600년에 쓰인 논리 정연한 글들도 발견되었다. 그것은 그저 그림 같은 글씨가 아니라 진짜 글쓰기다. 그 글씨를 이해하려면 먼저 그 언어를 배워야 한다.

상형문자는 처음에 돌에 새겼고, 그래서 '성스러운 새기기(hieroglyphics)'라는 뜻이 담긴 이름으로 불렀다. 파피루스 식물에서 얻은 적절한 재료가 개발되면서 더 가지고 다니기 쉬운 글쓰기 도구가 생겼다. 기원전 2560년에 이집트 관리 메레르가 쓴 일기가 파피루스에 최초로 쓴 글로 알려져 있다. 그 일기가 기자의 거대한 피라미드 건설 과정을 설명한다고 믿는 사람들도 있다. 파피루스의 겉껍질을 벗겨내 찐득하고 섬유질이 많은 줄기 속을 드러낸 후 그것을 길쭉하게 찢는다. 찢은 것을 가로세로로 겹쳐놓고 마를 때까지 두드린다. 그 후 돌이나 조개껍질, 나무 같은 둥근 물건으로 다듬는다. 이제 글을 쓸 준비가 되었다.

손이 많이 가고 기술이 필요한 과정이다. 그렇게 가공한 파피루스도 표

100가지 식물로 읽는 세계사

면이 울퉁불퉁해서 글을 쓰기가 쉽지 않다. 필경사들은 굵은 갈대 조각, 그 다음에는 철필이라는 더 뾰족한 도구로 글을 썼다. 파피루스는 상류층 사람들을 위한 도구였고, 필경사는 지식을 선별해서 소개하는 전문가였다.

정보를 기록하면 모든 것이 바뀐다. 더 이상 권위자에게만 의존하지 않아도 된다. 누가 무슨 말을 했는지, 그들이 언제 말했는지 확실히 알 수 있기 때문이다. 이제 사람들이 기억하는 정보에만 의존하지 않고, 출처를 찾아볼 수 있다. 정보를 찾아서 읽을 수 있는 사람이라면 적어도 이론적으로는 과거의 누구보다 현명해질 수 있다. 의학적인 내용으로 빼곡하게 채운 길이 20미터의 두루마리인 에베르스 파피루스는 실용적이면서 동시에 마술 같다. 모든 파피루스 그림 가운데 가장 유명한 그림이 실린 이집트 『사자의 서』도 있다. 머리가 자칼과 같은 신 아누비스가 필경사의 심장과 깃털 중 어느 쪽이 무거운지 재고 있는 그림이다.

위대하고 대단한 일만 중요하게 여기는 사회는 없다. 위대함과 웅장함에 사로잡혔던 고대 이집트조차 그러지 않았다. 집안일과 행정에 관한 정보가 담긴 파피루스 문헌도 남아 있다. 편지나 계약서, 법률 서류, 『난파선 선원 이야기』 같은 그림책, 경전도 남아 있다. 인간의 모든 지식이 그 위에 있었다. 파피루스에 상형문자로 기록할 수 있었고, 파피루스가 사라지지 않는 한 이후에도 계속 찾아볼 수 있었다. 대체로 건조한 이집트 날씨는 파피루스를 보존하기 좋은 환경이었다.

1822년에 로제타스톤을 해독하기 전까지 고대 이집트의 상형문자는 수수께끼 같은 호기심의 대상이었다. 로제타스톤에 똑같은 내용(왕 프톨레마이오스 5세의 칙령)이 이집트의 상형문자, 고대 이집트의 민중 문자 그리고 고대 그리스어 문자 세 가지로 기록되어 있었다. 덕분에 고대 그리스어 문자를 바탕으로 이집트의 상형문자를 해독할 수 있었다. 이제 학자들은 고대 이집트 사람들이 기록한 글을 읽을 수 있다.

사초과 식물인 파피루스는 위대한 문명 중 하나인 이집트 문명이 발달하고, 고대 세계에 광범위하게 영향력을 미칠 수 있게 했다. 그리스와 로마

파피루스 위에 새긴 죽음: 『사자의 서』에 그려
진 아누비스가 심장과 깃털의 무게를 재는 모습

문명은 고대 이집트에 빚을 졌다. 이집트인들은 계속해서 이어지는 기록 문
화를 만들어냈다. 그 뒤를 따랐던 문명들은 그 문화를 받아들이고 응용했다.
키가 크고 거의 어디에나 자랐던 파피루스의 존재는 그 과정에서 아주 크게
기여했다.

021
푸른곰팡이

인류를 구원한 곰팡이

자연이 페니실린을 만든다. 나는 그저 발견했을 뿐이다.

└ 알렉산더 플레밍

푸른곰팡이라고 불리는 균류가 없다면 이 책을 읽는 사람 가운데 얼마나 많은 사람이 죽게 될까? 이 균류가 없었다면 세상에 태어나지도 못했을 사람이 얼마나 될까? 그들의 부모는 그 균류 덕분에 살아남아서 아이들을 낳을 수 있었다. 푸른곰팡이가 없었다면 아마도 이 책은 쓰이지 못했을 가능성이 크다. 이 책의 저자가 정상적인 생활을 할 수 없거나, 아예 존재하지 않았을 수도 있기 때문이다. 푸른곰팡이가 없었다면 세상은 완전히 달라졌을 것이다. 인구가 훨씬 적은 세상, 특히 어린이와 노인 인구가 훨씬 적은 세상이 되었을 것이다.

푸른곰팡이속(*Penicillium*)에는 300종 이상이 있다고 알려져 있다. 푸른곰팡이는 공기와 먼지 속에 있으며, 음식을 상하게 한다. 치즈, 특히 카망베르, 브리, 로크포르와 그밖에 꽤 많은 치즈를 만들 때 푸른곰팡이를 사용한다. 푸른곰팡이 가운데 몇몇 종은 기계와 기름, 연료, 보호 유리, 광학 유리를 손상시킬 수 있다.

다른 몇몇 종은 병원균을 공격해서 인간의 질병을 치료할 수 있다. 폐렴과 설사는 1,000여 년에 걸쳐 인간의 주요 사망 원인이었다. 그런데 갑자기 두 가지 모두 치료할 수 있는 질병이 되었다. 우리는 이제 그런 질병들을 생명을 위협한다기보다는 그저 불편한 수준으로 여긴다. 제2차 세계대전 이후 세계 인구가 급격히 증가하면서 동시에 항생제도 황금기를 맞았다. 지구에서의 삶은 이전과 비교할 수 없을 정도로 변화했다. 1919년에는 스페인 독감 대유행으로 5,000만여 명이 사망했다.

알렉산더 플레밍은 푸른곰팡이를 발견하고 몇 년 후 "때로는 찾지 않던 걸 우연히 발견하기도 한다. 9월 28일 동이 트자마자 잠이 깼을 때, 나는 분명 세계 최초의 항생제를 발견해 의학을 송두리째 바꿔놓겠다는 계획을 세우지 않았다. 그런데 아무래도 내가 바로 그 일을 해낸 것 같다"라고 썼다.

플레밍은 런던의 세인트 메리스 병원에서 박테리아, 그중에서도 인간에게 해로운 박테리아 종들을 죽이는 방법을 연구하고 있었다. 그가 페니실

세상을 뒤바꾼 사람: 페니실린을 발견
한 알렉산더 플레밍

린을 발견하게 된 사건으로 많이 알려진 이야기는 거의 사실이다. 1928년,
그는 서퍽에서 한 달 동안 휴가를 보낸 후 일하러 돌아왔다. 지하 연구실로
내려간 그는 황색 포도상구균을 넣은 세균 배양용 접시의 뚜껑을 닫지 않았
다는 사실을 발견했다. 황색 포도상구균은 인간 같은 포유동물과 새의 피부,
점막에 영향을 줄 수 있는 박테리아 종이다. 그런데 그 배양용 접시에 음식
을 방치했을 때처럼 곰팡이가 피었다. 좀 더 정확하게 말하면, 배양 접시에
푸른곰팡이 균류가 증식했다. 플레밍은 새로 증식한 푸른곰팡이 균류 주위
에 황색 포도상구균이 죽어 있는 것을 알아차렸다. 그래서 이 곰팡이를 활용
할 수 있는 방법을 더 연구했다.

페니실린이 인간의 감염 치료에 도움이 된다는 사실을 알아차린 사람은 플레밍이 처음은 아니었다. 고대 이집트인들(앞 장에서 파피루스에 대해 읽을 수 있다)도 상처 치료에 도움이 된다는 생각으로 곰팡이가 핀 빵을 상처에 발랐다. 19세기에는 과학자들이 곰팡이를 치료 물질로 활용하려고 연구했다. 그러나 어떤 의학적 혁명도 시작되지 않았다. 플레밍이 발견했듯이, 딱 맞는 종류의 곰팡이를 증식시키기 어렵고, 그 곰팡이에서 박테리아를 죽이는 부분을 분리해서 안정적으로 유지하기도 너무 어려웠기 때문이다.

플레밍도 하룻밤 만에 페니실린을 발견하지는 않았다. 그는 처음에 좋은 살균제를 발견했다고 생각했다. 그가 분리해내고 페니실린이라 이름 붙인 성분이 인간에게 무독하다는 사실은 그 후의 연구에서 알아냈다. 그러나 그 성분을 대량으로 생산하기가 어려워서 의학적 혁명으로 곧바로 이어지지는 않았다. 다른 두 명의 과학자 덕분에 플레밍의 발견은 실용화될 수 있었다. 많은 사람이 한 과학자가 세상을 뒤바꾼 약을 우연히 발견했다는 솔깃한 이야기에 흥미로워한다. 그러나 옥스퍼드 대학의 하워드 플로리와 언스트 체인이 없었다면 이루어질 수 없었던 일이다. 그들은 1940년에 페니실린으로 생쥐를 치료하기 시작했고, 다음 해에 페니실린으로 인간을 치료하는 데 성공했다. 알렉산더 플레밍만 명성을 얻는 데 반감이 생기던 가운데, 1945년에 세 사람이 함께 노벨 의학상을 받았다.

플로리와 체인은 1942년에 미국으로 건너가 연구를 계속했다. 처음에는 페니실린을 대량 생산하는 데 큰 어려움이 있었다. 그러나 1944년 노르망디 상륙작전에 참가한 미국 군대를 치료해야 할 시기에 맞춰 이 목표를 이루었다. 페니실린 제조에 가장 효과적인 균주를 캔털루프 멜론에서 발견한 덕분이었다.

오스트레일리아 국민이 페니실린을 처음으로 사용하기 시작하면서 황금기가 시작되었다. 영국 수의사 제임스 헤리엇(실제 이름은 제임스 앨프리드 와이트)의 책에 그 시절이 인상 깊게 묘사되어 있다. 그 책에서 요크셔 데일스의 수의사는 허구의 기억을 이야기하는데, 처음으로 항생제를 사용했던 경험을 '기적을 지켜보는 것과 같이' 묘사한다. 그때는 정말로 인간이 질병을 정복하고, 질병이 역사 속으로 사라질 것처럼 보였다.

페니실린은 성홍열, 폐렴, 뇌수막염, 디프테리아를 일으키는 박테리아에 효과가 있다. 더 효과적이고 새로운 항생제들도 발견되었다. 항생제는 가축 치료에 점점 더 많이 사용되었다. 질병 치료뿐 아니라 예방책으로, 성장을 촉진하고 건강을 유지하기 위해 많이 사용했다. 그러면서 가축을 더 좁은 곳에서 사육할 수 있게 되었다. 공장식 축산의 시작이었다. 공장식 축산으로 인해 전 세계 항생제의 73퍼센트를 가축에게 사용한다. 덕분에 전 세계에서 고깃값이 싸졌고, 많은 나라에서 그것이 인류의 권리라고 당연하게 여기게 되었다.

황금기는 지속될 수 없었다. 이유는 복잡하다. 어떤 사람들은 인간이 항생제를 남용하면서 내성이 생겼다고 믿는다. 어떤 사람들은 박테리아가 미묘하고 변칙적으로 돌연변이를 일으키면서 내성을 얻었다고 믿는다. 문제는 생각보다 간단하다. 황금기에 항생제는 박테리아를 놀랍도록 효과적으로 죽였지만, 몇몇 박테리아는 살아남았다. 특정 항생제의 영향을 받지 않는 박테리아 일부가 남아 있었다. 농부들이 고기를 많이 얻을 수 있는 품종을 골라 소를 사육하듯이, 우리는 의도치 않았지만 페니실린의 영향을 받지 않는 박테리아 종류를 번식시켰다. 그렇게 계속 번식시켜온 결과, 페니실린의 영향을 받지 않는 병원성 박테리아(병원균)가 점점 많아지고 있다(여기에서 코로나19는 박테리아가 아니라 바이러스라는 사실을 지적해야겠다. 항생제로는 치료할 수 없다는 뜻이다. 박테리아는 독립 생활을 하는 유기체여서 살아 있는 몸 안에서든 밖에서든 살아남을 수 있다. 반면 바이러스는 숙주 없이는 생존할 수 없는 분자 집단이다. 폴 너스는 그의 책 『생명이란 무엇인가』에서 "바이러스는 화학적으로 활성화해 숙주 세포에서 번식하는 살아 있는 상태와 세포 밖에서 화학적으로 비활성화한 채 존재하는 살아 있지 않은 상태를 오간다"라고 말했다).

2014년 세계보건기구의 보고서는 우리가 위기에 직면했다고 말한다. 세계보건기구의 보건 안보 담당 사무차장인 케이지 후쿠다 박사는 "많은 이해 당사자가 조직적으로 신속하게 대처하지 않으면 수십 년 동안 쉽게 치료할 수 있었던 흔한 감염병과 가벼운 부상으로도 죽을 수 있는 포스트 항생제 시대가 올 것이다. 효과적인 항생제는 더 오래 살고, 더 건강하게 살고, 현대 의학의 혜택을 누릴 수 있게 하는 기둥 중 하나였다. 우리가 감염을 예방하기 위해 더욱 노력하면서 항생제를 생산·처방·사용하는 방식을 바꾸는 획기적인 조치를 취하지 않는 한, 세상은 점점 더 항생제라는 세계 공중보건 자원을 잃을 것이다. 그리고 치명적인 결과에 이를 것이다"라고 말했다.

위기가 코앞에 닥쳤다는 현실 인식이 퍼지면서 유럽연합은 2022년부터 가축의 질병을 치료하는 목적이 아닌 예방하는 목적의 항생제 사용을 금지했다. 그러나 여러 방식으로 공장식 축산을 하는 곳, 특히 미국에서는 예방 목적의 항생제 사용을 포기하지 않으려 한다. 페니실린 발견 100주년을 앞두고 우리는 항생제 없는 미래를 바라보고 있다. 포스트 항생제 시대가 우리 앞에 놓여 있다. 항생제가 소용없어지면 항생제를 발견했을 때만큼이나 세상이 급격하게 바뀔 것이다. 곰팡이가 현대 생활을 가능하게 했다. 하지만 그 효과를 잃으면 다른 시대가 시작될 것이다. 그리고 그 시대는 이미 시작되었다.

022
키겔리아나무

인류에게 불을 선사한 나무

내 불타는 황금 활을 가져와.

내 불의 전차를 가져와.

└ 윌리엄 블레이크의 시 〈예루살렘〉

적당한 크기의 키겔리아나무는 마치 가공육을 판매하는 이탈리아 식품점처럼 보인다. 비현실적인 크기의 소시지가 주렁주렁 달려 있다. 그 소시지는 사실 과일인데, 무게가 최대 10킬로그램에 이른다. 그래서 키겔리아나무를 흔히 소시지 나무라고 부른다. 그 나무 밑에서 서성거리거나 미적거리지는 말자. 많은 사람이 이 식물이 떨구는 폭탄에 맞아 다치거나 심지어 죽기까지 했다. 그 나무는 아프리카 대초원 전역에서 대부분 물줄기를 따라 자란다. 키겔리아나무의 꽃과 열매는 그곳에 사는 수많은 생물의 중요한 먹이다. 인간 또한 그 나무를 오랫동안 이용해왔다. 키겔리아나무에 대한 이런 모든 사실이 흥미롭기는 하지만, 그런 이유로 이 책에 소개하려는 것은 아니다. 여기서는 키겔리아나무가 인간이 지구를 정복할 수 있게 해준 도구임을 알리려 한다.

인간이 지구 정복을 위해 활용한 도구가 몇 가지 있다. 납작한 키겔리아나무 조각, 60센티미터 정도 길이의 감자 덤불 잔가지 그리고 말린 코끼

소시지 나무: 열매가 열린 키겔리아나무

리 똥 한 줌이다. 감자 덤불(potato bush)은 사바나 식물로, 작은 꽃들이 이른 저녁에 냄새를 내뿜어 꽃가루를 옮겨줄 나방을 끌어들인다. 감자 덤불과 감자는 별로 관련이 없지만, 감자 덤불의 꽃은 구운 감자 냄새를 풍긴다. 감자 덤불은 길고 가늘면서 아주 단단한 나뭇가지를 얻을 수 있어 도움이 된다. 이것을 작고 평평한 키겔리아나무 조각과 짝을 맞춘다. 다른 종류의 나무도 같은 역할을 할 수 있지만, 키겔리아나무가 최고다. 키겔리아는 그 일에 딱 맞게 무른 나무다.

마지막으로 코끼리 똥이 필요하다. 이 똥은 전혀 역겹지 않다. 코끼리는 식물을 닥치는 대로 먹어치우는데, 그래서 마른 코끼리 똥은 그저 얇게 조각 내고 다진 식물 같다. 냄새라고는 전혀 나지 않는다. 건기에는 코끼리 똥을 찾기가 쉽다. 우기에는 비를 맞지 않도록 마른 똥을 따로 보관하는 것이 좋다. 마른 똥을 바닥에 펼쳐놓으면 마치 오래된 담배처럼 보이기도 한다. 이제 준비가 다 되었다.

키겔리아 나무판 위에 감자 덤불 막대기를 올려놓고, 기도할 때처럼 두 손의 손가락과 손바닥으로 감싸 앞뒤로 돌린다. 이렇게 막대기를 계속 돌리면 작은 구멍이 생긴다. 새로운 나무판으로 시작할 때보다 쓰던 나무판에 돌리면 더 빨리 구멍이 생긴다. 손을 아래로 내려 누르면서 계속 돌리면 단단한 감자 덤불 가지가 회전하면서 아래로 누르는 압력이 부드러운 키겔리아 나무판에 마찰을 일으키고, 그렇게 모든 일이 일어난다. 생각보다 훨씬 빨리 키겔리아 나무판에서 연기가 올라오는 모습을 볼 수 있다. 냄새도 난다. 키겔리아 나무판에 생긴 구멍 안에서 회전하는 막대기 때문에 키겔리아나무의 부서진 조각들이 작고 뜨거운 석탄 조각처럼 부스러진다. 이것들을 코끼리 똥에 올려놓고 입으로 바람을 불어 넣는다. 그러면 마치 신이 도와준 것처럼 불꽃이 생겨난다. 우리에게 불이 생긴 것이다. 이는 곧 힘이 생기고, 지배력이 생긴다는 의미다. 이제 우리 앞에 놓인 지구 전체를 가질 수 있게 되었다.

우리 조상이 언제 불을 만들어 통제하게 되었는지에 대해서는 정설이 없다. 들불에서부터 시작해 점점 그 불을 활용하는 방법을 찾게 되는 점진적인 과정이었을 것이다. 심한 천둥 번개로 들불이 일고, 동물들이 화염에 휩싸이고, 그렇게 불에 탄 동물들을 모아서 먹어보았다. 익힌 음식을 맛본 인간은 더 쉽게 씹고 소화할 수 있다는 사실을 알게 되었다. 대략 100만 년 전에 불을 다루었다는 증거가 발견되었는데, 이때 키겔리아나무와 감자 덤불이 큰 역할을 했을 가능성이 높다. 그러나 어떤 면에서는 어떤 종으로 불을 만들었느냐는 그리 중요하지 않다. 식물로 불을 만드는 원리를 익혔다는 사실 자체가 더 중요하다.

물론 불은 모든 상황을 바꾼다. 불빛 덕분에 인간은 밤을 덜 두려워하게 되었다. 또한 불을 두려워하는 동물들을 내쫓을 수 있었고, 다가오는 적들을 발견할 수도 있었다. 언제나 모르는 적이 알려진 적보다 두려운 법이다. 불을 피웠을 때의 온기로 사람들이 살아남을 가능성이 높아졌고, 이제 더 추운 곳에서도 인류는 살아남을 수 있게 되었다. 지구는 불을 다룰 수 있는 인간 종에게 문을 열어주었다.

　불에 요리하면서 인간이 먹을 수 있는 음식이 훨씬 더 많아졌다. 불에 구우면 소화가 잘되기 때문이다. 불의 도움으로 먹을 수 있는 음식이 늘어나면서 인간의 뇌 성장을 촉진했다는 설도 있다. 인간은 똑똑해서 불을 일으키는 방법을 익혔고, 일단 불을 확보하자 더 똑똑해졌다는 추측이다. 기분 좋은 발상이다. 불은 예전이나 지금이나 땅을 효율적으로 활용할 수 있게 해준다. 들을 불태우면 새싹이 잘 자라서 방목하는 동물들이 풀을 뜯기 좋다. 또, 불 덕분에 더 좋은 나무 도구를 만들 수도 있다. 불에 달구면 더 단단해지기 때문이다. 게다가 고기를 불에 말리면 훨씬 더 오래 보관할 수 있다. 계획을 세우는 사람들에게 미래가 열렸다.

한 식물과 다른 식물을 마찰하고, 코끼리가 이미 소화한 식물들의 도움을 받아 인간은 아마도 역사상 가장 큰 발전의 발걸음을 내디딜 수 있었다. 불 덕분에 인간은 어둠을 생산적인 시간으로 만들 수 있었다. 대화하고, 사람들과 사귀고, 노래 부르고, 기도하면서 그 시간을 활용할 수 있었다. 인간이 한낮에 교살무화과나무 그늘 밑에서 하던 일을 이제 밤에 불빛 옆에서 할 수 있었다.

인간은 불이 없는 동물보다 하루하루 더 많은 일을 할 수 있다. 인간은 하루 열여섯 시간씩 깨어 있는 것을 정상으로 여기는데, 대부분의 다른 동물

불을 만든 재료: 〈소시지 나무 아래〉(셸리 퍼킨스), 잠비아 남루앙과의 키겔리아나무를 보여준다

보다 훨씬 더 긴 시간이다. 우리와 가장 가까운 종인 침팬지는 해가 뜰 때 일어나서 해가 질 때 자는데, 열대지방에서는 열두 시간씩 잔다. 불 덕분에 인간에게는 사회적으로 더 많은 일을 할 기회가 생겼다. 인류 문화에서 두 번의 위대한 도약이 있었다. 두 번째는 농업을 발명한 것이고, 첫 번째는 불을 다루기 시작한 것이다. 나머지 다른 모든 단계는 그만큼 중요하지 않다. 인간은 건설과 파괴 모두에 재능이 있다.

우리는 키겔리아나무 덕분에 현재의 우리가 되었다. 키겔리아나무는 여러 면에서 좋은 나무로, 열대 아프리카 전역에서 자란다. 인간이 퍼뜨려 인도에서도 어느 정도 자라고 있다. 터무니없이 큰 열매를 하마와 코뿔소가 먹어치우고, 씨앗은 그들의 배설물과 함께 배출된다. 키겔리아나무는 최대 20미터 높이까지 자라지만, 키가 가장 큰 나무는 아니다. 키겔리아나무의 가지는 넉넉하게 넓게 퍼지는데, 휴식을 취하는 표범들이 정말 좋아한다. 키겔리아나무의 그늘은 교살무화과나무의 그늘만큼이나 유혹적이다. 그러나 유혹에 넘어가지 말아야 한다. 나는 자동차를 몰고 키겔리아나무 밑을 지나가다 떨어지는 열매에 깔려 사흘 동안 의식을 잃었던 사람을 안다. 키겔리아나무는 나팔 모양의 커다란 빨간 꽃을 피우는데, 이 꽃은 건기에 여러 곳에서 초식동물에게 꼭 필요한 영양분을 준다. 개코원숭이와 임팔라가 그 꽃을 보는 대로 먹어치운다.

오카방고 삼각주에서는 키겔리아나무로 모코로라고 불리는 삿대로 젓는 카누를 만든다(마룰라나무에 대한 42장 참조). 키쿠유족은 키겔리아나무 열매로 맥주를 만든다. 키겔리아나무의 추출물은 상처, 궤양, 매독으로 인한 종기, 건선이나 습진 같은 피부 질환과 피부암 치료에 활용해왔다. 내 친구는 키겔리아나무로 만든 크림을 발라 상당히 도움을 받았다.

키겔리아나무는 화장품, 이른바 노화 방지 크림에도 활용된다. 키겔리아나무는 아프리카를 여행하는 사람에게는 호기심의 대상이다. 사파리 여행을 하다가 오싹하게 위험한 열매를 주렁주렁 달고 있는 나무를 다들 감탄하며 바라본다. 그러나 키겔리아나무는 중요성이 거의 잊힌 우리 역사의 숨겨진 부분이기도 하다. 나무로 불 피우는 기술을 가진 사람들이 고대의 불 피우는 방법을 시연한다. 마찰로 생긴 작은 키겔리아나무 불씨들을 코끼리 똥 위에 쏟고, 숨을 불어넣는다. 다시 한번 불이 피어오른다.

023
수선화

시인이 사랑한 꽃

그러면 내 마음은 기쁨으로 가득 차서,

수선화와 함께 춤을 추네.

└ 윌리엄 워즈워스의 시 〈나는 구름처럼 홀로 헤매었네〉

우리 모두 야생의 아름다움을 잘 안다. 열대우림의 아름다움과 버드나무가 줄지어 서 있는 강의 아름다움, 블루벨 숲의 아름다움을 너무나 당연하게 여긴다. 그러나 자연의 아름다움에 대한 이런 생각은 꽤 최근에 생긴 것이다. 그러한 관념이 거의 생겨나지 않은 사회도 있다.

적어도 농업이 발명된 후부터 인류는 자연을 연인에게 맞서듯 대해야 했다. 너무 맞서야 해서 저항하기 힘들 정도였다. 자연은 우리를 끊임없이 위협했다. 사람들은 그것을 당연하게 여겼고, 인류의 노력에 경외심을 느꼈다. 나중에 도시에 살게 되면서 우리는 정원이나 도시 한가운데 있는 자연을 좋아하게 되었다. 자연은 이제 '제자리를 지키는' 동안에는 문제가 없었다. 말하자면, 확실히 인간이 통제하고 있었다. 인간이 무엇을 재배할지 재배하지 않을지 조정하는 한 자연의 아름다움을 받아들일 수 있었다.

18세기 영국의 조경 설계사 랜슬롯 브라운(능력자 브라운으로도 불렸다)은 인간의 눈을 즐겁게 하려고, 사람들에게 평온함과 통제하는 느낌, 소속감과 소유하는 느낌을 주려고 자연처럼 보이는 풍경을 디자인해 만들어냈다. 동물들이 풀을 뜯는 풀밭, 다 자란 나무, 물가의 탁 트인 전망, 사람들이 안전함을 느끼며 미래에 대한 확신으로 가득할 수 있는 장소를 만들어냈다. 알렉산더 포프는 이렇게 썼다.

> …자연을 절대 잊지 말자,
> 그러나 자연의 여신을 정숙한 여성처럼 대하자,
> 지나치게 입히지도 말고, 완전히 벗기지도 말자.

자연을 그대로 두는 것은 금기였다. 그러나 산업혁명이 진행되면서 자연은 점점 더 파괴되었고, 점점 더 많은 사람이 도시에서 살게 되었다. 한편 도로와 늘어나는 기찻길 덕분에 교통이 좋아지면서 도시에 사는 사람들이 이전보다 더 쉽게 자연을 찾을 수 있었다. 자연이 파괴되는 모습을 보면 깨닫게 된다. 인간 손이 닿지 않는 자연에는 의미, 어쩌면 가장 큰 의미가 있다. 그 생각은 우리를 수선화와 있는 그대로의 자연을 찬양하는 윌리엄 워즈워스의 황홀한 시로 이끈다. 워즈워스는 1802년 4월 처음 수선화 시를 썼지만, 1807년에 시를 발표했다.

수선화의 원산지는 이베리아반도. 수선화속(*Narcissus*)은 물에 비친 자신의 모습과 사랑에 빠져 자살한 나르키소스 신화와 관련이 있다. 앤서니 파월의 대하소설 『시간의 음악에 맞춰 춤을』에서 한 등장인물은 "자기애는 종종 짝사랑으로 보인다"라고 말한다.

수선화는 의학에도 활용되어왔다. 구토와 마비를 유도하고, 화상과 상처를 깨끗이 하고 치료하는 데도 사용되었다. 수선화는 환각을 일으키기도 하는데, 그래서 소포클레스는 수선화를 '지옥 신들의 화관'이라고 불렀다. 히포크라테스는 수선화를 자궁 종양 치료를 위한 좌약으로 추천했다. 수선화에서 추출한 갈란타민이란 물질은 초기 단계 알츠하이머 치매의 치료에도 활용된다.

| 영감: 〈젊은 시인〉(아서 휴스, 1849년)

수선화의 눈부시게 매력적인 모습은 언제나 인간에게 중요했다. 아마도 특히 그 꽃의 적극성 덕분일 것이다. 여러 지역에서 수선화는 그 해에 처음으로 피는 큰 꽃이다. 수선화는 또한 재배하기가 무척 쉽다. 구근만 있으면 된다. 구근은 식물학적으로 휴면기에 양분을 저장하는 변형된 줄기로, 이로 인해 봄이 시작될 때 번개처럼 신속하게 반응할 수 있다. 수선화는 구근 나누기로 무성생식하고, 또한 곤충 수분에 의존하는 종자로도 번식한다.

수선화는 수 세기에 걸쳐 인간이 퍼뜨리고 들여왔다. 74종의 수선화는 2만 6,000여 가지의 재배 품종으로 나뉜다. 그중 많은 재배 품종이 들에서

100가지 식물로 읽는 세계사

자란다. 어떤 사람들은 무척 재배하고 싶어하는 환상적인 품종들도 있다. 나르시수스 프세우도나르시수스(*Narcissus pseudonarcissus*)라는 어지러운 학명을 가진 나팔수선화라고 부르는 품종은 영국이 원산지일 가능성이 높다. 많은 사람이 워즈워스가 쓴 시에 등장하는 수선화가 바로 이 나팔수선화라고 이야기한다. 셰익스피어의 희곡 『겨울 이야기』에서 퍼디타는 말한다.

> … 수선화들
> 감히 제비보다 먼저 와서
> 3월의 바람을 아름답게 받아들이는

워즈워스의 수선화를 예고하는 아주 아름다운 구절이다. 우리는 언제나 낭만주의 시인들이 포착하는 낭만적인 경험이 완벽한 진정성을 보여준다고 여긴다. 하지만 모두가 알다시피 워즈워스의 시는 "나는 구름처럼 홀로 헤매었네"로 시작되는데, 사실 그는 혼자가 아니었다. 여동생 도로시와 함께 있었다. 여동생이 수선화에 대해 먼저 썼다. 그들은 레이크 디스트릭트의 얼스워터 호수 글렌코인만 주위에 있는 자연 산책로를 걷다가 수선화를 발견했다. 두 사람은 1802년에 산책했고, 도로시는 "그 주변의 이끼 낀 돌들 사이에서 이렇게 아름답게 자라는 수선화들을 본 적이 없다. 어떤 수선화들은 돌 위를 베개 삼아 머리를 얹고 피곤함을 달랬고, 나머지 수선화들은 뒤척이며 춤을 추었다. 수선화들은 호수에서 불어오는 바람을 맞으며 웃어대는 것처럼 보였다. 언제나 반짝이고 언제나 변화무쌍하며 정말 즐거워 보였다"라고 일기에 썼다.

도로시의 오빠가 쓴 시는 5년 후 두 권으로 나온 『워즈워스 시집』에 실렸다. 이 시에서도 수선화는 춤을 추었고, 소리를 내서 웃지 않아도 "함께 즐거운 친구"였다. 평론가들은 그 시집을 대수롭지 않게 생각했고, 바이런 경은 그 시집에 악평을 했다. 그러나 서서히 대중의 인기를 얻기 시작했다. 수선화 시는 시선집에서, 그리고 학교 교육과정에서 주요하게 다뤄졌다. 그 시

시인이 사랑한 꽃: 수선화 그림, 『양피지 위에 그린 꽃과 곤충 모음집』의 삽화(다니엘 라벨, 1624년)

를 읽으며 우리는 낭만주의에 대한 낭만적인 생각을 떠올린다. 시인이 시골에서 힘없이 돌아다니다 집으로 돌아와 천재적인 감성으로 시를 써 내려간다. 사실은 대부분의 다른 좋은 시처럼 이 시 역시 힘든 창작 과정과 수정, 약간의 교묘한 꾸밈을 거쳐 만들어졌다.

100가지 식물로 읽는 세계사

그 시가 고전이 된 이유는 아름답게 지은 시일뿐 아니라 새로운 흐름, 즉 인간의 작품이 아니라 자연 세계에서 진정한 아름다움을 찾을 수 있다는 혁명적인 생각을 포착했기 때문이다. 새로운 경치를 보고 순수한 아름다움에 눈가가 촉촉해지는 경험. 글쎄, 우리 모두가 잘 아는 경험이다. 어떤 시도 그런 경험을 이보다 더 잘 포착하지 못했다. 이것은 자연 그대로의 아름다움이었고, 인공적인 것은 추하다는 무언의 결론을 내린다. 더 귀할수록 더 소중해진다. 존 키츠는 기분이 좋아지는 것들 목록에서 "수선화/수선화가 사는 녹색 세상과 함께"라고 수선화를 언급한다. 아마도 선배 시인 워즈워스에 대한 공손한 인사였을 것이다. 그 구절은 "아름다운 것은 영원한 기쁨"으로 시작하는 시 〈엔디미온: 시적인 로맨스〉에 나온다.

그 시의 마지막 문장은 너무 깊이 파고드는 언어여서 처음에는 이해할 수가 없다. 워즈워스 시의 첫 문장도 마찬가지다. 1980년대 제작된 한 텔레비전 광고는 "나는 혼자 조금 돌아다녔다… 오 이런…"이라는 말로 시작된다. 그렇게 시를 짓던 시인은 캔 맥주를 마시고, 이내 워즈워스의 시 첫 구절을 읊는다. 그 후 우리 모두가 아는 그 구절이 내레이션으로 나온다("하이네켄은 다른 맥주들과 달리 시인들의 생기를 되찾아줍니다").

수선화에 대한 워즈워스의 시, 그리고 그 시와 함께 모든 살아 있는 수선화는 미치광이 같고 낭만적인 시인들에 대해, 또한 사랑에 대해 생각할 때 금방 떠올릴 수 있는 관념이 되었다. 풍경에 대한 사랑, 야생식물로 가득한 자연 풍경에 대한 사랑. 그것은 그런 풍경을 점점 더 보기 어려워지면서 더욱 타오르는 사랑이다.

나는 한눈에 보았네. 만 송이의 수선화가
활기차게 춤추며 고개를 흔드는 것을.

024
사과

개척과 신화의 이야기를 품은 과일

뱀이 저를 꾀어서 제가 그것을 먹었습니다.

└ 『창세기』3장 13절

사과는 서양 문화에서 기본적인 과일이다. 과일이라는 단어를 들으면 그것이 다른 과일이라는 말을 듣기 전까지는 사과라고 추측한다. 그래서 성경(그리고 쿠란)에 등장하는 금단의 열매가 사과라고 추측해왔다. 그러나 어떤 품종의 과일을 먹었는지 명확히 밝히는 구절은 어디에도 없다. 포도나 석류, 무화과, 캐럽, 시트론, 배, 심지어 버섯일 수도 있다. 사과는 미국에서 사랑받는 상징이 되었고, 미국 최고의 도시 뉴욕을 부르는 별명(빅 애플)이 되었다. 미국은 스스로를 개척 정신과 사과 파이를 바탕으로 건설한 나라라고 여기길 좋아한다. 개척자들이 사과를 활용한 다른 방식들도 곧 알아볼 텐데, 이런 방식들이야말로 진정한 개척 정신이라고 볼 수 있겠다.

사과는 인류가 처음으로 재배한 과일 중 하나다. 야생 상태의 사과나무조차 커다란 열매를 맺기 때문이다(야생 사과는 30종이 넘지만, 그중 단 한 종만

▎선과 악에 대한 지식: 〈이브〉(뤼시엥 레비 뒤르메, 1896년)

재배되었다). 동물보다 식물을 길들이기가 훨씬 더 쉽다는 사실에 주목하자. 어떤 동물 종이든 길들이기는 어려운 과정이다. 커다란 포유동물을 길들이는 데는 위험이 따른다. 그러나 식물은 움직이지 않는다. 식물은 먹이를 주지 않아도 되고, 사람을 물어뜯거나 발로 짓밟지도 않는다. 땅에 구멍을 팔 수 있는 사람, 좋은 나무를 차지할 수 있는 사람이면 누구든 재배할 수 있다. 그래서 재배 식물은 수천 종에 달하지만, 인간이 기르는 가축은 수십 종밖에 되지 않는다.

사과를 언제 처음 재배했는지는 아무도 확실히 알 수 없다. 아마도 1만여 년 전일 것이다. 사과의 원산지는 중앙아시아로, 사과는 실크로드를 거쳐 유럽으로 전해졌다. 그러나 다른 많은 재배 식물처럼 사과에도 문제가 있었다. 사과는 씨앗을 번식시키면 똑같은 사과를 얻지 못한다. 말하자면 사과의 씨앗을 심었을 때 원래 사과가 열렸던 나무와 똑같은 나무로 자라지 않는다. 다양성을 추구하는 생물의 자연스러운 성향을 보여주는 사례다. 그러나 인간은 언제나 단일성을 추구하는 성향이 있다.

인류는 접목으로 이 문제를 해결했다. 서로 다른 식물의 조직을 접붙이는 방법이다. 한 식물의 잔가지(오늘날에는 유전형질이라고 부른다)를 자라나는 나무, 즉 밑나무에 붙인다. 알맞은 조건이 갖춰지면 잘 자라나며, 접목한 유전형질과 똑같은 나무의 열매를 맺는다. 이렇게 사과 품종을 유지하면서 번식시킨다. 사과나무는 이런 기술에 잘 적응했고, 인간은 사과를 즐겼다. 오늘날 7,500가지에 이르는 사과 품종이 있는 것으로 추정된다.

사과에는 또 다른 장점이 있다. 사과는 저장하기가 아주 쉽다. 영하보다 조금 높은 온도만 유지하면 겨울 내내 사과를 저장할 수 있다. 겨울에 신선한 음식을 먹는 일은 영양 면에서나 심리 면에서 아주 중요하다. 비타민C가 풍부하고 신선한 맛을 지닌 사과 덕분에 인간은 대대로 추운 계절을 견딜 수 있었다. 냉장 시설과 항공 화물이 없던 시대에 사과는 겨울에도 여름을 어느 정도 느낄 수 있게 했다.

사과는 중요한 과일이었다. 헤라클레스가 맡은 열두 과업 중 하나가 헤

스페리데스 정원의 생명나무에서 황금 사과를 따는 것이었다. 같은 정원에서 파리스는 가장 아름답다고 생각하는 여신에게 사과를 선물해야 했다. 이런 과정에서는 항상 문제가 생기기 마련이다. 파리스는 결정하기가 어려웠고, 여신들은 그의 결정을 돕기 위해 친절하게도 옷을 모두 벗고 나체가 되었다. 헤라, 아테네, 아프로디테 모두 파리스에게 대가를 약속했다. 파리스는 세상에서 가장 아름다운 여인인 스파르타의 헬레네를 주겠다고 약속한 아프로디테에게 사과를 내밀었다. 파리스는 헬레네를 그의 고향으로 데려갔고, 그곳에서 그녀는 트로이의 헬레네가 되었다. 그렇게 트로이와 그리스 군대의 10년에 걸친 전쟁이 시작되었다.

가장 유명한 사과 이야기는 처음에는 이브, 그다음 아담이 선악과를 먹으라는 유혹에 넘어갔다는 에덴동산 이야기일 것이다. 성 제롬은 5세기에 라틴어로 번역한 불가타 성경을 만들었고, 선악과 나무를 사과나무로 보는 전통이 여기에서 시작되었으리라 추측한다. '나쁘다'라는 의미가 있는 라틴어 말루스(malus)에는 사과나무라는 뜻이 있기도 해서 아마도 문제의 과일이 사과라고 생각했을 것이다. 주변에 뱀이 있고, 벌거벗은 여성이 벌거벗은 남성에게 사과를 건네는 모습은 서양 문명에서 아주 중요한 이미지 가운데 하나다.

사과는 상업적으로도 중요해졌다. 말할 것도 없이 북아메리카로 향한 개척자들이 사과를 가지고 갔다. 북아메리카에 사과를 퍼뜨린 공로는 대부분 한 사람에게 돌아간다. 1774년에서 1845년까지 살았던 존 채프먼으로, 거의 전설적인 인물이 되어 조니 애플시드로 불렸다. 그는 주머니가 불룩하도록 사과 씨앗을 가득 담은 채 시골 곳곳을 끊임없이 다녔다고 한다. 가는 곳마다 씨앗을 심어 거대한 과수원을 만들고, 새로 생긴 나라에 큰 이익을 가져다주었다는 것이다. 그가 다리를 저는 늑대를 치료해주었는데, 그 늑대가 어디든지 그를 따라다녔다는 이야기도 있다. 그는 또한 모기를 해칠까 봐 모닥불을 껐고, 집집마다 돌아다니며 바닥에서 잠을 자면서 잊을 수 없는 이야기를 들려주기도 했다는 등 전설적인 이야기가 많다.

사실 채프먼은 과수원보다는 묘목장을 닥치는 대로 만들었다. 그는 에마누엘 스베덴보리의 기독교 사상을 전파하는 사람이었다. 그는 확실히 뛰어난 사람이었고, 미국 시골에 사과를 많이 전파했으며, 이 때문에 사과 파이도 많이 만들어졌다. 그러나 사과에는 또 다른 주요한 용도가 있다. 바로 술을 만드는 것이다. 사과가 자연 발효해 사과주로 변하는 것은 거의 막을 수 없다. 여기서 사과주는 탄산이 많은 미국식 사과주스가 아니라 알코올이 든 술을 말한다.

북아메리카 북쪽의 혹독한 겨울에 액체를 바깥에 두면 얼어붙는다. 사과주를 바깥에 놓아두고 표면의 얼음을 때때로 훑어내면 사과주가 서서히 증류되면서 사과 브랜디(applejack)가 만들어진다. 상당히 괜찮고 짜릿한 맛이 나는 증류주로, 달콤한 과일만큼이나 겨울을 나는 데 도움이 된다. 하지만 얼려서 증류하는 과정에서는 위험한 메탄올이 제거되지 않는다. 그래서 사과 마비라고 부르는 지독한 숙취에 시달릴 수 있다. 사과 브랜디는 끓여서 증류한 상업적인 위스키에 밀려났지만, 초기 미국의 개척자들은 사과 브랜디로 암울한 시대를 헤쳐나갔다.

둥근 사과와 관련된 신화는 많다. 아이작 뉴턴 경은 나무 밑에 앉아 있다가 떨어지는 사과에 머리를 맞았다고 한다. 그 순간 사과를 땅으로 떨어뜨리는 힘이 그가 땅에 앉아 있을 수 있게 하는 힘이자, 달이 지구로 떨어지지 않도록 막고 지구가 태양으로 떨어지지 않도록 막는 힘이기도 하다는 사실을 곧장 깨달았다고 한다. 떨어지는 사과에 머리를 맞았다는 사실만 빼면, 이 이야기는 대부분 사실이다. 뉴턴의 첫 전기 작가 중 한 명인 윌리엄 스투클리는 "그(뉴턴)가 이전에 중력이라는 개념을 머릿속에 떠올렸을 때와 똑같은 상황이었다. 생각에 잠겨 앉아 있을 때 사과가 머리 위로 떨어지자 그 생각을 떠올렸다"라고 썼다.

사과는 일상적인 사물이지만, 어딘지 쉽게 이해할 수 없는 측면을 지녔다. 친근하면서도 신비롭게 보인다. 비틀스는 애플사(Apple Corps)라는 재미있는 이름으로 1968년에 회사를 설립했다. 음반회사 애플 레코드는 그 회사의 자회사였다. 애플사는 처음에 이상주의적 자본주의를 실험했다. 나는 애플에서 시인이라는 직책으로 일했다고 주장하는 사람을 알고 있다. 스티브 잡스와 스티브 워즈니악, 로널드 웨인은 1976년에 애플 컴퓨터 회사(지금은 애플 주식회사)를 설립했다. 그래서 비틀스의 애플사와 오랜 기간 법적 분쟁을 벌였다. 사과라는 과일, 그리고 애플이라는 이름의 친근하면서도 신비로운 특성은 그들의 컴퓨터가 대중의 호응을 얻는 데 도움이 되었다.

사과는 죄와 영원한 죄책감, 끊임없는 불화, 혹독한 겨울의 위안, 거대한 국가의 자아상, 1960년대 저항 문화의 물결이 무너지고 후퇴하는 지점 그리고 가장 멋들어진 초현대성, 이 모든 것을 의미한다. 그것이 당신을 위한 사과다. 사과는 모든 것을 의미하는 과일이다.

025
미국삼나무

이름이 붙은 거대한 구경거리

삼나무 숲에서 멕시코 만류까지

당신과 나를 위해 이 땅이 만들어졌어요.

└▸ 우디 거스리의 노래 〈이 땅은 당신의 땅이에요〉

나무 하나하나에 이름을 붙이기 시작하면 분명히 무언가 이상한 일이 벌어진다. 우리는 언제나 우리와 함께 있는 다른 종의 동물들에게 각각 이름을 붙인다. 반려동물에게는 말할 것도 없고, 생태학자들이 오랜 기간 연구 대상으로 삼은 동물들에게도 이름을 붙인다. 예를 들어 제인 구달은 침팬지에게 데이비드 그레이비어드라는 이름을 붙였다. 2015년 취미로 야생동물을 사냥하던 치과의사가 한 사자를 죽이자 전 세계 사람들이 분노했다. 세실이라는 이름을 가진 유명한 사자였기 때문이다.

미국삼나무는 사람들이 가장 이름을 많이 붙이고 싶어하는 나무다. 미국삼나무는 세쿼이오이데아(*Sequoioideae*)라는 아과(亞科)에 속하는 거대한 침엽수다. 미국삼나무에는 히페리온, 헬리오스, 이카로스, 다이달로스, 와워나 나무, 개척자 캐빈 나무, 샹들리에 나무 그리고 아마도 가장 인상적인 이름인 셔먼 장군이라는 나무도 있다.

미국삼나무는 거대하다. 키가 90미터가 넘는 나무를 쉽게 볼 수 있고,

| 이름이 붙은 나무: 미국의 셔먼 장군 미국삼나무

지름은 6미터 정도가 표준이다. 캘리포니아주 북부와 오리건주 남서부에서 자라고, 살아 있는 나무 중 가장 크고 무거운 나무가 모두 미국삼나무다. 미국삼나무에 달리는 방울 열매는 2.5센티미터가 조금 넘는 길이여서 크지 않다. 큼직한 나무들이 어울리는 지역 환경 덕분에 미국삼나무들이 높이 자랄 수 있다. 그리고 언제나 그렇듯이 키가 가장 큰 나무가 생명을 주는 햇빛을 더 많이 누린다. 안정된 상태를 유지하면서 다른 나무들보다 더 빨리 자라는 나무는 언제나 유리하다.

미국삼나무는 여러 유용한 요소를 잘 활용한다. 그들이 자라는 지역에서는 비가 1년에 150~350센티미터까지 내려 상당히 많은 강우량을 자랑한다. 그 지역은 또한 여름에 안개가 자욱하기로 악명이 높다. 대기에 안개가 자욱하고 습도가 높으면 나무가 증산과 광합성으로 수분을 별로 잃지 않는다. 영양분이 풍부한 충적토 또한 이 거대한 나무들이 잘 자라나게 돕는다. 미국삼나무들의 강인함과 촉촉한 공기가 어우러져 이 지역은 착생식물의 풍요로운 서식지가 되었다. 다른 식물에 붙어서 그 식물을 이용하면서 사는 식물이 착생식물이다. 미국삼나무에 붙어서 사는 나무 중에는 키가 12미터에 이르는 시트카 스프루스(Sitka spruce: 가문비나무의 일종)도 있다.

세쿼이오이데아에는 세 가지 속이 있다. 세쿼이아 역시 그 아과에 속하는 종의 이름이다. 19세기 오스트리아의 박학다식한 언어학자이자 식물학자 슈테판 엔틀리셔가 그 이름을 정했다. 그는 체로키 문자를 만들어낸 세쿼이아를 기리기 위해 그 이름을 선택했다. 그것은 한 사람과 나무 자체에 대한 감탄을 표하는 방법이었다. 그런 어마어마한 식물에 대해서는 경의를 보여야 한다.

미국삼나무는 쥐라기 시대로 거슬러 올라가는 오래된 혈통의 나무다. 미국삼나무의 선조는 북아메리카뿐 아니라 유럽, 중국에서도 발견되었다. 1848년에는 해안을 따라 이어지는 8,100제곱킬로미터가량의 미국삼나무 숲이 있었다. 다음 해가 되자 그런 환경은 매우 급속하게 바뀌었다. 내 사랑 클레멘타인에 대한 노래와 샌프란시스코 미식축구팀 이름 49ers로 기억되는 골드러시(캘리포니아에서 금광이 발견되면서 많은 사람이 몰려든 현상—옮긴이)의 해였다.

갑작스럽고 극적인 인구 변화로 이제 나무가 훌륭한 자원으로 취급되었다. 수많은 나무를 베어 넘어뜨려 건물을 지었고, 옛 폐허에 새로운 서부를 건설했다. 지금은 19세기 숲의 5퍼센트가량인 400제곱킬로미터 정도만이 남아 있다. 해안을 따라 자그마한 숲들이 연이어 펼쳐져 있고, 31개의 주립공원과 국립공원으로 지정해 보호하고 있다.

그때 미국삼나무의 성격이 어느 정도 바뀐 것이 분명하다. 미국삼나무는 지난 한 세기에 걸쳐 세계 곳곳으로 퍼진 생각의 변화를 상징한다. 우리는 자연을 무한한 자원으로 여기며 가볍게 대하다가 자연이 실은 유한하고 취약하다는 사실을 긴박하게 깨닫게 되었다.

아마도 차로 통과할 수 있는 유명한 미국삼나무들을 보면 가장 절박하게 실감할 수 있을 것이다. 어렸을 때 이 나무들의 사진을 보고 매료되었던 기억이 난다. 자동차, 적절하게 큼직한 미국 트럭을 운전해 나무 한가운데를 통과할 수 있다는 생각은 눈부시게 아름다운 자연 세계와 함께 거대함을 좋아하는 미국의 성향을 모두 보여주는 것 같았다. 미국의 한쪽에서는 엠파이어스테이트 빌딩에서 모든 것을 내려다볼 수 있다. 다른 한쪽에서는 나무를 통과하면서 아주 높이 치솟은 나뭇가지를 올려다볼 수 있다. 얼마나 멋진 나라인지.

나는 이 나무들이 필요하면 통로로 변한다고, 그 나무들을 통과해 어디로든 갈 수 있다고 상상했다. 그런데 순전히 하찮은 이유로 나무들 사이에 통로가 생겼다는 사실을 깨닫고 실망했다. 그 구멍은 인간을 즐겁게 하려고, 자연의 힘으로 인간을 감동시키려고, 또한 동시에 자연의 힘을 통제하려고 뚫은 것이었다. 다른 모든 것처럼 나무도 사람들을 즐겁게 하려고 그 자리에 있는 것이었나? 아니면 무슨 의미가 있을까? 그렇게 수많은 나무에 힘겹게 구멍을 뚫고, 그곳을 통과하는 차량의 사진을 수없이 찍어댔다.

요세미티 국립공원의 와워나 나무가 아마도 가장 적절한 사례라고 할 수 있다. 69미터까지 치솟은 키에 밑동의 지름이 7.5미터에 이르는 나무였다. 요세미티와 턴파이크 회사는 관광 명소로 만들려고 1861년에 이 나무에 구멍을 뚫었다. 국립공원으로 더 많은 사람을 끌어들이려는 속셈이었다. 그것은 중대하고 훌륭한 야심이었을 것이다. 미국의 국립공원과 주립공원들로서는 많은 방문객을 끌어들이는 것이 중요한 일이다. 사람들에게 즐거움을 주면서 공원을 관리한다는 목적으로 이런 명소를 만들고 유지해 큰 성공을 거두었다. 그러나 와워나 나무는 피해를 입었다. 나무에 구멍을 뚫으면서 매우 취약해졌고, 1969년에는 폭풍까지 몰아쳤다. 그 나무는 인간의 어리석음 때문에 2,000년이 넘게 이어진 삶을 끝내야 했다. 구멍을 뚫어 통로를 만든 다른 나무들은 살아남았다. 우리는 드라이브 스루 나무 공원이라는 적절한 이름을 붙인, 키가 84미터쯤 되는 샹들리에 나무를 즐길 수 있다. 그런데 지금 내가 그곳에 가면 그저 어린 시절의 추억을 떠올리며 멈추어 사진을 찍고 싶은 마음이 생길지 의심스럽다.

역사를 새롭게 해석하려는 태도는 인간 조건의 일부다. 세대마다 세상을 다르게 보면서 도덕성의 변화를 과거로까지 소급 적용하려고 한다. 이 책은 그런 추세에 거듭 마주하게 될 것이다. 그러니 셔먼 장군이라는 이름의 나무 앞에서 잠시 생각해보자. 그 나무는 세쿼이아 국립공원의 거대한 숲에 서 있고, 세계에서 가장 큰 나무로 불린다. 키가 제일 크거나 둘레가 가장 넓은 나무는 아닐지라도 줄기의 부피가 1,487세제곱미터에 이른다. 나이는 2,300살에서 2,700살 사이다. 미국의 위대한 영웅 셔먼 장군의 이름을 딴 나무다. 셔먼 장군은 남북전쟁 때 애틀랜타를 점령했고, 그 후 미국이 아메리카 원주민과의 전쟁에서 승리하도록 이끌었다. 혹은 초토화 작전의 잔혹한 가해자, 아메리카 원주민을 폭력적으로 탄압한 사람이라고도 할 수 있다. 어떻게 생각하느냐에 따라 달라진다.

미국 요세미티 국립공원의 커다란 와워나 나무, 1880년경의 그림으로 이 나무는 1969년까지 서 있었다

100가지 식물로 읽는 세계사

오늘날에는 미국삼나무에 정치적인 논쟁거리가 되거나 여러 의미로 해석될 만한 여지가 별로 없는 이름을 붙인다. 가장 키가 큰 삼나무의 이름은 히페리온이다. 그리스 신화에 등장하는 티탄 12신 중 하나의 이름을 따왔다. 그 이름에는 '높다'라는 의미가 있어서 116미터 높이를 자랑하는 그 나무에 잘 어울린다. 히페리온과 다른 거인 나무들의 위치는 함부로 파괴하지 못하도록 비밀로 유지하고 있다.

026
크리스마스트리

고대의 동지 축제에서 현대의 크리스마스까지

오 크리스마스트리, 오 크리스마스트리
그대의 잎사귀는 정말 변하지 않네.
ㄴ 작자 미상의 노래 〈오 크리스마스트리〉

북반구의 부유한 나라에 살면서 자신이 나무를 숭배한다고 생각하는 사람은 거의 없다. 그런데도 대부분은 매년 동짓날에 나무를 집으로 가져와 장식하면서 소중히 여기고, 2주 이상 이어지는 축제의 중심으로 활용한다. 1년 중 밤이 제일 길 때 집으로 나무를 들여놓고, 낮이 점점 길어질 때 그 나무를 밖으로 내놓는다.

이 책에서 누누이 이야기하듯, 태양과 물은 생명과 같다. 하지만 사계절이 아주 뚜렷한 북반구의 북쪽에 사는 사람들은 물을 대수롭지 않게 여긴다. 반면 뜨고 지는 해는 생명이라는 위대한 선물을 준다고 여긴다. 열대 아프리카의 한낮 뙤약볕을 피하려고 교살무화과나무(1장 참조) 그늘 밑으로 들어갔던 초기 인류는 생각이 달랐다. 1년 중 가장 뜨거운 시기에는 생명을 주는 비가 다시 내리기를 갈망했다. 그러나 온대지방에서는 햇볕이 뜨거워질수록 만물이 성장하는 봄이 시작되고, 작물이 자라고, 과일이 무르익는다. 낮이 짧아 해를 많이 볼 수 없고 추운 시기에는 버티면서 해와 함께 생명과 희망이 돌아오기를 기다린다.

낮이 가장 짧고 밤이 가장 긴 동짓날을 예측하는 방법을 인류가 알아낸 이후 동지는 아주 중요한 날로 여겨져왔다. 동지는 북극이 다시 태양 쪽으로 기울기 시작하는 때다. 영국에서는 동짓날 하루에 8시간 동안 해를 볼 수 있다. 6개월 후 하지가 되면 해를 볼 수 있는 낮이 16시간 이상으로 늘어난다. 동지가 지나면 낮이 점점 더 길어지기 때문에 최악의 어둠이 지나갔다는 생각으로 겨울의 힘든 시기를 헤쳐나갈 새 힘을 얻는다.

그래서 사람들은 동지를 기념한다. 생명을 되살리듯 살아 있는 녹색 가지(심지어 나무 전체)를 집에 들여놓는 일이 동지를 확실하게 기념하는 하나의 방법이다. 고대 이집트, 중국, 바이킹 국가들과 유대인도 이러한 기념행사를 했다는 증거가 있다. 고대 로마인은 동지를 농신제로 기념했다. 일하지 않고 흥청망청 잔치를 벌이면서 노는 의례로, 도박을 해도 처벌받지 않았다. 상록수로 만든 화관이나 화환을 활용할 때도 많았다.

그리스도의 탄생을 기념하는 축제는 더 오래된 12월 동지의 전통과 뒤엉켰다. 학자들은 그리스도의 실제 탄생 시기에 대해 여러 추측을 하는데, 주로 기원전 4년에서 기원전 2년 사이라고 짐작한다. 겨울에 탄생하지 않았다고 지적하는 학자들도 있다. 12월 밤이면 너무 추워서 양치기들이 들판에서 양을 지키지 않고, 양들을 우리에 넣은 채 잠자리에 들었을 것이라고 지적한다. 또 어느 나라에서나 세금을 매기기 위한 인구조사를 낮이 짧은 데다 여행하기 어려운 겨울에 하지는 않았을 것이라는 주장도 있다.

어떻게 그렇게 되었는지는 아무도 확실히 모르지만, 고대의 동지 축제와 그리스도의 탄생 축제는 하나로 합쳐졌다. 상록수를 활용해 이때를 축하하는 것이 특징이다. 그 나무가 기독교의 상징이 된 과정은 명확하지 않다. 전통적으로 크리스마스이브에 공연하는 종교 연극은 낙원의 나무와 아담과 이브 이야기를 보여주면서 시작한다. 크리스마스트리는 사과와 얇은 과자인 웨이퍼로 장식한다. 사과는 인류의 타락(24장 참조), 웨이퍼는 성찬식을 통한 구원을 상징한다(2장 참조). 마르틴 루터가 별이 빛나는 밤에 침엽수를 보고 감동한 후 그 나무의 가지를 잘라 집에 가져왔다는 이야기가 있다. 확실히 크리스마스트리는 주로 개신교 전통, 지금의 독일과 발트해 연안국들을 중심으로 시작되었다. 바티칸의 경우 1982년까지 공식적인 크리스마스트리가 없었고, 올리버 크롬웰은 영국에서 캐럴과 크리스마스트리를 금지했다.

크리스마스트리는 19세기에 영국 왕실에 도입되었다. 조지 3세의 아내인 메클렌부르크-슈트렐리츠의 샤를로테는 1800년에 크리스마스트리를 장식하고 어린이들을 위한 파티를 열었다. 한스 크리스티안 안데르센의 『전나무』는 1844년에 출판되었다. 작은 나무를 베어서 크리스마스를 위해 장식하지만, 나중에는 곰팡이가 피도록 다락방에 내버려두었다가 불태워버린다는 기묘한 이야기다. 하지만 크리스마스트리가 1848년에 획기적인 계기를 맞으면서 널리 퍼졌다는 사실에는 의심의 여지가 없다. 그해에 주간지 『일러스트레이티드 런던 뉴스』가 빅토리아 여왕과 앨버트 공 부부 그리고 그들의 자녀들이 모두 장식된 나무 주위에 모여서 크리스마스를 기념하는 모습을 담은 판화를 실었다. 앨버트 공이 고향인 독일에서 그런 풍습을 들여왔고, 영국인들은 왕실을 따라 열광적으로 그 풍습을 받아들였다.

빅토리아 여왕을 모방하는 일에 별로 관심이 없었던 미국에서는 크리스마스트리가 천천히 퍼졌다. 프랭클린 피어스 대통령이 1850년에 처음으로 백악관에 크리스마스트리를 설치했다. 그리고 1923년에 백악관 트리 점등식이 열렸다.

어떤 종의 나무로 최고의 크리스마스트리를 만들 수 있을까? 미국에서는 일반적으로 더글러스 전나무, 프레이저 전나무, 스코틀랜드 소나무로 만든다. 유럽에서는 노르웨이 가문비나무와 노르만 전나무를 가장 많이 활용한다. 나무는 어디에서 구할까? 예전에는 숲에 가서 나무를 베어 오거나, 도시에 산다면 노점에서 나무를 살 수 있었다. 비공식적이고 편의주의적인 방식이었다. 1901년에 미국에서 최초의 크리스마스트리 농장이 생겼고, 수요가 치솟았다. 오늘날은 매년 미국에서 3,500만여 그루, 전 세계에서는 3억

그루 정도의 크리스마스트리가 판매된다.

1965년, 3,600만여 명이 시청한 피너츠 만화《찰리 브라운의 크리스마스》는 당시 유행했던 알루미늄 크리스마스트리를 상업주의에 물든 크리스마스의 상징으로 여겼다. 알루미늄 트리는 단번에 있어서는 안 될 존재가 되었다. 그러나 플라스틱 트리의 인기는 예전이나 지금이나 계속 높아지고 있다. 2004년 한 여론조사에 따르면, 미국 가정의 58퍼센트가 인조 트리를 사용했다.

동지를 제대로 기념하려면 진짜 상록수가 필요하다며 인조 트리를 완전히 거부하는 사람들도 있다. 크리스마스트리를 집에 얼마나 두어야 할지에 대해서는 의견이 엇갈린다. 크리스마스이브 전에는 크리스마스트리를 집에 들이지 말아야 하며, 열두 번째 밤인 1월 6일까지는 버리지 말아야 하는 곳도 있다. 크리스마스 4주 전인 대림절이 시작될 때부터 크리스마스트리를 장식해야 하는 곳도 있다. 북아메리카에서는 11월 말 추수감사절 이후부터 크리스마스가 시작된다고 대부분 생각한다. 그래서 이때부터 크리스마스트리를 장식한다. 영국에서도 크리스마스가 기다려지는 축제가 되었기 때문에 보통 12월 초에 크리스마스트리를 집 안에 들여놓았다가 새해를 맞을 때 버린다. 런던의 일부 지역에서는 집 밖 길거리에 내놓아 수거하도록 두는 것이 관행처럼 되었다. 보행자들은 주차된 자동차와 버려진 트리 사이 좁은 길을 조심스럽게 지나가야 한다.

생명의 나무: 〈크리스마스 날에〉(에밀 체코, 1910년경)

027
파리지옥

우리의 인식을 위협하는 식충식물

"저렇게 덜거덕거리는 소리를 내는 게 저것들이 말하고 있는 것이라고

진지하게 생각하는 건 아니겠지?"

└ 존 윈덤의 소설 『트리피드의 날』

찰스 다윈은 파리지옥이 세상에서 가장 경이로운 식물 중 하나라고 말했다. 그는 파리지옥이 어떻게 반응하는지 보려고 구운 쇠고기와 삶은 달걀을 먹였다. 널리 알려진 이후로 파리지옥은 인간의 상상력을 끊임없이 자극해왔다. 육식을 하는 그 식물의 특성을 더욱 확장한 식인 식물 이야기들도 나왔다. 존 윈덤의 1951년 소설 『트리피드의 날』을 읽거나 같은 제목의 1962년 영화를 본 사람은 그다지 많지 않지만, 무언가 막연히 위협적이고 겁이 나는 식물을 흔히 트리피드(triffid)라고 부른다.

전 세계에서 파리지옥이 자라는 지역은 비교적 넓지 않다. 미국에서는 노스캐롤라이나와 사우스캐롤라이나의 늪지대나 습기가 많은 초원에서만 보인다. 유럽인은 18세기 중반에 파리지옥에 대해 알았다. 박물학자 존 엘리스가 『런던 매거진』에 파리지옥에 대한 글을 실었고, 린네와 그 식물에 관해 대화를 나누기도 했다. 린네는 고민에 빠졌다. 그 식물은 그의 세계관과 맞지 않기 때문이었다.

린네의 고민은 자연의 사다리(scala naturae)라는 고대의 사상으로 거슬러 올라간다. 아리스토텔레스가 제시했지만 그보다 훨씬 더 오래된 개념으로, 지금도 널리 퍼져 있다. 과학에서는 더 이상 공식적인 개념이 아니지만, 비공식적으로는 세계가 작동하는 방식에 대해 우리가 아주 흔하게 생각하는 개념이다. 자연에 위계가 있다는 생각으로, 영혼이 없는 암석과 광물이 가장 아래에 있다. 그 위에는 민감하지는 않지만 생장과 관련된 영혼을 가진 식물이 있다(오늘날에도 오랫동안 혼수상태인 사람을 '식물인간'이라고 부른다). 식물 위에는 인간이 아닌 동물들이 있다. 움직일 수 있는 능력에 따라서 고등 동물과 하등 동물을 분류한다. 과학 논문에서도 여전히 고등 동물이라는 용어를 읽을 수 있다. 고등 동물 위에는 합리적인 생각을 할 수 있는 능력으로 차별화되는 인간이 있다. 인간 위에는 천사와 대천사가 있고, 가장 위에는 신이 있다.

그래서 린네는 파리지옥이 곤충을 잡아먹는다는 생각을 받아들일 수 없었고, 비를 막기 위해 잎을 오므린다고 믿었다. 18세기는 계몽주의 시대여서 종교와 과학이 분리된 시기였다. 그러나 완전히 분리되는 과정이 신속하고 순탄하지만은 않았다. 거의 한 세기가 지난 후에도 다윈은 종교인들이 자신의 사상을 문제 삼을까 봐 『종의 기원』 출판을 20년 이상 미뤘다.

그러나 다윈은 자연의 사다리를 무너뜨리는 식물에 사로잡혔다. 움직이면서 곤충을 잡아먹는 식물에 흥미를 느꼈다. 그는 『종의 기원』을 출간한 지 11년 후인 1870년에 『식충식물』을 출간했고, 파리지옥이 그 책의 주인공 중 하나였다. 그는 거의 200종에 이르는 끈끈이주걱속(Drosera)의 끈끈이주걱에 대해서도 이야기했다. 파리지옥처럼 재빨리 잎을 오므리는 것이 아니라 끈끈한 액체로 곤충을 잡아먹는 식물이다. 다윈은 식충식물이 질소가 거의 없는 열악한 토양에서 자라는 경우가 많다는 점에 주목하면서 늘 그러하듯 절묘하게 문제를 파악했다. 식충식물은 곤충을 잡아먹음으로써 중요한 성분인 질소를 얻는다. 만약 그러지 못하면 제대로 자라지 못하거나 아예 자라지 못할 것이라고 설명했다.

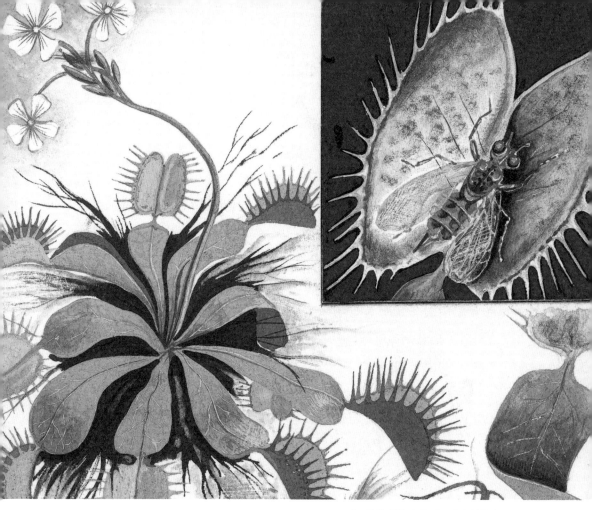

│ 살생 식물: 끈끈이주걱의 식물화

진화론적으로 벌레를 먹는 이점이 분명해졌다. 곤충을 먹는 식물은 현존하는 식물 가운데 적어도 여섯 번 이상 진화를 거듭했다. 수렴 진화는 그 자체로 자연선택을 아주 잘 보여준다. 다윈은 파리지옥이 처음에는 꽉 닫히지 않게 잎을 오므려 일부러 작은 곤충들이 도망갈 수 있게 한다고 지적했다. 소화하려면 에너지를 써야 하므로 너무 작은 먹이는 효용 가치가 없기 때문이다.

다윈은 자연선택에 의한 진화론을 『종의 기원』에서 훌륭하게 주장했다. 이후 연구에서 그는 진화가 이루어지는 방식, 지구에서 생물이 작동하는

100가지 식물로 읽는 세계사

방식을 더 확장하고 추가해서 보여준다. 그중 파리지옥에 대한 부분이 눈길을 끈다. 그 식물은 영리한 방식으로 작동한다. 엄청나게 꼼꼼한 다윈은 따옴표를 잔뜩 늘어놓으면서 그 식물이 '알고' '기억한다'는 것을 설명한다.

덫(잎) 양쪽 안 표면의 예민한 잔털(trichromes) 세 개 중 하나를 건드리면 덫이 자극을 받는다. 날아온 씨앗이나 빗방울 같은 것이 우연히 한번 건드린다고 해서 자극을 받지는 않는다. 20초 안에 같은 잔털을 연이어 건드리거나 다른 잔털을 건드려야 덫이 움직여 닫힌다.

빛과 습도, 먹이의 크기, 자라는 환경에 따라 다르지만, 대략 0.5초 정도에 덫을 닫는다. 이빨처럼 보이는 부분이 맞물리는데, 먹이가 충분히 커서 효용 가치가 있으면 덫이 완전히 닫힌다. 꼭 다문 채 소화기관이 되어 선홍색 소화액이 작용하기 시작한다. 요컨대 파리지옥은 건드리는 것을 알아차리고, 흐르는 시간을 인지하고, 몇 번 건드리는지 횟수를 세고… 그렇게 움직이고 먹는다. 먹이를 소화하는 데는 일주일 정도가 걸린다. 먹이의 3분의 1 정도가 개미, 3분의 1 정도가 거미다. 나머지 3분의 1은 딱정벌레와 메뚜기 그리고 개구리 같은 작은 척추동물을 포함해 몇몇 이런저런 동물이다. 잎을 오므리는 원리는 아직 완전히 파악할 수 없지만, 다양한 이론이 나오고 있다. 칼슘 이온의 빠른 이동과 관련된 이론도 있다.

파리지옥의 영어 이름은 비너스 플라이트랩(Venus flytrap)이다. 그런데 왜 비너스일까? 사랑의 여신이 식충식물과 어떤 관련이 있을까? 융 심리학이 중요시하는 원형과 프로이트 심리학이 중요시하는 신화의 언저리 깊숙한 곳에서 각자 성향에 따라 답을 찾을 수 있다. 파리지옥에서 가장 인상적인 희고 예쁜 꽃 때문에 비너스라는 이름이 붙었다고 주장하는 사람들도 있다. 솔직하지 못한 주장이다. 사실 파리지옥에서 덫 역할을 하는 잎을 보면 여성의 생식기가 떠오른다. 덫 가장자리의 이빨처럼 삐죽삐죽한 부분을 보면 고대의 바기나 덴타타(vagina dentata)라는 개념이 생각난다. 바기나 덴타타는 '이빨 달린 질'이라는 의미의 라틴어로, 여성의 성적 매력과 힘에 대한 공포와 불신이 깔린 발상이다. 이 흥미로운 주제를 조사하다가 뜻밖의 사진들을 포토샵으로 합성해 바기나 덴타타를 설명하는 웹사이트를 우연히 발견했다. 그렇다. 무화과 나뭇잎이 아니라 파리지옥으로 생식기를 가린 나체 여성의 모습이었다.

미국에서는 파리지옥을 티피티위쳇(tipitiwitchet)이라고 부른다. 아메리카 원주민의 용어라고 설명해왔는데, 다른 곳에서는 그런 주장을 비웃었다. 티펫(tippet)은 모피 목도리고, 트위치(twitch)는 말을 진정시키기 위해 윗입술 위에 사용하는 작은 올가미다. 그 용어는 작은 포유동물을 잡기 위한 덫도 사용한다. 다시 말하지만, 그 의미는 사람마다 스스로 판단할 수 있다. 그러나 모든 꽃은 번식 기관이라는 점에 주목할 필요가 있다. 사실 파리지옥의 덫은 꽃이 아니다. 변형된 잎으로, 기능이나 근원은 번식과 관련이 없다.

무시무시한 식물은 원형적인 힘을 상징한다. 1874년에 사람을 잡아먹는 마다가스카르 나무에 대한 괴담이 잡지 『뉴욕 월드』에 실렸고, 사람들이 널리 믿게 되었다. 소설가 에드거 라이스 버로스는 존 카터 시리즈에서 바숨 행성에 사는 식물 인간(Plant Men)에 대해 썼고, 해리 포터 이야기에서 어린 마법사들은 악마의 올가미라는 사악한 덫에 걸려든다. 이런 생각들은 유쾌하고 우스꽝스럽게 묘사되기도 한다. 《토마토 공격대》는 1978년에 제작된 패러디 공포 영화로, 인간을 잡아먹는 토마토가 나온다. 뮤지컬 《리틀 숍 오브 호러스》는 사람을 잡아먹는 오드리 2세라는 식물을 중심으로 이야기를 펼친다. 텔레비전 드라마 《애덤스 패밀리》에서 모티시아는 풍성한 실내 식물들을 돌보면서 식물 중 하나인 클레오파트라에게 커다란 스테이크를 먹인다.

하지만 그중 트리피드보다 더 무시무시한 식물은 없다. 세계 종말에 대한 윈덤의 전형적인 소설에서 트리피드는 고급 기름을 얻으려고 재배하는 반쯤 길들인 식물이다. 트리피드는 움직일 수 있고, 치명적인 침을 지니고 있다. 독침을 제거할 수도 있지만 그대로 두면 더 좋은 기름을 얻을 수 있다. 유성이 비처럼 쏟아지면서 전 세계 사람 대부분이 앞을 보지 못하게 되는 이야기로 그 소설은 시작된다. 이후 벌어진 대혼란 속에서 트리피드는 탈출하고, 테러까지 일으킨다. 마치 거의 서로 소통할 수 있는 지능을 갖추고 행동하고 있는 듯하다.

파리지옥의 키는 기껏해야 30센티미터 정도까지 자라고, 덫의 너비는 2.5센티미터 정도다. 인간의 생명에 그다지 위협적이지는 않다. 그럼에도 인간이 느끼는 위협은 엄청나다. 우리는 '자연의 사다리'로 돌아가서 식물은 식물, 동물은 동물, 인간은 인간이라고 존재를 명확하게 정의하고 싶어한다. 우리 인간은 동물과 조금 비슷하지만, 천사와 더 비슷한 존재라고 생각하고 싶어한다. 하느님과 천사를 믿어야만 그런 생각을 하는 것 같지는 않다. 그런 관념을 입 밖으로 꺼내 말하는 사람은 거의 없지만, 우리가 세상을 살아가면서 관리하는 방식에 꼭 필요한 관념이다. 우리는 그런 관념을 깨뜨리고 싶어하지 않는다. 그러면서도 동시에 그런 관념이 오싹하고 파괴적으로 깨지는 데 매혹을 느낀다. 파리지옥은 알고, 파리지옥은 기억하고, 파리지옥은 먹는다. 우리가 굳이 말할 필요도 없이 깊이 느끼고 있는 세상이 작동하는 방식에 대한 관념이 오싹하고 깜짝 놀랄 정도로 잘못되었다는 사실을 파리지옥은 알려준다.

028
주목

주목을 장악한 자가 권력을 차지한다

주목에 둘러싸여 옴짝달싹 못하는 내 하얀 수의,

오, 그걸 준비해!

└ 윌리엄 셰익스피어의 희곡 〈십이야〉

우리가 죽으면 어떻게 될까? 이런 압도적인 질문에 대한 답을 찾는 일은 수천 년에 걸쳐 인류 문화의 주요 관심사였다. 우리 조상들이 삶에서 무엇을 믿었는지에 대한 질문에는 간단한 답이 없다. 전통은 사라지고, 기록은 있었다 해도 남아 있는 것이 없다. 수수께끼 같은 유물과 건축물은 여러 방식으로 해석될 수 있다. 학자처럼 너무 신중하지도 않고, 터무니없는 추측도 하지 않으면서 우리 각자의 성향에 따라 결론을 내려야 한다.

우리는 매번 환생과 재생, 삶의 지속성 등과 같은 죽음과 죽음 이후에 대한 질문으로 되돌아간다. 우리 조상은 죽었지만 우리 안에 살아 있다. 우리가 먹을거리로 삼는 식물은 몇 달마다 죽거나 먹을거리를 만들어내지 않는 상태가 되지만, 다음 해에는 되살아난다. 여러 전설에서 식물 형태의 신에 대한 더 오랜 생각을 추적할 수 있다. 이들은 계절을 다스리는 힘을 나타내는 신, 죽어서 다시 살아나는 신이다. 아서왕 전설에서는 병들고 무력한 왕이 죽어가는 땅을 다스리지만, 왕과 왕국은 되살아날 수 있다. 성배와 성배를 찾는 기사만 있으면 된다. 이런 신화들은 1922년에 T. S. 엘리엇이 장편 시 〈황무지〉를 발표하면서 새로운 방식으로 세상의 주목을 받았다. 그 시는 근대적 절망의 무아지경 속에서 다산(多産) 신화를 뒤집어엎었다.

> 사월은 가장 잔인한 달,
> 죽은 땅에서 라일락꽃을 피우며,
> 추억과 욕망을 섞으며,
> 봄비로 생기 없는 뿌리를 깨운다.

이렇게 오랜 문제들에 대한 우리의 해석은 거듭해서 주목(朱木)과 관련된다. 주목은 영국과 프랑스 북부의 수백 군데 교회에 심어진 나무다. 그중 많은 나무의 나이가 옆에 서 있는 교회보다 많고, 모두 기독교보다 더 오랜 전통을 간직하고 있다. 주목을 심은 곳은 기독교가 확립되기 훨씬 전부터 그 지역 사람들이 신성하게 여겼던 장소다. 기독교 세력이 이 장소들을 차지할 때 그 지역의 관습과 믿음을 완전히 없애지는 않았던 것으로 보인다.

주목은 유럽 적송, 노간주나무와 함께 영국이 원산지라고 널리 알려진 세 가지 침엽수종 가운데 하나다. 키가 그리 크지 않아서 보통 10미터 정도까지 자라는데, 최대 20미터까지 자라기도 한다. 침엽수인데, 혼란스럽게도 과일 열매처럼 보이는 변형된 방울 열매가 열린다. 이를 가종피라고 부른다. 주목의 열매는 선홍색에 윗부분이 뚫려 있고, 단맛이 난다. 주목은 수명이 길기로 유명하지만, 정확한 나이를 확인하기는 어렵다. 껍질이 계속 벗겨져 그 나무를 구성하는 나무가 나무 자체만큼 오래되지 않았을 가능성이 크기 때문이다. 나무가 교체되는 방식은 할아버지가 물려준 도끼에 비유할 수 있다. 도끼를 물려받은 아버지는 그 도끼의 손잡이와 칼날을 교체해 사용한다. 주목에는 나이테가 없어서 나이를 셀 수 없다. 정확한 나이를 알아내려면 전설과 민담, 애향심에 기대를 걸어야 한다. 그러나 이것이 객관적인 진실을 얻는 최선의 방법은 아니다. 시골 교회 묘지의 주목 대부분은 500살 정도로

추정되고, 두 배인 1,000살 정도 되는 주목들도 있다. 몇몇 예외적인 나무는 그보다도 나이가 많다.

개별 나무에 이름을 붙이는 전통을 주목을 통해 다시 살펴보게 된다. 스코틀랜드의 포팅올 주목이 가장 유명한데, 아마도 유럽에서 가장 오래된 나무로 2,000살 정도일 것이다. 그 지역 전설에 따르면 훨씬 더 나이가 많다고 하고, 9,000살에 이른다는 주장도 있다. 본디오 빌라도(예수 그리스도에게 사형을 선고한 로마제국 총독—옮긴이)가 그 나무 아래에서 태어났다는 이야기도 있다.

주목에서 독성이 없는 부분은 열매밖에 없다. 새들이 그 열매를 먹고, 똥과 함께 씨앗을 배출한다. 플리니우스는 "아르카디아 품종의 독은 곧장 효과가 나타나기 때문에 그 아래에서 잠을 자거나 음식을 먹으면 치명적일 수 있다"라고 전했다. 삶과 죽음이 이 나무에서 만난다. 뾰족한 잎 50그램이면 성인 인간을 죽일 수 있다고 한다. 상당한 양이다. 카이사르의 『갈리아 전기』에도 주목에 대한 정보가 있다. 카이사르는 지금의 네덜란드 남부에 살던 갈리아-게르만 부족인 에부론족의 족장 카티볼쿠스가 로마에 항복하지 않으려고 주목의 독으로 자살했다고 기록했다. 아마도 당시 주요한 자살 방법이었던 것 같다. 『맥베스』에서 마녀들은 독약의 여러 재료 중 하나로 주목을 사용했다. "월식에 은빛으로 반짝이는 주목 조각"이었다.

어느 종교든 전례보다는 관습에 따라 지키는 각 지역 고유의 전통이 있다. 모든 성인 대축일(매년 11월 1일, 천국에 있는 모든 성인을 기리는 그리스도교의 기념일—옮긴이)에는 최근에 사망한 사람의 무덤에 주목의 잔가지를 올려놓는다. 종려 주일(매년 부활절을 일주일 앞둔 일요일—옮긴이) 연례 행진에서는 주목 가지를 들고 가는 전통이 있다. 그리스도는 종려 주일에 나귀를 타고 예루살렘에 들어갔으나 결국 죽임을 당하고 다시 살아났다. 북회귀선 위쪽 북반구의 계절 변화가 심한 곳에서는 겨울에 죽음이 찾아오고 봄에 다시

아주 오랜 숭배: 영국 교회 묘지의 주목(작가 미상, 1890년경)

태어나는 1년의 리듬이 있다. 크리스마스트리를 다룬 26장에서 보았듯, 가장 어두운 계절에도 언제나 푸른 나무는 희망을 상징한다. 상록수이면서도 절대 죽지 않을 것 같은 주목은 희망의 강력한 상징이었다. 주목은 죽더라도 보통 일부 가지들이 땅속에서 뿌리를 내린다. 그 뿌리에서 새로 자라나는 나무는 죽은 나무이기도 하다. 죽은 나무가 되살아나는 것이다.

교회 묘지에 주목을 많이 심은 데는 조금 더 평범한 이유가 있다. 그 나무는 자연스럽게 뾰족한 잎과 잔가지, 가지를 떨어뜨리는데, 이것들에는 독이 있다. 그러니 당연하게도 주목 나무 아래에서는 가축을 풀어놓지 않는다. 주목이 있으면 누군가 교회 묘지에 몰래 가축을 풀어놓아 풀을 뜯게 하는 것을 막을 수 있다.

주목의 뾰족한 잎과 가지의 끝부분 혹은 껍질은 디프테리아와 촌충, 간질, 류머티즘, 요로 감염 등 놀랍도록 다양한 질병을 치료하는 데 사용해왔다. 더 최근에는 주목과의 종들이 화학요법의 발달에 중요한 역할을 했다.

▎ 유럽에서 가장 오래된 나무: 포팅올 주목

100가지 식물로 읽는 세계사

주목은 침엽수 중에서도 가장 단단하기 때문에 여러 작업에 쓸모가 있다. 세계에서 가장 오래된 나무 공예품 중 하나가 주목으로 만든 40만 년이 넘은 클랙턴 창이다. 주목은 탄성이 아주 뛰어나서 큰활을 만드는 데 가장 적합한 목재다. 주목으로 활을 만들 때 안쪽에는 압축을 위해 나무줄기 중심부의 단단한 부분인 심재를, 바깥쪽에는 팽팽한 장력을 위해 나무의 겉 부분인 변재를 사용한다. 활 하나를 만드는 데 나무의 많은 부분이 소모된다. 주목은 뒤틀리고 울퉁불퉁한 데가 많아서 버려지는 양이 많기 때문이다.

　　주목으로 만든 큰활의 위력은 영국과 프랑스 사이 백년전쟁에서 결정적인 역할을 했다. 장거리 무기로서 활의 쓸모는 셰익스피어 작품을 바탕으로 로런스 올리비에가 감독하고 주연한 1944년 영화 《헨리 5세》에서 극적으로 보여진다. 영화는 영국 궁수들이 1415년에 아쟁쿠르 전투에서 프랑스군을 무찌르는 장면을 보여준다. 사실 궁수들은 1346년 크레시 전투에서 더 크게 활약했다. 이 전투로 프랑스는 귀족 11명, 기사 1,200명, 병사 3만 명을 잃었으나 영국군의 사망자는 총 100명밖에 되지 않았다.

　　주목으로 만든 활은 강력한 무기다. 200미터 거리에서 쏜 화살이 참나무에 5센티미터 깊이로 꽂혔다는 시험 결과도 있다. 넓지 않고 뾰족한 화살촉은 기마병이 입은 금속 갑옷을 쉽게 뚫는다. 문제는 이런 초강력 무기를 만들 재료를 무한정 얻을 수 없다는 것이었다. 주목이 재생하려면 반만년이 필요하다. 따라서 최초의 보존 계획이 시작되었다. 에드워드 1세는 주목을 심으라고 명령했지만, 이것은 오랜 후에야 결실을 볼 수 있을 터였다. 그래서 영국은 주목 목재와 활을 수입하기 시작했다. 1472년, 영국 항구로 들어오는 어떤 선박이든 수입품 1톤당 활의 몸체를 4개씩 들여와야 한다는 법이 만들어졌고, 이후에는 10개씩으로 늘어났다. 이것은 보존 문제를 다른 나라에게로 돌리는 최초의 사례였다. 이후 선진국들은 이런 관행을 적극적으로 따랐다.

　　이처럼 주목에는 신성한 면과 세속적인 면이 모두 있다. 이 나무는 이교도와 기독교를 아우르는 종교, 삶과 죽음, 부활 모두와 관련이 있다. 또,

이교도의 관습과 장소에 기독교가 덧씌워졌음을 암시하기도 한다. 동시에 주목은 세속적 권력을 추구하는 데도 중요한 역할을 했다. 주목을 장악하는 통치자가 늘 유리한 자리를 차지했다.

029
보리

인류가 재배한 최초의 곡물

곡식밭과 보리밭,

곡식밭은 아름다워라!

나는 그 행복한 밤을 못 잊을 거야.

밭 속에 있던 애니!

└ 로버트 번스의 시 〈보리밭〉

그들은 그를 파묻고, 그의 머리에 흙덩이를 얹고, 그가 다시 일어서면 무릎 부분에서 잘랐다. 그를 굴려서 묶고, 가슴을 찌르고, 피부와 뼈까지 쪼개고, 두 돌 사이에 넣어 갈았다. 그런데도 그를 죽일 수 없었다. 다음 해 봄이면 그가 다시 일어나기 때문이다. 그는 존 발리콘이다.

통에는 맥주가 있고, 유리잔에는 브랜디가 있네.
그러나 밤색 그릇을 든 작은 존 경이 가장 강한 남자라는 사실을 마침내 증명했네.

조금씩 다르게 전해지는 오랜 영국 민요지만, 모두 매년 죽었다 되살아나는 작물을 주제로 부르는 노래다. 왜 다른 작물이 아닌 보리일까? 보리가 곡물로 재배한 최초의 식물이라는 사실이 첫 번째 이유다. 야생 보리는 지금도 비옥한 초승달 지대 곳곳에서 자란다. 보리는 최소한 1만 년 이상 재배되어왔다. 도자기는 9,000여 년 전에 발명되었는데, 그 이전의 유적지에서도 보리의 흔적이 발견되었다. 보리는 아주 오래된 음식이다.

플리니우스는 "보리는 가장 오래된 음식이다"라고 기록했다. 또한 보리를 힘을 주는 음식이라고 여겼다. 검투사들은 보리를 많이 먹었고, 플리니우스는 검투사들을 '보리 인간'이라고 불렀다고 서술한다. 보리는 납작한 빵과 죽으로 만들어 먹을 수 있고, 포만감을 주며, 영양도 풍부하다. 그러나 보리는 밀보다 글루텐 함량이 훨씬 적기 때문에 빵을 만들 때 잘 부풀어 오르지 않는다. 효모가 부풀어 오르려면 끈적끈적한 글루텐이 필요하다. 그래서 보리 대신 밀이 점차 유럽에서 주식으로 자리 잡았다.

보리는 내성이 뛰어나서 작물로서 장점이 많다. 아열대와 북극에 가까운 기후에서 모두 보리를 재배할 수 있고, 단 90일 만에 수확할 수 있다. 중세 유럽에서 보리는 농민의 주식, 밀은 부자의 주식이었다. 보리는 19세기에 감자(32장 참조)가 주식이 되기 전까지 유럽에서 꼭 필요한 주식이었다. 보리는 아랍, 페르시아, 쿠르드 요리에서 여전히 중요한 식재료다.

오늘날에도 보리를 많이 재배한다. 보리에는 낟알 껍질에 붙은 깔끄러운 수염 같은 까끄라기가 있다. 그것을 존 발리콘의 수염이라고도 부른다. 보리(미국에서는 전체 작물의 절반을 차지한다)는 동물 사료로도 사용된다. 보릿짚으로 가축의 훌륭한 잠자리를 만들 수도 있다. 그러나 현대 서양에서 가장 주된 보리의 용도는 술을 만드는 것이다. 보리는 맥주와 위스키의 기본 재료다.

술을 만들려면 먼저 보리로 엿기름을 만들어야 한다. 다시 말해 보리에서 씨앗을 분리한 다음 싹이 트게 해야 한다. 이삼일 동안 매일 두세 번씩 물에 담그면 싹이 튼다. 싹이 트면 씨앗의 상태가 바뀐다. 예상대로 전분이 당분으로 바뀌고 효소가 풍부해진다. 이렇게 하면 풍미가 아주 좋아지고, 효모(11장 참조)가 발효시킬 당분이 많아진다.

❙ 맥주를 더 많이 마셔요: 마크 오귀스트 바스타드의 광고

BIÈRES DE LA MEUSE

Bastard

IMPRIMERIES LEMERCIER, 57, Rue de Seine, PARIS.

씨앗에서 싹을 틔운 다음에는 말려야 한다. 전통적으로는 맥아 제조소라는 특수한 건물에서 닷새 동안 공기 중에 말리고, 그 후에 발효를 시작한다. 맥아 상태에서 만든 알코올이 없는 제품들도 있다. 영국에서 전통적으로 피시앤칩스에 사용하는 거친 맛의 식초인 맥아 식초, 그리고 밤에 마시는 음료인 홀릭스, 오발틴, 마일로 등이 그것이다. 맥아추출물은 20세기 전반에 도시 노동자의 영양 부족을 채우기 위한 건강보조식품으로 활용되었다. '곰돌이 푸' 시리즈의 두 번째 책 『푸 코너에 있는 집』에서 티거는 캉가의 집으로 이사한 후 "아침과 저녁 그리고 차로 맥아추출물을 마셨다".

하지만 인간이 먹으려고 재배하는 보리 대부분은 술 제조에 사용된다. 1516년부터 내려온 독일의 유명한 맥주 순도법에 따라 맥주를 만들 때는 물과 보리, 홉만을 사용해야 한다. 여기에 효모 사용만 추가로 허용된다. 유럽인에게 보리는 맥주를 만드는 재료다. 스코틀랜드와 아일랜드에서는 위스키를 만드는 재료이기도 하다.

우리가 구입할 수 있는 위스키는 블렌디드와 싱글 몰트 두 종류가 있다. 블렌디드 위스키는 보통 곡물을 발효시키고 증류시킨 뉴트럴 그레인 스피릿(neutral grain spirit)을 바탕으로 만든다. 뉴트럴 그레인 스피릿은 말하자면 아주 순수한 형태의 술로, 실제 맛은 없지만 아주 짜릿하다. 여기에 맥아를 증류한 다음 나무통에 보관한 몰트 위스키와 다양한 비율로 섞어 블렌디드 위스키를 만든다.

나무통에 보관하면 풍미가 강해지고, 공기가 통하기 때문에 증류주가 숙성되어 맛이 더 좋아진다(위스키는 밀폐된 유리 용기에 100년 동안 보관해도 변질되지 않는다). 혼합 비율은 달라질 수 있는데, 몰트 위스키가 많이 들어갈수록 더 맛있어진다. 뉴트럴 그레인 스피릿을 거의 넣지 않거나 아예 넣지 않은 일부 아주 좋은 위스키는 일반적인 싱글 몰트 위스키보다 더 비싸고 좋다.

싱글 몰트 위스키는 한 증류소에서만 만든 위스키로, 뉴트럴 그레인 스피릿이 전혀 들어가지 않는다. 싱글 몰트 위스키는 큰 단지 모양의 단식 증류기, 말하자면 연속적인 과정이 아니라 한 번에 증류할 수 있는 장치를 사용해야 한다. 때로는 순도와 풍미를 높이는 데 그 지역의 물이 정말 중요한 역할을 한다.

위스키라는 이름은 '생명의 물'이라는 뜻의 게일어 uisce beatha에서 유래했다(스카치위스키는 e를 빼고 whisky라고 쓰고, 아일랜드와 미국에서는 whiskey라고 쓰길 선호한다. 점점 더 좋은 위스키를 생산하는 일본은 스카치위스키처럼 whisky라고 쓴다). 그리고 위스키는 우리를 다시 존 발리콘으로 데려간다. 이 노래는 주식이 되는 곡물과 관련이 있지만, 술과도 관련이 있다.

통에는 맥주가 있고, 유리잔에는 브랜디가 있네.

확실히 위스키 노래로 더 잘 어울린다. 조지 버나드 쇼는 이 노래에 강한 흥미를 느꼈고, 〈안드로클레스와 사자〉의 (희곡보다 더 긴) 서문에서 이 노래를 언급했다. "그리고 존 발리콘이라는 노래를 통해 씨앗에서 싹이 트고 자라고 수확할 수 있는 기적, 여전히 모든 기적 가운데 가장 경이로우면서도 설명할 수 없는 기적이 어떻게 초창기 농부들에게 신은 씨앗이며 불멸의 존재라는 사실을 가르쳤는지 알 수 있다."

그런 생각을 받아들인 C. S. 루이스는 죽었다 되살아나는 풍요의 신 숭배가 기독교의 전신은 아니지만, 기독교를 예고했다고 주장했다. "기독교는 그 자체지만, 이교도 이야기와 모험담의 전율은 그것이 출발점이라는 사실(세상 너머에서 들려오는 바람의 희미한 첫 속삭임)에서 비롯된다고 생각한다."

다시 말하지만, 이런 문제는 신념과 성향에 따라 스스로 판단해야 한다. 그러나 이 장은 죽음과 부활 그리고 보리로 만든 술에 대한 마지막 노래 한 곡으로 마무리하고 싶다. 전날 밤에 마신 술로 불안정한 상태에서 사다리를 타다가 떨어져 두개골이 깨진 아일랜드의 등짐 나르는 인부 팀 피네건에 관한 노래다. 사람들이 그의 관 옆에서 밤을 새우고, 싸움을 벌이고, 위스키를 시체 위에 쏟자 시체가 곧장 되살아난다.

위스키를 불길처럼 빙빙 돌려라.

대단한 예수님, 내가 죽었다고 생각하시나요?

제임스 조이스는 그 노래를 좋아했다. 그리고 삶과 죽음, 부활이라는 그 노래의 주제를 그의 마지막 광기 어린 걸작 『피네건의 경야』에 담았다. 그는 모호함을 좋아해서 제목(Finnegan's Wake)에서 아포스트로피(')를 생략했다. 그 책에서 피네건은 실제로 깨어난다. 이 작품은 곡물에서 영감을 얻은 가장 위대한 문학 작품이라 할 수 있다. 그러나 17세기의 일본 시인 마쓰오 바쇼의 이 하이쿠를 더 좋아할 수도 있다.

사랑과 보리에
너무 여윈
소녀 고양이.

030
보리수

부처가 깨달음을 얻은 장소

천 번의 전투에서 승리하기보다 자신을 정복하는 것이 낫다.

└ 싯다르타 가우타마

죽음은 끝이 아니다. 모든 일이 잘 진행된다면 식물은 죽기 전에 모두 후손을 남긴다. 이 책의 모든 식물이 그 사실을 분명하게 전하고 있다. 개별 식물은 더 이상 없지만, 불멸의 유전자는 계속 살아 있다. 보리와 주목만이 아니라 모든 식물이 우리에게 삶의 의미를 가르쳐준다고 할 수 있다. 그럼에도 어떤 문화권에서든 역사를 통틀어 어떤 식물을 다른 식물보다 특별히 더 숭배해왔다. 그 식물만이 지닌 아름다움과 의미가 있기 때문이다.

보리수는 불교의 중심이다. 싯다르타 가우타마는 인도 비하르주 보드가야의 보리수 아래에서 7주 동안 앉아 명상한 후 삶의 의미를 깨닫고 부처가 되었다. 보리라는 단어는 깨달음을 의미한다. 여기서 우리는 또 하나의 지혜의 나무, 지식의 나무를 만난다. 그런데 이 지혜는 나무의 마법 같은 특성보다는 사람의 노력으로 얻었다는 점이 다르다. 보리수는 신비로운 힘의 상징이 아니다. 뭐랄까, 어렵게 얻어낸 상식의 상징이다. 깨달음을 신비한 동양의 마법으로 여기는 서양의 낭만적인 생각은 잊어버리자.

보리수(菩提樹)라는 용어는 싯다르타가 깨달음을 얻었던 장소에 있던 나무, 아시아와 전 세계의 여러 신성한 나무, 또는 피쿠스 렐리기오사(*Ficus religiosa*)라는 종에 사용된다. 보 나무, 피팔라, 아쉬와타, 피풀이라고 부르기도 한다. 1장의 교살무화과나무와 같은 속이고, 똑같이 매력적인 그늘을 드리운다. 이제 더운 나라에서도 예전만큼 그늘을 드리우는 나무를 열렬히 좋아하지는 않는다. 지금은 건물과 냉방시설이 있기 때문이다. 하지만 기원전 5세기 아시아에서는 아주 부유하고 힘 있는 사람만 무화과나무처럼 그늘을 잘 드리우는 나무를 가질 수 있었다. 한곳에 오래 머물 계획을 세울 때면 누구나 그런 나무를 차지하려고 했다.

보리수는 무화과나무가 아니다. 교살무화과나무보다 더 주도면밀하게 살아간다. 성공한 씨앗은 다른 나무에서 싹을 틔우지만, 밖에서 목을 조르지 않고 그 나무의 줄기를 뚫고 들어가 뿌리를 내린다. 그렇게 안에서부터 자라나 결국 분리된다. 이 시점이 되면 스스로를 지탱할 수 있는 나무가 되어 가지를 넓게 뻗는다. 이 나무는 높이가 30미터, 줄기의 지름이 3미터에 이를 만큼 자란다. 물이 잘 빠지는 충적 모래 토양과 따뜻하고 습도가 높은 기후에서 가장 잘 잘 자란다. 인도 아대륙과 인도차이나반도 전역에서 자라는데, 종교적 상징으로 또는 정원 장식용으로 전 세계 여러 곳에 퍼졌다.

비하르의 보리수는 싯다르타가 깨달음을 얻은 장소이기 때문에 불교에서 중요하다. 싯다르타 왕자는 아주 호사스럽게 살았지만, 왕궁 밖으로 나가면서 질병과 죽음을 맞닥뜨렸다. 고통을 피할 수 없음을 깨달은 싯다르타는 극도로 금욕적으로 살았다. 그러나 결국 그것이 답이 아니라는 결론을 내렸다. 그는 극단을 피하는 중도(中道)가 가장 좋은 길임을 깨닫고, 쌀 푸딩(타락죽)을 받아들였다(17장 참조). 그다음 그는 보리수 밑에 앉아서 탐욕과 미움, 망상에서 벗어나야 한다는 사실 그리고 네 가지 훌륭한 진리(四聖諦)의 중요성에 대해 명상했다. 네 가지 훌륭한 진리란 삶은 괴로움이라는 깨달음, 괴로움의 원인, 괴로움 끝내기, 괴로움을 끝내는 방법에 대한 진리다.

불교는 부처의 깨달음을 바탕으로 탄생했다. 싯다르타의 놀라운 깨달

음은 그가 부처가 되었다는 의미이며, 보통 명상하는 자세로 표현된다. 싯다르타가 깨달음을 얻은 장소는 성지순례를 하는 곳이 되었다. 그러나 그곳의 보리수는 파란만장한 역사를 겪었다. 기원전 3세기에 인도 아대륙 대부분을 통치했던 아소카 황제는 불교로 개종하고 그 나무에 경의를 표했다. 황제의 두 번째 부인 락시타는 그것을 탐탁지 않게 여겨 독이 묻은 가시로 찔러 그 나무를 죽이려고 했다. 하지만 보리수는 살아남았고, 아소카는 나무를 안전하게 지키려고 주위에 3미터 높이의 벽을 쌓았다. 그러나 50년 후, 푸샤미트라 슝가 왕이 불교 배척 운동의 일환으로 그 나무를 없앴다. 그 자리에 다시 보리수를 심었는데, 7세기에 샤샹카 왕이 다시 없앴다. 종교적 상징을 둘러싸고 수 세기에 걸쳐 벌어진 갈등은 관용을 가르치는 종교가 사실 극도로 편협하다는 사실을 드러낸다. 쓰러진 보리수들이 있던 자리에 심은 나무는

1876년에 폭풍으로 또다시 쓰러졌다. 지금 그곳에 서 있는 나무는 영국 고고학자 알렉산더 커닝햄이 1881년에 심은 나무다.

불교 신자라면 신앙심에 관한 오랜 역사를 지닌 나무를 찾아서 기원전 3세기부터 자라고 있는 자야 스리 마하 보리수가 있는 스리랑카로 가보자. 종교적 의미가 있는 나무 가운데 세계에서 가장 오랜 역사를 지녔다고 알려져 있다. 원래 묘목은 아소카 황제의 후원을 받은 여승 상가미타가 가져왔다. 상가미타는 아소카 황제의 딸이라고도 한다. 그 나무는 스리랑카섬의 고대 수도 아누라다푸라에 있다. 그 나무에서 잘라낸 가지로 전 세계 불교 유적지에서 보리수를 키웠다.

매년 12월 8일을 부처가 깨달음을 얻은 날로 기념한다. 이날에는 종종 보리수 잎 모양(식물학적으로는 심장 모양이라 부른다)의 과자를 주고받으며 먹는다. 또한 가난한 사람들에게는 사치스러운 음식인 쌀 푸딩을 실컷 먹고, '부처의 평화가 함께하길'이라는 의미가 있는 '부두 사라니(budu sarani)'라는 인사를 나누며 축제를 벌인다.

당당하고 매력적인 보리수는 힌두교도에게도 중요한 나무다. 『바가바드 기타』에서 크리슈나 신은 "나는 모든 나무 가운데 피풀이다"라고 선언한다. 피풀 나무는 힌두교 수행자인 사두(sadhu)가 주로 명상하는 장소다. 이런 나무는 돌아다니면서 하는 기도의 일종인 프라닥시나(pradakshina)를 하기에 적당한 장소이기도 하다. 나무 주위를 돌면서 '브릭샤 라자야 나마(vriksha rajaya namah)'라고 외치며 나무들의 왕에게 경의를 바친다.

불교는 삶을 넘어서는 일이 바람직하다고 가르친다. 불의 설법에서 부처는 "그는 욕망에서 벗어난다. 욕망이 없어서 자유로워진다. 환생이 끝났다는 사실, 자신이 거룩한 삶을 살았다는 사실, 자신이 해야 할 일을 했다는 사실, 더 이상 이 세상에 있을 필요가 없다는 사실을 알게 된다"라고 설법했다. 보리수는 전 세계 곳곳에서 꽃을 피우고 열매와 씨앗을 맺으면서 여행자들을 시원한 그늘에서 잠시 쉬도록 불러들이고 있다.

100가지 식물로 읽는 세계사

031
마법의 버섯

영적 체험을 위한 수단

신경을 끄고, 긴장을 풀고, 하류로 떠내려가라.

└ 비틀스의 노래 〈내일은 아무도 모르지〉

이 책의 여러 장에서 인간이 먹으면 의식 상태가 바뀌는 식물과 균류를 다룬다. 인간은 무언가 다른 존재가 되고 싶어하는데, 여러 종의 식물과 균류가 그럴 수 있게 도와준다. 몇몇 균류 종을 먹으면 일상생활과는 전혀 다른 격렬하고 강렬한 경험을 할 수 있다.

환각 물질인 실로시빈과 실로신이 들어 있는 균류는 적어도 200종으로, 이들 중 다수가 서로 밀접한 관련은 없다. 우리는 여기서 1938년에 LSD를 처음 합성한 맥각균 또한 살펴보려고 한다. 식물이나 버섯은 보통 자신을 보호하려고, 즉 먹히지 않으려고 위험한 물질을 만들어낸다. 환각성 버섯에 든 위험한 화학물질은 포식성 곤충의 식욕을 떨어뜨린다는 추측도 있다. 이 말은 곧 균류가 곤충들의 마음(의식)을 자신에게 유리하도록 조종한다는 개념을 선뜻 받아들인다는 뜻이다. 확실히 기묘한 발상이다.

인간은 히피가 등장하기 최소 6,000년 전부터 기분을 돋우기 위해 의도적으로 환각 물질을 섭취해왔다. 9,000여 년 전으로 거슬러 올라가는 유럽과 북아프리카의 암각화에서 버섯을 그런 목적으로 활용했다는 사실을 확인할 수 있다는 주장도 있다. 콜럼버스가 도착하기 전부터 있었던 중남미 예술에서 버섯을 그런 식으로 활용했다는 사실이 훨씬 더 분명하게 드러난다. 프실론타인시카나(*Psilontainxicana*) 버섯을 또렷이 묘사한 작은 조각이 멕시코 서부에서 발견되었는데, 이 조각은 서기 200년에 만들어졌으리라 추정된다.

환각성 버섯은 보통 영적인 교감과 예언, 치유를 위해 활용되었으리라고 본다. 신과 가까워지는, 무언가 초월적인 세계를 추구하면서 힘들고 단조로운 일상과 현실적인 근심에서 벗어나고자 하는 것이 이런 모든 경험의 목적이다. 1502년 아스테카왕국의 왕 몬테수마 2세의 즉위식을 기념하는 연회에서 환각성 버섯을 사용했다. 버섯은 여러 의례에서 중요한 역할을 했다. 16세기 스페인 신부 베르나르디노 데 사하군은 연회에 대해 이렇게 기록했다. "연회에서 가장 먼저 검은색의 작은 버섯을 먹는다. 취해서 환각에 빠지고 음욕까지 일으키는 버섯이다. 그들은 새벽이 되기 전까지 꿀과 함께 이 버섯을 먹었다. 효과를 느끼기 시작하자 춤을 추기 시작했고, 어떤 이들은 노래를 부르고 어떤 이들은 울었다. … 버섯 때문에 취한 상태에서 벗어나자 그들은 자신들이 본 환상에 대해 서로 이야기했다."

역사를 통틀어 환각제를 찾으려는 사람들의 열망과 그들을 말리려는 사람들의 열망이 맞섰다. 남아메리카의 가톨릭 선교사들은 토착 신앙의 우상숭배 관습과 버섯을 환각제로 사용하는 관습을 악마와 소통하는 수단으로 여겼다. 그들은 버섯 사용을 금지했지만, 야생에서 자라는 버섯을 불법화하기는 어려웠다. 영국 정부는 2005년에 가시환각버섯(*Psilocybe semilanceata*)의 일부라도 소유하는 것을 불법화했다. 매우 적절한 조치였지만, 지역 크리켓 경기장에서 무더기로 자라나는 버섯들은 누가 책임져야 할까?

먹으면 인간이 아닌 동물의 몸이 되거나 날아다니고, 변신을 하는 등 유럽에서는 환각성 버섯을 마법에 사용한다고 생각해왔다. 마법의 역사는 베일에 싸여 있고 이해하기 어려우며, 모종의 목적을 가진 사람들에 의해 추구되어왔다. 분명한 사실은 환각 물질에 대한 지식이 있는 곳이라면 그것을 사용하고 싶어하는 사람들이 꼭 있다는 것이다.

우연히 환각 물질을 섭취한 사람들도 있을 것이다. 에버라드 브랜드 박사는 1799년에 의학 학술지 『런던 메디컬 앤드 피지컬 저널』에 논문을 제출했다. 런던 그린 파크에서 버섯을 따서 가족에게 먹인 남자의 사례를 설명한 논문이었다. 안타깝게도 그 버섯은 가시환각버섯이었다. 박사는 "막내 아이가 발작하듯이 웃어대서 야단을 쳤는데, 아이 엄마와 아빠가 아무리 윽박질러도 그치지 않았다"라고 보고했다.

맥각균은 또 다른 환각성 균류로, 실로시빈 버섯들과는 관련이 없다. 특히 호밀 같은 몇몇 풀에 곰팡이처럼 생겨난다. 이것은 빵 안에서 구워져 죽은 것 같을 때조차 위험할 수 있다. 먹으면 괴저와 경련 증상을 보이는 맥각 중독을 일으킨다. 18세기 프랑스에서 맥각 중독이 발생해 8,000여 명이 사망했다. 맥각균은 또한 극심한 환각 경험을 일으킨다. 미국이 영국의 식민지였던 시절, 한 마을 사람들이 집단 히스테리 증상을 보였고, 그 후 1692년과 1693년에 세일럼 마녀재판으로 불리는 재판이 열렸다. 모두 마녀 때문에 생긴 일이라며 그 재판에서 200명 이상이 마녀로 몰렸고, 그중 30명이 유죄 판결을 받았다. 19명은 사형을 당했고, 최소 5명이 감옥에서 사망했다. 그런데 사건의 발단이 된 집단 히스테리가 맥각균 중독 때문이었다는 상당히 설득력 있는 주장이 제기되었다. 연구 결과에 따르면, 그해에 꽤 오랫동안 습도가 높은 날씨가 계속되었기 때문에 저장된 곡물에 곰팡이가 번식하기 좋은 조건이었다는 것이다.

환각 버섯에 매료된 역사는 20세기 중반으로 거슬러 올라간다. 고든 워슨과 발렌티나 파블로브나 부부는 1955년에 멕시코에서 열린 버섯 의식에 참석했다. 그들은 1957년 『라이프』 잡지에 그 의식에 관한 기사를 썼고, 상당한 논란을 일으켰다. 1년 후 스위스 화학자 알베르트 호프만은 버섯의 유효 성분인 실로시빈과 실로신을 확인했다. 그 사실에 흥미를 느낀 하버드 대학교 심리학자 티머시 리어리는 비슷한 효과를 발견하기 위해 멕시코로 갔다. 그는 1960년에 리처드 앨퍼트와 함께 하버드 실로시빈 프로젝트를 시작했다.

호프만은 1938년 편두통 치료제를 찾는 과정에서 맥각균의 특성을 연구했다. 그리고 LSD 성분을 분리했다. 1943년에는 이 물질을 우연히 섭취해 환각을 일으키는 특성을 발견했다. 그 후 미국 중앙정보부(CIA)가 세뇌에 활용할 가능성을 검토하기 위해 그 물질을 시험했다. 사람들이 그 약물을 섭취했을 때 어떤 반응을 보이는지 시험했는데, 그 약물을 섭취한다는 사실을 모르고 복용한 사람들도 있었다. LSD는 세상에 알려졌고, 그 약물의 기이한 특성이 한 세대의 성격을 결정했다. 사람들은 영적·정신적으로 고조된 상태가 되려고 LSD를 비공식적으로 제조하고 사용했다. 히피들이 그 약물을 거리낌 없이 사용하면서 정의를 외쳤다.

티머시 리어리는 콩코드 교도소에서 약물 효과 실험을 했는데, 죄수들이 LSD를 체험한 후 새 삶을 살기로 맹세했다고 주장했다. 그는 또한 LSD가 동성애를 '치료'한다고 말했다. 그는 자신이 먼저 약물을 먹은 후 실험 참가자들에게도 먹으라고 권했다(혹은 강요했다). 이 프로젝트는 중단되었고, 그는 1963년에 해고되었다. 이후 그는 '흥분하라, 함께하라, 이탈하라'라는 문구를 만들어 LSD 전도사가 되었다. 리처드 닉슨 대통령은 그를 '미국에서 가장 위험한 인물'이라고 지칭했다. 사랑과 평화에 대한 설교 외에도 티머시 리어리는 많은 사람의 관심을 끌었다. 그의 책, 특히 『환희의 정치』는 교육받은 히피들의 책꽂이에 『바가바드 기타』만큼이나 중요한 책으로 자리 잡았다. 그러나 실제로 읽은 사람은 거의 없었을 것이다.

이언 맥도널드는 비틀스의 노래들에 대한 훌륭한 책인 『머릿속 혁명』에서 1960년대 후반에 유행했던 신념에 대해 이렇게 썼다. "LSD를 통해 인류는 '신경증적 무책임의 원시적 상태'를 뛰어넘고, 모든 창조물과 하나라는 사실을 깨닫고, 곧장 유토피아로 나아갈 수 있다." LSD를 사용해 얻은 깨달음으로 현실을 새롭게 인식하고, 새로운 사회를 창조하는 더 나은 개인이 될 수 있다는 생각이다. 여러 다양한 분야에서 걸작들을 만들어낸 눈부시게 아

아스테카의 연회: 16세기에 베르나르디노 데 사하군이 펴낸 책에 실린 그림. 제물로 바쳐질 사람들이 참수당하기 전 버섯을 먹고 웃는 얼굴을 그렸다

름다운 시대였다. 하지만 그 약물에서 빠져나오지 못해 길을 잃는 피해자들도 많았다. 맥도널드는 "마음속에서 러시안룰렛을 하는 것 같다"라고 썼다. 내 절친한 친구는 어느 날 저녁에 자신이 천재라고 선언했다. 그에게 "그러면 끝없는 고통을 견딜 능력이 있는 거야?"라고 물었더니 "아니, 하지만 끝없이 마약을 먹을 능력은 있어"라고 대답해 함께 얼마나 웃었던지.

한편 균류는 지금도 여전히 자란다. 19세기 초에 밭의 배수 시설을 개선하고, 곡물을 더 깨끗이 씻고, 주식을 감자로 바꾸면서 맥각 중독에 걸릴 위험은 줄어들었다. 실로시빈 버섯은 언제나처럼 자라고 있고, 그 맛을 좋아하는 사람들이 전 세계에서 찾는다. 버섯에 의한 환각 경험에 무언가 마술 같은 면이 있고, 신과 직접 만나는 방법이라는 널리 퍼진 인식은 이제 바뀌었다. 요즘에는 존 레넌이 (명목상 폴 매카트니와 함께 쓴) 〈내일은 아무도 모르지〉라는 노랫말에서처럼 LSD가 신성한 약물이라고 주장하는 사람은 거의 없다.

모든 생각을 내려놓고, 공허함에 항복하자.
반짝반짝하네.
반짝반짝하네.

032
감자

가난한 사람들을 위한 작물

너는 감자를 좋아하고, 나는 가암자를 좋아하지.

└─ 아이라 거슈윈의 노래 〈전부 취소하자〉

덩이줄기는 땅속에서 영양분을 저장하기 위해 변형된 두꺼운 줄기다. 그 식물은 싹을 틔워 무성생식을 할 수도 있다. 덩이줄기를 발달시키는 식물은 앞날을 준비하고 있는 셈이다. 겨울을 견뎌낸 후 저장된 에너지를 사용해 다시 성장하는 것이 목표다. 그런 과정을 해마다 되풀이한다. 식물이 고생스럽게 발달시킨 덩이줄기는 인간에게 좋은 식량이 된다. 이 덩이줄기들은 몇 달씩 계속 땅속에 남아 있어서 생장기가 끝난 다음에도 이용할 수 있다. 식량이 부족한 시기에 맛있는 덩이줄기로 연명할 수 있다. 영양분이 풍부한 데다 구하기 쉽고, 맛있으면서 재배하기도 비교적 쉬워 가격도 싼 덩이줄기가 바로 감자다. 사람들이 영양분을 쉽게 얻을 수 있는 식량이 되어줌으로써 감자는 세상을 바꾸어놓았다.

독초 벨라도나와 똑같이 가짓과에 속하면서 싹과 꽃, 열매, 때로는 덩이줄기 껍질에도 확실한 독성이 있는 식물에 기대하기는 어려운 성과다. 감자 식물의 열매는 방울토마토와 비슷하고(감자와 토마토 모두 가짓과여서 친척이다), 300개 정도의 씨앗이 들어 있다. 그 씨앗 역시 독성이 있다. 하지만 햇빛에 노출되지 않고 녹색으로 변한 감자는 정말 맛있다. 야생 감자는 150여 종이 있고, 중남미에서 자란다. 감자를 재배하기까지 아마도 여러 차례의 과정을 거쳤을 것이다. 감자는 잉카제국 사람들에게 주요한 에너지 공급원이었다. 콜럼버스가 도착하기 전 아메리카 대륙 여러 지역에서도 주식이었다.

16세기 말 무렵 탐험가들이 솔라눔 투베로숨종(*Solanum tuberosum*)의 감자를 유럽에 들여왔다. 1570년쯤에 스페인에 들어왔고, 그로부터 수십 년 후에 영국에 들어왔다. 영국에 감자를 들여온 사람은 월터 롤리 경 밑에서 일한 박학다식한 토머스 해리엇이라고도 하고, 프랜시스 드레이크 경이라고도 한다. 감자는 고구마와 밀접한 관련이 없다. 초기 기록에서는 고구마(sweet potato)와 이름을 구분하려고 잡종 감자, 버지니아 감자, 흰 감자라고 부르기도 했다.

인간은 먹는 음식을 쉽게 바꾸지 않기 때문에 주식이 금방 바뀌지는 않았다. 감자는 때로는 이국적이어서, 때로는 분홍색, 흰색, 빨간색, 파란색, 자주색으로 피어나는 꽃이 예뻐서 유럽에서 재배되기 시작했다. 덩이줄기가 잘 자랄 수 있을 만큼 습기가 많은 유럽 북부에서 감자가 잘 자랐다. 그러나 감자에는 명확한 단점이 있다. 감자는 저장이 쉽지 않다. 적당히 깨끗하고 건조한 상태를 유지하면 몇 년 동안 상하지 않는 곡물과는 전혀 다르다. 조심스럽게 저장한 감자도 썩을 수 있다.

또 다른 단점은 노지에서 감자를 재배할 수 없는 지역이 많다는 것이다. 밀과 보리, 호밀을 추수한 후 밭에 남은 그루터기는 방목하는 가축이 뜯어먹게 하면서 땅을 통합적으로 활용하는 관행이 오랫동안 지속된 농업 체계 중 하나였다. 감자를 대량 재배하면 감자의 잎에 독성이 있기 때문에 이러한 체계를 무너뜨릴 수 있다. 감자는 땅속에서 자라고, 싹이 나지 않게 하려면 어두운 곳에서 보관해야 하기에 '악마의 사과'라고 불릴 정도로 불신당했다. 그러나 상황이 바뀌면서 감자는 훨씬 더 매력적인 작물이 되었다.

감자는 곡물에 비해 확실한 장점들이 있다. 쉽게 빼앗기지 않는다는 점이 하나의 장점이다. 그래서 어려운 시기에 더 안전한 주식이 된다. 감자는 곡물이나 밀가루보다 훨씬 부피가 커서 많은 양을 훔치기가 훨씬 어렵다. 빵이나 죽을 만들려면 곡물에 물을 첨가해야 하지만, 감자 자체에는 이미 수분이 있다는 사실도 장점이다. 일반적으로 17세기 중반에서 19세기 중반으로 거슬러 올라가는 소빙기(진짜 빙하기가 아니라 기후 변동으로 기온이 낮아진 시기)에는 감자가 곡물보다 재배하기 쉬웠다. 감자는 곡물보다 면적당 두 배에서 네 배의 효율을 얻을 수 있어 공간 또한 알뜰하게 이용할 수 있다.

프로이센의 프리드리히대왕은 감자를 매우 중히 여겨서 1756년에 감자 재배를 권장하는 카르토펠베펠(Kartoffelbefehl: '감자 명령'이라는 뜻)을 통과시켰다. 백성을 굶주림에서 벗어나게 하겠다는 발상이었지만, 반대가 있을 수밖에 없었다. 아무도 감자 따위를 먹고 싶어하지 않았다. 그러자 프리드리히대왕이 직접 감자를 재배하기 시작했고, 감자는 이제 왕실 채소가 되었다. 당연히 엄격하게 관리해야 했지만, 관리인들은 제대로 감시하지 않았다. 대왕은 관리인들에게 어떤 도둑질이든 허용하라고 명령했다. 그러자 사람들은 감자를 도둑질해서 몰래 재배하기 시작했다. 밑바닥에서 구르던 감자가 성공한 셈이다. 프랑스의 루이 16세도 감자를 정말 좋아했다. 그의 아내 마리 앙투아네트는 머리에 감자꽃 장식을 하고 무도회에 참석했다. 1838년과 1839년에는 러시아의 곡물이 흉작을 겪어 대신 감자를 먹기 시작했다. 그렇게 19세기가 되자 유럽 여러 지역에서 감자가 중요한 주식이 되었다.

감자는 식민지 개척자들과 함께 다시 북아메리카로 건너갔다. 대서양을 두 번이나 횡단한 셈이다. 감자는 재배하기 쉽고, 포만감이 아주 높고, 무엇보다도 가격이 싸서 인간에게 영양을 공급하는 음식으로서 그 중요성이 점점 더 커졌다. 재배하는 데 힘이 별로 들지 않고, 밀가루를 제분소에 보내 빵을 만들지 않아도 땅에서 캐서 곧바로 먹을 수 있다는 것도 장점이었다. 더 많은 사람이 감자를 먹고 생존했다. 감자가 널리 퍼지면서 생태학자들이 땅(또는 사회)의 수용력이라고 부르는 것도 증가했다. 인구가 증가하면서 산업화 과정이 진행되었다. 감자를 먹고 자란 광부 세대가 땅에서 석탄을 캐내(16장 참조) 산업화 사회에 필요한 에너지를 공급했다. 그러나 감자가 행복을 전해주는 종류의 음식은 아니었다. 빈센트 반 고흐(8장 해바라기 참조)는 1885년에 〈감자 먹는 사람들〉이라는 참혹한 그림을 그렸다. 절망과 어려움을 참고 이겨내려는 영웅적 의지가 뒤섞인, 찢어지게 가난한 사람들에 대한 영원한 초상이다.

감자를 들여오면서 아일랜드의 인구는 늘어났지만, 여전히 극심한 가난에 시달렸다. 1에이커(대략 4,000제곱미터)의 땅이면 한 가족이 1년 동안 충분히 먹을 수 있는 감자와 함께 젖소 한 마리에서 짜낸 우유와 돼지 한 마리의 고기를 얻을 수 있었다. 아일랜드인 대부분이 아이리시 럼퍼(Irish Lumper)라는 단일 품종의 감자를 먹었다. 한 품종만 재배하면 본래 회복력이 안 좋아지기 마련이다. 1845년 아일랜드에서 감자잎마름병이 발생했고, 재앙이 닥쳤다. 기근은 4년 동안 이어졌고, 그 시기에 100만여 명이 사망했다. 또, 100만 명이 넘는 사람들이 일부는 영국으로, 그 외에는 북아메리카로 대거 이주했다.

감자는 전 세계적으로 주요한 식량 공급원이 되었다. 쌀과 밀, 옥수수에 이어 네 번째로 널리 재배되는 작물이다. 이론적으로 감자는 비교적 낮은 칼로리로 풍부한 영양과 섬유질을 공급한다. 문제는 감자가 특별히 지방과 잘 어울린다는 것이다. 감자를 더 맛있게 먹는 방법에는 모두 지방이 들어간다. 기름이나 버터로 튀기거나 볶고, 버터와 크림, 치즈와 섞어서 먹는다. 이런 식으로 요리한 감자를 무분별하게 먹으면 비만과 당뇨병, 심장병의 위험이 높아진다. 집에서 감자를 튀기면 위험할 수 있고, 기름을 사들여야 하는 부담이 있다. 그래서 영국의 가난한 지역에서 감자튀김을 판매하기 시작했다.

19세기 중반 이후에는 노동자 계급이 사는 많은 지역에서 피시앤칩스를 살 수 있었다. 감자를 길게 잘라 튀기고, 두꺼운 반죽을 씌워 튀긴 생선과 함께 내놓았다. 저렴하고 맛있고 포만감을 주는 간식이었다. 신문지에 싸서 가지고 간 후 집이나 길거리에서 먹을 수도 있었다. 테이크아웃 음식이 발명된 것이다. 조지 오웰은 『위건 부두로 가는 길』에서 영국에서 혁명이 일어

몸과 영혼을 함께 지키기: 〈감자 먹는 사람들〉(빈센트 반 고흐, 1885년)

나지 않은 것은 피시앤칩스 덕분이라고 말하기도 했다. 1930년대 영국에는 3만 5,000여 개의 피시앤칩스 가게가 있었다. 처음에는 칩스를 곁들이가 아니라 생선 대신 먹었다고 한다. 생선을 잡지 못하자 사람들은 생선 모양으로 자른 감자를 튀겨서 먹었다.

러시아의 보드카, 스칸디나비아의 아크바비트, 아일랜드의 포이틴 같은 술을 만들 때도 감자를 사용한다. 불법 제조한 아일랜드의 포이틴은 생명을 앗아가는 수도 있지만, 잘 만들면 구운 감자 맛이 기분 좋게 퍼지면서 아주 맛있다. 나는 한 수녀가 신부에게 선물하려고 아일랜드에서 영국으로 밀반입했던 역사가 있는 아주 괜찮은 포이틴을 맛본 적이 있다.

감자를 먹는 새로운 방법도 찾아냈다. 영국인은 크리스프스(crisps), 미국인은 칩스(chips)라고 부른다. 이런 방법을 어떻게 찾았는지에 대해서는 여러 주장이 있다. 예로부터 영국에서 꿩고기, 사슴고기와 함께 내놓는 얇게 썰어 튀긴 뿌리채소를 게임 칩이라고 불렀다. 한 손님이 너무 두껍다, 너무 질척하다, 짠맛이 부족하다고 계속 감자 요리를 돌려보내면서 요리사 조지 크럼을 괴롭혔다는 미국 새러토가스프링스의 전설 같은 이야기가 있다. 아프리카계 미국인 크럼은 몹시 화가 나서 감자를 투명해질 정도로 얇게 썰어 단단하게 튀긴 다음 소금을 듬뿍 뿌렸다. 그렇게 내놓았더니 손님이 맛있다고 감탄했다는 이야기다. 1910년에는 미국에서 마이크셀 감자칩 회사가 운영되었다. 1950년대에 영국에서 스미스의 크리스프스를 먹었던 기억이 난다. 기름이 배지 않는 파란색 종이봉투 안에 소금이 잔뜩 들어 있었다.

보통 프라이드치킨이나 햄버거에 곁들이기 때문에 감자는 패스트푸드나 정크푸드 산업과 관련이 많다. 이런 음식을 대량 소비하면서 생기는 문제가 크다. 맥도널드의 감자튀김은 대개 러셋 버뱅크(Russet Burbank)라는 단일 품종의 감자로 만든다. 그래서 단일 품종을 대량으로 재배해야 하는 문제가 생긴다. 감자가 땅속에서 썩지 않게 하려면 농약을 많이 사용해야 하는데, 이 농약이 주변 땅에도 침투해 퍼지면서 악영향을 미친다.

감자는 부자들을 만족시키는 요리가 되기도 한다. 트러플 오일을 사용하거나 육수와 버터를 잔뜩 넣고 천천히 익히는 퐁당 감자로 요리할 수 있다. 하지만 감자는 언제나 가난한 사람들의 양식이었다. 19세기에는 달리 먹을거리가 없는 경우가 많아서 말 그대로 감자 덕분에 사람들이 살아남을 수 있었다. 이제 많은 선진국에서 감자는 빈곤층의 비만 문제와 관련이 있다. 한때는 부자들만 뚱뚱해질 여유가 있었지만, 이제는 부자들만 날씬해질 여유가 있는 것 같다. 어느 쪽이든 감자는 가난한 사람들의 식물이다.

033
해란초

유전학의 발전을 이끈 린네와 다윈의 뮤즈

그 주제에 특별히 관심이 없는 사람이라면
자세한 내용을 모두 읽으려고 애쓸 필요가 없다.
└ 찰스 다윈

노란 해란초는 지대가 험한 땅에서 자라는 탐욕스러운 식민지 개척자다. 작은 땅에 자리 잡고 세련된 정원에서 자랄 듯한 꽃을 피운다. 꽃이 야생화치고는 꽤 화려할 뿐 아니라 정원에서 많이 키우는 금어초라는 식물과 많이 닮았고, 계통적으로도 가깝다. 이 꽃들은 예나 지금이나 아이들에게 인기가 많다. 꽃을 꽉 쥐면 꽃잎이 펼쳐져 말하는 것처럼 보이기 때문이다. 해란초는 유럽과 중앙아시아를 거쳐 시베리아에 이르는 지역의 빈 땅에서 자란다. 여러 종의 곤충을 불러들이기 때문에 길가나 밭 가장자리에서 중요한 역할을 한다. 근친 교배로 인해 취약한 개체군만 모여 고립된 곳이 되지 않도록 야생 지역과 연결하는 역할을 하는 것이다. 해란초는 근친 교배의 개념을 전반적으로 이해하는 데도 중요한 역할을 했다.

해란초는 린네와 찰스 다윈 모두에게 중요한 식물이었다. 린네는 이 식물을 괴물이라고 불렀다. 다윈에게는 행운을 알아차리는 분별력이 있는 과학자에게만 행운이 찾아온다는 사실을 보여주는 전형적인 사례였다. 해란초 덕분에 이 두 과학자가 한 세기를 뛰어넘어 만나면서 생물에 대한 이해를 확장했다.

세밀한 관찰력이 뛰어났던 린네는 해란초에 대해 잘 알았다. 1742년 스웨덴 웁살라 근처에 살던 식물학자 린네는 비정상적인 해란초 군락을 발견했다. 꽃의 주머니 모양 부분이 한 개가 아니라 다섯 개였다. 식물을 보는 안목과 명석한 두뇌를 갖춘 한 지식인에게 이것은 가장 충격적인 발견이었다. 대부분의 사람에게는 매일 그 식물 옆을 지나가도 별다른 점을 전혀 알아차리지 못할 만한 차이였지만, 전문가에게는 깜짝 놀랄 만한 것이었다. 그 발견이 얼마나 충격적이었는지 린네의 반응에서 읽을 수 있다. 그는 평소 종이에 기록을 신중하게 남기는 편이었음에도 "이것은 소가 늑대의 머리를 가진 송아지를 낳는 일만큼 놀랍다"라고 적었다. 더 나아가 그 비정상적인 식물을 괴물이라는 뜻의 그리스어 펠로리아(peloria)로 불렀다.

그 식물이 충격적인 발견이었던 이유는 이름을 붙이기 어려운 질문을 던지기 때문이다. 그것은 분명히 해란초였다. 그러나 분명히 세상이 아는 해란초가 아니었다.

이것이 과연 무슨 의미일까? 린네는 몰랐다. 하지만 그것이 무엇을 암시하는지는 확실히 알았다. 변이 해란초는 종이 변할 수 있고, 달라질 수 있으며, 한 종이 무언가 다른 종이 될 수 있다는 사실, 너무 달라져서 완전히 다른 종이 될 수도 있다는 사실을 암시했다. 한 종은 같은 종으로 세상이 끝날 때까지 변하지 않는 상태로 남아 있으리라는 생각이 18세기 종교와 과학 모두에서 유지되던 정통적인 사고방식이었다. 이때는 계몽주의 시대로, 과학과 종교가 오랫동안 여러 면에서 아직 갈라서지 못했던 시기였다. 산책하는 사람의 발목에 스치고, 벌을 맞이하는 소박한 식물인 해란초는 꽤나 중대한 질문을 던지고 있었다.

린네는 변이 해란초가 알 수 없는 다른 종과 희한하게 교배한 이상한

유레카 식물: 노란 해란초(마거릿 W. 태런트, 1930년경)

100가지 식물로 읽는 세계사

잡종이라고 생각했다. 틀린 생각이었다. 하지만 잘못해서 틀린 것은 아니었다. 그저 자료가 어긋났을 뿐이다. 린네는 함마르비의 여름 별장에서 해란초를 키웠고, 그 식물은 계속해서 그의 상상력을 괴롭혔다. 해란초는 린네의 철저하고 훌륭한 책 『자연의 체계』 전체에 걸쳐 일종의 물음표를 띄우는 식물이었다. 『자연의 체계』에는 총 1만 3,000여 종의 생물이 올라 있고, 린네의 감수로 12판까지 출간했다. 가능한 한 완벽에 가깝게 살아 있는 모든 종을 책에 실어 완성하겠다는 목표는 자연스럽게 실패할 수밖에 없는 것이었다. 결국 이 모든 종이 불변하지 않는다면? 생물이 변함없는 것이 아니라 역동적으로 끊임없이 변화하며 영원히 새로워진다면 어떻게 할 것인가?

앞에서 살펴보았듯, 다윈은 종이 변하기 쉽다는 개념을 발명함으로써가 아니라 어떻게 변하는지 보여줌으로써 그 질문에 대한 답을 제시했다. 다윈의 자연선택 개념은 한 번만 설명을 들으면 명확하게 이해될 정도로 간단하다. 다윈의 열렬한 지지자였던 토머스 헉슬리는 『종의 기원』을 읽은 후 "얼마나 바보 같으면 이런 생각을 하지 못했을까"라고 말했다.

1859년 『종의 기원』 출간 후 다윈은 방대한 연구를 통해 그의 독창적인 발상의 근거, 즉 필연성을 단단히 다졌다. 따라서 다윈의 1876년 저서 『타화수정과 자화수정이 식물계에 미치는 영향』은 자연선택이 우리 삶과 모든 생명을 지배하는 방식에 대해 다시금 강조한다(물론 특유의 차분하고 거의 사과하는 듯한 어조로 쓰기는 했지만). 이 책은 다윈이 미안하게 느낄 정도로 자세한 내용을 가득 담고 있었다. 이 책은 버터 해란초와 달걀 해란초라고도 불리는 노란 해란초, 리나리아 불가리스(*Linaria vulgaris*)를 보고 얻은 독창적인 발상으로 나온 책이라고 할 수 있다.

다윈은 위대한 사상가라는 칭송을 받는데, 실제로도 그랬다. 그러나 그는 위대한 실천가이기도 했다. 그는 언제나 무언가를 했다. 아이디어를 시도하고, 실험을 준비했다. 시간이 얼마나 걸릴지는 상관하지 않았다. 그는 빠른 결과보다 올바른 결과를 얻으려고 했다. 무언가를 시험해보고, 궁리한 다음 더 많이 시도해서 그게 사실인지, 사실이 아닌지 확인했다. 다윈은 추측

100가지 식물로 읽는 세계사

을 좋아했지만, 무엇보다 자신이 수집한 자료를 바탕으로 추측하길 좋아했다. 다윈은 자신의 생각을 바탕으로 자료를 만든 것이 아니라, 자신이 수집한 자료를 바탕으로 생각을 구축했다.

다윈은 그렇게 우리에게 해란초를 소개한다. 그는 "유전과 관련된 부분을 알아내기 위해 같은 식물인 리나리아 불가리스에서 자가수정한 묘목을 심은 화단과 교잡한 묘목을 심은 화단을 가까이 붙여놓고 길렀다. 이종교배의 영향에 대해서는 전혀 생각하지 않았다. 그런데 놀랍게도 완전히 자라자 교잡한 식물이 자가수정한 식물보다 더 키가 크고 싱싱했다"라고 썼다.

알렉산더 플레밍이 페니실린을 발견하면서 보여주었듯(21장 참조), 우연을 통해 놀라운 발견을 할 수 있다. 다윈은 식물이 자가수정을 피하려고 그렇게 애쓴다면 분명 그럴 만한 이유가 있음을 깨달았다. 아무 이유 없이 진화하는 생물은 없다. 그는 11년에 걸쳐 일련의 실험을 하면서 자가수정 식물과 타가수정 식물의 차이를 조사했다. 그는 "때로는 암술과 수술이 분리되어 있어서 교차 수정이 이루어진다. 그리고 많은 경우 같은 꽃의 꽃가루(수술)와 암술머리(암술)가 성숙해지는 시기가 달라서 타가수정이 이루어진다"라고 썼다.

그는 약한 부모 식물이 스스로 번식할 때만 자가수정의 문제가 커지는 것이 아니라는 사실을 발견했다. 건강한 식물에도 자가수정은 나쁜 영향을 미친다. 다윈은 열성 유전자의 발견을 향해 나아가고 있었다. 대규모 개체군에서는 열성 유전자가 잘 발견되지 않는다. 부모 양쪽의 열성 유전자가 동시에 같은 게놈에 전달되는 경우가 거의 없기 때문이다. 그렇게 전달되는 경우에만 열성 유전자가 발견된다. 그러나 밀접하게 관련된 개체끼리 번식하거나 더 심하게는 같은 개체가 암수 역할을 동시에 할 경우에는 열성 유전자의 활성화를 거의 피할 수 없다. 타가수정의 중요성은 농부든 정원사든 식물 재배와 관련된 모든 사람에게 정말 중요한 발견이었다.

다윈은 완두를 비롯해 여러 종의 식물을 실험하면서 연구했다. 그러나 완두에 대한 4장에서 이야기했듯, 이 모든 것을 더 발전시켜 최초로 유전학을 명확하게 이해한 사람은 그레고어 멘델이었다. 그리고 유전학은 좋든 나쁘든 지구상 모든 생물의 근본적으로 다른 앞날을 가장 일관되게 꿰뚫어보는 과학 분야다.

034
녹나무

대항해시대를 이끈 향신료

임이여, 노루처럼 빨리 오세요.

향내 그윽한 이 산의 어린 사슴처럼, 빨리 오세요.

└ 「아가」 8장 14절

녹나무과(*Lauraceae*)의 녹나무속(*Cinnamomum*)에는 250여 종의 상록수가 있고, 대부분 아시아에서 발견된다. 그중 몇 종은 세상을 바꾸었다. 시나모뭄 베룸(*Cinnamomum verum*)과 시나모뭄 카시아(*Cinnamomum cassia*)라는 종은 우리에게 친숙하고 향기롭고 달콤한 향을 내는 향신료인 계피를 만들어낸다. 계피는 나무껍질에서 얻을 수 있다. 그 나무는 윗부분을 계속 잘라주면서 재배하는데, 나무를 그루터기까지 자르면 새싹이 많이 나온다. 새싹이 다 자라면 다시 수확한다. 향신료를 만들려면 겉껍질을 벗겨내고 남은 부분을 망치로 두드린 다음 아주 얇아진 속껍질을 제거해야 한다. 이것을 말아서 건조하고 통풍이 잘되는 곳에 몇 시간 동안 두면 시나몬 퀼이 완성된다. 그것을 그대로 사용하거나 가루로 갈아서 사용할 수 있다.

여기까지는 평범하다. 향신료는 대부분의 문화권에서 친숙하고 쉽게 구할 수 있다. 그러나 슈퍼마켓 진열대에서 판매되는 계피와 다른 향신료들이 한때 세상에서 가장 탐나는 상품이었고, 이를 구하기 위해 세상이 뒤집어졌다는 사실은 믿기 어렵다.

왜 그랬을까? 나는 향신료가 음식을 보존하기 때문이라고 배웠다. 음식에 향신료를 넣으면 더 오래 보관할 수 있기 때문에 냉장고가 없던 시절에는 향신료가 생존을 위해 꼭 필요했다는 것이다. 하지만 실제로는 그렇지 않다. 찬장에 있는 계핏가루로 고기를 재워도 양념하지 않은 고기와 같은 속도로 변질된다.

향신료가 상태가 좋지 않은 음식, 특히 고기의 맛을 가리기 때문이라는 것이 두 번째 가설이다. 이 역시 의심스럽다. 상한 음식을 계핏가루에 재운 후 선반에 남은 모든 향신료를 넣어 요리할 수 있겠지만, 그래도 여전히 상한 냄새가 날 뿐이다. 향신료로는 풍미를 숨기지 못한다. 풍미를 더할 뿐이다. 게다가 향신료가 상한 음식의 맛을 감춘다면 끔찍한 일이 생긴다. 상한 음식을 먹으면 병에 걸리고 죽을 수도 있다. 우리가 상한 음식을 역겹게 느끼는 이유는 우리 몸이 그 음식을 먹지 말라고 경고하기 때문이다. 상한 음식의 썩은 맛을 느껴야 그 음식을 거부할 수 있다. 그것은 생존에 필요한 중요한 기제다. 다행히 어떤 향신료도 그런 기제를 무너뜨리지 못한다.

향신료의 역할은 밍밍한 음식을 다채롭게 만드는 것이다. 냉장고가 생기기 전에는 상류층조차 신선한 음식을 확보하기가 어려웠다. 소금에 절이고, 말리고, 훈제하고, 식초에 절여서 다양한 음식을 보관했다. 그러나 대부분의 음식은 싱싱할 때가 더 좋다. 하지만 겨울에는 채소가 많이 자라지 않고, 여름에는 음식이 금방 상한다. 냉장고가 없고, 맛있는 음식을 수입하지 못하던 시기에는 향신료로 음식의 단조로움을 벗어날 수 있었다. 예로부터 향신료 덕분에 먹는 일이 필요한 일일 뿐 아니라 즐거운 일이 되었다. 오늘날에도 마찬가지다. 가장 보수적인 서양 음식에조차 토마토케첩이 들어간다. 토마토케첩에는 보통 커민과 올스파이스, 계피, 겨자가 들어가고, 켄터키프라이드치킨에는 파프리카와 후추 그리고 유명한 비밀 재료 중 하나인

| 계피 식물: 19세기 초 중국 수채화

Cinchona

…on flower.

*The bark of this shrub is a kind of cinnamo…
I saw it at Inqua's in 1756. The plant
is common at Canton, the flower is very
sweet.*

겨자가 들어간다.

향신료가 좋은 이유는 먹는 즐거움을 더해주기 때문이다. 그러나 향신료는 오랫동안 비싸고 귀한 식재료였다. 향신료가 들어간 음식을 먹고 대접하는 것은 즐거운 일이었지만, 아주 값비싼 즐거움이었다. 부자와 권력자만이 그런 즐거움을 누렸다. 따라서 향신료는 신분을 증명하는 수단이기도 했다. 향신료를 사용함으로써 자신이 다른 사람보다 우월하다는 사실을 세상에 보여주었다. 최근까지도 유럽에서 향신료는 사치품이었다. 사회적 지위를 상징하는 향신료를 얻으려는 수요가 너무나 강렬해서 유럽과 세계의 발전에 원동력이 되었다.

훌륭한 향신료는 주로 남아시아와 동아시아에서 재배했고, 대부분 아랍 상인들이 육로로 운반해 유럽에 도착했다. 가장 유명한 육지 무역로인 실크로드를 통해 운반하기도 했다. 실크로드는 사회적 지위를 상징하는 또 다른 사치품인 비단을 위해 개발된 길이었다(64장 뽕나무 참조).

고대 이집트에서는 적어도 4,000년 전부터 향신료를 중요시했다. 종종 종교적인 목적으로 향신료를 사용하기도 했다. 신전에서 태우고, 시체를 방부 처리했다. 현대적인 위생 시설이 없을 때는 달콤한 냄새가 중요했다. 부자는 달콤한 공기를 마시면서 악취가 나는 평민과 자신을 구별 지었다. 고대 그리스와 로마에서도 향신료를 사용했다. 그리스의 시인 사포는 기원전 7세기에 계피의 맛에 관한 시를 썼다. 네로는 서기 65년에 아내 포파이아 사비나의 장례식에서 1년 동안 쓸 계피를 모두 태웠다.

향신료는 양이 적은 데다 구하기가 너무 어렵다는 소문을 키우는 사치스러운 이야기들로 인해 가격이 높게 유지되었다. 그러한 이야기 중에는 통계피로 둥지를 짓는 사나운 새인 시나몰로구스 이야기도 있다. 그 새를 고깃덩어리로 둥지 밖으로 유혹해낸다. 고기를 먹어치운 새가 무거운 몸으로 돌아왔을 때 이미 둥지는 무너져 있다. 용감무쌍하게 향신료를 모으는 사람들은 둥지에서 떨어져 나온 통계피를 얻는다. 플리니우스는 그 이야기를 전하면서 이렇게 덧붙였다. "시나모뭄 카시아는 습지 주위에서 자라는데, 날카로운 발톱을 지닌 무시무시한 박쥐 종과 날개 달린 뱀이 보호한다는 이야기도 있다. 그 지역 사람들은 이런 믿기지 않는 이야기들을 지어내서 향신료의 가격을 부풀린다."

유럽에서는 향신료를 원하는 사람이 너무 많았는데, 지중해 동부의 무역을 통해서만 얻을 수 있었다. 그 무역을 좌지우지하는 사람들이 유럽 경제를 좌지우지했다. 서기 1,000년 무렵부터 베니스 상인들이 바로 그런 역할을 했다. 그들은 유럽의 향신료 무역을 독점했다. 베니스는 유일하게 동서양 물산이 모이는 집산지였다. 베니스는 군사력보다 경제력을 중심으로 전설적인 힘을 얻은 곳이었다. 새로운 종류의 제국이었다. 베니스는 13세기 후반에 3,300척의 배를 보유하고, 3만 6,000명의 선원을 고용했다.

셰익스피어의 작품 『베니스의 상인』에 등장하는 인물은 "지금 리알토에 무슨 소식이 있나?"라고 묻는다. 리알토는 대운하를 가로지르는 다리 이름으로, 오늘날 월스트리트 뉴스를 묻는 것과 같다. 오스만제국의 세력과 야심, 베니스 서쪽 유럽인들의 야심이 커지면서 베니스는 쇠퇴하기 시작했다. 그런 역사의 흐름에서도 향신료는 여전히 중심 역할을 했다.

향신료는 후추를 비롯해 계피, 육두구 씨앗, 육두구 씨앗을 감싼 가종피를 말린 메이스, 생강과 심황의 뿌리줄기, 정향의 꽃봉오리, 고수, 커민, 소두구 씨앗 등 다양한 종류가 있다. 후추는 파라오 람세스 2세의 미라를 만드는 과정에 쓰이기도 했는데, 말린 후추 열매를 잔뜩 콧구멍에 집어넣었다.

오스만제국이 향신료 무역을 장악하면서 서유럽은 불안해졌다. 오스만제국의 팽창주의 야심이 훤히 드러난 데다 그들은 기독교 세력도 아니었기 때문에 상대하기가 껄끄러웠다. 게다가 배를 만드는 기술과 항해술의 발달로 강인한 심장과 튼튼한 배를 갖춘 오스만 세력에 무역을 빼앗길 위험이 있었다.

이로 인해 유럽에서 탐험의 시대가 시작되었다. 인류의 진보나 순수한 지식 탐구가 주된 목적이 아니었다. 목적은 향신료 확보였다. 향신료를 얻을 수 있는 땅으로 가는 새로운 항로를 개척하면 막대한 부를 쉽게 얻을 수 있

보물 같은 식물: 계피 파는 사람, 프랑
스 책 『약초 논고』에 실린 그림(15세기)

었다. 항해의 왕 엔리케가 통치하던 포르투갈이 유럽 세력으로는 처음으로
이런 모험적인 투자에 성공했다. 바르톨로메우 디아스는 1488년에 아프리
카 남쪽 끝 희망봉에 도착했고, 바스쿠 다가마는 1497~1499년 항해로 인도
에 도착했다. 이것이 아마도 새 항로를 개척하는 가장 중요한 항해였을 것이
다. 인도로 가는 뱃길이 열리면서 식민주의와 다문화주의, 세계화가 시작되
었다. 세계에 새로운 지평이 열렸다. 모두 부자의 식탁에 더 맛있고 풍성한

100가지 식물로 읽는 세계사

음식을 올리기 위해서였다.

　다른 길로 항해해 향신료를 생산하는 땅에 닿을 수 있다는 주장도 있었다. 제노바 사람이었던 크리스토퍼 콜럼버스는 1492년에 스페인 국기를 달고 서쪽으로 항해하기 시작했다. 그는 한 번도 아시아 땅을 밟지 못했다. 바하마에 처음 상륙해서 히스파니올라(지금의 아이티)라는 섬에 식민지를 세웠고, 쿠바도 들렀다. 이후 중남미 본토에도 도착했다.

　페르디난드 마젤란은 거대한 남북 아메리카 대륙을 일주하는 항로를 찾아냈고, 칠레와 티에라델푸에고 사이에 있는 지금의 마젤란해협을 통과했다. 그는 필리핀에 도착할 때까지 계속 항해했고, 필리핀 막탄섬에서 원주민들과 싸우다가 죽었다. 항해 도중 반란이 일어났고, 생존자들이 귀환하는 과정에서도 많은 어려움이 뒤따랐다. 곧바로 성공적이라고 평가받은 항해는 아니었다. 그러나 최초의 세계 일주 항해였고, 더 중요한 점은 서양의 향신료 항로를 개척한 항해라는 것이다. 이 항로가 2세기 이상 효율적인 무역로 역할을 하면서 스페인은 유럽의 강대국이 되었다. 하지만 1881년에 파나마운하가 개통하면서 이 항로는 결국 그 쓸모를 다한다.

　프랑스, 네덜란드, 영국을 중심으로 다른 항로의 발견과 식민지화가 뒤따랐다. 전 세계가 유럽 열강의 착취 대상이 되었고, 착취자들이 한꺼번에 몰려들었다. 제국의 시대가 시작되었다. 그리고 그 모든 변화가 향신료 때문에 시작되었다.

035

칡

자연을 통제할 수 있다는 착각

나는 그저 우주에서 온 심술궂은 녹색 엄마야. 그리고 나는 나빠.

ㄴ 찰스 B. 그리피스의 영화 《리틀 숍 오브 호러스》

우리 인간은 30여 종의 동물을 가축으로 길들이는 데 성공했다. 우리는 가축의 번식을 조절하고, 가축이 살아야 할 삶을 정한다. 우리는 적어도 1,000종의 식물을 재배한다. 훨씬 더 넓게 봐서 반쯤 재배하는 식물까지 모두 합하면 2,500종에 이른다는 주장도 있다.

길들인 동물과 식물의 수가 이렇게 차이가 많이 나는 이유는 명확하다. 이 책에서 이미 설명했듯, 동물을 길들이기란 정말 어렵기 때문이다. 반면 식물은 지금 당장 길들일 수도 있다. 그저 야생식물을 찾아서 집에 가져오기만 하면 된다. 아니면 더 야심 차게 식물이 자라고 있는 땅을 차지하면 된다. 그 후에는 그 식물을 기르면서 번식을 관리한다. 그저 좋아하는 식물을 번식시키면 된다. 인간이 종을 선택하면서 식물의 재배가 시작되었다. 내가 『100가지 동물로 읽는 세계사』에서 다룬 가축보다 이 책에 나오는 재배 품종이 훨씬 더 많다. 인류에게는 동물보다 식물에 선택지가 훨씬 더 많고, 인류 역사에 영향을 미친 식물 대부분을 재배하고 있다.

인간이 재배하거나 파괴하지 않기로 선택한 식물만 자라기 때문에 때로는 우리 인간이 식물 왕국을 완전히 통제하고 있다고 생각할 수도 있다. 그러나 생물권을 통제하려는 인간의 시도에 저항하는 식물도 있다. 인간의 능력과 지혜의 한계에 대해서도 의문을 제기하는 기이한 식물들이다. 칡이 바로 그 전형적인 사례다. 칡은 미국이 대공황에서 벗어나기 위해 처음에는 의도적으로 재배했던 식물이다. 지금은 미국 남부를 먹어치운 덩굴식물로 악명을 떨치고 있다.

소설 『석방』과 동명의 영화 각본을 쓴 작가이자 미국 최고의 시인에 오르기도 한 제임스 디키는 칡에 관한 시를 썼다.

조지아의 전설에 따르면
밤에는 집 안으로 들어오지 못하도록
당신은 창문을 닫아야 한다.
그래도 창문은 녹색으로 물들어 있다.

그렇다. 그것은 당신을 잡으러 오는 또 다른 식물이다. 칡은 콩과에 속하는 여러 종의 덩굴식물에 붙은 이름이다. 더듬더듬 뻗어 나가는 덩굴손을 가진 담쟁이 식물이다. 튼튼하고 복잡한 뿌리 조직에서 새싹이 계속 돋아나면서 자란다. 칡은 씨앗을 만들 뿐 아니라, 영양번식(무성생식)도 할 수 있다. 칡은 1876년 필라델피아에서 열린 미국 독립 100주년 기념 전시회를 계기로 미국에 들어왔다. 그 후 1884년 뉴올리언스 박람회를 통해 미국 남동부 지역으로 퍼졌다. 칡은 현관에서 키우기 완벽한 식물로 여겨지며 판매되었다. 빠르게 자라나 쾌적한 녹색 그늘을 만드는 데다 가축 사료로 쓰이고 침식 예방에도 도움이 되기 때문이다.

칡은 뿌리에 에너지를 많이 저장하기 때문에 아주 빨리 자란다. 하루에 최대 30센티미터씩 자라며, 줄기의 길이가 30미터에 이를 수 있다. 서둘러 많은 식물을 키우고 싶다면 칡을 선택하는 편이 좋다. 칡은 황진지대(Dust

Bowl)의 해결책처럼 보였다. 1930년대 가뭄과 부적절한 농법으로 황폐해진 미국 중남부를 황진지대라고 불렀다. 초원이었던 곳을 깊게 갈아엎은 바람에 표면의 흙이 바람에 노출되고 휩쓸려 나가 황폐해졌다. 인간이 일으킨 생태계 재앙의 초기 사례였다. 1934년과 1936년 그리고 1939년과 1940년에 연이어 가뭄이 발생했다. 이때 제시된 해결책 가운데 하나가 바로 칡이었다. 칡은 빠르게 자라나 흙을 묶어둔다. 흙을 고정시키고 바람에 휩쓸리지 않도록 안전하게 지켜준다.

라디오 진행자이자 일간지 『애틀랜타 콘스티튜션』의 칼럼니스트 채닝 코프가 칡을 활용하자고 열렬히 호소했다. 그는 미국의 들판이 "기적을 일으키는 덩굴식물이 내미는 치유의 손길을 기다리고 있다"라고 거듭 주장했다. 그래서 토양침식방지국과 민간환경보호단이 엄청나게 열심히 칡을 심었다. 노동자들에게 임금을 주고 1946년까지 총 1만 2,000여 제곱킬로미터 지역에 칡을 심었다.

여기에서 우리는 의도치 않은 결과의 법칙을 발견한다. 이 법칙은 아마도 환경을 조작하려는 모든 인간의 시도에서 고려해야 할 가장 중요한 요소다. 인류 사회는 행복과 번영, 적어도 돈을 얻기 위해 산업화를 시작했다. 기후변화를 앞당기려고 산업화에 동참한 사람은 아무도 없었다. 마찬가지로, 산업화보다는 훨씬 작은 규모지만 꽤나 대규모로 칡을 심으면서 나쁜 의도를 가진 사람은 아무도 없었다.

칡은 빨리 자라기 때문에 토양 침식을 막는 역할을 잘 해냈다. 하지만 칡은 인간이 설정한 경계를 뛰어넘어 자라는 경향이 있다. 황진지대가 생길 즈음에 목화 바구미가 목화 농사를 망치자(74장 참조) 많은 농부가 미국 남동부 맨 끝의 땅을 버리고 떠났다. 그러자 그 땅에 칡이 자리 잡았다.

원산지 일본에서는 칡이 문제를 일으키지 않는다. 칡의 영어 이름 쿠주(kudzu)는 일본어 이름 구즈(クズ)에서 따왔다. 칡은 산비탈에서 자라고, 보

| 당신을 데리러 오고 있다: 〈덩굴 후려치기〉(마크 테딘)

100가지 식물로 읽는 세계사

통 서리 때문에 성장이 더뎌진다. 그러나 미국 남부의 온화한 기후에서는 칡이 거침없이 자란다. 앨라배마와 조지아, 테네시, 플로리다, 미시시피, 노스캐롤라이나와 사우스캐롤라이나에 걸쳐 총 3만여 제곱킬로미터가 칡으로 덮였다. 그로 인해 펼쳐지는 광경은 놀랍기만 하다. 수많은 덩굴식물이 건물과 전신주를 초록색 망토로 두르고, 숲의 가장자리가 흐릿해지도록 나무들을 타고 올라가 뒤덮어 결국 나무들을 죽게 만든다. 스트레스와 가뭄에도 잘 견디는 칡은 점점 더 늘어나고 있다. 미국 산림청은 매년 10제곱킬로미터, 농림부는 매년 610제곱킬로미터씩 늘어나고 있다고 추산한다.

칡을 죽이기란 정말 어렵다. 땅 위로 보이는 부분을 계속 제거하면 결국 뿌리까지 죽일 수 있지만, 바싹 베어내든 가축이 계속 뜯어먹게 하든 상당한 시간이 걸린다. 뿌리의 목 부분을 잘라내 잔뿌리들까지 한꺼번에 없애야 하지만, 그렇게 하기가 쉽지 않다. 제초제로는 빠르고 완벽하게 성공을 거두기가 어렵다. 흙을 통해 식물에 흡수되는 제초제는 10년에 걸쳐 효과가 나타난다. 생물학적 조절 방법으로 균류를 활용하기도 한다. 염소가 뜯어먹게 하는 것이 가장 효과적이면서 환경 파괴가 적은 방법이지만, 비용이 많이 들고 실행하기도 어렵다.

칡은 미국 남부의 상징이 되었다. 비뚤어진 자존심의 상징이자 남부를 차별화하는 또 다른 요소가 되었다. 칡은 인간이 가장 좋은 의도를 가지고 시작한 일이 되레 살아가는 환경을 망칠 수도 있음을 보여주는 전형적인 사례로 남아 있다. 인간에게 더 많은 식량을 공급하려고 밭을 집중적으로 경작했더니 황진지대가 생겼다. 황진지대의 해결책을 찾았더니 그 해결책이 황진지대만큼이나 환경에 악영향을 끼쳤다는 사실이 거의 확실해졌다. 우리는 문제를 만들어내고, 바로잡는다. 그러고는 문제를 해결하면서 생긴 문제를 떠안는다.

036
미국 풀

전쟁이 끝난 뒤에 침입한 적

그놈들은 이번에 한 번도 겪어본 적 없는 폭격을 당할 거야.

└ 리처드 닉슨(미국 제37대 대통령)

목재를 얻기 위해 열대우림의 나무들을 베어내면 결코 이전으로 되돌릴 수 없다. 앞에서 보았듯, 비옥한 땅 때문에 열대우림이 유지되는 것이 아니다. 다양한 생물이 어마어마하게 뒤엉킨 풍요로움 덕분에 열대우림이 유지된다. 그렇지만 나무들을 베어내고 정글이 훼손된 뒤에도 그 자리에 2차림(여러 이유로 훼손된 숲이 있던 자리에 자연적으로 재생한 숲—옮긴이)이 들어설 수 있다. 모든 것이 사라지지는 않는다.

그러나 목재를 얻기 위해서가 아니라 파괴 자체가 목표라면 인간이 숲을 완전히 없애버릴 수도 있다. 1961년부터 1971년까지 베트남과 캄보디아, 라오스에서 2만 제곱킬로미터 정도 되는 열대우림과 맹그로브 숲이 파괴되었다. 아무것도 남지 않은 것은 아니다. 더 심각한 문제가 남았기 때문이다. 베트남 사람들이 미국 풀이라고 비꼬아 부르는 풀이 남았다. 3미터 높이까지 자라는 빽빽한 덤불 같은 풀이다. 이 풀은 말 그대로 사람이나 짐승에게 전혀 도움이 되지 않는다. 그리고 제거하기가 몹시 어렵다. 심지어 살아남으려고 애쓰는 다른 모든 생물을 질식시킨다. 미국 풀은 주로 임페라타 실린드리카(*Imperata cylindrica*)와 펜니세툼 폴리스타키온(*Pennisetum polystachion*) 두 종을 말한다. 이 풀들은 숲이 파괴된 이후에 들어와 뒤엉키면서 자리 잡았다. 헤치고 걸을 수조차 없을 정도다. 한때 그곳에 있었던 숲은 전쟁의 희생양이 되었다.

나무는 우리의 적이다. 미군은 이런 구호 아래 숲 자체와 전쟁을 벌였다. 미국은 1973년에 군대를 철수시키기 전까지 거의 20년 동안 베트남전쟁에 관여했다. 미군이 북베트남과 싸우는 남베트남을 지원하고 있었기 때문에 미국 안에서조차 극심하게 의견이 엇갈렸던 전쟁이었다. 북베트남 병사들은 게릴라 작전을 펴면서 숨어 있다가 공격하고 재빨리 사라졌다. 그들은 종종 숲에 숨었다. 그래서 미군은 숲을 파괴하면 적을 없앨 수 있다는 원칙에 따라 작전을 펼쳤다. 미군은 이것을 '랜치 핸드 작전'이라고 불렀다. 영국의 아이디어를 빌린 작전이었다. 영국은 1948년부터 1960년까지 지금의 말레이시아에서 벌어진 내전, 이른바 말라야 비상사태 때 제초제를 공중 살포하는 작전을 적극적으로 펼쳤다.

미군은 베트남에서 생태계를 파괴하는 그 방법을 도입했고, 고엽제를 주요 무기로 썼다. 주로 공중에서 숲과 농경지에 고엽제를 뿌렸다. 고엽제는 색깔로 이름을 붙여 구분하면서 앞에 '에이전트(Agent)'라는 명칭을 붙였다. 베트남과 주변 나라에 에이전트 핑크, 그린, 화이트, 블루 그리고 다른 어떤 고엽제보다 훨씬 많은 양의 에이전트 오렌지가 뿌려졌다.

숲을 없애는 군사작전을 펼치면서 9,500만여 리터의 제초제를 사용했다. 그중 60퍼센트가 에이전트 오렌지였다. 제초제를 사용한 토지의 24퍼센트에는 두 번, 12퍼센트에는 세 번 반복해서 뿌렸다. 역사상 최대 규모의 화학전이었다. 화학무기를 사용하지 않기로 합의한 1925년 제네바의정서(1949년 제네바협약이 체결되었다)에 따라 금지된 행위였다. 미국이 보기에 에이전트 오렌지는 인체에 무해하고 환경에 일시적인 영향만 주므로 전술에 쓰기에 그리 나쁘지 않은 제초제였다.

그러나 에이전트 오렌지에는 독성이 강한 다이옥신이 들어 있었다. 다이옥신은 제초제를 제조하는 과정에서 부산물로 생겼다. 쓰레기를 태우고, 화석연료를 태우고, 담배를 피우고, 표백하는 과정에서도 생긴다. 이 책은 식물에 관한 책이기 때문에 이 장에서는 에이전트 오렌지가 식물에 끼친 영향에만 주로 초점을 맞춰야 한다. 그렇다고 숲을 없애려고 땅에 퍼부은 유독 물질이 사람들에게도 영향을 미쳤다는 사실을 이야기하지 않고 넘어가는 것은 무책임한 짓이다. 다이옥신은 암, 선천적 장애, 생식 장애의 원인이고, 아동 발달과 면역 체계에 문제를 일으킨다. 다이옥신의 영향을 직접 받은 사람은 210만여 명에서 420만여 명으로 추산된다. 다이옥신은 물과 음식에 침투했고, 그 영향은 2세대, 3세대까지 이어지고 있다. 10년 동안 베트남에 400킬로그램가량의 다이옥신이 쏟아졌다.

이 모든 유독 물질이 환경에 미친 영향은 막대했다. 지금까지도 그 영향이 나타나고 있다. 50년이 지난 오늘날에도 베트남은 여전히 회복 중인 국가다. 앞에서 살펴보았듯, 숲이 파괴되면 생태계가 훨씬 약해진다. 생물 다양성을 크게 잃으면서 생태계의 회복력이 약해지기 때문이다. 토양은 황폐해지고, 물은 오염되고, 나무가 없으니 홍수와 토양 침식이 빈번해지고, 토양의 영양분이 빠져나간다. 그리고 침입 식물, 특히 미국 풀이 들어왔다. 절망적으로 보이지만, 꼭 그렇지만은 않다.

고엽제 살포는 숨이 막힐 정도로 무모하고, 인간의 생명을 아무렇지 않게 여기면서, 너무나 광범위하게 파괴를 일삼은 군사작전이었다. 무엇보다 효과도 없었다. 베트남 환경보호 단체 비엣 네이처의 CEO 팜 투안 안은 "미국인들은 우리를 폭격해 석기시대로 돌려놓겠다고 했습니다. 그러나 그들은 그러지 못했죠"라고 말했다.

그들은 그러지 못했다. 비엣 네이처는 숲을 재생하는 일에 관여하고 있다. 엄청나게 어려운 일이다. 가장 먼저 해야 할 일은 그 땅을 차지한 미국 풀을 제거하는 것이다. 거대한 덤불을 이루며 자라기 때문에 기계를 사용해 제거할 수 없다. 손으로 하나하나 제거해야 하므로 몹시 더디고 자난한 일이

100가지 식물로 읽는 세계사

다. 2018년에 숲을 재생 중인 현장을 방문할 수 있었다. 심었던 묘목은 이제 머리 높이 이상으로 자랐고, 튼튼한 모습을 보이기 시작했다. 9종의 나무가 1만 제곱미터당 1,650그루씩 총 7만 제곱미터의 땅에 심겨 있었다. 그중 빠르게 자라나는 개척자 같은 나무 2종도 있었다. 흙을 고정하면서 느리게 자라는 나무들이 햇빛을 향해 올라갈 수 있도록 보호하는 나무다.

비엣 네이처 직원들이 연구하러 갔던 태국에서 시험해본 방법이었다. 그 방법으로 이미 효과를 보기 시작했다. 투안 안은 "이곳에서 본보기를 만들고 있다는 점에서 매우 중요한 프로젝트입니다. 지역사회가 도와주고 지원해줘서 재생을 도울 수 있었습니다"라고 말했다.

우리는 측정을 해보았다. 어처구니없게도 새로 나무를 심은 곳을 둘러싼 미국 풀의 키가 3주 전보다 20센티미터 더 자라 있었다. 새로 심은 나무가 그만큼 빨리 자라지 못해 안타까울 뿐이다. 하지만 새로운 숲이 자리 잡으면 가까운 숲의 씨앗이 바람에 실려 오거나 새들의 배설물에 섞여 떨어진다. 이렇게 개선되고 있는 서식지에서 그 씨앗 중 일부가 발아한다. 이곳, 오랫동안 황폐했던 풍경이 희망의 땅으로 변하고 있다.

그곳에서의 경험은 강렬했다. 재생, 전쟁 후 나라의 재건, 절망 뒤에 생겨나는 새로운 희망을 느낄 수 있었다. 재생은 삶의 전부 혹은 삶의 목적일 수 있다. 지구가 지속 가능한 생태계로 유지되기 위해서는 스스로 재생하는 능력이 있어야 한다. 더 정확하게는 지구를 지배하는 우리 인간 종이 얼마나 그 재생을 돕느냐에 달렸다. 이 장에서 소개한, 고의적인 파괴를 보여주는 전형적인 사례에서도 재생이 시작되고 있음을 확인할 수 있다. 그 재생 또한 인간의 의지로 이루어지고 있다.

적: 사람이 아니라 베트남에서 이른바 미국 풀이라고 부르는 식물, 데이비드 베버 사진

037
담배

곤충을 내쫓고 인간을 매혹한 니코틴

담배를 사랑하지 않는 그들과 소년은 모두 바보다.

└ 크리스토퍼 말로(영국의 극작가이자 시인)

식물은 먹을거리가 된다. 동물은 식물을 먹으면서 살아가지만, 그것이 언제나 쉽지는 않다. 식물은 동물에게 먹히지 않으려고 수천 년에 걸쳐 복잡하고 멋진 방식으로 진화해왔고, 계속 진화하고 있다. 이에 따라 동물도 식물이 방어하지 못할 방법을 발전시켜왔고, 지금도 발전시키고 있다. 동물이 식물을 처음 먹기 시작한 이래 계속되고 있는 창과 방패의 싸움이다.

식물은 가시나 쐐기털, 나무껍질이나 단단한 외피, 미끌미끌한 표면 같은 장애물 그리고 시기를 조절하거나 다가가기 어렵게 하는 방법들을 활용해 동물에 맞서 싸운다. 반면 곤충에게 쉼터를 내주면서 보호를 받는 식물도 있다. 그리고 많은 식물이 불쾌하고 심지어 독성까지 있는 화학물질을 내뿜는다. 일부 독성은 치명적이다. 그런 식물은 무슨 수를 쓰더라도 피해야 하지만, 때로는 우리에게 유용하다. 혹은 독 자체가 인간에게 아주 매력적이기도 하다. 가짓과에는 감자(32장)와 토마토(84장), 가지 그리고 담배와 함께 2,700종이 있다.

100가지 식물로 읽는 세계사

담배 식물은 니코틴이라는 물질로 자신을 보호한다. 니코틴을 흡수하면 뇌가 보내는 신호에 대한 근육 반응에 영향을 미치고, 너무 많이 흡수하면 근육이 계속 수축되어 마비와 사망에 이를 수도 있다. 근육이 있는 모든 생명체는 니코틴의 영향을 받을 수 있다. 박각시나방의 애벌레는 니코틴 때문에 어려움을 겪지 않으면서 니코틴을 배출하는 능력을 개발했다. 또한 모공에서 니코틴을 배출해 다른 동물이 먹기 싫게 만드는 방어기제로 활용한다. 방어적 구취라고 부르는 전략이다.

대부분의 초식동물은 70여 종의 담배 식물을 피한다. 그런데 인간은 예외다. 우리 인간은 수천 년에 걸쳐 담배의 독성이 몹시 매력적이라고 여겼다. 담배의 원산지인 아메리카 대륙에서는 콜럼버스가 도착하기 전까지 종교의식에서 담배를 활용했고, 진통제나 상품 심지어 화폐로도 사용했다. 탐험가들이 유럽으로 가져갔던 담배는 옥수수, 감자, 토마토와 함께 전 세계로 퍼진 4대 신대륙 작물 중 하나가 되었다. 담배는 전 세계 모든 국가에서 대량으로 매일 사용하는 유일한 작물이다.

1492년 콜럼버스의 첫 번째 탐험 전에는 유럽에 담배가 알려지지 않았다. 스페인 성직자이자 역사가인 바르톨로메 데 라스 카사스는 1502년에 쿠바를 여행하면서 본 담배 피우는 모습을 이렇게 묘사했다.

남자들은 반쯤 탄 나무를 손에 들고 어떤 향초의 연기를 들이마신다. 유월절의 소년들이 하듯이 어떤 말린 잎에 마른 향초를 집어넣고, 한쪽에 불을 붙여 반대쪽에서 연기를 빨거나 흡수하거나 깊이 들이마신다. 그러면 거의 술에 취한 것처럼 멍해진다. 그들은 그렇게 하면 피로를 느끼지 않는다고 말한다. 우리는 그것을 머스킷이라고 부르지만, 그들은 토바코라고 부른다. 나는 이 에스파뇰라섬에서 그것을 빨아들이는 데 익숙해져서 비난받는 스페인 사람들을 알았다. 그들에게 그것이 악한 행동이라고 말해줘도 그들은 사용을 중단할 수 없다고 대답했다. 그들이 그것에서 어떤 즐거움과 좋은 점을 발견했는지 모르겠다.

담배 식물: 로마에서 1772~1793년에 출간된
『로마의 정원』에 실린 조르조 보넬리의 그림

100가지 식물로 읽는 세계사

담배는 유럽으로 전해졌고, 건강에 큰 도움이 된다는 찬사를 받았다. 리스본 주재 프랑스 대사였던 장 니코는 담배를 프랑스로 가져가 유효 성분에 자신의 이름을 붙여 홍보했다. 그는 담배가 각기 다른 36가지 질병을 치료한다고 주장했다. 담배를 피우면 기분이 좋아지면서 침착해지고, 사교적으로 변하며, 아주 유익하다면서 누가 담배를 사랑하지 않을 수 있겠느냐고 홍보했다.

인간에게 담배의 주된 특성은 담배가 도움이 된다거나 해롭다는 점이 아니라 더 많이 피우고 싶게 만든다는 점이다. 담배는 피울수록 더 많이 피우고 싶다는 욕구가 생긴다는 점에서 판매하기 좋은 완벽한 상품이다. 담배가 널리 인기를 얻자 담배 판매로 이런 새로운 수요를 기꺼이 채우려는 욕구도 커졌다.

그러나 모두가 그렇게 생각하지는 않았다. 영국의 제임스 1세는 1604년 「담배에 대한 반박문」에서 "그렇게 근거가 빈약하고, 바보같이 받아들여 잘못 알고 사용하는 이 지독하게 더러운 새 물건을 부끄러워하지 않을 이유가 있겠는가?"라고 썼다. 왕의 분노는 영국이나 다른 어느 곳에서도 담배 소비의 확산에 영향을 미치지 못했다. 새로 형성된 아메리카 식민지들에서는 담배를 점점 더 많이 재배했다. 담배를 재배하기 완벽한 기후였지만, 골칫거리가 있었다. 재배하고 수확해 잎을 말리면서 담배를 생산하려면 노동력이 많이 필요했다. 수확한 담배를 짚과 함께 말린 다음 막대기에 매달거나 헛간으로 옮겨야 하는 힘들고 까다로운 작업이었다. 담배의 촉촉한 상태를 유지하지 못하면 바스러지고, 너무 축축하면 썩는다. 일단 말린 담배는 통으로 옮긴 다음 운반했다.

이 모든 과정을 거쳐 담배를 생산하는 데 계약 노동자를 활용하면 수익을 내기가 어려웠다. 해결책은 명백했다. 노예제였다. 신대륙에서 노예제는 새로운 제도가 아니었지만, 담배 무역 때문에 북아메리카 본토, 특히 버지니아와 노스캐롤라이나, 사우스캐롤라이나에 노예제가 도입되었다. 1619년에 20명의 아프리카 노예가 버지니아로 끌려왔다. 이 첫 단계의 영향은 오늘날

037   담배

239

까지도 남아 있다. 노예제로 인해 담배 농사의 수익성은 높아졌고, 담배로 벌어들인 돈은 미국독립혁명의 자금줄이 되었으며, 그 후 미국을 건국하는 데도 쓰였다.

물론 그때는 담배를 파이프에 넣어 피웠다. 담배를 씹기도 했기 때문에 가래나 침을 뱉는 타구가 흔한 가정용품 중 하나가 되었다. 콧구멍에 대고 들이마시는 코담배나 입술과 잇몸 사이에 넣는 촉촉한 담배가루인 스누스를 사용하기도 했다. 담뱃잎을 말아서 시가로 피우거나, 잘게 썬 담뱃잎을 모아서 올려놓은 종이를 가늘고 길게 말아 궐련으로 피우기도 했다.

1881년에 제임스 본색이 둥글게 마는 기계를 발명하면서 궐련이 가장 편리하게 담배를 소비하는 방식으로 자리 잡았다. 흡연은 처음에 남성의 취미로 자리 잡았다. 그 후 점차 여성 흡연자도 늘어났고, 흡연은 매력적이고 우아하며 유쾌하고 사교적인 취미가 되었다. 영화는 프레드 아스테어와 멋스러운 진저 로저스, 험프리 보가트, 불굴의 강인함을 지닌 로렌 바콜처럼 굉장히 멋진 인물들이 담배 연기에 휩싸인 모습을 보여주었다. 담배는 아시아, 아프리카까지 전파되어 재배되었다. 제1차 세계대전과 제2차 세계대전에서 병사들에게 전투식량과 함께 담배도 배급되었다. 1950년대 초에 영국 해군에서 복무했던 내 친구는 담배를 매달 600개비씩 지급받았다고 기억한다. 더 이상 성냥을 사용하지 않으면서 사라진 미신이지만, 성냥불을 켠 후 세 번째로 불을 붙인 사람은 불길하다는 믿음도 있었다. 적군의 저격수가 그 사람을 겨냥해 총을 쏜다는 것이다. 사키라는 이름으로 글을 썼던 에드워드 시대의 위대한 작가 H. H. 먼로의 마지막 말은 "그 빌어먹을 담배를 꺼라"였다. 이쯤에서 내가 좀 경건한 척하는 것처럼 보일까 봐 덧붙여야겠다. 나 역시 20대 초반에 지탄과 골루아즈 담배를 정말 열심히 피웠다.

그러다 나치가 처음으로 담배를 규제하는 조치를 내렸다. 흡연 습관을 비난하고, 담배에 세금을 무겁게 매기고, 공공장소에서 흡연을 금지했다. 영국 의사 리처드 돌이 1948년에 처음으로 담배의 유해성을 연구하기 시작했다. 1950년에는 흡연과 폐암의 관련성이 밝혀졌다. 1964년에는 미국의 공중위생 국장 루서 테리가 「흡연과 건강」이라는 제목의 보고서를 발표했다. 이후 많은 국가에서 건강에 해로울 수 있다는 경고문을 담뱃갑에 표시했고, 담배 광고와 담배 회사의 후원을 점점 더 규제했다. 담배 회사들은 여성을 겨냥하면서 대응했다. 버지니아 슬림이라는 제품은 특별히 여성을 위해 만들어진 담배였다. 그 회사는 초기 여성 테니스 투어를 후원하면서 페미니즘의 부상에 작지만 중요한 역할을 했다. 담배는 점점 더 타르가 적다거나 하는 식으로 건강에 덜 해롭다는 점을 강조해 광고하기 시작했다. 석면의 위험성을 몰랐던 시절, 켄트 담배는 석면이 들어간 필터를 사용한다고 대대적으로 홍보했다. 미국 텔레비전에서 한 광고는 "다른 어떤 담배보다 카멜 담배를 피우는 의사가 많다"라고 강조했다. 광고는 흰 가운을 입고 환자들 사이에서 담배를 즐기는 남자를 보여주었다.

담배 회사들은 또 흡연을 사회적 지위와 성취, 남성성과 연결시키면서 개발도상국에서 마케팅을 강화했다. 홍콩에서 살았던 1970년대 후반에 텔레비전에서 보았던 바이스로이 슈퍼 롱스 광고가 기억난다. 흰색 양복을 입은 중국 남성이 요트 난간에 기대어 있고, 그 뒤로 금발 여성이 보인다. "내가 얻은 모든 것. 미국에서의 성공. 요트. 내가 선택한 담배를 피울 권리…."

담배를 피우며 무아지경에 빠지세요: 여성이 하바나 시가를 피우는 모습

담배는 합법적인 제품이지만, 밀수로 오가는 양이 세계 최고다. 세계보건기구는 흡연이 피할 수 있었던 죽음을 맞게 하는 세계 최대의 단일 원인이라고 말한다. 흡연은 심장 질환과 폐 질환, 심근경색, 뇌졸중, 폐기종, 폐암, 구강암 그리고 췌장암과 관련이 있다. 1990년대에는 간접흡연의 위험성도 밝혀졌다. 니코틴의 중독 가능성은 아편과 비슷한 마약성 진통

제(57장 참조)의 중독 가능성과 거의 비슷하게 높다고 본다. 전 세계 13억 명 정도의 흡연자 가운데 80퍼센트가 저소득층과 중산층 가정 출신이라는 통계도 있다.

식물은 곤충을 독살하려고 니코틴을 개발했다. 인간은 니코틴에서 추출해서 니코틴과 구조적으로 비슷한 네오니코티노이드 살충제를 개발해 똑같은 목적으로 이 기능을 이용했다. 이 살충제는 안전하고 친환경적이어야 했다. 그러나 사실상 무차별적으로 곤충을 죽여서 곤충의 개체 수가 급감했고, 곤충을 먹고 살던 새들과 다른 동물들의 개체 수도 줄어들어 살충제를 사용한 지역의 생태계에 어마어마한 피해를 입히고 있다. 유럽연합(EU)에서는 2018년에 대표적인 세 가지 네오니코티노이드 살충제 사용을 금지했다. 미국 버락 오바마 정부는 2014년에 야생동물 보호구역에서 네오니코티노이드 살충제 사용을 금지했다. 그러나 5년 후 도널드 트럼프 정부는 이 결정을 뒤집었다. 영국에서는 네오니코티노이드 사용 금지가 풀려서 이제 사탕무 씨앗에 그 살충제를 뿌릴 수 있다.

선진국에서는 이제 흡연이 거의 허용되지 않는다. 식당과 술집 등 공공장소 대부분에서 흡연을 할 수 없다. 영국에서는 펍 밖에서 담배를 피울 수 있다. 신선한 공기를 마시려면 실내로 들어가야 한다는 의미다. 흡연자가 따돌림받는 지위로 추락하면서 흡연은 일부 사람들의 고집스러운 즐거움이 되어간다. 어떤 사람들은 담배가 식욕을 떨어뜨려 몸매를 날씬하게 유지하는 데 도움이 된다는 이유로 담배를 피운다. 대체로 부유층에서는 흡연이 줄어들고 있지만, 담배 산업은 전 세계적으로 건재하다. 그저 중심 무대를 옮겼을 뿐이다. 중국은 전체 수입 중 최대 10퍼센트를 국영 담배 회사에서 벌어들인다. 국가가 독점으로 3억 5,000만여 명의 중국 흡연자에게 담배를 판다. "담배는 반드시 있어야 한다. 담배는 완벽한 즐거움의 완벽한 본보기다. 강렬하지만 어느새 불만족을 남긴다"라는 오스카 와일드의 말처럼, 담배는 가장 경이로운 상품이다. 불만족해도 언제든 다른 담배를 피울 수 있으니까.

038
연꽃

생존을 위한 아름다움이 주는 의미

진흙이 없으면 연꽃도 없다.

└ 틱낫한

아름다움은 보는 사람의 눈에 달렸다는 속담처럼 우리는 무엇이 마음에 드는지에 대한 개인적인 선택을 자연스레 받아들인다. 런던의 내셔널 갤러리를 돌아다니는 100명의 사람은 제각각 개인적으로 좋아하게 된 작품을 하나씩 마음에 품고 미술관 문을 나선다. 그러나 어떤 보편적인 아름다움 또한 존재하는 것 같다. 문화적으로나 개인적으로 각기 다르게 느끼는 아름다움이 아니라 마치 집단적으로 느끼는 본질적인 아름다움에 대한 관념이 있지 않을까. 그래서 아름다움과 진리를 동일시하려는 경향이 강한 것이다.

3장에서 살펴본 장미나 극락조, 푸른색 모르포 나비처럼 우리는 대체로 자연의 세계에서 아름다움에 대한 공감대를 발견한다. 연꽃도 마찬가지다. 활짝 피어 생기가 넘치는 연꽃을 가만히 바라보면서 왠지 좋다고 느끼지 않을 사람은 거의 없다.

연꽃의 매력은 그저 우연히 생긴 것이 아니다. 연꽃은 확실한 의도를 가지고 매력적으로 보이려고 한다. 매력이라는 목표를 이루기 위해 진화해온 것이다. 연꽃은 곤충을 끌어들이기 위해 매력적이어야 한다. 곤충이 없으면 번식할 수 없기 때문이다. 나비 날개와 극락조 깃털의 색깔 또한 마찬가지다. 이런 아름다움은 번식에 유리하기 때문에 매력적이다. 반면 뿌리는 매력적이지 않다. 매력적일 필요가 없기 때문이다. 뿌리에는 의미가 가득하지만, 뿌리에서 아름다움을 발견하는 사람은 별로 없다. 꽃의 매력은 원래 인간이 아니라 동물의 눈을 만족시키기 위한 것이지만, 인간에게도 기쁨을 안긴다. 우리는 꽃의 아름다움을 가만히 응시하고, 분명 거기에 진리가 숨어있을 것이라고 느낀다.

힌두교와 불교, 시크교, 자이나교 모두 연꽃을 신성하게 여긴다. 연꽃에는 두 종이 있다. 모두 수련과는 밀접한 관련이 없다. 그런데도 살아가는 방식은 비슷해서 수렴 진화의 한 예로 꼽힌다. 연꽃은 인도 중부와 북부, 히말라야의 해발고도 1,400미터까지 서식하고, 스리랑카와 동남아시아의 범람원, 천천히 흐르는 강의 삼각주에서도 서식한다. 아마도 인간 손에 의해 뉴

연꽃: 수련은 수면 가까이에 꽃이 피지만, 연꽃은 물 위로 꽃대가 길게 자란다

100가지 식물로 읽는 세계사

기니와 오스트레일리아 북부로도 퍼져 나갔다. 연꽃의 지름은 최대 30센티미터에 이르고, 온혈 척추동물처럼 스스로 몸을 따뜻하게 데울 수 있다. 주변 온도가 섭씨 10도일 때 연꽃은 35도를 기록하기도 했다. 이런 온기는 곤충에게 매력적이다. 온기는 꽃의 향기를 퍼뜨려 연꽃의 매력을 널리 알리는 역할을 한다. 또한 냉혈 동물인 곤충에게 꽃가루를 모아 더 멀리 날아가서 전달하도록 활력을 불어넣는다.

연꽃은 최대 2.5미터 깊이의 물속에서 산다. 이런 물은 건기나 강물 흐름의 변화에 따라 높아졌다가 낮아진다. 연꽃이 떨어뜨린 씨앗은 유난히 오랫동안 생존할 수 있어서 1,300년을 살아남았다는 기록도 있다. 연꽃은 용존산소(물속에 녹아 있는 산소—옮긴이)가 전혀 없는 거의 무산소 상태의 물에서도 살 수 있다. 대신 식물 안에서 기체가 순환하면서 이를 보완한다. 물 위의 오래된 잎이 공기에서 산소를 흡수해 아래의 진흙 속 뿌리줄기로 이동시킨다. 이렇게 기체가 움직이는 체계를 따라 똑같은 원리로 이산화탄소를 내보낸다. 이산화탄소는 가장 어린잎에 있는 기공이라는 구멍을 통해 빠져나간다.

아시아에서는 연꽃을 식용으로 재배한다. 연꽃의 뿌리줄기와 씨앗, 줄기를 먹는다. 『오디세이아』에서 오디세우스는 연꽃을 먹는 사람들의 섬에 상륙한다. 연꽃을 먹는 사람들은 더없이 행복해지는 망각에 빠진다. 오디세우스는 연꽃을 먹은 선원들을 다시 배로 끌고 가 쇠사슬로 묶어놓아야 했다. 이것은 우리가 아는 연꽃보다는 아편 원료가 되는 양귀비(57장)일 가능성이 더 높다는 의견도 있다.

힌두교의 신과 여신은 연꽃 왕좌에 앉아 있는 모습으로 많이 묘사된다. 연꽃은 완벽함을 상징한다. 그리고 뭐랄까, 인간 내면에서 불멸하는 부분을 상징하기도 한다. 인간의 보호자이자 수호자인 비슈누는 흔히 '연꽃 같은 눈을 가진 이'로 불린다. 창조신 브라흐마는 비슈누의 배꼽에서 피어난 연꽃에서 태어났다고 한다. 훗날 부처가 되는 가우타마 왕자가 땅에서 걸을 때 그의 발자국에서 연꽃이 피어났다고도 한다. 가우타마는 자신에게 신이냐고

245

묻는 질문에 자신을 연꽃에 비유해 답했다. "물에서 태어나고 물에서 자라나 물 위로 솟아오른 홍련, 청련, 백련이 물에 더럽혀지지 않고 서 있듯 나도 똑같이 세상에서 태어나 세상에서 자라고 세상을 이겨내고도 세상에 더럽혀지지 않고 살고 있다. 브라만이여, 나를 깨달은 자로 기억해다오."

연꽃의 잎들은 물 위에 떠 있다. 잎으로 덮은 물의 면적이 곧 광합성 작용에 활용할 수 있는 면적이다. 연꽃은 나무처럼 가지를 뻗으며 자라나지 않는다. 물에 의지해 무게를 지탱한다. 딱딱하지 않고 유연한 긴 줄기에 잎이 달려 있어 물의 깊이가 달라져도 잎은 언제나 물 위에 떠서 해를 바라본다. 물이 많은 환경을 최대한 활용하는 경제적인 체계다. 그러나 날아다니는 곤충이 연꽃의 꽃가루받이를 해줘야 하므로 꽃에는 단단한 줄기가 달려 있다. 그 줄기 덕분에 꽃은 물 위로 솟아오른다. 물에서는 흙냄새가 나거나 산소 부족으로 악취가 날 수 있다. 연꽃은 이런 모든 악취를 뛰어넘어 솟아오른다. 그 모습은 거름을 딛고 서 있는 아름다운 장미보다 더 인간의 마음에 깊은 울림을 준다.

세상의 번뇌와 집착(불교에서 중요한 단어)을 뛰어넘는다는 개념은 불교의 모든 종파에서 핵심이다. 그리고 지극히 단순한 아름다움을 지닌 연꽃은 수천 년에 걸쳐 지속된 상징이다. 선종에서는 "흙탕물 속에서도 연꽃처럼 순결하게 지내기를"이라고 말한다. 선불교의 시작은 부처의 말 없는 설법과 관련이 있다고 한다. 꽃 설법이라고도 불리는 이 설법에서 부처는 꽃 한 송이를 들었다고 한다. 대부분 이야기에서 이 꽃은 물론 연꽃이다. 모든 제자가 그 모습을 보고 어리둥절했지만, 마하카시아파라는 제자만이 계시된 진리를 깨닫고 미소를 지었다고 한다.

깨달음과 순결, 환생, 시련의 극복, 영혼의 확장 등 온갖 의미를 연꽃을 통해 볼 수 있다. 발바닥이 하늘을 향하도록 책상다리를 하고 연꽃 자세로

성스러운 식물: 연꽃에 앉은 여성, 인도 음악의
시각적 표현(라자스탄학파, 작가 미상, 19세기)

앉는 것이 명상하기 가장 좋은 방법이라고 한다. 산스크리트어로 연꽃은 '파드마(padma)'다. 서양에서 널리 알려진 산스크리트어 만트라 중 하나인 '옴 마니 파드메 훔(om mani padme hum)'은 대략 '연꽃 중앙의 보석'이라는 뜻이다. '옴' 소리를 내면 깊은 명상에 이르는 데 도움이 된다. 일부 전통에 따르면 부처의 마지막 가르침인『묘법연화경(법화경)』이 가장 중요한 불교 경전 중 하나다. 법화경은 거의 모든 일에 대한 실용적인 지침서이자 모든 생명체가 깨달음을 얻을 수 있다는 개념을 담고 있다.

존 키츠는「그리스풍 항아리에 대한 찬가」라는 시를 이렇게 마무리 짓는다.

> 아름다움은 진리다. 진정한 아름다움, 그게 전부다.
> 이 세상에서 그대가 아는 것, 그리고 그대가 알아야 할 모든 것이다.

아름다움이 우리 인간에게 중요하다는 사실은 아주 분명하다. 틀림없이 다른 많은 종에도 비교적 깊은 내면에서 중요할 것이다. 연꽃을 보면, 그 꽃이 유독한 물 위로 솟아올라 있음을 받아들이든 아니든, 그 아름다움에 매료되지 않을 수 없다. 우리는 연꽃을 보면서 그저 맛있는 연근이 있다는 표시로만 여기지 않는다. 그저 한 식물의 생식기관으로만 보지도 않는다. 우리는 연꽃을 그 자체로 중요한 무언가, 기능을 초월한 아름다움으로 본다. 우리는 삶을 더 잘 이해하고 더 나은 삶을 사는 데 도움이 되는 진리를 보여주는 아름다움을 원한다. 어쩌면 그런 아름다움이 필요한지도 모른다. 우리 인간이나 동물의 내면에는 아름다움을 추구하는 본성이 있다. 아름다움에 대한 추구는 일종의 생존을 위한 기제일까? 아름다움이 없다면 삶이 별로 의미가 없다는 사실만은 분명하다.

100가지 식물로 읽는 세계사

039
매리골드

죽은 자들의 날을 위한 꽃

별처럼 반짝이는 주름들을 새로이 펼쳐라, 그대 정열적인 매리골드여!

└ 존 키츠의 시 〈나는 작은 언덕 위에 발끝으로 섰다〉

1억 년 전 무렵, 식물의 다양성이 폭발적으로 늘어났다. 이때가 바로 꽃을 피우는 식물들이 본격적으로 자리 잡기 시작한 시기다. 그것은 완전히 새로운 생존 전략이었고, 그 전략으로 지구의 모습이 바뀌었다. 오늘날에는 35만여 종의 꽃식물 또는 속씨식물이 있다. 속씨식물은 밑씨가 씨방에 싸여 있는 식물이다. 반면 침엽수 등의 겉씨식물(gymnosperm)은 밑씨가 씨방 안에 있지 않고 드러나 있다. 철자가 비슷한 체육관(gymnasium)에서도 옷을 벗어야 하듯이 말이다.

이 시기 이전에는 대부분 바람을 이용해 유전형질 교환이 이루어졌다. 오늘날까지도 속씨식물 중에서는 바람을 타고 꽃가루를 옮겨 꽃가루받이를 하는 종이 많다. 우리가 곡물로 재배하는 식물을 포함해 풀들이 특히 그렇다. 이런 체계에는 문제가 있다. 우연에 의존하기 때문에 정확하게 겨냥할 수단이 부족하다. 정확하게 겨냥하는 방법을 개발하려면 13장의 난초에서 살펴보았듯 겨냥할 대상, 즉 꽃이 필요하다.

식물은 광합성을 하는 녹색 잎들이 바다처럼 펼쳐진 곳에서 돋보이기 위해 다른 색깔의 잎들을 만들어냈다. 이런 잎들은 '내가 여기 있으니 와서 가져가'라고 하는 분명한 메시지를 보낸다. 곤충과 다른 동물들은 식물의 생식기관으로 곧장 다가간다. 그들 대부분은 꿀을 보상으로 받아 실컷 먹은 다음 꽃가루를 묻히고 떠난다. 그들은 다른 꽃을 다시 찾아가고, 모든 일이 순조롭게 진행되면 꽃의 암술머리에 꽃가루를 묻혀 그 식물이 더 많이 번식할 수 있도록 돕는다. 꽃의 화려함은 사실 일종의 경제 원리다. 꽃가루를 대량으로 만들어내 운에 맡기면서 최선의 결과를 기대하기보다 화려한 꽃을 이용해 꽃가루가 정확히 전달될 확률을 높여서 비용을 줄이는 것이다. 같은 종류의 식물이 빽빽하게 모여 있는 초원에서는 바람을 이용한 꽃가루받이로도 충분히 잘 번식할 수 있다. 그러나 식물이 흩어져 자라는 곳에서는 바람보다 훨씬 더 정확하게 역할을 해낼 매개체를 활용하는 전략이 훨씬 더 유리하다.

장미(3장)와 바로 앞 장의 연꽃에서 이야기했듯, 인간은 꽃가루나 꿀에 별로 관심이 없어도 여러 종류의 꽃에 깊이 매료된다. 다양한 문화권에서 사람들은 삶에서 아주 중요한 일들을 꽃을 활용해 기념한다. 우리 인간은 아기의 탄생, 결혼식, 장례식 때 꽃을 사용한다. 종교 행사에서도 사용하고, 사랑의 선물이나 사과 혹은 감사를 표현하기 위해서도 사용한다. 영국에서 꽃꽂이용 꽃과 화분으로 소매 판매되는 꽃의 거래액은 매년 22억 파운드(3조 9,000억 원 정도—옮긴이)에 이른다.

우리는 꽃에 대한 사랑을 여러 다양한 방식으로 표현한다. 멕시코에서는 죽은 자들의 날(Diade los Muertos)을 매리골드로 기념한다. 설탕으로 만든 해골처럼 이국적인 요소들이 다른 나라에서 온 사람들의 마음을 사로잡지만, 세상을 떠난 사랑하는 사람을 기리는 이 연례행사의 중심은 수백만 송이의 매리골드가 차지한다. 매리골드는 해처럼 보이기 때문에 해의 온기를 가져다준다고 여긴다. 매리골드의 꽃은 죽은 자를 기리는 추도식을 환하게 만든다. 죽은 자들의 날은 애도가 아닌 축하를 하는 시간이기에 매리골드의

100가지 식물로 읽는 세계사

죽은 자를 위한 꽃: 〈공물〉(사투르니노 헤란, 1913년)

생기가 필요하다. 이날은 삶의 중단이 아니라 지속에 대해 생각하는 시간이다. 꼿꼿하게 밝은 매리골드는 죽은 자들의 날이 즐거운 시간, 당신이 사랑했고 계속 사랑할 사람들을 기리는 시간임을 강조한다. 그래서 세상을 떠난 사랑하는 사람이 좋아했던 음료를 마시고, 매리골드에 둘러싸여 기념한다. 눈이 아플 정도로 밝은 꽃들이 가득한 방에서 누가 침울해질 수 있을까?

이 꽃은 영어로 매리골드(marigold)라고 부른다. 매리(마리아)의 금, 성모 마리아의 보물이라는 뜻이다. 그러나 조금 더 명확하게 설명해야 한다. 매리

마리아의 황금: 아프리칸 매리골드, 『정원과 온실
에서 가장 좋아하는 꽃들』에 실린 그림(1897년)

100가지 식물로 읽는 세계사

골드라는 이름을 가진 종이 몇 가지 있다. 이 책에서는 타게테스속(*Tagetes*)의 멕시코 종들(아즈텍 매리골드 또는 아프리칸 매리골드로 알려진 종과 프렌치 매리골드로 알려진 종 등)과 포트 매리골드 혹은 러들스, 커먼 매리골드나 스카치 매리골드라고도 불리는 북아프리카와 남유럽 종인 금잔화 칼렌둘라 오피시날리스(*Calendula officinalis*)를 다루려고 한다. 예뻐서 인간이 재배하기 시작한 꽃으로, 아마도 1,000년 전 무렵에 영국에 전해졌다. 타게테스속과 칼렌둘라속 모두 국화과 식물이다. 해바라기(8장)도 국화과 식물이다.

매리골드와 성모 마리아의 연관성을 명확하게 설명하는 이야기는 하나도 없다. 선명한 색깔과 분명하게 드러나는 아름다움이 성모 마리아를 떠올리게 할 뿐이다. 황금빛 꽃잎이 성모 마리아를 묘사한 그림에 자주 등장하는 성모 마리아 머리 뒤편의 후광과 비슷하다. 성모 마리아가 분노한 헤롯왕을 피해 요셉, 아기 예수와 함께 도망치던 중 강도를 만나 지갑을 뺏겼다는 이야기가 전해진다. 강도들이 지갑을 열어보니 매리골드가 가득했다고 한다. 사람들은 성모 마리아를 모시는 제단과 성소에 돈 대신 매리골드를 바쳤다. 매리골드는 데이지(10장)와 같은 방식으로 매일 꽃잎을 펼쳤다가 오므린다. 꽃잎을 오므릴 때 종종 이슬을 조금 머금었다가 꽃잎을 펼칠 때 뱉어내기 때문에 꽃이 울고 있다고 상상할 수도 있다. 셰익스피어의 『겨울 이야기』에서 퍼디타는 이렇게 이야기한다.

해와 함께 잠자리에 드는 매리골드는
그리고 해와 함께 울면서 일어나요….

…모든 순결한 이들에게 교훈이 될 만하다.

타게테스 매리골드가 인도에 전해진 후 지금은 인도의 종교 축제나 일상적인 종교 생활에서 중심 역할을 하고 있다. 매리골드가 인도에 들어온 것은 유럽인이 아메리카에 처음 도착한 뒤였다. 콜럼버스 교환(1492년 콜럼버스가 아메리카 대륙을 발견한 후 옥수수나 감자, 고추 같은 농작물이 유라시아에 전파되고, 천연두나 홍역이 아메리카에 전파되는 등 인간의 교류로 인해 발생한 생태학적 변화─옮긴이)이라고 불리는 유라시아 대륙과 아메리카 대륙의 교류 과정에서 신대륙의 풍요로운 식물들이 많이 전해졌다. 인도는 고추(40장), 감자(32장), 토마토(84장)와 매리골드를 얻었다. 반면 밀(2장)과 사과(24장)는 반대로 건너갔다. 매리골드가 인도에 들어온 지는 350년 정도밖에 되지 않았지만, 오랫동안 이어온 일상생활의 일부처럼 느껴진다. 어느 날이든 아침에 시장을 거닐기만 해도 실로 꿴 매리골드 화환을 살 수 있다. 그 화환을 목에 두르기도 하고, 연꽃 왕좌에 앉아 있는 가네샤 신전에 걸어두기도 하고, 화물차 앞 유리창에 장식하기도 한다. 매리골드를 어디에 두든 화려해지고 기도하는 느낌이 든다. 2011년 영화《최고의 이국적인 매리골드 호텔》은 영국과 인도의 문화 충돌을 그렸다. 아주 딱 맞는 영화 제목이다.

매리골드는 특정한 해충 중에서도 특히 진딧물 종류를 퇴치하고, 뿌리 주위의 해로운 선충도 막는 화학물질을 만들어낸다. 주위에 매리골드를 심으면 좋은 또 다른 이유 중 하나다. 시체를 매리골드 꽃으로 장식하는 멕시코의 관습에는 미적 가치 이상의 의미가 있다. 채소를 재배하는 텃밭에 타게테스 매리골드를 함께 기를 때가 많은데, 살충제를 따로 사용하지 않아도 매리골드가 해충을 쫓아내준다. 칼렌둘라속의 매리골드는 백내장과 황반 변성처럼 노화와 관련된 눈 질환의 치료에 활용해왔다. 칼렌둘라는 피부 연고의 재료이기도 하고, 요리에도 활용한다. 와인과 스프의 풍미를 돋우고, 더 비싼 사프란(68장 참조)을 대체하는 재료로 사용한다. 칼렌둘라를 활용해 요정을 부를 수도 있다. 칼렌둘라를 향처럼 태우기만 하면 된다.

040
고추

악마의 혀, 용의 숨결, 사탄의 키스

사랑은 불타는 것

그리고 불타는 고리를 만드네….

└→ 조니 캐시가 부른 준 카터 캐시와 멀 킬고어의 노래 〈불의 고리〉

크리스토퍼 콜럼버스는 뱃길로 아시아에 도착해 후추의 새로운 원산지를 찾았다고 믿었다. 사실 그는 아메리카 대륙에 도착한 것이었고, 그곳에서 후추와 전혀 관련이 없는 고추를 발견했다. 그럼에도 그가 발견한 섬들은 서인도제도, 고추는 페퍼(pepper: 후추)라고 불렀다.

고추(혹은 칠리 페퍼)가 유럽인에게는 생소했지만, 아메리카 대륙에서는 적어도 8,000년 동안 재배하고 있었다. 분명 재배하기 훨씬 전부터 꾸준히 먹어왔을 것이다. 고추는 감자, 토마토, 담배와 함께 가짓과 식물이다. 인간은 고추의 열매에 관심을 가졌다. 엄밀히 따지면 핵이 없는 다육질 장과(漿果)다. 이 장과에는 캡사이신이 들어 있어 관련 성분(캡사이시노이드)과 함께 매운맛을 낸다.

고추의 매운맛에는 진화론적으로 두 가지 이유가 있다. 캡사이신이 곰팡이를 죽여 곰팡이들의 공격을 막기 때문에 식물에 유익하다는 점이 첫 번째 이유다. 두 번째 이유는 포유동물이 열매를 먹지 못하도록 방해한다는 점

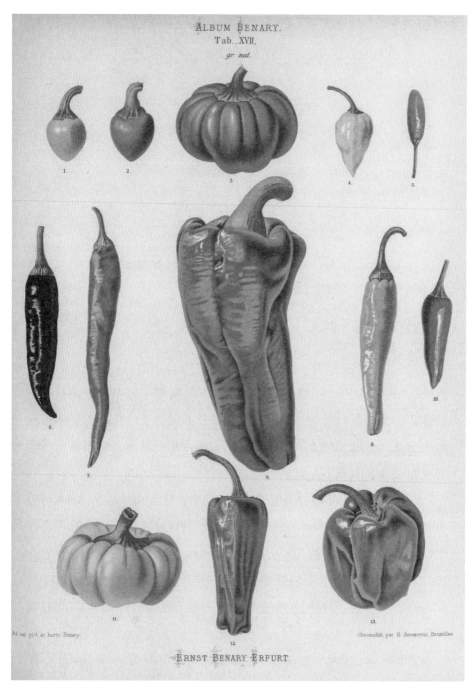

불을 붙이는 식물: 에른스트 베나리의 책 『앨범 베나리』에 실린 고추 그림(1876~1882년)

100가지 식물로 읽는 세계사

이다. 캡사이신은 포유동물의 입과 목에 있는 통증 수용체와 만나 '이 음식은 위험하니 먹지 마세요'라는 메시지를 뇌에 보낸다. 통증 수용체가 없는 새에게는 아무런 영향을 주지 않는다. 새는 고추씨를 씹지 않고 통째로 삼키기 때문에 포유동물보다 씨앗을 더 잘 퍼뜨릴 수 있다. 새가 배설한 씨앗은 포유동물이 배설한 씨앗보다 살아남을 가능성이 더 높다. 분명 두 가지 측면 모두 식물에 도움이 된다. 캡사이신을 가지도록 진화한 이유를 동전 던지기로 결정할 수도 있겠다.

고추의 강력한 방어기제를 인간이 아주 매력적으로 느낀다는 사실이 밝혀졌다. 매운맛의 화끈거리는 느낌 때문에 엔도르핀이 분비되기 때문이다. 통증을 누그러뜨리려는 신체 반응이다. 운동을 심하게 하는 사람에게도 똑같은 반응이 나타난다. 실제로 달리지 않아도 고추를 먹으면 러너스 하이를 경험할 수 있다. 두 경험 모두 중독적인 측면이 있다.

콜럼버스는 유럽에 고추를 가져왔고, 고추는 유럽의 향신료에 대한 갈망을 충족시켰다(녹나무에 대한 34장 참조). 포르투갈 선원들은 고추를 무역품으로 활용했다. 그들은 포르투갈이 1510년에 차지한 고아를 통해 인도에 도착했다. 인도 요리에 꼭 필요한 고추가 인도에 소개된 지 500년밖에 되지 않은 것이다. 그러나 훨씬 더 오랜 전통을 지닌 혼합 향신료(마살라) 음식과 아주 잘 어울린다. 마살라는 하나의 강력한 맛이 아닌 향신료의 다양한 풍미를 만들어낸다. 고추는 포르투갈의 또 다른 점령지였던 마카오를 통해 중국 등 아시아의 많은 지역으로 퍼졌다.

고추는 몇몇 전통 요리에서 필수 재료이고, 다른 많은 요리에서도 일반적인 재료다. 이탈리아의 아라비아타 소스, 푸타네스카 소스와 은두야 소시지, 스페인의 파타타스 브라바스와 초리소 소시지에 고추가 들어간다. 많은 헝가리 음식에는 순한 맛인 파프리카가 들어간다. 자메이카의 저크 치킨, 많은 쓰촨 요리, 태국·말레이시아·인도네시아의 많은 요리에는 고추가 꼭 필요하다. 물론 멕시코와 인도 요리에서도 고추를 흔하게 사용한다. 북아프리카의 하리사 페이스트와 더 남쪽의 수많은 아프리카 요리에도 고추가 들어간다. 고추는 멕시코에서 북쪽으로 올라간 것이 아니라, 아프리카에서 노예선에 실려 이동해 지금의 미국과 캐나다에 도착했을 가능성이 높다.

고추속(*Capsicum*)에 속한 고추 중에서 다섯 종이 요리에 널리 사용된다. 그중에서도 세 가지 종을 가장 많이 사용하는데, 품종과 매운 정도가 다양하다. 캅시쿰 안누움종(*Capsicum annuum*)에는 전혀 맵지 않은 피망과 함께 매운 고추인 카옌과 할라피뇨가 있고, 캅시쿰 프루테셴스종(*Capsicum frutescens*)에는 타바스코와 피리피리가 있다. 캅시쿰 키넨세종(*Capsicum chinense*)에는 나가, 하바네로, 스카치 보닛 등 아주 매운 품종이 대부분이다. 최소 400가지 품종이 일반적으로 사용된다.

1912년에 미국 약사 윌버 스코빌은 고추의 매운 정도를 측정하기 위해 스코빌 관능검사를 개발했다. 이제 고추의 매운 정도를 스코빌 지수로 확인할 수 있다. 다양한 품종의 고추에 객관적인 등급을 매길 수 있어서 고추를 넣고 요리할 때 어느 정도 매울지 예상할 수 있다. 예상치 않은 매운맛에 놀라는 러시안룰렛 같은 요소가 줄어들었다. 예를 들면 이렇다.

품종	스코빌 지수	품종	스코빌 지수
피망	0	타이 페퍼	100,000
피미엔토	500	스카치 보닛	350,000
포블라노	2,000	트리니다드 모루가 스콜피온	1,000,000
체리 폭탄	5,000	캐롤라이나 리퍼	2,200,000
치포틀레	10,000	페퍼 X	3,180,000
링 오브 파이어	20,000	순수 캡사이신	16,000,000
크고 붉고 두꺼운 카옌	50,000		

고추로 만드는 페퍼 스프레이는 스코빌 지수가 최대 300만에 이른다. 페퍼 스프레이는 치안 유지, 폭동 진압, 자기방어를 위해 사용되는데, 이 스프레이를 일반 대중에게 판매하는 것이 불법인 나라가 많다. 미국 경찰이

2011년 캘리포니아 대학교 데이비스 캠퍼스에서 평화 시위를 벌이던 사람들을 향해 사용해 악명이 높아졌다. 2020년에는 '흑인의 생명도 소중하다(Black Lives Matter)'라고 주장하는 시위대를 해산하기 위해 사용했다. 도널드 트럼프 대통령이 워싱턴 라파예트 광장의 세인트존스 교회에서 사람들 앞에 나타나 사진 촬영을 위해 성경책을 들고 포즈를 취할 때 몰려든 시위대를 해산하기 위해 또다시 사용했다. 페퍼 스프레이는 원래 곰의 공격을 막기 위해 개발되었다. 곰이 나타나는 지역에서 일하는 사람들은 이 스프레이를 많이 가지고 다닌다.

고추를 재배하는 사람들은 서로 더 매운 고추를 생산하기 위해 치열한 경쟁을 벌인다. 고추는 고통을 피하고 쾌락을 추구하려는 본능을 뛰어넘으며 먹는 음식이다. 고추에는 악마의 혀, 용의 숨결, 사탄의 키스같이 현란한 이름을 붙이는 전통이 있다. 논쟁의 여지가 많지만, 페퍼 X와 캐롤라이나 리퍼, 트리니다드 모루가 스콜피온이 가장 매운 고추 세 가지로 꼽힌다. 헬 언리시드와 관 모양의 상자에 든 칠리 힐스 헬 핫 핸드 등 정말 매운 칠리소스도 있다. 음식을 즐긴다기보다 번지점프에 가까운 경험을 하게 되는 소스다. 사망이나 부상의 위험은 거의 없지만 무시무시한 짜릿함을 느끼려는 사람들이 찾는다. 고추를 통증 완화에도 사용한다는 사실은 꽤 멋진 역설이다. 캡사이신이 함유된 크림은 관절염과 대상포진으로 인한 통증으로 힘들어하는 사람들에게 도움이 된다.

아프리카 등지에서 사람과 코끼리의 충돌을 줄이기 위해 고추를 점점 더 많이 활용하고 있다. 코끼리는 고추를 싫어하기 때문에 고춧가루를 묻힌 끈을 울타리에 매어두면 코끼리를 효과적으로 내쫓을 수 있다. 농작물 주위에 고추 덤불로 완충 구역을 만들면 코끼리가 다가오지 못한다. 페인트볼 총에 고추즙을 넣어서 코끼리를 쏠 수도 있다. 나는 잠비아에 본부가 있는 비정부기구인 콘서베이션사우스루앙과의 이사다. 이 단체는 다른 많은 일을 하지만 그중에서도 특히 농부들이 고추를 재배해 돈을 벌도록 돕는다.

이번 장은 칠리소스를 만드는 요리법을 소개하며 마무리하려고 한다.

적당한 크기의 토마토 8개와 고추 6개를 믹서에 넣는다. 스코빌 지수로 취향에 맞는 고추를 고르되 예상보다 더 많은 양이 필요하다. 마늘 몇 쪽, 소금, 꿀이나 설탕을 더 넣은 후 믹서를 돌린다. 냄비에 올리브오일을 조금 넣고 끓인 다음 갈아놓은 소스를 넣는다. 10분 정도 끓인 후 식힌다. 냉장고에 몇 주 동안 보관한다. 음식 맛을 돋우고 코끼리도 쫓아낼 수 있는 칠리소스가 완성되었다.

041
송로버섯

땅에서 자라는 최고급 미식

송로버섯을 충분히 얻지 못한다면 아예 없는 게 낫다.

└ 시도니 가브리엘 콜레트

영화 《007 여왕 폐하 대작전》에서 소화불량에 시달리느라 몸이 불편한 제임스 본드는 프랑스인이 먹는 일을 종교처럼 여기는 것에 대해 곰곰 생각하면서 못마땅해한다. 이러한 종교의 경전이라고 할 수 있는 『맛의 생리학』의 저자인 19세기 변호사 장 앙텔름 브리야사바랭은 "송로버섯은 미식의 다이아몬드다"라고 말했다. 본드는 소화제를 집는다.

　송로버섯은 덩이버섯속(*Tuber*)의 버섯이다. 그램당(백만장자가 아니라면 파운드 단위로 사지 않는다) 세계에서 가장 비싼 음식이다. 1999년에 송로버섯 하나가 33만 달러에 팔렸다는 기록이 있다. 보석이 아닌 버섯으로서는 어마어마한 가격이다. 가격이 전부는 아니다. 송로버섯 50그램을 55파운드(대략 10만 원—옮긴이) 정도에 사면 4인용 전채 요리나 상당히 호사스러운 2인용 메인 요리에 활용하기에 충분하다. 아무리 가격이 내려가도 함부로 다룰 만한 재료는 아니다.

　과학자가 아닌 사람들은 담자균류를 주로 눈에 보이는 부분, 즉 우리가 보통 버섯이라고 부르는 자실체(51장과 61장 참고)로 인식한다. 그러나 담자 균류의 본질은 땅속이나 나무줄기 같은 유기물질 안에 있는 길게 이어진 가느다란 실 같은 세포, 즉 균사(mycelia)에 있다. 송로버섯은 덩이버섯속 담자 균류의 자실체다.

송로버섯은 우리에게 더 익숙한 식용 담자균류와는 다르게 자실체도 완전히 땅속에 있다. 우리는 보통 포자를 종종 자욱할 정도로 잔뜩 공기 중으로 내보내는 담자균류를 떠올린다. 이런 특성 때문에 '연기를 내뿜는 큰 공(giant puffball: 댕구알버섯)'이라는 이름이 붙은 버섯도 있다. 그러니 자실체가 땅속에 있는 송로버섯이 이상하게 보일 수 있다. 송로버섯은 동물을 이용해 포자를 퍼뜨린다. 동물은 땅속의 송로버섯을 캐서 먹고, 상당한 거리를 이동한 후 아직 살아 있는 포자와 함께 배설한다.

돼지, 특히 암돼지는 땅속의 송로버섯을 잘 찾아내기로 유명하다. 송로 버섯에 들어 있는 안드로스테론 성분이 멧돼지의 고환과 침에도 있기 때문이다(보통 멧돼지라고 부르는 야생 돼지가 송로버섯이 원래 겨냥한 종이다. 모든 가축 돼지의 조상은 야생 돼지로 거슬러 올라간다). 안드로스테론은 인간에게도 영향을 미친다는 사실이 밝혀졌다. 한 실험에서 남성과 여성 실험 대상자에게 일반적인 차림의 여성 사진을 보여주고 매력을 평가해달라고 요청했다. 그런데 안드로스테론 냄새를 맡은 집단이 맡지 않은 집단보다 일관되게 더 매력적이라고 평가했다.

돼지는 송로버섯을 찾아내면 파내서 먹는다. 인간에게는 돼지가 참지 않는다는 것이 문제다. 돼지가 땅을 파헤치면 땅속의 균사 체계가 흐트러지면서 송로버섯이 자라는 땅의 생산성이 떨어지기 때문이다. 그래서 인간은 돼지 대신 개를 훈련시켜 송로버섯을 찾게 한다. 개는 땅을 파헤치지 않고, 버섯을 먹지 않도록 보상을 주면서 훈련시킬 수 있다.

송로버섯은 언제나 정력을 돋우는 효과와 관련이 있었다. 고대 이집트에는 자식이 없는 농부가 송로버섯을 먹는 돼지를 관찰했다는 이야기가 있었다. 돼지가 죽지 않고 오래 살자 그 농부도 송로버섯을 먹어보았다. 그 후

HISTOIRE ANECDOTIQUE DE L'ALIMENTATION

LES TRUFFES

그는 죽기 전까지 13명의 자녀를 낳았다고 한다. 고대 그리스와 로마에서도 송로버섯을 귀하게 여겼다. 플리니우스는 뿌리도 없이 돋아난다고 송로버섯을 기적의 식물로 여겼다. 플루타르코스와 유베날리스 모두 천둥, 번개와 관련지어 송로버섯을 찬미했다.

그 후 송로버섯은 여러 세기에 걸쳐 인기가 떨어졌다. 교회에서는 마녀와 관련이 있다고 하면서 못마땅하게 여겼다. 그러나 르네상스 시대에 교회의 힘이 약해지자 송로버섯이 다시 인기를 얻기 시작했다. 메디치가 출신 프랑스 왕비 카트린과 루크레치아 보르자(교황 알렉산데르 6세의 딸—옮긴이)는 연회에서 손님들에게 송로버섯을 대접했다. 프랑스의 루이 14세도 송로버섯을 아주 귀하게 여겨 재배하려고 했지만, 운이 없어 성공하지 못했다.

송로버섯을 재배하기란 매우 어렵다. 느리게 자라는 데다 균사체가 참나무·너도밤나무·자작나무·개암나무·서어나무·포플러나무 같은 나무들의 뿌리 사이에서 살아야 한다. 생산적인 체계를 갖추기까지 10년이 걸릴 수도 있다. 브리야사바랭은 "가장 학식이 높은 사람들이 그 비밀을 알아내려고 노력했고, 그 씨앗을 발견했다고 생각했다. 그러나 그들의 약속은 헛되었고, 씨앗을 심어도 수확한 적은 없었다. 송로버섯의 가장 큰 가치 중 하나가 바로 희귀함이기 때문에 어쩌면 당연한 일인지도 모른다. 가격이 더 쌌다면 그렇게까지 높은 평가를 받지 못했을 것이다"라고 말했다.

송로버섯은 결국 상업적으로 대량 재배되었고 19세기에 큰 인기를 끌었다. 송로버섯에 대한 과학적인 연구 결과는 1831년에야 처음 나왔는데, 그러고 보면 분명 린네는 송로버섯을 즐겨 먹지는 않았던 것 같다. 하지만 20세기에는 전쟁으로 황폐해지고, 유럽이 점점 더 산업화함에 따라 사람들이 시골에서 도시로 이주하면서 숲이 크게 줄어들었다. 따라서 송로버섯 찾기가 훨씬 더 어려워졌다. 그 결과 송로버섯의 가격과 인기가 더욱 높아졌다. 오늘날에는 오스트레일리아, 뉴질랜드, 미국 등 많은 국가에서 송로버섯을 상업적으로 재배한다.

그러나 여전히 대량 생산은 되지 않아 대중적으로 퍼질 우려는 없다.

송로버섯은 여전히 신비감을 유지하고 있다. 브리야사바랭은 "송로버섯이 확실한 최음제는 아니지만, 때로는 여성을 더 부드럽게 만들고 남성을 더 호감이 가게 만들 수 있다"라고 말했다. 감각적이고, 음란하고, 무엇보다 비싼 송로버섯은 어느 나라에서나 최고급 미식의 전형이다. 송로버섯의 풍미가 요리를 압도할 수 있도록 파스타나 밥, 달걀, 감자 같은 가장 단순한 음식과 함께 먹으면 좋다. 하지만 버섯 이상의 풍부한 풍미를 즐기고 싶다면 닭고기, 칠면조, 오리, 뿔닭 껍질 아래에 송로버섯 조각을 넣어보자. 요리를 시작하기 전에 송로버섯을 깎아내는 도구를 마련하면 가장 좋다.

　나는 여행 중에 동료들과 식사할 때 송로버섯 요리를 즐긴다. 조금 칙칙하게 남자들만 모여 각자 공평한 비용으로 먹고 마셔야 한다고 느끼는 자리다. 송로버섯 파스타는 드물게도 고기보다 비싼 채식주의 메뉴다. 포르치니 버섯보다는 풍미가 덜하지만, 아주 맛있다. 그러나 땅 위에 사는 다른 버섯들보다 송로버섯을 더 매력적이게 만드는 것은 무엇보다 비싼 가격이다.

042
마룰라나무

카누를 타고 떠난 인류의 모험

"젊은 친구여, 나를 믿어, 그저 배를 타고 노는 일의
절반만큼이라도 가치 있는 일은 없어. 전혀 없어."
└ 케네스 그레이엄의 동화 『버드나무에 부는 바람』

최초의 인류는 250만여 년 전에 아프리카의 대초원을 걸어 다녔다. 10만여 년 전이 되어서야 인류는 아프리카를 떠나기 시작했다. 집단 이동은 인류 역사에서 가장 위대한 사건 중 하나로, 그로 인해 세계가 변화하기 시작했다. 떠난 사람 중 다수가 배를 타고 바다를 건넜다.

사람과 물이 있는 곳이면 어디에나 배가 있다. 배를 타면 물고기를 더 많이 잡을 수 있지만, 강을 건너거나 해안을 따라 더 멀리 갈 수 있다는 점이 아마도 훨씬 더 중요하다. 쓰러진 나무 위에 앉아 나뭇가지를 삿대 삼아 저어보자. 물이 충분히 깊어지면 나뭇가지로 물을 밀어낼 수 있다. 배가 된다. 그 뒤에 등장한 모든 배는 이런 생각을 발전시키는 과정에서 만들어졌다.

가장 오래되었다고 알려진 배는 네덜란드에서 발견된 페세 카누로, 1만여 년 전의 배다. 하지만 인류는 그보다 수천 년 전부터 배를 타기 시작했다. 나무로 만든 물건은 잘 보존되지 않는다는 문제점이 있다. 사람들이 돌로 만든 도구를 사용했기 때문에 석기시대라고 부르지만, 내구성이 부족한 재료로 만든 도구는 썩어 없어졌기 때문에 역사로 남지 않는다(대마에 대한 12장의 밧줄 참조).

배의 흔적으로 오스트레일리아에서 4만여 년 전의 유물, 플로레스(인도네시아의 소순다열도의 섬)에서 9만여 년 전의 유물이 발견되었다. 사실 선사 시대에도 분명 배가 있었을 것이다. 일단 통나무를 배로 사용하고 나면 그것을 변형시키는 일은 그리 대단한 도약이 아니다. 도구가 마련되면 세상을 바꿀 수 있다.

쓰러진 나무의 나뭇가지를 잘라내 물 위에서 더 부드럽게 움직이도록 만든다. 단순한 나뭇가지보다 더 잘 저을 수 있는 노를 만들 수도 있다. 그 다음에는 나무줄기의 속을 파내고 배를 만든다. 도구로 돌이나 뼈만 사용해 속을 파내야 하므로 오래 걸리고 어려운 작업이었을 것이다. 그러나 적어도 작업 과정에서 좀 더 수월한 길을 택할 수는 있다. 배를 만들기 알맞은 나무를 고르는 것이다. 도구만 있다면 더 이상 우연히 쓰러진 나무만 사용할 필요가 없다. 자연스럽게 배를 만들기 가장 좋은 나무, 즉 적당히 가벼우면서도 견고한 나무를 선택한다. 아프리카에서는 모페인 같은 단단한 나무를 고를 수 있다. 하지만 모페인은 오랫동안 변하지 않지만, 너무 단단해서 작업하기가 어렵고 물에 잘 뜨지 않는다. 바오바브 같은 다른 나무들은 가볍고 꿈결처럼 잘 뜨지만, 너무 무르고 섬유질이 많아 내구성이 떨어진다.

아프리카의 많은 지역에서는 여전히 속을 파낸 배를 만들어 일상적으로 사용한다. 배를 만들기 가장 좋은 나무 세 가지가 마룰라나무, 키겔리아나무(22장 불 피우기 참조), 야생 망고나무다. 나는 그중 마룰라나무로 배를 만드는 원리를 보여주려고 한다. 발효하고 있는 마룰라 열매를 코끼리가 먹고 취할 때가 많다는 오래된 숲의 전설이 있어서 고르기도 했다.

마룰라나무는 낙엽수다. 건기에는 잎을 떨어뜨리고 휴면에 들어간다. 그러면 배를 만드는 초기 작업이 더 쉬워진다. 나뭇가지들을 잘라내고, 나무줄기를 유체역학적 곡선으로 적절히 파내야 한다. 눈이 예리하고 손에 안정감이 있어야 하는 작업이다. 오늘날에도 종종 손수 만든 도구로 이 복잡한

발견의 문: 〈크고 검은 영양과 마
룰라나무〉(바버라 필립스)

작업을 한다. 현대의 아프리카인은 가장 오래된 인류만큼이나 즉흥적인 작
업에 능숙하다. 그들은 종종 고철이나 다른 쓸 만한 물건으로 만든 도구를
사용하는 경우가 많다. 거기에서는 버릴 것이 아무것도 없다. 가장 좋은 도
구는 칼날이 손잡이와 직각을 이루는 연장인 자귀다. 속을 파내는 일은 정
말 어려운 작업이다. 완벽하게 만든 카누는 전체적으로 두께가 균일한데, 이
점이 배의 균형과 성능에서 정말 중요하다. 밀랍을 바르면 방수에 도움이 된
다. 불을 활용해 수액을 수지와 같은 물질로 굳혀서 배를 한번 더 방수 처리
할 수도 있다. 이 과정을 거치면서 배가 더 튼튼해지고 바닷물에 더 잘 견디

100가지 식물로 읽는 세계사

게 된다. 카누를 만드는 과정에서 너무 빨리 건조시키면 나무가 뒤틀리거나 갈라질 수 있다. 카누를 몇 번이고 되풀이해서 물에 적셨다가 물이 새어 나오지 않을 때까지 말리는 과정을 반복하는 편이 좋다. 괜찮은 카누를 혼자 만들려면 6주 정도가 걸린다.

기본적으로 카누는 하나의 나무, 양식화된 나무다. 카누 같은 배를 활용하면 새로운 음식을 얻을 수 있었다. 더 먼 거리를 여행하면서 교역할 수도 있었다. 사교 활동이나 다른 종족과의 결혼, 전쟁 등이 일어날 가능성도 훨씬 커졌다. 카누 덕분에 다양한 인간 공동체가 서로 만날 수 있었다. 이는 문화적으로도 유전적으로도 다양성이 훨씬 더 커지는 결과를 낳았다. 카누 덕분에 우리 인류는 수천 년에 걸쳐 한 지역에서 전 세계로 이동할 수 있었다.

배가 점점 더 정교해지면서 갈대와 나무껍질 등 다른 재료도 배를 만드는 데 쓰였다. 배에 돛을 달자 항해 거리가 부쩍 늘어났고, 노받이를 달자 안정성이 높아져 특히 바다에서 도움이 되었다. 전쟁용 카누는 길이가 최대 40미터에 달했다. 1506년에 모라비아의 인쇄공 발렌팀 페르난데스는 24미터 길이의 카누로 마을 전체가 이동했다고 기록했다. 사람들이 물을 건너 이동할 때 배 위에서 두세 개의 요리용 불을 피웠다고 한다.

배를 이용해 이동하면서 인더스문명과 메소포타미아문명이 연결될 수 있었다. 배가 있어서 남아메리카 사람들이 카리브해의 섬들에 도착할 수 있었다. 카누는 특히 지금의 캐나다와 미국에 살던 아메리카 원주민과 관련이 있다. 카약과 구별하려고 카누를 캐나다 카누라고 부르기도 한다. 카약은 이누이트인이 발명했다. 나무나 고래 뼈로 만든 틀 위에 동물 가죽을 씌워 만든 배다.

마룰라나무는 열매도 귀하게 여겨진다. 알맹이 안에는 먹기 좋은 씨앗들이 들어 있다. 보통 두 개의 돌을 망치와 모루처럼 사용해 씨앗을 빼낸다. 코끼리가 먹고 배설하면 씨앗을 얻기가 더 쉽기 때문에 코끼리 똥을 찾아내는 편이 더 효율적이다. 코끼리 똥은 그다지 역겹지 않다. 코끼리는 되새김을 하지 않는 초식동물이어서 먹은 음식을 거의 소화하지 않기 때문이다. 마룰라 열매는 크림과 설탕이 들어간 리큐어(알코올에 설탕과 식물성 향료 따위를 섞어 만드는 술—옮긴이)인 아마룰라를 만들 때 사용한다. 그렇다고 발효된 마룰라 열매를 먹은 코끼리가 술에 취한다는 이야기는 설득력이 조금 부족하다. 코끼리는 너무 큰 데 비해 먹을 수 있는 열매의 양은 너무 적기 때문이다.

나는 아프리카 대초원을 걷고, 나무 속을 파낸 카누를 타고 강을 건넜다. 한때 우리 인류가 일상적으로 했던 모험이고, 지금도 많은 사람이 그렇게 살고 있다. 오늘날 선진국에서는 대부분 플라스틱이나 유리 섬유로 카누(와 카약)를 만들고, 취미 생활에 활용한다. 나도 그런 배를 하나 가지고 있다. 21세기에도 카누는 여전히 우리에게 원시적인 즐거움을 준다.

043
벚나무

아름다움만으로도 충분한

벚꽃이 피어도
우리가 사는 세상은 고통스럽네.
└ 고바야시 잇사의 하이쿠

아름다움은 우리를 이끈다. 아름다움은 섹스, 음식, 집, 자식만큼이나 중요하고, 어쩌면 그 모든 것과 뗄 수 없는 관계일지도 모른다. 아름다움이 삶이기 때문에 우리는 아름다움을 추구한다. 아름다움 덕분에 삶을 견딜 수 있다. 아름다움 덕분에 삶을 살 수 있다. 좋은 책은 우리가 삶을 더 잘 즐기는 방법, 그리고 삶을 더 잘 견디는 방법을 가르쳐준다고 영국의 시인 새뮤얼 존슨이 말했다. 아름다움 역시 우리에게 그런 가르침을 준다.

우리에게는 물질적 가치를 얻기보다 아름다움을 음미하기 위해 기르는 식물이 많다. 마룰라나무(앞 장 참조)는 우리에게 달콤한 열매와 운송 수단을 준다. 벚나무는 우리에게 달콤한 열매와 붉은색의 좋은 목재를 준다. 그러나 우리는 막대한 노력을 기울여 먹을 수 없는 열매를 맺는 벚나무 품종들을 만들어냈다. 우리는 벚나무의 아름다움만으로도 만족한다. 아름다움 말고는 더 주는 것이 없는 벚나무를 기르고, 소중히 여기고, 숭배한다.

여러 야생 벚나무(북아메리카와 유럽, 서아시아에서 자생하는 몇몇 종)는 단단한 알맹이와 함께 부드럽고 맛있는 열매, 정확한 명칭으로는 핵과(단단한 핵으로 싸인 씨가 든 열매로, 살구·복숭아·앵두 따위가 있다—옮긴이)를 맺는다. 그 나무는 잎이 나기 전에 꽃이 피기 때문에 꿀벌이 잎의 방해를 받지 않고 곧장 꿀과 꽃가루를 찾아갈 수 있다. 이 전략은 꽃이 피어 있을 때만 잠시 효과가 있다. 나무가 광합성을 할 기회를 너무 많이 잃으면 안 되기 때문이다. 그 꽃들은 산방 꽃차례로 핀다. 안쪽보다 바깥쪽 꽃줄기가 점점 더 길어진다는 말이다. 다른 꽃 뒤에 숨는 꽃이 하나도 없어서 꽃가루 매개자가 공평하게 모든 꽃을 찾아갈 수 있다. 그리고 이것이 우리가 벚꽃을 특별히 아름답게 여기는 이유 중 하나다.

우리가 버찌(체리)를 먹기 위해 재배하는 대부분의 벚나무는 프루누스 아비움종(*Prunus avium*)에 속하는 품종이다. 이 종은 아마도 튀르키예에서 유럽으로 건너갔으리라 추정된다. 벚나무는 너무 춥지도 따뜻하지도 않은 딱 적당한 상태의 겨울에 가장 잘 자라는 식물이다. 이듬해 봄에 꽃을 피우려면 약간의 찬 기운이 필요하다. 여름에 너무 덥지도 않아야 한다. 이 모든 조건이 딱 맞을 때 잘 자란다. 아르메니아 한 지역의 시장이 아라라트 브랜디와 함께 내놓은 흰색 품종의 체리가 내가 먹어본 최고의 체리였다.

체리는 먹을 때의 감각적인 즐거움과 풍미 때문에 오랫동안 재배되어왔다. 플리니우스는 정치가이자 장군으로 학문을 장려했던 루키우스 루쿨루스가 기원전 74년에 로마로 가져왔다고 기록하며

먹기 위해 재배하는: 프루누스 아비움종의 체리 열매 그림(어맨다 앨미라 뉴턴, 1914년)

벚나무에 대해 이야기한다. "체리는 농부에게 해마다 가장 처음으로 감사 선물을 안겨주는 과일 중 하나다. 체리는 북쪽을 향하는 위치와 추운 조건을 좋아한다."

체리는 돌봄이 상당히 많이 필요해서 현대에도 비교적 비싼 과일이다. 물을 대고, 농약을 뿌리고, 수확하기 위해 노동력이 많이 필요하다. 벚나무가 진딧물(체리 진딧물), 초파리, 곰팡이의 공격을 받기 쉬워서 과일이 잘 자라기가 어렵다. 체리의 은은한 신맛은 요리할 때 깊은 풍미를 낸다. 체리는 베이크웰 타르트 같은 전통 음식을 만들 때 아몬드와 함께 사용한다.

꽃을 보려는 목적만으로 벚나무를 기르는 전통은 일본에서 시작되었다. 일본에 자생하는 야생종인 프루누스 세룰라타(*Prunus serrulata*)와 프루누스 스페시오사(*Prunus speciosa*)를 비롯해 다른 재배 품종 모두 인간이 먹을 만한 열매를 맺지 않는다. 일주일도 채 되지 않는 동안 즐길 아름다움을 위해 인간에게 유용한 열매를 맺지 않는 나무를 많은 공간을 할애해 정성을 들여 기른다. 이러한 생각만으로도 충분히 아름답다. 아름다움과 삶, 행복과 슬픔 모두가 지닌 본질적인 덧없음을 아주 가볍게 건드리면서 전달하고 일깨운다. 이 모든 것이 불교와 일본의 신도(神道) 전통과 맞물려 있다. 사쿠라, 즉 벚꽃에 대한 개념은 일본 문화에 매우 깊숙이 자리 잡고 있다.

그래서 일본에는 하나미(花見)라는 꽃구경 전통이 생겼다. 꽃구경은 다른 많은 사회 전통과 마찬가지로 풍년을 기원하는 의식과 농사에서 유래했다. 벚꽃이 피면 모내기(17장 참조)를 할 때가 되었다는 표시(신의 계시)로 여겼다. 812년 사가 천황이 처음으로 꽃구경 연회를 열었다. 이후 꽃구경은 해마다 지키는 전통이 되어 서민들에게까지 퍼졌다.

꽃구경을 할 때는 그저 멍하니 바라보며 시적인 생각만 하지는 않는다. 친구와 가족이 함께 모여 맛있는 음식을 먹고 기분 좋게 술을 들이켜면서 즐겁게 시간을 보낸다. 어느 정도 서양 문화의 크리스마스와 비슷하다. 공원에서 소풍을 하는 사람들은 자연스럽게 서로 다른 무리와 교류한다. 크리스마스처럼 행복한 시간이자 서로 나누는 시간이 되어야 하기 때문에 좋은 분

100가지 식물로 읽는 세계사

아름다움에 대한 환상: 여성들을 그린 화첩 〈치요다성〉의 꽃놀이 그림(요슈 치카노부, 1895년)

위기로 교류한다. 풍년을 기원하는 의식에서 비롯했다는 점에서도 크리스마스와 닮았다.

> 벚꽃나무 아래에서
> 완전히 낯선 사람은 아무도 없네.

일본의 시인 잇사의 또 다른 하이쿠다. 하나미와 크리스마스는 비슷하지만 분명히 다르다. 벚꽃은 한날 한시에 피지 않는다. 그래서 일본에는 벚꽃이 피는 시기를 추적하는 사쿠라 젠센(벚꽃 전선)이라는 전통이 있다. 벚꽃이 언제 남쪽에서 북쪽으로 차례차례 피는지 매년 열정적으로 관심을 기울인다. 벚꽃은 오키나와에서 북쪽으로 행진해 3월 말에 도쿄와 교토에 도착하고, 마지막으로 5월에 일본의 북쪽 끝 홋카이도에 도착한다.

대부분 학교와 많은 공공건물 마당에는 벚나무가 심겨 있다. 매년 짧게 즐기는 아름다움을 위해, 아름다움 자체가 짧다는 사실을 되새기기 위해, 그리고 벚나무가 일본인의 정체성에 중요하기 때문에 심은 나무다. 일본 럭비 국가대표팀을 '용감한 벚꽃'이라는 별명으로 부른다. 서양인이 듣기에는 여성적인 별명이지만, 일본에서는 인생의 본질적인 덧없음을 깨닫고 개인의 죽음과 같은 사소한 문제는 신경 쓰지 않으면서 영광을 추구한다는 의미다.

1930년대에 일본 제국주의 군대의 젊은 장교들은 비밀 단체를 만들었다. 그 단체는 전체주의 정부를 만드는 일에 전념했다. 그들은 스스로 사쿠라가이(桜会: 벚꽃회)라고 불렀다. 제2차 세계대전에서 자살 공격 임무를 맡은 조종사들은 자폭할 비행기에 벚꽃을 그렸다. 기준에 따라 역사상 가장 대규모 해전이라고도 할 수 있는 1944년 레이테만 해전을 앞두고 일본 해병들은 '죽음의 꽃으로 피어나라'는 훈계를 들었다. 제2차 세계대전 때 펠렐리우 섬에서 치열한 전투를 벌인 일본군의 마지막 말은 "사쿠라! 사쿠라!"였다.

봄이 오면 워싱턴 D.C.는 벚꽃으로 화사해진다. 1912년에 도쿄 시장이 선물한 벚나무들 때문이다. 20세기에는 꽃을 감상하기 위한 용도로 일본의 벗나무(주로 소메이 요시노라는 품종)가 전 세계로 퍼졌다. 낸시 밋퍼드의 소설 『사랑을 찾아서』에서 여주인공 린다는 "서리(영국 런던 남서부 근교 지역 ─옮긴이)가 진짜 제대로인 시골과 가장 다른 점은 서리에서는 꽃을 봐도 열매를 얻을 수 없다는 사실을 안다는 거야. … 정원은 불임으로 폭동을 일으킬 거야. 기다려봐"라고 말한다.

　　또 다른 하이쿠 시인 우에지마 오니쓰라는 경이로움 속에 깃든 본질적인 평범함, 그리고 평범함 속에 깃든 본질적인 경이로움에 대해 곰곰 생각한 바를 압축적으로 보여준다.

　　　　벗나무가 꽃을 피울 때
　　　　새의 다리는 두 개고,
　　　　말의 다리는 네 개네.

044
아마

옷감이 되어 인류를 입히다

그러자 두 사람의 눈이 밝아져서,

자기들이 벗은 몸인 것을 알았다.

└『창세기』 3장 7절

철학과 과학 그리고 신학에서는 모두 인간이 다른 모든 종의 동물들과 확실히 다르다는 점을 보여주는 단단한 장벽을 세우려고 어마어마한 노력을 기울여왔다. 이러한 장벽은 인간과 언어, 의식, 감정 그리고 수많은 다른 동물에 대한 개념을 정의하는 방식을 끊임없이 바꿔야 하는, 불안정한 지반 위에 세워졌음이 드러났다. "인간과 고등동물의 차이가 아무리 크다고 해도 분명 정도의 차이일 뿐 종류의 차이는 아니다"라고 지적한 찰스 다윈의 말은 유명하다.

　　그러나 나는 모순을 두려워하지 않고 이렇게 말할 수 있다고 믿는다. 인간은 옷을 만들어 일상적으로 입는 유일한 종이라고(물론 해초를 옷처럼 둘러 위장하는 게도 있지만). 현재 지구에 사는 81억여 명의 인간 중 몇천 명만 제외하면 모든 사람이 거의 모든 시간에 옷을 입고 생활한다. 인간이 언제부터 옷을 입기 시작했는지 확실히 아는 사람은 없다. 50만여 년 전부터 10만여 년 전 이후까지 다양하게 추측한다. 우리 모두 철학자처럼 정확한 자료

입을 수 있는 식물: 〈아마 소면기〉(조반니 자코메티, 1932년),
여성이 아마 꽃이 꽂힌 항아리 옆에 앉아 있다

없이 자유롭게 추측할 수 있다. 춥거나 뜨거운 날씨 때문에 몸을 보호하려고
입었을까? 매력을 뽐내려고? 단정하게 보이기 위해서? 허영심을 채우려고?
특별해지고 싶어서? 불평등에 대한 인간의 끊임없는 열정을 생각하면 아무
래도 특별함으로 답이 기운다. 그렇게 생각하지 않을 증거도 없다.

　처음에는 동물 가죽과 식물을 이용해 옷을 입었다는 사실은 의심의 여

지가 없다. 나이가 많은 사람이라면 1966년 영화 《기원전 100만 년》에서 배우 라켈 웰치가 입은 모피 비키니를 기억할 것이다. 이(lice)를 연구하면서 옷의 역사에 대한 연대를 측정하려는 시도도 있었다. 머릿니와 달리 몸니는 인간에게 계속 붙어 있을 수가 없다. 우리 몸에는 털이 많지 않기 때문이다. 몸니에 물려 치명적인 질병에 감염되지 않기 위한 진화의 결과라고 추측된다. 그러나 이는 옷 안에는 확실히 남아 있을 수 있다. 우연히 사람 피부가 이가 있는 옷에 닿으면 피를 빨아먹을 수 있다. 이에 대한 연구를 통해 인류가 17만 년 전 무렵부터 옷을 입었다는 사실이 밝혀졌다. 그러나 이런 주제에 대한 다른 모든 연구 결과와 마찬가지로 여전히 추측일 뿐이다. 사람들이 입는 옷은 점점 더 정교하게 변해갔다. 옷 자체는 잘 보존되지 않지만, 옷을 만든 도구는 잘 보존된다. 4만여 년 전에 쓴 바느질 바늘이 발견되었고, 그것을 통해 가죽이 아니라 직물을 이용해 옷을 만들었다는 사실을 알 수 있다.

이제 리넨을 만드는 식물인 아마(亞麻)에 대해 알아보자. 조지아 공화국의 주주아나 동굴에서 3만여 년 전 물건으로 추정되는 꼬아서 염색한 아마 섬유가 발견되었다. 9,000여 년 전 비옥한 초승달 지역에서는 분명 아마를 재배했다. 아마의 씨앗인 아마씨와 아마씨유 역시 인간에게 유용하다. 아마씨유는 목재를 마감 처리할 때 바르는 기름으로 활용할 수 있다. 최근까지도 크리켓 배트를 아마씨유로 처리하는 과정이 중요했다. 그러나 다른 장점 때문이라기보다는 아마도 리넨을 만들기 위해 아마를 처음 재배했을 가능성이 높다.

손으로 옷감을 만드는 일은 오래 걸리고 지난한 작업이다. 초기에는 물레나 베틀 등을 사용했다. 리넨 옷감을 만들려면 수확한 아마 줄기를 물에 담그는 과정이 필요하다. 말하자면 속줄기를 빼내는 과정이다. 따뜻한 물에 담근 다음 줄기에서 섬유질을 빼낸다. 마지막으로 물레를 돌려 실을 계속 자아낸다. 이 과정을 실잣기(distaff)라고도 부른다. 이 단어는 여성이나 암컷과 관련된 의미로 사용된다. 경주마를 번식시킬 때도 씨수말과 암말(distaff)로 혈통을 구분한다. 실잣기는 전통적으로 여성의 일이었기 때문이다. 실잣기는 단조로운 일이지만, 임신했을 때도 할 수 있다. 그래서 최근까지도 일반적으로 여성의 일이었다.

아마는 작업하기 좋은 재료다. 인류는 그저 당연하고 자연스럽게 아마를 옷감 재료로 선택했을 것이다. 아마 가닥은 길고(아마 식물의 키는 1.2미터 정도), 면보다 두세 배 더 질기다. 푸른 꽃이 활짝 핀 아마밭의 풍경은 매력적이다. 그러나 그것은 부수적인 이야기다.

인류 사회가 발전하면서 옷감과 의복의 필요성이 늘어났다. 고대 이집트에서는 미라를 만드는 과정에서 시체를 리넨으로 감쌌다. 죽음 이후의 삶에 대한 생각은 인간의 탁월한 독창성과 사고의 바탕이 된다. 이런 생각은 당연히 종교적이고, 종교는 보통 특별한 사람들이 관리한다. 리넨 옷감은 순결함과 관련이 있어서 고대 이집트에서는 성직자만 입을 수 있었다. 하지만 리넨은 다른 여러 이유로도 중요했다.

한 장의 옷감으로 만든 옷을 오늘날에도 널리 입는다. 인도의 사리와 도티, 아시아 일부 지역의 사롱, 아프리카 여러 지역의 키코이 같은 옷들이 있다. 매듭, 주름, 꾸밈은 지역에 따라 다르지만, 능숙한 수작업으로 멋있고 놀랍도록 튼튼한 옷을 만들어낸다.

리넨은 점점 더 중요해졌다. 페니키아인은 리넨을 거래했고, 로마인은 리넨으로 돛을 만들었다. 모직물이 더 널리 퍼지면서 리넨 산업은 쇠퇴했지만, 샤를마뉴 대제가 되살리면서 중세까지 중요한 산업으로 자리 잡았다. 식민지 개척자들이 리넨을 아메리카 대륙에 소개했다. 19세기에 목화(74장 참조)가 본격적으로 등장하기 전까지 유럽과 북아메리카에서는 주로 아마를 이용해 옷감을 만들었다. 기름을 추출하고 남은 으깬 씨앗은 단백질을 풍부하게 보충하는 동물 사료로 사용했다.

옷감 제조는 거의 필연적으로 완전히 기계화한 최초의 공정이 되었다. 옷감 짜기에서 산업화가 처음 시작되었다. 1804년에 발명한 자카드 문직기(紋織機)는 다양한 종류의 옷감을 만들도록 설정할 수 있어서 컴퓨터를 향한 첫걸음으로서도 주목할 가치가 있다. 옷감은 인류의 삶을 적어도 두 번 이상 완전히 바꾸어놓았을 정도로 중요하다.

지금은 거의 리넨으로 만들지 않는 옷이나 물건에도 여전히 리넨이라는 용어를 사용한다. 리넨으로 만들지 않은 속옷을 보관하는 서랍을 리넨 서랍이라고 부르고, 면이나 인조섬유로 만든 침구도 리넨 침구라고 부른다. 지금도 리넨으로 식탁보와 수건, 옷을 만든다. 내가 기자로 일하던 시절에 따뜻한 나라로 여행할 때면 습관적으로 리넨 정장을 입었다. 구겨져 보일 수밖에 없는 점이 매력이었다.

초기 문명에서 리넨을 입으면 위엄과 품위가 있어 보였다. 아마도 다른 종에는 없는 개념일 겸손함 또한 보장했을 것이다. 어느 쪽이든 리넨은 인간의 정체성을 세우는 데 중요한 역할을 했다.

100가지 식물로 읽는 세계사

045
인디고

푸른색을 향한 열망과 착취의 역사

그녀는 온갖 색깔로 어디서든 나타나.

└▸ 믹 재거와 키스 리처즈가 작사한 롤링스톤스의 노래 〈그녀는 무지개〉

만약 당신이 식물로 만든 옷을 입는다면, 그리고 당신을 둘러싼 식물만큼 아름답고 싶다면 식물의 색깔을 빌려야 한다. 식물로 당신이 입는 옷에 색을 입히고, 심지어 피부에도 색을 칠할 수 있다. 우리는 수천 년 동안 주로 식물성 염료를 이용해 옷을 염색해왔다. 가장 중요한 식물성 염료 중 하나가 인디고다.

인디고는 식물의 이름이자 염료와 색깔의 이름이기도 하다. 인디고 염료를 함유한 두 식물이 인류 역사에서 중요한 역할을 해왔다. 인디고(indigo)라는 영어 이름을 가진 식물(인도가 원산지여서 붙은 이름)과 대청이다. 영국에서는 대청에 악명 높은 의미가 있다. 전투를 앞두고 보디 페인팅을 할 때 사용했기 때문이다. 이스트 앵글리아 왕국 이세니족의 부디카 여왕은 로마와 전투를 벌일 때 얼굴에 대청을 칠했다. 스코틀랜드에서는 픽트족 전사들이 온몸에 대청을 칠했다. 픽트(Pict)라는 단어는 라틴어로 '색칠된'이라는 의미가 있는 픽티(picti)에서 유래했다. 율리우스 카이사르는 "모든 영국인은

푸른색 염료: 인디고(왼쪽)와 대청(오른쪽)

비트룸(vitrum)으로 몸을 칠한다. 푸른색이어서 전투할 때 야성적으로 보인
다"라고 썼다. 카이사르가 어떤 의미로 한 말인지에 대해 논란이 계속되고
있다. 비트룸은 문자 그대로 유리라는 뜻이지만, 보통 여기서는 대청을 말했
다고 추측한다. 대청이 함유한 남색 염료인 인디고로 몸을 칠했는지, 아니면
문신을 그렸는지도 논란의 대상이다. 전투에서 대청을 사용하면 거친 모습
을 보여주는 것 이상의 장점이 있다. 대청은 지혈과 소염 작용을 하는 강력
한 수렴제다. 전투를 시작하기 전에 상처 치료용으로 대청이 담긴 통을 준비
두기도 했다.

　대청은 코카서스 동쪽에서 자생하고, 키가 1.2미터까지 자라는 직립 다
년생 식물이다. 대청은 신석기시대와 초기 철기시대 유적지에서 발견될 정
도로 유럽에 아주 일찍 들어왔다. 고대 이집트인은 미라를 감쌀 때 사용하는
리넨을 염색하기 위해 대청을 사용했다. 염색은 간단한 작업이 아니다. 그
과정을 개선하는 데 수 세기는 아니라도 분명 수십 년은 걸렸을 것이다. 염
료는 안료와 다르다. 염료는 단순히 표면을 물들이는 것이 아니라 소재와 결
합해 그 속에 스며든다.

　대청으로 염료를 만들고 싶으면 잎을 채취해서 씻고 자른 다음 섭씨
80도의 물에 10분 동안 담가두어야 한다. 그다음에는 아주 재빨리 식혀야
한다. 요즘에야 쉽게 구할 수 있는 얼음물에 담그는 방법이 보통 큰 도움이

된다. 이 단계를 빠뜨리면 염료가 파란색으로 변하지 않는다. 그 후 혼합물을 걸러내고 끓는 물에 섞어둔 소다회를 붓는다. 10분 동안 휘젓고 나서 병에 담아 몇 시간 동안 보관한다. 그 후 올이 성기고 얇은 무명천에 걸러 침전물을 보관한다. 이 침전물은 나중에 사용하기 위해 말리거나 바로 사용할 수도 있다. 염료를 사용할 때는 침전물 가루에 물과 암모니아(이 과정에서 사람의 소변을 사용한다)를 넣고 끓인 다음 천을 염료에 담근다. 천을 꺼내면 새로운 색상인 녹황색으로 변해 있다. 그다음 공기 중의 산소와 만나면서 파란색으로 변한다. 원하는 만큼 깊은 색이 나올 때까지 이 과정을 반복한다. 유럽에서는 수 세기에 걸쳐 이런 방식으로 염색을 했다. 대청은 고대 전쟁에서

색을 얻기 위한 노동: 장 바티스트 뒤 테르트르의 책 『프랑스인이 거주한 앤틸리스제도의 일반적인 역사』에 실린 인디고 농장 그림

보디 페인팅을 하기 위해 썼을 뿐만 아니라 염색으로도 활용했다.

　(대청이 아닌) 인디고 식물은 아시아에서 오랫동안 옷을 염색하기 위해 사용했다. 5,000여 년 전에 이미 인더스강 유역에서 재배되었다. 16세기에 해상무역이 시작되면서 인디고가 유럽으로 들어왔고, 곧장 반발에 부딪혔다. 인디고는 대청보다 더 효율적으로 염색할 수 있어서 전통적인 염색 산업에 위협이 되기 때문이었다. 유럽 여러 나라는 강력한 보호주의 법률을 만들면서 대응했다. 1577년 독일에서 인디고를 불법화했고, 1609년 프랑스에서는 인디고를 사용하면 사형을 당했다. 1660년 영국에서는 독성이 있다는 이유로 인디고 사용을 금지하는 등 각국 정부는 강경한 보호주의로 대응했다.

　그러나 이런 법을 지키는 사람은 거의 없었다. 어떤 식물을 활용해 옷을 염색했는지 알아낼 수 없기 때문이었다. 얼마 후 인도산 인디고의 평판이 나빠졌다. 양을 늘리려고 불순물을 많이 섞었기 때문이다. 프랑스령 서인도 제도에 대규모로 인디고를 재배하는 농장이 세워졌고, 노예의 노동력을 활용해 비싼 인디고를 비교적 싼 가격에 공급했다. 영국과 프랑스가 전쟁을 벌일 때 미국에도 인디고 재배 농장이 들어섰고, 영국과 미국 시장에 인디고를 공급했다. 리바이 스트라우스라는 사업가는 샌프란시스코에서 튼튼한 작업 바지를 만들면서 인디고를 사용해 염색했다. 1853년에 설립한 그의 회사는 오늘날까지 리바이스 청바지를 생산하고 있다.

　인디고 염료는 진한 파란색을 띠고, 반복해서 염색하면 거의 검은색에 가까워진다. 인디고를 이용해 영국 해군의 군복을 염색했기 때문에 그 색깔을 네이비블루(navy blue)로 부르게 되었다. 경찰 제복의 염색에도 사용해왔다. 그렇다면 왜 대부분의 사람이 인디고를 연보라색이라고 생각할까? 아이작 뉴턴은 프리즘을 활용해 백색광을 여러 색으로 분리할 때 일곱 가지 색깔을 보고 싶어했다. 7은 의미가 많은 숫자다. 고대에 관찰한 일곱 행성, 7일 동안의 창조를 나타내는 일주일, 그리스도가 십자가에서 마지막으로 하신 일곱 가지 말씀, 일곱 가지 대죄 등등 여러 의미가 있다. 뉴턴은 자연스럽게 무지개에도 일곱 가지 색깔이 있다고 생각했고, 그래야만 했다. 그는 파란색과 보라색 사이의 색을 발견해 남색(인디고)이라고 불렀다. 하지만 인디고 염색으로 얻을 수 있는 색은 결코 한 가지 색깔이 아니다.

인도에서는 인디고를 억지로 생산해야 했다. 구조적으로 빚에 허덕이던 인도 농부들은 인디고를 재배할 수밖에 없었지만, 수익을 거의 얻지 못했다. 인디고를 직접 재배하는 일은 전혀 하지 않는 영국인 농장주와 인디고를 운송하고 거래하는 동인도회사에 이익이 돌아갔다. 1857년 인도 반란(영국에서는 여전히 인도 폭동으로 더 많이 부른다)이 일어나고 2년 후, 인디고 반란이라고도 부르는 또 다른 반란이 일어났다. 농부들은 차라리 구걸할지언정 인디고를 재배하지는 않겠다고 저항했다. 농부들의 거센 봉기를 진압하기 위해 군대가 동원되었다. 2년 전의 인도 반란으로 긴장한 영국 통치자들은 인디고 위원회를 설치했다. 위원회의 결정으로 농부들은 인디고 농장주와의 계약을 다시 확인했고, 계약을 유지할 필요가 없어졌다. 그것은 중요한 승리였다.

그러나 20세기 초가 되자 인디고는 더 이상 그만큼 중요한 작물이 아니게 되었다. 더 좋지는 않지만 훨씬 더 싼 합성염료가 인디고를 대체한 것이다. 인디고로 염색하던 시기에는 푸른 옷을 입으려는 욕구를 채우기 위해 반란과 노예제, 사형, 착취, 잔인함 등을 모두 감수했다. 하지만 이제 인디고는 주로 역사성으로만 주목받는 신기한 덤불이 되었다. 하지만 최근 들어 조금씩 인디고가 관심을 되찾고 있다. 남아시아와 동남아시아에서 장인 정신이 깃든 직물로 수집가와 관심 있는 관광객에게 판매되면서 다시 인기를 얻는 중이다.

046
인삼

인간의 합리성에 의문을 던지다

나는 의술을 주관하는 아폴론과 아스클레피오스,

히기에이아와 파나케이아 그리고 모든 신과 여신을 증인으로 모시고

이 선서를 지키겠다고 맹세합니다.

└•「히포크라테스 선서」

우리가 합리적인 생각에 따라 행동한다는 믿음이 아마도 인간의 가장 큰 자만심 중 하나일 것이다. 우리는 우리의 생명을 유지하는 체계가 지구에 끼친 피해를 바라보며 그 당시에는 우리 자신에게 최선이었던 일을 했다고 속으로 생각한다. 빵을 얻기 위해 밀밭을 만들고, 고기를 얻기 위해 목장을 만들고, 지낼 곳을 마련하기 위해 도시를 만들었다. 우리가 이기적이었을 수도 있지만, 적어도 '합리적으로' 이기적이었다. 개인 그리고 하나의 종으로서 가장 이득을 많이 얻는 합리적인 행동을 하려고 노력했다고 생각한다.

이런 입장을 그리 좋게만 볼 수는 없다. 전 세계에서 매년 20억 달러가 넘는 인삼이 거래된다고 추산된다. 기껏해야 인삼은 인체 건강에 대한 효과가 입증되지 않은 상품이다. 하지만 여러 갈래로 갈라진 뿌리가 사람 모습, 특히 거대한 남근을 가진 사람의 모습을 닮을수록 인삼의 가격이 올라간다.

▮ 기적의 식물: 인삼 뿌리를 들고 있는 산신령, 한국화(연대 미상)

아시아와 북아메리카에서는 수천 년에 걸쳐 인삼을 캤다. 두 지역 모두에서 자생하고, 서늘한 곳에서 잘 자라는 산림 식물이다. 널리 재배되는 식물이지만, 그늘이 필요해서 재배하기가 쉽지는 않다. 인삼은 다년생 약초로, 원뿌리가 튼튼하고, 꽃이 눈에 잘 띄지 않으며, 붉은 열매(핵과)를 맺는다.

아시아에서는 한반도와 중국 북동부에서 인삼이 가장 잘 자란다. 영어로 인삼을 뜻하는 진생(ginseng)이라는 단어는 한자어 인삼(人蔘)에서 유래했다. 중국에서 농업과 의약, 약초의 신으로 불리는 전설적인 신농 황제가 인삼의 효능을 처음 발견했다고 한다. 그는 365가지가 넘는 약초를 맛보면서 시험했다고 한다. 365번째 약초의 영향으로 사망했다는 설도 있다. 그는 인삼 뿌리를 씹은 후 기분 좋은 성적 자극을 느꼈고, 곧장 발기부전인 사람들에게 권했다. 남근과 비슷한 모양이기에 분명 남근에 도움이 된다고 믿는 약징주의(버드나무에 대한 5장 참조)에서 유래했을 수도 있다.

하지만 인삼에는 신속한 성기능 개선을 뛰어넘는 다른 장점들이 있다고 여겨진다. 인삼은 활력을 높이고, 혈당과 콜레스테롤을 낮추고, 스트레스를 줄이고, 긴장된 신경을 이완하고, 염증을 없애는 역할을 하며, 당뇨병에도 도움이 된다고 알려져 있다. 육체와 정신의 피로를 줄이는 역할을 하고, 암 치료 후 회복 중인 환자에게도 도움이 된다고 한다. 21세기의 보편적인 문제로, 의사들이 보통 TATT라고 줄여서 메모하는 '만성피로(tired all the time)' 증상을 묘하게 곧장 해결해줄 것처럼 여겨지기도 한다.

인삼은 파낙스속(Panax)의 종에서 얻는다. 파낙스라는 이름을 붙인 린네는 인삼의 효능에 대한 주장을 알고 있었다. 파낙스는 그리스어로 만병통치약이라는 뜻이고, 어원으로 볼 때 파나케이아(panacea)라는 용어와 관련이 있다. 파나케이아는 그리스 여신의 이름으로, 만병통치약이라는 의미도 있다. 만병통치약을 찾는 일은 납을 금으로 바꾸는 철학자의 돌이나 불로장생의 약을 찾는 일과 함께 연금술사들의 목표 중 하나였다.

연금술에는 과학 실험과 종교적 가설이 섞여 있다. 만병통치약이라는 개념은 인간의 마음을 확실하게 사로잡았다. 그 덕분에 현대 의학이 발전했고, 이 책을 읽는 모든 사람은 이에 대해 감사할 이유가 있다. 우리 대부분이 현대 의학 덕분에 특정 연령을 넘어서도 계속 살 수 있기 때문이다.

내가 홍콩에 살 때 동료들이 벌인 논쟁이 떠오른다. 중국인 디자이너와 미국인 편집자가 논쟁을 벌였다. 한 사람은 중국의 전통 의학이 근거가 확실하고 중요하다고 주장했다. 다른 사람은 중국 전통 의학이 모두 형편없고, 서양 의학만이 유일한 의학이라고 주장했다. 후자가 중국 사람이었다.

이것은 양극화된 논쟁이다. 서로를 그릇된 신념을 전하는 사람들로 보고, 아주 극단적으로 완전히 상대를 부정한다. 이 문제는 증거만큼이나 기질에 따라 의견이 갈린다. 한편에는 과학적인 승인 없이는 아무것도 받아들이지 않으려는 사람들이 있고, 다른 한편에는 과학이 무엇을 받아들이고 무엇을 부인하는지는 몇 년마다 바뀌고, 우리가 완전히 이해할 수 있는 것들만 받아들이면 삶의 가능성을 심각하게 제한하게 될 것이라고 지적하는 사람들이 있다.

위약(플라시보) 효과 때문에 이 모든 것이 복잡해졌다. 플라시보(placebo)는 라틴어로 '기쁘게 해주겠다'라는 뜻이다. 이것은 간단한 문제가 아니다. 보통 플라시보를 비웃는 사람들은 이렇게 비판한다. 도움이 된다고 생각하면 실제로 어느 정도 도움이 될 수도 있기 때문에 (1) 당신의 병은 실제가 아니라 상상이며, (2) 그것이 당신이 멍청하다는 사실을 증명한다. 그러나 약이 화학작용을 일으키지 않는다는 사실을 환자가 알고 있다고 해도 위약이 효과가 있을 수 있다. 예를 들어 '이것은 위약입니다'라는 문구를 적어둔, 이른바 공개적인 위약도 우울증과 통증에 대한 자각을 실제로 감소시켜 치료에 효과가 있다고 알려져 있다. 인삼을 지지하는 사람들은 그 과정을 통해 몸과 마음이 더욱 긴밀하게 연결된다고 말한다. 다시 말해 인삼은 아주 효과적일 수 있다. 인삼으로 커피, 항우울제, 성기능 개선제를 모두 합친 효능을 볼 수도 있는 것이다.

인삼은 확실히 높은 평가를 받는 상품이다. 16세기에는 중국에서 만성 질환 치료나 회복을 위해 널리 사용했다. 캐나다와 미국에서도 인삼을 재배한다. 미국의 개척자이자 영웅인 대니얼 분은 인삼으로 큰돈을 벌었다. 인삼은 전 세계에서 널리 사용되는 인기 있는 건강식품이다. 인삼 잎으로 차를 만들어 마실 수도 있다. 1988년 서울 올림픽에 참가한 영국의 단거리 달리기 선수 린퍼드 크리스티는 약물검사를 통과하지 못했지만, 인삼차를 마셨다고 설명해서 혐의를 벗었다(크리스티는 몇 년 후 또 다른 약물검사를 통과하지 못해 2년 동안 출전 금지 처분을 받았다).

인삼은 보통 중국 음식과 한국 음식의 반찬 재료로도 사용된다. 술로 만들기도 한다. 가장 사람 모습을 닮은(그리고 아마도 남근 모양이 돋보이는) 뿌리 몇몇은 액자에 넣어 선물하기도 한다. 한 뿌리에 50만 달러 정도의 가격이 매겨지기도 했다. 함유 성분(진세노사이드) 측면에서는 수치로 나타나는 차이가 전혀 없지만, 산삼이 인공 재배한 인삼보다 훨씬 더 높은 가격에 팔린다. 2002년 한국의 한 연구에 따르면, 인삼을 먹은 남성의 60퍼센트는 성기능이 개선되었다.

이것이 합리적일까? 합리성이라는 개념 자체가 적절하기는 할까? 딜런 토머스 시집에서 저자가 쓴 머리말이 떠오른다. "양떼를 보호하기 위해 요정의 고리(풀밭에서 버섯들이 둥글게 원을 그리며 자라 고리처럼 보이는 부분—옮긴이) 안에서 달에 제사를 지내는 양치기 이야기를 읽은 적이 있다. 양치기에게 그렇게 하는 이유를 묻자 양치기는 이렇게 대답했다고 한다. '이렇게 하지 않으면 바보일 테니까요.'"

047
고무나무

세계는 고무를 활용해 굴러간다

고무공처럼 너에게 돌아올게.

└ 보비 비가 부른 지미 클리프의 노래 〈고무공〉

그것은 아마도 가장 오래된 공놀이다. 고무공을 이용한 놀이 중에서는 분명 가장 오래되었다. 적어도 기원전 1,600년 무렵에 시작되었고, 보통 메소아메리카 공놀이라고 부른다. 올멕, 마야, 아스테카 사람들이 수 세기에 걸쳐 계속해온 놀이다. 그 놀이의 규칙이나 심지어 경기 방식조차 아무도 정확하게는 알지 못하지만, 인간을 제물로 바치는 의식과 관련이 있다고 한다. 이기는 팀과 지는 팀 중 어느 쪽을 위해 제물을 바치는지는 알려지지 않았다. 때때로 무게가 4킬로그램이나 되는 공으로 경기를 치르기도 했다고 한다.

열대우림에서 자라는 파라고무나무(*Hevea brasiliensis*)는 우윳빛 액체인 유액을 분비해 스스로 상처를 치유한다. 전혀 특별한 능력은 아니다. 다른 식물들도 비슷한 물질을 만들어낸다. 그런데 파라고무나무의 유액으로는 고무를 만들 수 있다. 아스테카인들은 고무로 공만 만들지 않았다. 그들은 고무를 사용해 액체를 담는 그릇을 만들었다. 고무가 천에 스며들게 해서 방수가 되는 천도 만들었다. 나무에 일부러 상처를 낸 후 흐르는 액체를 컵으로 받으면 덩어리로 굳어져 고무를 얻을 수 있다. 이 덩어리에는 놀라운 특성이 있다. 신축성이 있으면서 강하고, 방수도 된다.

유럽 탐험가들은 원주민들을 통해 고무를 알게 되었다. 18세기에는 고무의 독특한 특성을 연구하기 시작했다. 하지만 천연고무는 실리 퍼티(silly putty: 군수용품으로 개발된 합성고무로, 명확한 용도를 찾을 수 없어 '멍청한 반죽'이라는 이름이 붙었다—옮긴이]와 비슷했다. 놀라운 특성을 지녔지만, 실용화하기는 어려웠다. 고무를 이용해 방수 신발을 만들려고 했지만, 그러기에는 고무가 온도 변화에 지나치게 민감했다. 너무 추우면 갈라지고, 너무 더우면 녹아버려 신발로 사용하는 데 한계가 있었다. 1770년에 조지프 프리스틀리는 고무를 연필 지우개로 쓸 수 있다는 사실을 발견했다. 유용하기는 했지만, 세상을 바꿀 정도는 아니었다.

찰스 굿이어라는 미국 발명가가 세상을 바꿨다. 독학으로 화학자, 엔지니어, 사업가가 된 그는 궁금증을 해결하고야 마는 사람이었다. 그는 고무를 제대로 다루는 방법을 알아낼 수 있다면 막대한 돈을 벌 수 있으리라고 믿었다. 그는 동료와 함께 이미 고무와 유황을 혼합하는 실험을 해보았지만 만족스럽지 않았다. 그러다가 페니실린의 발견처럼 1839년에 우연히 행운이 찾아왔다. 굿이어는 유황을 섞은 고무를 실수로 뜨거운 난로 위에 떨어뜨렸다. 연기를 피우는 덩어리가 생겼고, 바로 그것이 그가 찾던 물질이었다. 유연하면서 물이 스미지 않고, 원하는 모양으로 만들 수 있으면서도 질겼다. 결정적으로 이 소재는 극심한 추위와 더위에도 영향을 받지 않았다. 이런 과정을 가황이라고 부른다. 가황(vulcanisation)이란 의미의 영어 단어는 로마 신화 속 불의 신 불카누스의 이름에서 비롯되었다.

굿이어는 특허를 출원했지만, 유럽에서는 유효하지 않았다. 미국에서도 특허권을 무시하고 여기저기에서 비슷한 제품을 만들어냈다. 굿이어는 막대한 빚을 지고 1860년에 세상을 떠났다. 그가 만들어낸 고무가 어마어마

세상을 바꾼 물건: 프랑스 교육용 카드에 그려진 고무(19세기 말 혹은 20세기 초)

100가지 식물로 읽는 세계사

EL CAUTCHUCO — LE CAOUTCHOUC — THE INDIA-RUBBER

하게 주목받으면서 세상을 바꾸기 수십 년 전이었다. 처음에는 자전거를 만드는 데 고무를 활용했고, 그다음에는 자동차를 만드는 데 활용했다. 19세기 후반부터 전 세계는 고무에 열광했다. 호스, 컨베이어 벨트, 패킹, 매트, 바닥재 등 여러 산업에 중요한 용도로 쓰였다. 그런데 고무는 전 세계에서 유일하게 아마존에서만 재료를 얻을 수 있었다. 고무에 대한 수요가 폭발하면서 브라질 마나우스의 농장주들이 땅과 사람을 착취했다. 그들이 얼마나 부와 사치를 누렸는지에 대한 전설이 아직도 전해진다. 100달러짜리 지폐로 시가에 불을 붙이고, 말에게 샴페인을 주고, 세계에서 가장 호화로운 사창가를 만들었다고 한다. 사설 군대로 억류시킨 노동자들을 관리하며 드문드문 넓게 퍼진 야생 열대우림 나무들에서 고무를 채취했다.

그러나 다른 국가들도 금방 고무를 팔기 위한 경쟁에 뛰어들었다. 벨기에의 레오폴드 2세는 1884~1885년에 열린 아프리카에 대한 베를린 회의에서 자신이 전적으로 박애주의적인 의도를 가지고 있다고 설득해서 콩고 자유국을 개인 소유로 차지했다. 그는 강제 노동을 시켜 정글의 덩굴(콩고 고무나무라고 불렀다)에서 고무를 채취했다. 그는 노동자들을 조직적으로 살해하고 관리했다. 노동자들이 게으름을 피우지 못하게 죽인 노동자들의 손을 잘라서 보여주면서 본보기로 삼았다.

영국의 헨리 위컴은 1876년에 브라질 마나우스에서 고무나무 씨앗 7만 개를 몰래 빼돌려 런던 근처의 큐 왕립식물원으로 가져왔다. 그 씨앗들을 발아시켜 키운 묘목 2,400그루를 지금의 인도, 스리랑카, 인도네시아, 싱가포르, 말레이시아의 영국인 거류지로 보냈다. 싱가포르 식물원의 초대 원장이자 고무에 대한 열정적인 관심으로 '미친 리들리'라고 불렸던 헨리 리들리 경이 고무 산업을 적극적으로 권장했다. 그는 지속적인 피해를 입히지 않고 나무에서 고무를 채취하는 기술을 개발했고, 차와 커피 재배에 익숙한 농장주들이 고무를 재배하도록 설득했다.

자동차 산업은 어마어마하게 빠른 속도로 팽창했다. 전 세계적으로 고무 생산량이 급격히 늘어났기 때문에 가능한 일이었다. 아일랜드에서 대규모 동물병원을 운영하던 스코틀랜드인 존 던롭이 처음으로 실용적인 공기 타이어를 개발한 1888년 이후 고무 생산량은 더욱 늘었다. 그는 아들의 세발자전거를 위해 공기 타이어를 고안했다. 이제 야생의 나무에서 채취할 뿐 아니라 나무를 직접 재배해서 고무를 얻기 시작했다. 나무를 관리하고, 재생할 수 있게 된 것이다. 고무 산업의 본거지는 남아메리카에서 아시아로 옮겨갔고, 오늘날까지 그대로 이어지고 있다. 여기에는 전략적으로 중요한 의미가 있다. 고무는 이제 필수품이 되었기 때문에 고무를 생산하는 나라와 무역 관계를 유지해야 한다. 나치 독일은 고무를 들여오지 못할까 봐 불안해 민들레에서 활용할 수 있는 고무를 얻으려고 노력했다. 같은 시기에 미국 역시 아시아에서 일본의 영향력이 커지면서 고무를 얻지 못할까 봐 불안해 똑같은 노력을 했다. 민들레에도 우윳빛 액체가 들어 있지만, 나치 독일이나 미국 모두 성공하지 못했다.

고무나무는 재배한 지 7년이 지나야 고무를 얻을 수 있다. 채취 기술에 따라 달라지기는 하지만, 그 후 25년 정도까지 고무를 얻을 수 있다. 고무나무는 햇볕이 강하고 따뜻하고 습도가 높은 기후에서 잘 자란다. 고무는 의료용 장갑, 시멘트에 탄성이 생기게 하는 재료, 피임용 콘돔 등 다양한 용도로 사용되고 있다. 콘돔은 1980년대에 에이즈가 대유행한 이후에는 안전한 성생활을 위한 도구로 더 많이 사용되었다.

자연스럽게 합성고무를 만들어내려는 경쟁도 벌어졌다. 합성고무는 1910년에 처음 만들어졌고, 이후 수십 년에 걸쳐 발전했다. 석유 부산물로 만들어지는 합성고무는 재생이 불가능하다. 1973년 석유수출국기구(OPEC)가 전 세계에 석유 수출을 제한하는 조치를 한 후, 합성고무 가격이 하룻밤 사이에 두 배로 뛰었다. 자동차 타이어가 수명이 길고, 연료비가 덜 들고, 더 조종하기 좋은 레이디얼 타이어로 바뀐 후 천연고무 산업은 더 활성화되었다. 레이디얼 타이어는 고무를 탄탄하게 만드는 철끈이 주행 방향과 직각을 이룬다. 그래서 충격을 훨씬 더 잘 흡수하지만, 타이어 측면은 충격에 취약하다. 예를 들어 갓돌에 부딪힐 때와 같은 상황에서는 위험하다. 레이디얼 타이어를 만드는 데는 천연고무가 필요하다. 완전히 합성고무로만 만든 레이디얼 타이어는 약하기 때문이다.

예전에 고무나무라고 부르면서 집에서 많이 키우던 식물은 실제 파라고무나무와 별로 관련이 없다. 주로 화분에서 키우는 그 식물은 피쿠스 엘라스티카종(*Ficus elastica*)으로, 원산지인 아시아에서 40미터 높이까지 자랄 수 있다. 그 식물에서 고무를 채취한 때도 있었지만, 요즘은 집을 꾸미는 용도로만 사용한다. 그동안에도 세계는 계속 고무를 활용해 굴러가고, 고무의 상당량을 여전히 나무에서 얻는다. 매년 10억 개 이상의 타이어가 판매되고, 세상은 계속 굴러간다. 고무나무는 곰팡이로 인한 잎마름병으로 문제가 생길 수 있다. 이것은 우리 인류가 선택한 삶의 방식에 상당한 위협이다. 잎마름병이 생기면 잎이 갈색으로 변해 떨어져서 광합성을 할 수가 없다. 2019년에는 인도네시아 고무나무의 10분의 1 정도가 잎마름병에 걸렸다. 잎마름병은 또 하나의 위기를 불러올 수 있다.

048
마늘

맛도 좋고 건강에도 좋은 완벽한 식재료

마늘이 없다면 나는 정말 살고 싶지 않을 것 같다.

└ 루이 디아(프랑스계 미국인 요리사)

전 세계 영어권 문화에서 마늘은 전형적인 모순을 보여준다. 자라면서 함께 해온 모든 것에 깊이 만족하면서도 그 모든 것에서 벗어나고 싶은 강렬한 갈망을 느낀다는 모순이다. 어떤 문화에든 똑같은 현상이 나타난다. 아마도 모든 문화에 속한 개인 모두가 느끼는 모순일 것이다.

영국인에게 마늘은 해협 너머 온갖 불쾌한 것들의 상징이었다. 낸시 밋퍼드의 소설 『사랑을 찾아서』에서 영국 귀족인 매슈 삼촌은 "해외는 완전히 피비린내 나는 곳이고, 모든 외국인은 악마다"라고 주장한다. 그의 딸은 프랑스 공작과 사랑에 빠져 완전한 행복을 찾는다.

퍼시 셸리는 1818년에 고향으로 보낸 편지에서 이렇게 전했다. "이달리아에는 두 얼굴이 있어요. 하나는 인간이 상상할 수 있는 가장 숭고하고 사랑스럽고 사색하는 모습이고, 다른 하나는 가장 품위 없고 역겹고 혐오스러운 모습이에요. 어떻게 생각하세요? 짐작도 못 하실 거예요. 글쎄 신분이 높은 젊은 여성들이 진짜로 마늘을 먹어요!"

이렇게 마늘은 좋은 식재료로 대접받지는 못했지만, 사실은 수 세기에 걸쳐 영국 음식에 사용되었다. 초서는 『캔터베리 이야기』에서 끔찍한 법정 소환 담당자에 대해 "그는 마늘과 양파 그리고 파를 좋아했다"라고 썼다. 영국인은 이렇게 모순적인 태도를 보였지만, 전 세계 대부분 지역에서는 음식의 풍미를 돋우고 건강에 도움이 된다는 이유로 수천 년 동안 마늘을 재배하면서 중요하게 여겼다.

마늘은 양파와 쪽파, 파 등을 포함하는 알리움속(*Allium*) 식물이다. 우리가 주로 먹는 마늘은 알리움 사티붐종(*Allium sativum*)이다. 마늘은 곤충과 벌레, 새가 다가오지 못하도록 막는 방어기제로 화학물질을 배출한다. 이것 때문에 마늘의 풍미가 생긴다. 마늘을 잘게 썰고, 씹고, 으깨면 잘 알려진 마늘 냄새가 퍼진다. 요리에서는 마늘의 풍미가 강렬하기보다 상당히 은은하고 깊게 깔린다. 물론 마늘과 올리브오일, 고추로 만드는 알리오 올리오 페페론치니 스파게티처럼 마늘을 강조한 요리는 예외다.

아시아와 지중해 대부분 지역에서는 오래전부터 마늘을 요리 재료로 사용해왔다. 마늘은 풍미를 생생하게 돋울 뿐 아니라, 몸에도 여러 가지로 좋다고 알려져 있다. 맛있으면서 건강에도 좋다는 일거양득의 이점이 역사를 통틀어 내내 마늘의 매력 중 일부였다.

인류는 아마도 최소 6,000년 전부터 마늘을 재배해왔다. 4,000여 년 전 메소포타미아의 설형문자 점토판에도 마늘이 등장한다. 고대 올림픽에서 선수들은 경기 전에 마늘을 먹었다. 경기력 향상을 위해 약효가 있는 음식을 먹은 초기 사례다. 고대 이집트에서는 노예들에게 마늘을 주었다. 아마도 피라미드를 건설하는 노예들에게 특별히 주었을 것이다. 투탕카멘 왕의 무덤에서 마늘이 발견되었는데, 의례의 일부로 마늘을 그곳에 두었는지, 아니면 한 일꾼이 점심을 제자리에 두지 않아서 그곳에 남았는지는 알 수 없다. 그

당신에게 좋은: 마늘 재배와 건강과 과학에 관한 아랍 책을 라틴어로 펴낸 『타쿠이눔 사니타티스』에 실린 그림(14세기 후반)

100가지 식물로 읽는 세계사

Aleum. ꝯpło. ca. m. uij. fic m. iij. Ecce arhozes ex eo. qꝏ é modice acuitatis. uuani. ꝯꝛ
uenca. fia. ꞇ moꝛsus scoꝛpioni. ꞇ uipar ꞇ mfficit umes. Aceuuitꝛ nocet ocul ꞇ cerbꝛo.
Remo nocti cu aceto ꞇ olo. Quio guint humoꝛe; gꝛossuꝛ ꞇ acutu; cuenit fu; decrepi-
tis ꞇ senibꝛ. hyeme. ꞇ montuus ꞇ septentꝛioalibꝛ: ⁓

좋은 식품: 〈겨울의 마늘 장보기〉
(뤼카스 판 팔켄보르흐, 1595년)

러나 무덤 안에는 마늘 구근 모양의 그릇도 있었다. 아마도 마늘이 주는 힘과 활력이 내세에서도 도움이 되리라고 여겼던 것 같다.

플리니우스는 "마늘은 효능이 아주 좋아서 물이나 장소가 바뀌어서 생기는 온갖 질병을 물리치는 데 도움이 된다. 마늘의 냄새는 뱀과 전갈을 내쫓고, 일부 전문가에 따르면 온갖 종류의 들짐승까지 내쫓는다"라고 칭찬을 아끼지 않았다. 마늘은 모기와 민달팽이를 물리친다. 루마니아에서는 마늘이 있으면 흡혈귀가 가까이 오지 못한다고 믿었다. 그리스 의사 히포크라테스는 호흡기 질환, 기생충, 소화기 질환과 피로에 시달리는 환자에게 마늘을 처방했다. 작곡가로 잘 알려진 12세기 성녀이자 수녀원장, 철학자 힐데가르트 폰 빙엔은 의학에 대한 글을 쓰면서 마늘을 언급했다. 16세기 독일 식물학자 아담 로니처는 마늘이 시골의 만병통치약이라고 말했다. 마늘은 혈압을 낮추고, 감기를 치료하고, 콜레스테롤 수치를 낮추고, 심장 질환의 위험을 줄이고, 치매를 예방하고, 운동 능력을 높인다고 한다. 인도에서는 정력제로 여기기도 한다.

그래서인지 불교도는 마늘을 피했다. 이슬람 전통에서는 이슬람 사원에 가기 전에만 먹지 않으면 되었다. 그 규칙은 종교의식만큼 중요한 예의였다. 아마도 이슬람교도가 유럽에 마늘을 전파했을 것이다. 유럽에서는 마늘이 천연두 치료에 효과가 있다고 여겼다. 루이 파스퇴르는 1858년에 항생작용을 하는 마늘의 특성을 발견했고, 1913년 콜레라 발생과 1919년 스페인 독감 대유행 당시에 활용해 어느 정도 효과를 보았다. 제2차 세계대전 중 페니실린(1928년에 발견, 21장 참조)이 부족해지자 러시아에서는 상처 치료에 마늘을 사용해 '러시아 페니실린'이라고 불렸다.

현대 서양 의학은 예로부터 모든 종류의 민간요법을 거부했지만, 이런 본능적인 거부감은 이제 많은 곳에서 바뀌고 있다. 과학적 시험과 조사를 통해 마늘을 먹으면 폐암과 뇌종양, 전립선암, 골관절염 예방에 도움이 될 수 있다는 사실이 드러났다. '증명되었다'는 단어를 사용하기에는 성급할 것이다. 과학자들은 성급함을 싫어한다. 마늘에는 실제로 항생작용을 하는 특성이 있다. 마늘은 심장과 혈압 문제를 해결하는 데도 도움이 될 수 있고, 간이 음주로 손상되지 않도록 보호할 수도 있다. 조산 위험을 낮추고, 감기 예방에도 도움이 된다.

마늘이 건강에 도움이 된다는 사실은 언제나 매력적이지만, 마늘이 요리의 풍미를 돋운다는 사실 또한 똑같이 중요하다. 입냄새가 심해진다는 점이 불리한 면이기는 하다. '돈으로는 지하철을 타지만, 마늘 냄새로는 자리를 차지할 수 있다'라는 유대인의 옛날 농담도 있다. 파슬리는 마늘 냄새를 줄이거나 심지어 없앤다고 알려져 있다. 마늘빵과 달팽이 요리 등 여러 요리에 마늘과 파슬리를 함께 사용하는 이유 중 하나다(풍미가 훌륭해지기 때문이기도 하지만).

영국인은 전후의 금욕적인 생활에서 벗어나기 시작하면서 조금 더 자유롭게 살고자 했던 1950년대까지 마늘을 강하게 거부했다. 영국인은 주로 엘리자베스 데이비드 덕분에 마늘을 받아들였다. 그녀는 파리에서 공부하고 배우로 활동하다 유부남과 도망쳐 작은 배를 타고 이탈리아로 간 상류층 반항아였다. 이탈리아에서 배가 압수된 후 그리스로 갔고, 가까스로 나치 독일의 군대를 피해 이집트로 갔다. 그녀는 1950년에 영국으로 돌아와 『지중해 음식에 대한 책』을 출간했다. 이국적인 요리들을 쉽고 친절하게 잘 설명한 이 책에서 그녀는 영국인에게 바질과 올리브오일 그리고 물론 마늘을 소개했다. 이 책과 이후의 책들에서 그녀는 정통 요리법의 재료를 함부로 다른 재료로 바꾸지 말라는 원칙을 고집했지만, 결코 지나치게 깐깐하지는 않았다. 그녀는 누구든 따라 할 수 있는 요리법을 알려주었다. 이 책에 나오는 재료에는 영국에서 구하기 어려운 재료가 많았다. 모험, 열망, 일종의 용기, 새로운 세계로 들어가는 문과 같은 요리들이었다.

내 어머니는 완전히 전향한 사람이었다. 외할머니는 마늘을 사용하지만 않으면 이 화려한 외국 요리들이 모두 정말 훌륭하다고 어머니에게 이야기하셨다. 외할머니는 스트리섬의 큰 식탁에 앉아 마늘이 들어간 많은 요리를 감탄하면서 드셨다. 그러면서도 마늘이 들어갔다는 사실은 모르셨다.

049
디기탈리스

여우의 장갑 혹은 마녀의 약초

···마음의 고통과 육체가 물려받은

수많은 괴로움···.

└ 윌리엄 셰익스피어의 희곡 〈햄릿〉

약초는 이 책에 거듭 등장한다. 많은 식물이 인간의 몸에 좋은 영향을 미친다고 알려져 있다. 그렇다고 확신하지는 말아야 한다. 인삼과 마늘을 다룬 장에서 그런 치료법을 부정적으로 보기도 했는데, 여기서는 디기탈리스를 살펴보려고 한다. 페니실린을 우리에게 선물한 푸른곰팡이(21장)와 아스피린을 선물한 버드나무(5장)에 대해서는 이미 이야기했다. 가장 중요한 약 대부분을 포함해 우리가 먹는 약의 거의 절반은 자연에서 나오고, 그중 대부분은 식물과 균류에서 재료를 얻는다는 사실을 절대 잊지 말자.

이번 장에서는 생각해야 할 또 다른 문제가 있다. 대부분의 약초 치료법은 거의 무해하기 때문에 되는대로 많이 먹어도 된다고 생각한다. 디기탈리스에 한해서는 그리 좋은 생각이 아니다. 사랑스러운 식물이지만 너무 많이 먹으면 죽을 수도 있기 때문이다.

디기탈리스속(*Digitalis*)에는 20종 정도가 있다. 디기탈리스라는 단어는 손가락이라는 의미가 있는 라틴어에서 비롯되었다. 손가락 끝에 디기탈리스 꽃을 한 송이씩 씌울 수 있기 때문이다. 많은 사람이 디기탈리스와 친숙하다. 키가 1.2미터까지 자라고, 종 모양의 화려한 보라색, 분홍색, 흰색, 노란색 꽃들이 무리 지어 피는 2년생 식물이다. 재배 품종들은 정원에서 자란다. 여우장갑(foxglove)이라는 영어 이름은 재미있다. 여우가 소리를 내지 않

의학적 용도: 〈폴 가셰 박사의 초상〉(빈센트 반 고흐, 1890년), 가셰 박사가 디기탈리스를 쥐고 있다

고 사냥하려고 발밑에 그 꽃을 미끄러뜨려 넣었다는 매혹적인 이야기에서
나온 이름이다. 사실은 포크(folk)의 장갑이라고 불렀다는 가설이 더 신빙성
이 높다. 포크는 작은 사람들, 즉 요정이지만 그렇게 부르지 말아야 한다. 소
리 내어 그들의 이름을 말하면 그들의 관심을 끌어서 불운을 불러들일 수

있기 때문이다. 그들의 이름을 절대 부르면 안 된다. 디기탈리스의 종 모양 꽃 안에 있는 자국을 요정의 손자국이라고 한다. 디기탈리스에는 독이 있어서 죽은 자의 종이라고도 불린다. 마법과 관련 있다고 믿어 마녀의 장갑이라고 부르기도 한다.

독일의 식물학자이자 의사 레온하르트 푹스[Leonhard Fuchs: 푸크시아(fuchsia)라는 식물 이름이 그의 이름에서 유래했다]가 1542년에 처음으로 디기탈리스에 대해 설명했다. 그러나 디기탈리스가 과학적으로 더 큰 관심을 받기까지는 몇 세기가 걸렸다. 윌리엄 위더링이 디기탈리스 식물에서 얻은 물질을 활용해 수종이라는 질병을 앓는 환자를 치료하면서 관심이 커지기 시작했다. 수종은 울혈성 심부전으로 인한 부종이다. 치료는 효과가 있었다. 영국 왕립학회 회원이었던 위더링은 디기탈리스에 유효 성분이 있다는 사실을 알아차리고 기록했다. 그는 1785년에 『디기탈리스와 그 식물의 몇몇 의학적 용도에 대한 설명』을 출간했다. 같은 해에 찰스 다윈의 할아버지이자 의사인 이래즈머스 다윈이 위더링에게 비슷한 환자에 대한 도움을 요청했고, 똑같은 방법으로 치료에 성공했다. 이래즈머스 다윈은 그 후 독자적인 논문 「일부 수종과 폐결핵에서 디기탈리스의 성공적인 활용에 대한 설명」을 썼다. 이 때문에 두 사람은 누가 먼저 디기탈리스의 치료 효과를 밝혀냈는지 격렬한 논쟁을 벌였고, 사이가 틀어졌다. 어찌 되었든 디기탈리스의 유익한 효과는 이제 대중에게 알려졌다.

디기탈리스에서 얻은 물질에는 여러 화합물이 들어 있다. 이후 이 화합물들을 분리해냈고, 그중 하나인 디곡신은 심장병을 치료하고 불규칙한 심장박동을 조절하는 데 사용한다. 디기탈리스는 근육을 자극하는데, 심장도 근육이기 때문에 영향을 받는다. 적당량을 먹으면 심장박동이 느려지고, 불규칙한 심장박동이 규칙적으로 바뀐다. 그리고 심장이 더욱 활기차게 잘 뛰게 된다. 디기탈리스는 고혈압 치료에도 사용해왔다. 뇌전증 치료에도 사용했지만, 이제는 사용하지 않는다.

디기탈리스는 식물 전체에 독성이 있어서 올바른 용량을 복용하는 것이 매우 중요하다. 치료에 필요한 디기탈리스의 양과 유해한 영향을 끼치는 양은 별로 차이가 나지 않는다. 많이 먹으면 메스껍고, 구토하고, 설사하고, 심장박동이 비정상적으로 뛰면서 쓰러지거나 사망할 수도 있다. 환각과 섬망을 일으키고 색을 식별하는 능력에 영향을 주기도 한다. 물체가 노랗게 보이고, 광원 주위에 후광이 보일 수 있다. 뇌전증을 앓던 빈센트 반 고흐가 발작을 조절하기 위해 디기탈리스 치료를 받았고, 그래서 황색 시대(고흐의 창작 활동 시기 중 작품에서 노란색이 유독 더 두드러지게 사용된 시기—옮긴이)가 시작되었다고 추측하기도 한다. 1889년의 위대한 작품 〈별이 빛나는 밤〉이 찬란한 이유가 디기탈리스 덕분일 수도 있다. 가셰 박사의 초상화에 작은 단서가 있는데, 그림 속 박사는 디기탈리스를 손에 쥐고 있다. 그러나 사실 반고흐는 1890년 5월이 되어서야 가셰 박사를 만났다. 역시 추측에 지나지 않는 것일까. 어쨌든 중요한 것은 그의 작품이다.

　디기탈리스의 효능이 인정받은 이야기와 관련된 풀기 어려운 문제가 있다. 디기탈리스가 효능이 있다는 사실을 위더링은 어떻게 알았을까? 시험해볼 만하다는 사실을 어떻게 알 수 있었을까? 그는 어떻게 치명적일 수 있는 물질을 치료에 사용하게 되었으며, 성공적으로 사용했을까? 그가 마더 허턴이라는 여자 마법사로부터 비법을 전수받았다는 이야기도 있다. 상당히 매력적으로 들리지만, 의도적으로 지어낸 이야기다. 훗날 약의 효능을 광고하려고 만들어낸 것이다. 위더링은 그런 마법사에 대해 언급한 적이 없다. 그 여자 마법사는 1928년에 제약 회사 파크 데이비스가 만들어낸 인물이다.

　그러나 위더링이 어디에선가 정보를 얻었다는 점은 확실하다. 그 출처를 캐내려면 모호하면서도 위험한 역사의 영역으로 넘어가야 한다. 디기탈리스는 위더링이 생각해내기 전부터 분명 수종 치료에 사용되었다. 민간요법이나 약초 사용 그리고 오늘날 우리가 미신이라고 부르는 미심쩍은 역사의 일부에서 말이다. 최근까지도 과학과 마법 사이에 구분이 명확하지 않고, 증명되지 않은 갖가지 믿음을 논쟁의 여지가 없는 사실이라고 여겼다.

　민간요법의 역사는 식물의 비밀을 이해한 여자 마법사에 대한 전통과 관련이 있다. 이것은 물론 마법에 대한 믿음으로 이어진다. 아주 오래전부터 나쁜 일이 생기면 누군가의 잘못으로 돌리고 싶을 때 마녀를 박해했다. 약초 전문가들은 마녀로 몰려 박해받았고, 그중 많은 수가 처형당했다. 유럽에서는 1750년(계몽주의의 세기인 18세기)까지 3세기에 걸쳐 4만 명에서 10만 명 정도가 마법을 부렸다는 이유로 처형되었다.

따라서 천연 성분을 치료에 사용한 기록이 정확하지 않고 혼란스럽고 모호하다는 사실은 그리 놀랄 일이 아니다. 약초는 지난 반세기 동안 다시 부활했고, 수많은 사람이 전통 의학에서 사용했던 디기탈리스의 혜택을 받았다.

050
포도

당신을 위한 포도주 한 잔

우리의 머리에 당신의 포도로 면류관을 씌우소서.

우리를 감싸소서. 세상이 돌아갈 때까지!

└ 윌리엄 셰익스피어의 희곡 〈안토니우스와 클레오파트라〉

이 장을 마치면 책의 중간 지점에 도달한다. 고생한 나에게 무언가 보상을
해주는 게 좋겠다. 책을 절반까지 썼다는 사실을 자축하며 간식을 먹자. 그
럼 나는 반드시 포도를 먹겠다. 포도알은 15알에서 300알까지 송이로 자란
다. 포도의 껍질은 효모라는 공기 중에 떠다니는 균류가 아주 좋아한다(11장
참조). 그래서 사워도 빵(밀에 대한 2장 참조)을 만드는 데 필요한 과정을 시작
하기 위해 포도를 활용할 수 있다(나도 그렇게 했다). 하지만 우리 인간이 발
효가 잘되는 포도를 이용해 주로 만든 것은 사워도 빵이 아니다.

　페르시아의 전설적인 왕 잠시드는 포도를 무척이나 좋아해서 특별한
항아리에 담아두고 먹었다고 한다. 그러다 어느 날 너무 오래 보관한 포도에
서 꺼림칙한 냄새가 났다. 그래서 항아리에 독이라고 표시한 후 다음에 쓰려
고 따로 보관했다. 나쁜 의도로 쓸 생각이었다. 그런데 왕의 하렘에서 쫓겨
나 절망에 빠진 한 여성이 그 항아리를 발견하고 항아리 안의 액체를 마셔
버렸다. 그 여성은 죽지 않았다. 대신 그 어느 때보다 기분이 좋아졌다. 그녀

는 왕에게 그 사실을 알렸고, 왕은 기뻐하며 그녀를 다시 총애하는 자리로 올렸다. 포도주는 이렇게 발명되었다고 전해진다.

포도는 자석처럼 효모를 끌어모으고, 당도가 높다. 일부 품종의 당도는 24퍼센트에 이른다. 효모는 당분을 에탄올과 이산화탄소, 열로 바꾼다. 중국에서는 9,000여 년 전, 조지아에서는 8,000여 년 전, 이란에서는 7,000여 년 전, 시칠리아에서는 6,000여 년 전부터 포도주를 만들었다는 증거가 있다. 페니키아인이 코카서스 지역(지금의 아르메니아, 조지아, 아제르바이잔)에서 유럽과 북아프리카로 포도주를 전파했다. 오마르 하이얌의 시집 『루바이야트』에서는 서아시아의 유산을 찬양한다.

아, 점점 희미해지는 내 생명에 포도를 주고,
생명이 다하면 죽은 몸을 씻고,
싱싱한 잎에 싸서 나를 눕혀주세요.
어딘가 인적이 드문 정원 옆에.

고대 이집트에서 포도주는 중요했다. 투탕카멘의 무덤에서는 36개의 포도주 항아리가 발견되었다. 고대 그리스인도 포도주를 엄청나게 좋아했다. 『오디세이아』에서 주인공은 종종 포도주가 출렁이듯 거친 바다를 가로질러 이 술판에서 저 술판으로 옮겨 다니는 것처럼 보인다. 호메로스가 가장 좋아했던 문구 중 하나를 소개한다. "그것은 사람을 유혹하는 포도주다. 가장 현명한 사람까지 목청껏 노래하게 하고, 바보처럼 웃게 하고, 춤추게 하고, 심지어는 절대 하지 말아야 할 이야기들을 불쑥 털어놓게 유혹하는 야성적인 포도주다."

포도주는 언제 종교에서 중요해졌을까? 아마도 포도주가 발명된 때부터 종교의식에서 황홀한 경험을 하도록 돕는 도구로 활용했을 것이다. 그리스인은 디오니소스를 포도주의 신으로 숭배했다. 디오니소스는 로마 신화에서 바쿠스로 이름이 바뀌었다. 로마인은 주둔한 도시 근처에 포도밭을 만

값을 치르는 기쁨: 〈젊고 병든 바쿠스〉(미
켈란젤로 메리시 다 카라바조, 1593~1594년)

100가지 식물로 읽는 세계사

들었다. 나폴레옹이 군대 내 사기의 중요성을 말하기 훨씬 전부터 그러한 사실을 알았기 때문이다. 유대교에서는 안식일에 포도주(금욕적인 가정에서는 발효되지 않은 포도 주스)를 마시며 축복하는 키디시(Kiddush)라는 관습이 오래전부터 내려오고 있다. 여기에서 유대인에 대한 중상모략이 비롯되었다. 중세 기독교인은 유대인이 상습적으로 기독교인 아이들을 죽여서 아이들의 피를 종교의식에 사용한다고 생각했다.

포도주는 2,000여 년 동안 성당에서 매일(성 금요일 제외) 미사 때 진행하는 가톨릭 성체 성사의 핵심이었다. 성체 성사의 기원은 그리스도가 제자들에게 "이것은 내 피다"라고 이야기하며 포도주를 준 최후의 만찬으로 거슬러 올라간다. 그래서 가톨릭 정복자와 선교사는 가는 곳마다 포도밭을 만들었다. 성체 성사에 참여하지 않으면 가톨릭 신자로 생활하지 않는다고 여겼기 때문이다. 그렇게 포도주가 자리 잡자 세속적으로도 즐기게 되었다.

포도주는 쉽게 만들 수 있다. 그러나 좋은 포도주를 만들기는 쉽지 않다. 무엇이든 자연스럽게 술로 바뀔 수 있다는 것은 아주 기분 좋은 일이지만, 마실 수 있는 포도주를 대량으로 생산하려면 조금 더 정교한 기술이 필요하다. 그러나 기본은 정말 간단하다. 적포도주를 만들려면 색이 짙은 포도를 따서 으깬다. 그다음 발효하도록 놓아둔다. 5~7일 정도 적당한 시간이 지나면 포도를 압착해 과육과 씨, 껍질을 제거한다. 걸러낸 즙은 오크통이나 스테인리스 스틸 탱크에서 숙성시킨다. 그다음 보통 원하는 맛을 얻을 때까지 다른 포도주와 섞는다. 그러고는 병에 담아 팔고, 마신다. 포도주를 병에 넣는 과정에서는 보통 투명도를 높이기 위해 정화 작업을 한다. 이때 젤라틴, 달걀흰자, 우유에서 추출한 카제인 등 동물성 식품을 사용하기 때문에 엄격한 채식주의자에게는 어울리지 않는 포도주도 많다. 요즘은 뚜껑이 달린 병에 담아 판매하는 포도주도 많지만, 좀 더 고급인 포도주는 여전히 코르크 마개가 있는 병에 담아 판매한다. 코르크와 공기에 접촉하면 포도주의 질이 좋아지기 때문이다. 고급 포도주는 맛이 가장 좋을 때 마시기 위해 몇 년 동안 묵혀둔다.

백포도주도 흑포도로 만들 수 있다. 포도 껍질을 제거하는 과정인 압착을 언제 하느냐에 달린 문제다. 껍질은 적포도주의 풍미와 타닌을 더하지만, 백포도주를 만들 때는 초기 단계가 지나면 껍질이 필요 없다. 백포도주를 만들려면 발효 전에 압착해서 껍질을 제거해야 한다. 로제 와인을 만들려면 대부분의 백포도주처럼 서늘한 온도에서 발효시키는데, 압착 전에 짧은 시간 동안만 발효시킨다.

프랑스는 1인당 세계 포도주 소비량 1위를 계속 차지하고 있다. 이탈리아는 그저 포도 재배 면적이 넓다. 프랑스 사람들은 동물성 지방을 많이 먹지만, 비교적 심장병 발병률이 낮다는 이른바 프랑스 역설이 있다. 보통 건강에 유익한 포도주의 특성 때문이라고 설명하지만, 프랑스인이 건강 통계를 수집하고 분석하는 방식 때문이기도 하다.

포도에는 여러 종이 있다. 비티스속(Vitis)의 몇몇 종은 북아메리카가 원산지다. 이 단순한 사실 때문에 19세기에 유럽의 포도주 산업이 황폐해졌다. 포도나무의 뿌리를 갉아 먹는 진딧물의 일종인 필록세라가 아메리카 포도나무를 수입하는 과정에서 우연히 유럽에 들어왔기 때문이다. 이 진딧물은 종이 달라서 자연 방어력이 없는 유럽의 포도나무에 널리 퍼졌다(아메리카의 포도나무 종들은 끈적끈적한 수액을 만들어내 진딧물의 입 부분을 막는다). 감염된 포도나무 때문에 굶어 죽은 사람은 없었지만, 많은 산업이 무너졌다. 유럽의 포도밭은 아메리카의 포도나무 종들과 접목해 잡종을 만들면서 살아남았다.

그대로 먹으려고 포도를 재배하기도 한다. 요즘은 씨가 없는 포도가 많지만, 상상할 수 없을 만큼 부자연스러운 일이다. 씨 없는 포도는 무성생식으로만 번식한다. 전 세계 포도 생산량의 71퍼센트는 포도주를 만들고, 27퍼센트는 신선한 상태로 먹고, 나머지는 건포도로 먹는다.

포도주는 온갖 속물근성, 헛소리와 관련되기 쉬운데, 필연적으로 다른 어느 곳보다 영국에서 더하다. 영국에서는 예로부터 상류층은 포도주를 마시고, 하류층은 맥주를 마신다. 하지만 지금은 모든 슈퍼마켓에서 계층과 상관없이 술을 고르는 모습을 볼 수 있다. 비교적 최근에 달라진 광경이다. 어린 시절 방학 때 콘월에 가면 가장 가까운 마을에서 포도주를 팔던 유일한 가게가 약국이었다. 30년 전만 해도 펍에서 포도주를 주문하면 약간 특이하게 보았다. 지금은 포도주를 주문하면 보통 어떤 품종의 포도를 좋아하는지 구체적으로 물어본다.

에벌린 워의 소설 『다시 찾은 브라이즈헤드』에서 찰스와 서배스천이 가족 포도주 저장고를 뒤지며 나눈 대화를 음미해보자.

> "…가젤처럼 수줍고 작은 와인이야."
> "요정 레프러콘 같지."
> "태피스트리 같은 초원에서 어룽거리지."
> "잔잔한 물가의 플루트 같아."
> "…그리고 이건 나이 많고 현명한 와인이야."
> "동굴 속 선지자지."

이 책의 절반에 이르러 샴페인으로 관심을 바꿔보자. 흥미롭게도, 샹파뉴 지역에서는 한때 포도주에 거품이 생기는 것을 수치로 여겼다. 심지어 거품을 없애려고 할 수 있는 모든 노력을 다했다. 이곳은 프랑스에서 포도를 재배할 수 있는 지역 중 가장 북쪽이다. 이곳에서는 날씨가 추워지면 효모가 활동을 멈추면서 발효가 중단되는데, 날씨가 다시 따뜻해지면 효모가 활동을 재개하면서 병 안에서 발효가 일어난다. 그러면 이산화탄소가 많이 발생하고, 그 압력으로 병이 깨지거나 부글부글 거품이 나는 포도주가 된다. 돔 페리뇽은 거품을 제거하기 위해 최선을 다했다. 그런데 오히려 거품이 나는 포도주를 좋아하는 사람들도 있었다. 영국인은 샴페인을 좋아하게 되었다. 해협의 항구에서 가장 가까운 프랑스 포도주가 샴페인이었기 때문이다. 1715년에 루이 14세가 사망한 후 프랑스 왕실은 샴페인을 마셨다. 한동안은 그저 우연히 탄산가스가 남는 데 기댔다. 그러나 19세기에는 제조 과정을 더 잘 통제하고, 포도주를 담을 더 튼튼한 병을 만들었다. 뵈브 클리코가 샴페인 양조법을 개발했고, 19세기에 주요 샴페인 하우스들이 설립되었다. 볼린저는 1829년, 크루그는 1843년, 포므리는 1858년에 생겼다.

샴페인은 탄산가스가 있는 데다 가격이 비싸서 특별히 축하하거나 기념할 순간에 가장 잘 어울리는 음료다. 이산화탄소 거품인 탄산가스는 알코올을 아주 빠른 속도로 혈류에 밀어 넣는다. 그래서 많은 술(라거 맥주, 위스키 소다, 진토닉)에 탄산가스가 들어 있다. 샴페인은 딱 맞는 알코올 도수여서 그런 과정이 쉽게 이루어진다. 이 책을 처음부터 지금까지 읽고 있다면 당신도 샴페인 한 잔을 마실 자격이 충분하다.

051
식용버섯

동물도 식물도 아닌 또 다른 세계

…그리고 너의 취미는

한밤중에 버섯을 만들어내는 일….

└ 윌리엄 셰익스피어의 희곡 〈템페스트〉

어떤 면에서 모든 버섯은 마법의 버섯이다. 그들은 우리가 쉽게 이해할 만한 방식으로 살아가지 않는다. 어둠 속에서 자라고, 하룻밤 사이에 돋아나고, 꽃이나 씨앗이 없고, 초록색 반점도 없다. 자랐다가 사라지고, 주로 다음 해에 언제나처럼 신비롭게 나타난다. 게다가 먹으면 머리가 이상해지거나 죽음에 이르는 버섯도 상당히 많다.

슈퍼마켓의 채소 진열대에서 식용버섯을 찾을 수 있지만, 버섯은 식물이 아니다. 영어권 문화에서는 버섯을 선뜻 맛있게 먹지만, 기꺼이 야생 버섯을 따서 먹는 사람은 비교적 많지 않다. 버섯은 좋지만 믿을 수 없다. 인간과 버섯의 관계는 늘 조금 걱정스럽다.

쉽게 구할 수 있는 버섯 중 50퍼센트는 먹을 수 없다고 봐도 된다. 나무처럼 딱딱하거나 다른 여러 이유로 먹기에 적당하지 않다. 나머지 50퍼센트 중 25퍼센트는 먹을 수는 있지만 맛이 없고, 20퍼센트는 이런저런 병에 걸릴 수 있고, 4퍼센트는 먹을 수 있는 데다 맛있기까지 하고, 1퍼센트는 먹으면 죽을 수도 있다. 식물도 먹을 수 없고, 먹으면 병에 걸리거나 죽는 것이 상당히 많다. 그러나 식물은 균류처럼 전체를 의심하지는 않는다. 우리는 균류를 먹기 전부터 마음이 혼란스러워진다. 균류가 식물처럼 살아가기를 기대하지만 그렇지 않기 때문이다. 그들은 식물이 아니다. 앞에서 살펴보았듯, 균류는 동물이나 식물과 마찬가지로 독립된 계를 이루며 그들과는 완전히 다른 독립된 세계를 가지고 있다.

균류는 태양에서 직접 에너지를 얻지 않는다. 우리 동물처럼 먹이를 먹으면서 간접적으로 에너지를 얻는다. 그래서 균류는 나무 혹은 더 충격적으로는 동물에 기생해서 자란다. 우리는 이분법적인 세계를 좋아한다. 본능적

이 그림을 먹으세요: 아자롤(산사나무종의 열매)이 담긴 접시와 과일, 버섯, 치즈가 있는 정물화(루이스 에히디오 멜렌데스, 연대 미상)

100가지 식물로 읽는 세계사

으로 자연스럽게 생물을 식물과 동물로 나눈다. 균류라는 세 번째 집단은 우리의 질서 의식을 흐트러뜨린다. 균류는 이쪽도 아니고 저쪽도 아니다. 균류는 전적으로, 그리고 상당히 당황스럽게도, 어디에도 속하지 않는 균류 그 자체다.

하지만 균류는 인류가 쉽게 구할 수 있는 영양 공급원이기도 하다. 인류는 수천 년에 걸쳐 버섯을 따서 먹었다. 수렵 채집을 하던 우리 조상들도 분명 버섯을 먹었을 것이다. 칠레의 한 유적지에는 1만 3,000여 년 전에 버섯을 먹은 흔적이 남아 있다. 중국은 수천 년 전부터 버섯을 먹어왔다. 그들은 주로 버섯에 치료 효과가 있다는 믿음 때문에 많이 먹었다. 고대 그리스와 로마에서 버섯은 상류층 음식이었다. 음식을 미리 맛보는 하인(그리 매력적인 직업은 아니다)을 둘 수 있다면 버섯을 먹어서 생길 수 있는 위험을 최소화할 수 있기 때문이었다.

버섯을 조심하는 태도는 상식에 기대는데, 그 상식이 지역에 따라 크게 다르다. 여러 문화권에서 가을이면 가족 행사 삼아 버섯 따기 소풍을 한다. 나는 런던 지하철 노선 끝자락에 있는 트렌트 파크의 한 카페를 자주 방문하고는 했다. 이탈리아 가족이 운영하는 카페였다. 가을이면 그들은 불쌍한 영국인은 너무 무서워 만지지도 못하는 버섯을 따서 풍기버섯 파스타를 내놓았다. 버섯 따기는 큰 잔치를 벌이는 과정이다. 또한 대부분의 버섯은 말려서 먹을 수 있기 때문에 겨울에 맛있게 먹을 음식을 저장해둘 기회이기도 하다. 버섯을 얇게 썰어 실에 매달아 말리는 것이 전통적인 건조 방법이다. 버섯의 90퍼센트 이상은 수분으로 이루어져 있다. 그래서 말리면 풍미가 강해진다. 오븐에서 말릴 수도 있는데, 섭씨 65도에서 양쪽을 20분씩 말리면 된다.

인류는 오래전부터 야생 버섯을 따서 먹었지만, 버섯을 재배한 지는 그리 오래되지 않았다. 재배하기가 어렵고, 시간이 오래 걸리기 때문이다. 버섯이 자라는 자연림과 버섯을 딸 하층민이 있다면 굳이 재배할 필요가 없다. 그러나 17세기 파리에서는 버섯의 수요가 너무 많아 가까운 도시에서 버섯을 공급해야 했다. 루이 14세가 버섯을 좋아했기 때문에 버섯을 공급하면 돈을 많이 벌 수 있었다. 채석장 노동자들은 캐낸 돌을 실어 나르는 말의 똥에서 식용버섯(우리가 양송이버섯, 단추버섯, 포토벨로버섯 혹은 파리지앵버섯이라고 부르는 버섯)이 저절로 자라난다는 사실을 알아차렸다. 그때 무슈 샹브리라는 기발한 사람이 말의 똥 무더기를 1년 내내 버섯을 기를 수 있는 채석장의 굴속으로 가져갔다. 19세기가 되자 시멘트의 등장으로 쓸모없어진 채석장은 완전히 버섯 농장이 되었다. 그런 버섯 농장은 20세기 초에 지하철이 건설될 때까지 번창했다.

버섯 재배는 이제 하나의 사업으로 자리 잡았다. 버섯을 재배할 때 가장 중요한 점은 균사체(버섯의 주요 부분을 구성하는 섬세한 실 모양 세포들의 덩어리)가 먹이를 먹고 식용 자실체를 만들어낼 수 있어야 한다는 것이다. 나뭇조각과 톱밥, 짚, 말과 가축의 거름, 옥수숫대, 재활용 종이, 커피 과육과 찌꺼기, 견과류와 씨앗 껍질, 콩에서 기름을 짜고 남은 찌꺼기, 양조용 곡물 등이 먹이가 될 수 있다. 요즘은 대부분 창문이 없는 특별한 건물에서 버섯을 재배한다. 오염 물질을 차단하면서 버섯을 쉽게 딸 수 있도록 설계한 건물이다. 버섯 재배는 쉬운 일이 아니다. 내가 아는 사람은 버섯을 대량으로 재배했지만, 슈퍼마켓의 요구와 달리 크기와 모양이 들쭉날쭉한 경우가 많았다. 그는 맛은 좋지만 판매할 수 없는 버섯을 걸핏하면 한 바구니 가득 가져다주었고, 나는 버섯을 잔뜩 넣고 러시아 요리 스트로가노프를 만들어 먹고는 했다.

영어로 버섯을 뜻하는 머시룸(mushroom)이라는 이름은 주로 유럽과 북아메리카가 원산지인 아가리쿠스 비스포루스종(*Agaricus bisporus*)에 사용한다. 쉽게 재배할 수 있는 버섯으로, 앞에서 이야기한 포토벨로버섯과 크레미니버섯 등의 품종이 있다. 다른 재배 버섯 품종으로는 꾀꼬리버섯과 곰보버섯, 느타리버섯, 포르치니버섯 또는 그물버섯, 표고버섯과 이전에는 유대인의 귀라고도 불렀던 목이버섯 등이 있다. 제철이 되면 채집하거나 재배한 식용버섯을 유럽의 많은 시장에서 찾을 수 있다. 뮌헨의 식료품 시장에서는 최

100가지 식물로 읽는 세계사

대 300여 가지 버섯이 판매되고 있다고 한다.

최근에는 식품 대기업 랭크 호비스 맥두걸이 미세균류에서 식품을 생산하는 방법을 찾아냈다. 퀸이라는 이름으로 판매하면서 진균 단백질이라고 설명한다. 12년 동안의 병원균 테스트 과정을 거쳐 시장에 나왔다고 한다. 진균을 포도당 시럽이 담긴 통에서 기르는데, 이렇게 얻은 식품은 단백질 함량이 높고 지방 함량이 낮다. 그들은 고기를 먹지 않는 사람과 엄격한 채식주의자 모두 고기 대신 퀸을 먹을 수 있다고 홍보한다. 퀸은 풍미를 잘 흡수해서 향신료를 많이 사용하는 인도 요리에 특히 잘 어울린다.

영어 문화권 사람들은 식용이 확실하지 않은 버섯을 먹는 것을 대담한 일, 우리의 늠름한 세계인다운 자질을 과시하는 일로 여긴다. 셜리 콘랜이 20세기 후반에 여성들을 위한 안내서 『슈퍼우먼』에서 버섯을 먹기에는 인생이 너무 짧다고 단언한 말은 유명하다(그녀는 아마도 버섯 요리를 해본 적이 없는 것 같다. 버섯 요리는 대단히 까다롭거나 시간이 오래 걸리는 일이 아니다). 식당이나 술집에서는 준비 과정이 거의 필요 없는 채식주의자 메뉴로 때때로 버거 대신 버섯이 등장하기도 한다. 포르치니버섯은 파스타와 리소토를 만들 때 넣으면 가장 잘 어울린다.

052
호장근

인간의 통제를 벗어난 침입종

"외국인이 당신 집에 들어와 자리 잡고,

당신 냉장고를 마음대로 사용하길 원하세요?"

└→ 장 루이 드브레(프랑스 내무부 장관, 1997년)

침입 식물에 관한 이야기는 언제나 공상과학소설처럼 들린다. 마치 사악한 천재가 만들어내거나 먼 은하계에서 온 무시무시한 힘으로 인해 생겨난 식물 같다. 침입종의 성공은 피할 수 없는 일이자 인류에 대한 도덕적 심판으로 보인다. 칡이 성공하기는 했지만(35장 참조), 사실 어떤 식물도 낯선 환경에서 자리 잡기란 쉽지 않다. 당연하게도 처음에는 그들 중 아주 극소수만 새로운 장소에서 살아남는다. 그러니 예비 자원이 전혀 없고, 번식을 할 기회도 거의 없다. 10퍼센트의 법칙이라는 것이 있다. 인간이 도와주지 않는 야생의 낯선 환경에서 살아남는 식물은 대략 10퍼센트밖에 되지 않는다는 법칙이다. 그중에서도 10퍼센트만이 자생 가능한 종으로 자리 잡는다. 이 과정은 식물의 번식 전략에 관한 철저한 시험이라고 볼 수 있다.

　처음에는 외래 식물에 유리한 면이 몇 가지 있다. 먼저 외래 식물에는 천적이 없다. 그 식물을 이용하도록 진화해온 동물이나 곰팡이, 기생충이 없다. 식물의 확산을 억제할 수 있는 토착 질병도 없다. 새로운 생태계 환경에서는 외래 식물에게 피해를 입힐 여지가 전혀 없다. 하지만 그것이 모순이 될 수 있다. 반대로 생각하면, 도움을 받을 만한 여지도 없다는 뜻이기 때문이다. 자연에서 꽃가루를 옮겨주거나 씨앗을 퍼뜨릴 매개자가 없다. 새로운 지역의 온도와 습도, 토양의 종류, 계절의 흐름이 그 식물에 필요한 조건과 맞지 않을 가능성이 높다. 침입 식물로 잘 자리 잡으려면 강인하면서도 두루두루 적응하는 능력이 필요하다. 하나의 환경에 완벽하게 적응하도록 진화한 식물은 다른 환경에 적용하지 못할 가능성이 높다. 두루두루 적응하는 식물이 더 좋은 기회를 얻는다.

호장근은 여러모로 상당히 잘 적응하는 식물이다. 그 때문에 유럽과 북아메리카에서는 심각한 문제를 일으켰다. 호장근은 많은 침입 식물 가운데 하나다. 큐 왕립 식물원은 전 세계 식물의 6,075종이 침입 식물이라고 추산한다. 어떤 침입 식물들은 새로운 환경에 그리 큰 영향을 미치지 않지만, 어마어마한 영향을 끼치는 침입 식물들도 있다. 칡뿐 아니라 큰멧돼지풀, 히말라야 발삼, 진달래, 뉴질랜드 피그미 잡초, 자주색 좁쌀풀, 노르웨이 단풍나무, 서양 담쟁이덩굴, 옥덩굴 해초, 부레옥잠, 위성류를 비롯한 다른 많은 식물이 문제를 일으킨다. 하와이에서는 침입 식물인 미코니아를 막으려고 헬리콥터에서 페인트볼 총으로 제초제를 가득 채운 총알을 쏜다. 중앙아메리카 서식지에서 벗어나 여러 열대지역에서 발견되는 침입 덤불인 코스터의 저주도 있다.

일본 마디풀이라는 또 다른 이름처럼 호장근은 일본과 한반도, 중국 북동부에서도 자란다. 이곳에서는 호장근을 공격하는 30종의 곤충과 6종의 곰팡이가 있다. 일본에 서양 의학을 소개한 독일 의사이자 식물학자 필립 프란츠 폰 지볼트는 호장근에 깊이 감탄했다. 그는 호장근이 인류에게 큰 도움이 된다고 생각했고, 1830년에 수집한 수많은 동식물과 함께 호장근을 가지고 유럽에 돌아갔다. 그는 식물원이 세워진 네덜란드 레이던에 정착했다. 그는 유럽 전역에 호장근을 퍼뜨렸다. 빠르게 자라는 관상용 식물로 호장근을 여러 사람에게 판매했고, 큐 왕립 식물원과 에든버러 왕립 식물원에도 표

| 그리 어렵지 않아: 글렌 마셜의 만화

본을 보냈다. 1854년에는 런던 근처 킹스턴의 한 종묘장에서 호장근이 판매
되었다. 1886년에는 영국에서 귀화식물(원래 살던 곳에서 다른 지역으로 옮겨
들어와 토착화된 식물—옮긴이)이 되었다.

호장근은 대나무와 조금 비슷해 보이지만, 추운 곳에서 대나무보다 훨
씬 쉽게 기를 수 있다. 어디든 아시아가 아닌 곳의 정원에서 기분 좋게 이국
적인 느낌을 낸다. 천적들을 없애면 더욱 잘 자란다. 온화한 기후에서는 강
가와 길가, 공터에 순조롭게 정착한다. 빽빽하게 우거진 군락을 이루고 빠른
속도로 경쟁 식물을 몰아낸다. 호장근은 온갖 조건의 토양에서 잘 자란다.
토양의 산도나 염도에 별로 영향을 받지 않기 때문이다. 호장근은 두꺼운 뿌
리줄기 조직에서 돋아난다. 그런데 바로 그 점 때문에 문제를 일으킨다. 이

100가지 식물로 읽는 세계사

| 원산지보다 더 풍부한: 호장근 그림

식물은 자연 생태계를 위태롭게 할 뿐만 아니라 인간이 만든 구조물도 파괴한다.

호장근은 층층나무, 라일락, 히말라야 발삼, 대나무 등과 비슷해 식별하기가 쉽지 않다. 그래서 예방하기가 아주 어렵다. 일단 뿌리 조직이 자리 잡으면 문제가 생긴다. 뿌리가 콘크리트 구조물과 건물, 철도, 도로, 홍수 방지 시설, 포장도로, 옹벽 등을 손상시키기 때문이다. 땅 위로 솟아난 호장근을 모두 없애는 식으로 대처할 수 있지만, 호장근은 계속 돋아나고 완전히 죽이기까지는 몇 년이 걸린다.

뿌리까지 내려가는 제초제를 사용할 수도 있지만, 그보다는 뿌리째 캐내는 방법이 훨씬 빠르다. 부동산 개발회사들은 보통 그 방법을 선택한다.

이때 두 가지 문제가 생긴다. 하나는 그 뿌리를 안전하게 처리해야 한다고 여러 나라에서(영국에서는 1981년에) 법으로 요구한다는 점이다. 두 번째는 뿌리를 없애는 일에 힘을 많이 들여도 실패하는 경우가 생긴다는 점이다. 빛이 통과하지 않는 천으로 덮어 햇빛을 차단하고 뿌리 조직을 죽이는 방법도 있다. 그러나 날카로운 줄기가 천을 꿰뚫어서 빛이 들어오면 호장근에게 다시 기회가 생긴다. 아예 콘크리트로 덮을 수도 있지만, 잘못되면 더 큰일이다. 땅 밑의 뿌리가 결함이 있는 부분을 찾아내 그쪽으로 자라면 콘크리트에 금이 가고 갈라질 수 있기 때문이다. 뿌리줄기는 20년 동안 살아남을 수 있고, 살아남은 부분이 조금만 있어도 되살아날 수 있다. 부분적으로 없애기란 불가능하다.

영국의 환경식품농무부는 호장근을 전국적으로 뿌리 뽑는 일에 15억 6,000만 파운드(2조 8,000억 원 정도—옮긴이)가 들 것이라고 추산했다. 2012년 런던 올림픽을 앞두고 사이클 경기장과 수영 경기장을 지을 때 호장근을 제거하느라 7,000만 파운드(대략 1250억 원—옮긴이)를 들였다. 사람들은 집 가까이에 호장근이 있다는 이유로 부동산 담보 대출을 받지 못했다. 그런 집은 매매할 수 없는 처지가 되었다. 영국의 호장근 개체군은 하나의 암그루에서 무성생식이 되었다고 추정되지만, 관련 종들과의 교배도 이루어졌다. 지금은 미국의 42개 주에서 호장근이 자란다. 밴쿠버에서는 이 식물이 4차선 고속도로를 가로지르기도 했다.

이 식물의 천적에 대한 실험도 계속하고 있다. 잎반점병을 일으키는 곰팡이나 식물의 진을 빨아먹는 반시류라는 곤충에 속하는 나무이 등이 천적이 될 수 있을지 실험 중이다. 그런데 유럽연합이 처음으로 이런 연구를 제재했다. 우리는 이제 한 침입자를 물리치려고 다른 침입자를 불러들이는 무모한 노력으로 생기는 문제에 대해 잘 알고 있다. 마치 파리를 삼킨 할머니가 파리를 잡으려고 거미를 삼킨다는 동요 속 이야기처럼 말이다.

모든 침입종을 처리하기 위한 단 하나의 확실한 방법이 있다. 처음부터 침입종이 들어오지 못하게 막는 방법이다. 일단 들어온 침입종 가운데 10퍼

100가지 식물로 읽는 세계사

센트 정도가 엄격한 두 차례 시험을 거쳐 살아남으면 제거하기가 굉장히 어려워진다. 이 책 전체에 걸쳐 인간의 통제에 관한 문제에 여러 번 부딪힌다. 인간이 지구의 거의 모든 생명체에 영향을 미쳤다는 사실은 논란의 여지가 없다. 그러나 영향을 미치는 일과 통제하는 일은 엄연히 다르다.

대나무

휘어질지언정 부러지지 않는다

번쩍이는 번개
이슬비 내리는 소리
대나무로 흘러내리네.
└ 요사 부손의 하이쿠

그것을 처음 보았던 기억이 생생하다. 짓고 있던 최첨단의 초현대적인 고층 건물이 거대한 새장 같은 비계에 둘러싸여 있었다. 대나무 비계였다. 내가 서 있던 홍콩의 코노트 로드 위 수십 미터 상공에서 어마어마하게 많은 대나무 막대기가 서로 맞물려 있었다. 중식집에서나 볼 수 있는 대나무와 현대 기술의 만남이 혼란스럽고, 무모할 정도로 원시적으로 보였다. 훗날 홍콩에 본사가 있는 건축 잡지사에서 일하게 되었다. 그때 건물의 일반적인 강철 비계는 태풍에 많이 무너졌지만, 옆 건물의 대나무 비계는 굳건히 버텼다는 사실을 알게 되었다. 대나무의 인장 강도(물체가 부서지거나 쪼개지지 않고 잡아당기는 힘에 견딜 수 있는 저항력)는 제곱인치당 12,700킬로그램 정도로, 10,432킬로그램 정도인 강철보다 더 세다. 대나무 기둥은 여섯 배 빠르게 세우고, 열두 배 빠르게 치울 수 있다. 게다가 대나무 기둥이 떨어지는 사고가 일어나도 피해가 덜 치명적이어서 훨씬 안전하다. 서양에서는 대나무를 동양적인 실내 장식의 일부로만 여긴다. 하지만 대나무는 인류 문명에서 아주 위대한 식물 중 하나다.

대나무는 풀인 벼과(*Poaceae*)의 대나무아과(*Bambusoideae*) 식물이다. 대나무아과에는 1,400여 종의 대나무가 있는데, 키가 15센티미터에서 30미터까지 자라고, 그보다 더 큰 종들도 있다. 지름은 최대 30센티미터에 이른다. 땅을 뚫고 새싹이 돋을 때의 지름에서 더 굵어지지도 가늘어지지도 않고 위로만 치솟으며 키가 커진다. 한 번의 성장 시기에 최대 높이까지 자라며, 세계에서 가장 빠르게 자라는 식물 중 하나다. 24시간에 0.9미터, 1시간에 4센티미터, 90초에 7.5밀리미터씩 자란다고 알려져 있다. 종과 토양의 종류, 지역 조건에 따라 자라는 속도는 달라진다. 풀처럼 줄기의 속은 비었다. 키가 큰 종은 벼과에서 가장 큰 식물이다. 대나무는 키가 다 자라면 마디에서 가지를 뻗는다. 이 마디는 줄기의 여러 부분이 만나는 접합부로, 대나무의 아주 명확한 정체성이 여기에서 생긴다.

각각의 싹은 뿌리줄기에서 돋아난다. 모여서 싹이 돋는 종이 있고, 흩어져서 싹이 돋는 종이 있는데, 그 차이가 크다. 흩어져서 싹이 돋는 종은 일직선으로 더 빨리 퍼진다. 대나무는 꽃을 잘 피우지 않는데, 대부분의 종은 60년에서 130년 만에 한 번 꽃을 피운다. 세계 곳곳에서 동시에 꽃을 피우는 편인데, 꽃을 피우느라 크나큰 부담을 져서 죽고 만다. 대나무에 유성생식은 너무나 큰일이다. 대나무는 보통 무성생식 과정을 통해 번식하고, 대나무를 재배할 때도 같은 방식으로 관리한다. 대나무를 기르는 밭의 뿌리줄기는 심하게 착취당해도 반세기 동안 생산성을 유지할 수 있다.

대나무는 주로 아시아 열대지방에서 자란다. 그러나 아메리카와 오스트랄라시아, 아프리카에서 자생하는 종들도 있다. 대나무는 바라보는 사람에게 한없이 낙천적인 세계관을 가지도록 유혹한다. 또한 인류의 이익을 위해 존재한다고 느껴질 만큼 아주 다양하고 많은 용도로 활용된다. 키가 크고 튼튼한 대나무 '목재'는 수천 년에 걸쳐 건축에 사용되었다. 대나무는 수액의 당도가 가장 낮고, 해충의 피해가 가장 적고, 강도가 가장 높을 때 베어 수확한다. 대나무의 강도, 특히 내구성은 대나무를 다루는 기술에 따라 달라

| 많은 미덕: 〈죽림칠현〉(푸바오스, 20세기 중반)

진다. 중국에는 기원전 3세기에 지어졌다는 대나무 현수교가 있다. 유지 보
수를 계속했기 때문에 이 현수교는 아직도 사용된다.

곤봉이나 창, 화살 같은 무기를 만들 때도 대나무를 사용했다. 오늘날
인도 경찰은 60~90센티미터 길이의 대나무 곤봉 라티를 들고 다닌다. 최초
로 화약을 활용한 화창(火槍)을 만들 때도 대나무를 활용했다. 12세기에 사
용했던 화창은 지금의 화염 방사기와 초단거리 산탄총을 합친 효과를 냈다.
이 무기는 아주 효과적이었고, 모든 현대 총기의 조상이 되었다. 대나무가

100가지 식물로 읽는 세계사

없었다면 지금의 총이 생길 수 있었을까?

피리나 팬파이프, 드럼, 실로폰, 마림바 등 악기를 만드는 데도 대나무를 사용했다. 바구니를 만드는 데도 사용했다. 물건을 담는 그릇의 발달은 인류 문명의 중요한 진보였다(55장 조롱박 참조). 덕분에 사람들이 더 많이 이동하면서 다양한 활동을 벌일 수 있었다. 가구나 통발, 낚싯대도 대나무를 사용해 만든다. 어부나 낚시가 취미인 사람들은 섬유 유리가 널리 보급된 1950년 무렵 전까지 주로 대나무 낚싯대를 사용했다. 낚싯대를 미국에서는 대나무 막대(bamboo rod), 영국에서는 대나무 줄기를 쪼갠 막대(split-cane rod)라고 불렀다. 내가 홍콩 라마섬에 살던 시절에는 축구장에 매년 대나무로 만든 극장이 들어섰다. 대나무 극장 안에서 2주 동안 매일 중국 경극을 공연했고, 관람객은 떠들썩하게 먹으면서 열광했다.

폭죽을 만드는 데도 대나무를 사용할 수 있다. 짧은 길이의 대나무에 물과 탄화칼슘을 채운 후 아세틸렌 가스가 생기면 (신중하려면 긴 꼬챙이로) 불을 붙인다. 뗏목과 수상 가옥을 만드는 데도 대나무를 사용해왔다. 적어도 3,000년 전부터 쪼갠 대나무 위에 글을 썼고, 글을 쓰는 펜도 대나무로 만들었다.

대나무의 어린싹인 죽순은 먹을 수는 있지만, 적절히 요리해서 먹어야 한다. 그러지 않으면 죽순 안에 있는 독소가 장에서 시안화물을 만들어낼 수 있다(시안화물은 구토, 두통, 현기증 등을 일으킨다—옮긴이). 죽순은 통조림으로 많이 만들고, 중국 음식에서 일상적으로 사용하는 재료다. 죽순은 볶음요리를 비롯한 여러 요리에서 식감을 돋우지만, 맛에는 크게 영향을 주지 않는다. 죽순은 강판에 갈거나 발효시키거나 식초에 절여서 먹을 수 있다.

이토록 유용하면서 쓸모가 다양한 식물이 그것을 활용하는 사람들의 문화에서 중요한 위치를 차지한다는 사실은 놀랍지 않다. 대나무에 관한 이야기는 서양에까지 전해졌다. 우리 대부분은 대나무의 강점에 대한 속담을 잘 알고 있다. 1970년대 무술 영화의 거장 브루스 리는 "대나무나 버드나무는 바람에 휘어져도 살아남지만, 가장 단단한 나무는 그보다 쉽게 부러진다는 사실을 주목하라"라고 이야기했다.

중국 문화에서 대나무는 곧음, 끈질김, 겸손함, 우아함, 소박함, 진실함 등 온갖 중요한 미덕을 상징한다. 대나무의 튼튼한 뿌리는 강인함, 곧게 뻗은 줄기는 명예, 비어 있는 속은 겸손, 깨끗한 표면은 순결을 상징한다. 대나무는 매화, 난초, 국화와 함께 사군자(四君子) 중 하나로, 이들은 각기 다른 미덕을 상징한다. 대나무는 또한 소나무, 매화나무와 함께 겨울의 세 친구(歲寒三友: 세한삼우) 중 하나다. 소나무는 겨울에 잎이 떨어지지 않으며, 대나무는 시들지 않고, 매화는 이른 봄에 화려한 꽃을 피우기 때문이다. 필리핀에는 둘로 갈라진 대나무의 양쪽에서 최초의 남자와 최초의 여자가 만들어졌다는 창조 신화가 있다. 말레이시아에는 꿈에서 아름다운 여인을 본 후 잠에서 깼는데, 대나무 안에서 숨어 있는 그 여인을 발견했다는 이야기가 있다.

대나무는 수 세기에 걸쳐 예술의 소재가 되었다. 후정옌은 1627년에 『십죽재서화보』를 펴냈다. 이 화첩에서 수묵화와 서예, 대나무 잎은 거의 같은 형상으로 보인다.

최근에는 지구온난화를 일으키는 탄소를 격리하는 방안으로 빠르게 자라는 대나무를 심고 있다. 중국에서는 오래된 야생 대나무 숲을 대나무를 주식으로 하는 대왕판다의 서식지로 보호해오고 있다. 대나무를 이용해 양말과 속옷 등 의류를 만들기도 한다. 비스코스 레이온 소재는 대나무의 셀룰로오스를 녹여서 만든 섬유다.

이 장을 비롯해 이 책의 다른 많은 장에서 여러 가지를 일반화시켜 결론 내리고 싶은 유혹이 들 수도 있다. 그러므로 고전적인 선문답으로 이 장을 마무리 짓고자 한다. "소나무에서 소나무를 배우고, 대나무에서 대나무를 배워라."

054
차나무

전쟁과 혁명의 도화선이 된 환대의 상징

차의 문제는 원래는 꽤 좋은 음료였다는 점이다.

└→ 조지 마이크스의 책 『영국인 되는 법』

물 다음으로 세계에서 가장 많이 마시는 음료는 차다. 커피, 청량음료, 술을 모두 합한 양보다 차를 더 많이 마신다. 마시는 차를 보면 어떤 문화권인지, 그 문화권에서 어떤 계층에 속하는지 알 수 있다. 차는 환대를 상징하고, 국가를 정의한다. 혁명을 일으켰고, 역사상 가장 악명 높은 무역 전쟁도 일으켰다. 차나무는 우리가 정체성을 형성하고, 사회와 상업, 정치의 역사를 만들어나가는 데 도움이 되었다.

여기에서는 차나무과(*Theaceae*)의 카멜리아 시넨시스종(*Camellia sinensis*) 하나만 이야기하려고 한다. 차나무를 그대로 두면 높이 16미터의 적당한 나무로 자란다. 그러나 찻잎을 쉽게 따려고 보통 허리 높이까지만 자라도록 가지를 잘라낸다. 중국의 건국 신화에 따르면, 현명한 통치자이자 과학자였던 신농 황제가 기원전 2737년에 정원에서 물을 끓이고 있을 때 나뭇잎 하나가 물로 떨어졌다고 한다. 그 잎은 물론 찻잎이었다. 신농 황제는 찻잎이 우러난 물을 마시고 기뻐했다. 또 다른 이야기에서는 중국에 불교를 전파한

승려이자 선불교의 창시자로 여기는 보리달마가 9년 동안 잠을 자지 않고 명상을 하며 깨달음을 얻으려고 노력했다. 깨달음을 얻지 못하자 화가 난 보리달마는 자신의 눈꺼풀을 잘라 땅바닥에 내던졌다. 그러자 그 자리에서 차나무 덤불이 곧장 솟아났다.

두 번째 이야기는 차의 본질적인 매력인 가벼운 카페인 효과를 잘 보여준다. 대략 설명하면, 커피 한 잔에는 홍차 한 잔에 든 카페인의 두 배 정도가 들어 있다. 차는 서기 618~917년 당나라에서 보편적인 음료가 되었다. 육우는 762년에 『다경』을 썼다. 그는 그 책에서 차를 재배하는 방법과 잘 즐기는 방법을 알려주면서 차를 불교, 도교, 유교와 관련지어 설명했다. 본질적으로 우주의 기본 원리인 조화와 단순함에 관해 이야기하며, 올바른 방법으로 차를 마시면 인생의 중대한 문제를 깊이 이해하게 된다고 한다.

중국인은 오래전부터 차를 중시해온 문화 덕분에 부수적으로 두 가지 특이한 영향을 받았다. 차를 마시려면 물을 끓여야 하고, 그래서 비교적 안전하게 물을 마시게 된다. 끓이지 않은 물에는 위험한 박테리아가 퍼질 수 있다. 서양에서는 예로부터 발효를 통해 더 안전한 음료를 만들었다(효모에 대한 11장 참조). 그래서 서양인은 알코올에 대한 유전적 과민증이 드물지만, 중국인은 비교적 흔하다(알코올 과민증인 사람은 술을 몇 모금만 마셔도 얼굴이 붉어지고 금방 취한다). 술은 유리병에 보관하고 유리잔에 따라 마시는 경향이 있다. 보관하는 병이나 마시는 잔에서 술의 색깔을 확인하고 싶기 때문이다. 서양에서는 유리 기술이 발전했지만, 동양에서는 거의 발전하지 못했다. (바로 앞 장에서 대나무를 활용한 총기 기술을 살펴보았듯) 중국은 많은 기술에서 앞서 나갔지만, 유리 기술에서는 뒤떨어졌다. 서양은 망원경과 현미경을 발명해 학문을 발달시켰고, 안경을 발명해 사람들이 살면서 공부할 수 있는 기간이 20년 정도 더 늘었다.

차를 마시는 문화는 일본과 한국으로 전파되었다. 17세기에는 포르투갈과 네덜란드 상인들을 통해 유럽에 전파되었다. 포르투갈인인 찰스 2세의 아내 브라간자의 캐서린이 차를 영국에 들여왔다. 찰스 자신도 네덜란드

에서 망명 생활을 하면서 차를 좋아하게 되었다. 17세기 영국의 해군 행정관이었던 새뮤얼 피프스는 1660년의 일기에서 "그 후 나는 한 번도 마셔본 적 없는 차 한 잔(중국 음료)을 주문했고, 떠났다"라고 기록했다.

이 음료는 인기를 얻었다. 차는 커피하우스에서 남자들이 마시던 커피보다 더 여성스럽고 가정적인 음료로 보였다. 17세기 프랑스 귀족의 연대기 작가 마담 드 세비네는 이렇게 기록했다. "매일 열두 잔씩 차를 마시는 타랑트 왕자비를 만났다. … 그녀는 차가 모든 병을 치료해준다고 말한다. 그녀는 무슈 드 랑드그라브가 매일 아침 차를 마흔 잔씩 마신다고 내게 장담했다. '하지만 마담, 실제로는 서른 잔 정도일 거예요.' '아뇨, 마흔 잔이에요. 그는 죽어가고 있었어요. 그런데 차를 마시고 우리 눈앞에서 다시 살아났어요'

라고 말했다."

18세기가 되자 차는 세계 곳곳에서 인기를 얻었다. 러시아에서는 사모바르(찻물을 끓이는 주전자)에 데운 물과 레몬을 탄 차를 마시는 일이 관습이 되었다. 네덜란드 사람들은 뉴암스테르담으로 차를 가져왔고, 영국이 차지한 후 그곳의 이름은 뉴욕으로 바뀌었다. 널리 인기를 얻으면서 차는 돈벌이 수단이 되었다. 영국 동인도회사는 중국과 직접 교역하면서 많은 돈을 벌었다. 영국은 차에 세금을 부과해 동인도회사를 보호했다. 이에 영국의 아메리카 식민지 주민들은 분개했다. 1773년에 아메리카 원주민 복장을 한 무리가 차를 실은 영국 배를 습격했다. 그리고 항의의 표시로 차를 보스턴 항구의 바닷물에 쏟아부었다. 보스턴 차 사건은 미국독립혁명의 출발점이 되어 1776년 미국 건국으로 이어졌다.

여러 해 동안 중국은 차를 얻을 수 있는 유일한 지역이었다. 따라서 영국을 비롯한 서구 열강과 중국의 무역 불균형이 심해졌다. 영국은 유용한 약으로 여기던 아편(57장 참조)을 팔아서 무역 불균형을 해결하려고 했지만, 중국 정부가 반발했다. 1839년에서 1842년에 첫 번째 아편전쟁이 일어났다. 첫 전쟁과 이후 프랑스가 개입한 전쟁에서 모두 서양이 압도적인 승리를 거두었다.

그 무렵 인도에서 차 재배가 시작되었다. 영국의 식물학자 로버트 포천은 이 결정적인 변화에서 중요한 역할을 했다. 그는 중국 상인으로 위장해 중국에서 일하면서 차의 씨앗과 중국의 차 전문가들을 인도로 데려왔다. 동인도회사의 독점권은 결국 1870년대에 깨졌다. 그 이전에도 티 클리퍼라고 불리는 아주 빠른 범선들이 가장 신선한 차를 유럽으로 가져오려고 경쟁했다. 어떤 배는 속도를 높이려고 돛을 35개나 달기도 했다. 이제 차는 가격이 낮아지면서 더 많은 사람이 마시는 음료가 되었다. 영국에서는 노동자 계층 사람들이 하루 일을 끝낸 후 저녁 식사를 하면서 차를 마셨다. 그들은 체력을 보충하기 위해 저녁을 일찍 먹었다.

계층에 대한 영국인의 집착은 차를 통해서도 쉽게 드러난다. 오늘날 저

녁 식사를 '차'라고 부른다면 노동자 계층 출신이라는 사실을 숨김없이 드러
내는 일이다. 낮은 탁자에서 샌드위치, 케이크와 함께 먹는 애프터눈 티는
빅토리아시대에 인기를 끌었다(애프터눈 티를 마시는 습관은 저녁을 훨씬 늦게
먹을 수 있다는 뜻이고, 이는 곧 노동자 계층이 아니라는 의미다). 노동자 계층 사
람들은 전통적으로 찻주전자에서 차를 따르기 전에 우유를 먼저 부었다. 반
면 사회적 지위를 뽐내려는 사람들은 우유보다 차를 먼저 부었다.

차는 직장에서 일하다 잠시 쉴 때 마시는 중요한 음료가 되었다. 차의
카페인과 넉넉하게 넣은 설탕(79장 참조) 모두 기운을 북돋워준다. 차 한 잔
의 휴식은 직장인의 권리가 되었다. 20세기 후반이 되자 중산층 사람들은
감귤류 식물인 베르가모트로 향을 낸 얼그레이나 연기 맛이 나는 랩생 수총
등 이국적인 차를 더욱 좋아하게 되었다. 그래서 조금 더 전형적인 홍차를
'건설 노동자의 차'라고 부르게 되었다. 이런 식으로 중산층과 상류층은 자
신들의 홍차 취향을 노골적으로 표현했다. "무정부주의자들은 왜 얼그레이
를 마실까? 왜냐면 제대로 된 차는 훔친 것이니까"라는 1980년대 농담이 있
다. '재산은 훔친 것이다'라는 무정부주의자 푸르동의 말에서 재산(property)
을 제대로 된 차(proper tea)로 살짝 바꾼 말장난이다.

이전에는 차를 재배하는 나라였던 인도는 이제 차를 마시는 나라가 되
었다. 어느 기차역이든 단맛이 강한 차를 판매한다. 1인당 차 소비량이 가
장 많은 나라는 튀르키예다. 튀르키예 사람들은 유리잔에 차를 부어 마신다.
1904년 세인트루이스 세계 박람회에서 한 회사가 관람객에게 따뜻한 차를
나눠줄 계획이었다. 그러나 날씨가 너무 더워 사람들이 따뜻한 차를 좋아할
것 같지 않았다. 그래서 아이스크림 제조 회사와 손을 잡고 아이스티를 만들
었다. 오늘날 미국에서 마시는 차의 80퍼센트는 아이스티다.

인스턴트 차를 시장에 내놓으려는 시도는 실패로 끝났다. 제2차 세계
대전 당시 영국군과 캐나다군은 차, 우유, 설탕이 한꺼번에 들어 있는 네모
난 덩어리인 콤포를 배급받았다. 이것을 끓인 물과 섞어서 마셨는데, 액체가
식으면 표면에 두꺼운 찌꺼기가 덮였다. 천을 이용한 티백은 20세기 초에

개발되어 특허를 받았지만, 1950년대에 종이 티백으로 바꾼 다음에야 인기를 얻었다. 테틀리사는 이 티백을 영국에 소개했고, 금방 성공을 거두었다. 찻주전자에서 차를 따르는 의례는 사라졌지만, 대신 편리함을 얻었다.

차는 지금도 중요하다. 영국에서 차는 환대의 상징이다. 누가 찾아오면 당연히 차 한 잔을 대접한다. 회계사나 배관공처럼 일 때문에 찾아오는 사람에게도 차를 내놓는다. 커피가 차와 경쟁하는 음료이긴 하지만(커피는 사회 계층을 나타내는 지표로는 모호하다), 차를 대접하는 일은 여전히 중요하다.

아프리카에서는 민트와 설탕, 티베트에서는 야크 버터, 중국에서는 재스민 꽃을 넣어 차를 마신다. 차에 관심이 많은 사람들은 우유를 넣는 이유에 대해 열띤 논쟁을 벌인다. '우유를 먼저 넣으면 차가 식어서 섬세한 도자기 잔이 깨질 위험이 줄어든다' '긴 바닷길을 헤치고 도착한 차는 쓴맛이 나

서 부드럽게 만들어야 했다' '우유는 차에 들어 있는 옥살산을 줄인다' 같은 이유를 든다. 어머니는 내게 옥스퍼드 대학의 한 교수가 자신의 방에서 중국인 학생을 맞이한 후 영국의 전통 방식으로 차를 대접한 이야기를 들려주고는 했다. 교수가 "차만큼 좋은 건 없지"라고 자신 있게 말하자 학생이 정중하게 "아니요, 이것은 차가 아닙니다"라고 대답했다고 한다.

차밭 풍경: 자바섬 가룻의 홀리스 씨 차밭에서 찻잎을 따는 사람들(메리앤 노스, 1876년), 차밭 너머로 고엔토엔 화산이 보인다

055
조롱박

식물로 만든 위대한 발명품

곰돌이 푸는 "물건을 담을 유용한 그릇을 주려고 생각하니
정말 기뻐"라고 행복하게 말했다.

└ A. A. 밀른의 동화 『곰돌이 푸』

가장 큰 혁신은 무엇이었을까? 수렵·채집 생활을 하던 우리 조상들의 가장 중요한 발명품은 무엇이었을까? 땅에서 유인원처럼 살던 우리 조상이 후손들에게 지구를 지배할 수 있도록 길을 터준 정말 중요한 전환점은 무엇이었을까? 이런 질문에는 보통 두 가지 대답이 나온다. 불을 다룰 수 있게 된 것은 이미 이야기했다(22장 참조). 다른 하나인 돌과 뼈로 만든 도구를 사용하게 된 것은 이 책에서 다룰 만한 내용이 아니다.

이 질문에는 대답할 수가 없다. 우리는 그 현장에 없었기 때문이다. 우리는 그들의 유전적 후손일 뿐이다. 또한 셀 수 없이 오랜 세월 동안 수많은 증거가 파괴되었기 때문이다. 최초의 조상들이 식물을 이용했던 흔적은 대부분 땅으로 되돌아갔다. 다른 증거들과 아마도 더 중요한 발명품들이 사라

│ 휴대용 음료: 〈산초 판사〉(존 길버트,
│ 1859년), 유용한 조롱박과 함께 그렸다

100가지 식물로 읽는 세계사

343

졌기 때문에 우리가 구석기와 신석기를 구분하면서 돌로 만든 도구를 과대 평가하는지도 모른다. 여기에서 두 가지를 짚고 넘어가자. 첫 번째는 증거가 부족하기 때문에 더욱 냉정하고 합리적으로 추측해야 한다는 점이다. 두 번째는 발명품의 중요도에는 팝송 차트 순위 같은 서열이 없다는 점이다. 어떤 혁신이든 각각 나름대로 중요하다. 그러나 몇몇 혁신은 과소평가되거나 증거가 부족해 아예 잊히기도 한다.

우리 인간은 물건을 담을 수 있는 도구를 가지고 살아간다. 겨울에 이 글을 쓰면서 세어보니 지금 나는 주머니를 13개나 가지고 있고, 그중 7개를 사용하고 있다. 방구석에는 다음 여행에 쓸 배낭이 놓여 있다. 부엌에는 먹을 음식과 음료가 각종 통과 단지, 병에 담겨 있다. 지금까지 내가 알기로는 인간이 아닌 어떤 종도 물건을 담는 용기를 사용한 적이 없다. 한때는 도구의 사용이 인간만의 특징이라고 말했지만, 문어를 포함해 다른 많은 종도 도구를 사용한다는 사실이 지난 반세기에 걸쳐 밝혀졌다.

그러나 물건을 용기 안에 담는다는 개념은 전적으로 인간만이 생각해 냈다. 그렇다면 이러한 개념은 어떻게 시작되었을까? 아프리카에서는 오늘날까지 조롱박을 이용해 액체와 곡물 같은 알갱이들을 저장하고 운반한다. 이것은 용기가 없었다면 불가능했을 농업을 발명하기 훨씬 전, 수천 년 전으로 거슬러 올라가는 전통일 가능성이 높다.

아주 유용한 조롱박은 열대와 온대 기후의 세계 곳곳에서 자랄 수 있는 박과(*Cucurbitaceae*) 식물이다. 박과 식물은 주로 큰 열매를 맺는 1년생 덩굴식물로 1,000종 정도가 있다. 지금도 재배하는 박과 식물로 오이, 멜론, 페포호박(주키니호박)과 같은 각종 호박 등이 있다. 원산지가 아프리카인 전형적인 조롱박 라게나리아 시세라리아(*Lagenaria siceraria*) 역시 같은 박과 식물이다. 아주 먼 옛날(구석기시대)에 아르키메데스 같은 사람이 그런 (덩굴에서 떨어져 다람쥐와 개미가 속을 다 파먹고 햇볕에 달궈진) 조롱박을 발견한 후, 개울물에 깊이 담가 물을 떠서 마시고 지평선을 향해 유레카를 외치는 모습을 상상하면 즐겁다.

용기(容器)는 삶의 가능성을 바꾼다. 물을 가득 채운 조롱박이 있으면 더 멀리 여행할 수 있다. 특히 조롱박을 몸에 달아매고 양손이 자유로워지면 더욱 그렇다(대마에 대한 12장 참조). 일시적이긴 하지만, 담을 용기가 있으면 물을 보관할 수 있어서 악어가 사는 강까지 물을 마시러 가는 횟수가 줄어든다. 용기에 음식을 담아 설치류와 곤충이 건드리지 못하도록 안전하게 보관할 수도 있다. 입구를 막는 기술을 익히면 더욱 안전하다. 조롱박의 바닥은 완전히 평평하지는 않다. 그러나 마른풀 고리 안에 놓거나 더 쉽게는 조약돌 세 개를 이용하면 완전히 안정적으로 세워둘 수 있다. 식물학자인 내 친구 마니 음불라는 그 방법을 '아프리카 물리학'이라고 부른다. 무언가를 담을 수 있는 도구가 있으면 선택의 여지가 굉장히 넓어진다. 조롱박을 기를 수 있는 따뜻한 기후라면 어디에서나 조롱박을 용기로 사용해왔다. 그러나 아프리카에서 처음으로 조롱박 용기를 만들기 시작했고, 조롱박 덕분에 인류가 아프리카에서 전 세계로 퍼져 나갈 수 있었다.

조금만 더 단계를 밟으면, 조롱박 기술을 발전시킬 수 있다. 먼저 나무나 돌로 만든 도구로 속을 일부러 파낸다. 몇몇 종은 특히 어릴 때 따면 속을 파내서 먹을 수 있다. 그러나 더 성숙했거나 먹을 수 없는 종이라면 속을 파내기 전에 햇볕에 말려야 한다. 용기에서 물이 새지 않게 하려면 두 가지 방법이 있다. 첫 번째 방법은 뜨겁게 달구는 것이다. 뜨거운 재와 목탄을 조롱박 안에 넣고 휘젓는다. 이 방법은 신중히 판단해야 한다. 숙련되지 않은 사람이 너무 뜨겁게 달궈서 좋은 용기를 망가뜨릴 수 있기 때문이다. 두 번째 방법은 밀랍을 이용하는 것이다. 먼저 밀랍을 데워 부드럽고 말랑말랑하게 만든다. 그러고는 이 밀랍을 조롱박 안쪽에 골고루 바른다. 입구가 넓으면 손으로 바르고, 입구가 좁으면 막대기에 깃털을 꽂아서 바른다. 더 작은 호리병박은 옆으로 돌려 쪼개고 윗부분을 제거하면 손잡이가 긴 술잔으로 만들 수 있다.

보통 조롱박과 호리병박이란 용어를 제대로 구분하지 않고 사용하지만, 엄밀하게 따지면 호리병박은 아프리카와 중남미에서 자라는 호리병박

조롱박과 호리병: 아프리카의 조롱박 라게나리아
시세라리아 열매(왼쪽)와 호리병박나무 열매(오른쪽)

나무(*Crescentia cujete*)의 열매다. 이 열매 역시 훌륭한 용기로 만들 수 있고, 거의 똑같은 방식으로 관리한다.

인류는 조롱박을 이용하는 기술을 익힌 후 더 많은 용도를 찾아냈다. 조롱박을 가정용품이나 장식품으로 사용했고, 드럼이나 현악기, 코로 부는 피리 같은 악기와 딸랑이로도 만들었다. 세련된 현대 악기를 만들 때도 여전히 조롱박을 사용한다. 음악가인 내 아들은 시타르(인도의 전통 악기—옮긴이)를 가지고 있고, 연주하기도 한다. 다른 모든 시타르처럼 조롱박으로 만든 시타르다. 조롱박 덕분에 그 악기는 독특한 울림을 낸다. 박과 중 수세미오이속(*Luffa*)의 종들의 스펀지 같은 속을 욕실에서 몸을 문지를 때 사용할 수 있다. 미국과 여러 나라에서는 매년 핼러윈 데이에 속을 파낸 호박을 이용해 악령을 내쫓는다.

아프리카의 한 덩굴식물이 우연히 우리가 아는 병 모양으로 자라나지 않았다면 인류 문명은 어떻게 되었을까? 구석기시대의 아르키메데스 같은 인물 그리고 이런 기이한 식물을 만들어내는 자연의 힘을 찬양하며 우리 모두 축배를 들어야 할지도 모르겠다.

100가지 식물로 읽는 세계사

056
미국담쟁이덩굴

진화론이라는 벽을 타고 오르는 덩굴

나는 여러 종류의 다양한 담쟁이 식물들을 구했고, 전체적으로 연구했다.

└ 찰스 다윈

가장자리, 끄트머리, 무인 지대, 금단의 땅, 변칙과 예외, 괴기함과 부조리가
난무하는 위험한 영역은 아주 유익할 수 있다. 평범함에서 벗어난 것들로 둘
러싸인 그곳에서 무언가 명백한 진리를 찾을 수도 있다. 때로는 그 진리를
보편적으로 적용할 수 있다는 사실이 드러나기도 한다. 찰스 다윈이 그런 곳
에서 편안함을 느꼈다는 사실은 놀랍지 않다.

앞에서 살펴보았듯(13, 27, 33, 44장), 다윈은 언제나 자연선택을 활용해
자신의 진화론을 재차 증명했다. 많은 사람이 받아들일 때까지 충분히 자주
증명해야 했다. 과학계조차 우리 생각보다 훨씬 더 천천히 진화론을 받아들
였다. 어떤 종류의 생물이든 연구하려면 '왜' '어떻게' 진화했는지에 대한 질
문에 부딪힐 수밖에 없고, 그때나 지금이나 우리는 『종의 기원』에 제시된 원
리에서 답을 찾을 수 있다. 다윈이 『종의 기원』 이전에 쓴 글은 모두 예고편
이었고, 그 이후에 나온 글은 모두 실증 위에 실증, 증거 위에 증거를 쌓아
올린 『종의 기원』의 속편이었다.

나는 다윈이 의식적으로 그렇게 반복해서 정당성을 입증하려고 했다고 는 생각하지 않는다. 그는 그저 빨려 들어갔을 뿐이다. 무엇인가가 그의 관 심을 불러일으키면 이후 5년 동안 그의 삶에서 그것이 중심이 되었다. 다윈 은 케네스 그레이엄의 소설 『버드나무에 부는 바람』에 등장하는 의기양양 한 두꺼비 같았다. 새롭게 빠져드는 일이 생기면 그것이 세상에서 가장 중요 해지곤 했다. 그는 두꺼비와 달리 일을 해결할 때까지 최대한 모든 것을 알 아낸 다음 새로 찾은 지식을 나눠주는 데 열중했다.

다윈은 박과(조롱박에 대한 앞 장 참조)의 덩굴식물 씨앗 몇 개를 받았을 때 꽤 오랫동안 관심을 쏟았다. 1858년에 미국 식물학자 아사 그레이로부터 그 주제에 관한 짧은 논문과 함께 받은 씨앗이었다. 그리고 1865년에 『담쟁 이 식물의 움직임과 습관에 대하여』를 출간했다.

담쟁이 식물은 수수께끼 같은 여러 의문을 안긴다. 그 식물은 스스로 지탱하는 일반 식물과는 다르다. 그러나 이처럼 매우 다르게 살아가는 식물 도 다른 식물과 똑같은 규칙을 지킨다는 사실을 밝혀낸다면 그것이 곧 공통 의 조상을 입증하는 중요한 발견이 될 수 있다. 담쟁이 식물은 명확하고 분 명한 목표를 향해 생각하고 움직이는 것처럼 보인다. 어떻게 『종의 기원』의 엄격한 원칙에 어긋나지 않으면서 그렇게 할 수 있을까? 『종의 기원』은 동 물의 세계에 집중한 것이 사실이다. 다윈이 식물에도 똑같은 원리가 적용된 다는 사실을 증명할 수 있다면, 그의 이론은 반박의 여지가 없을 만큼 확장 되었을 것이다.

담쟁이 식물은 도대체 왜 타고 오를까? 다윈은 "짐작건대 식물은 햇빛 에 다가가기 위해 담쟁이 식물이 된다"라고 썼다. 식물 대부분은 햇빛을 향 해 자란다. 그러나 담쟁이 식물은 단단한 줄기를 키우는 대신 다른 식물이 나 다른 자연(혹은 인공) 구조물을 지지대로 사용하는 지름길을 선택한다. 지지대로 쓰이는 구조물은 "나무에 비해 놀랍도록 유기체를 거의 사용하지 않는 담쟁이 식물의 영향을 받는다". 우리는 50미터 높이까지 자라는 브라 질너트나무와 같은 열대우림의 거목을 살펴보았다(14장). 담쟁이 식물은 그

생각하게 하는 식물: 켄트 다운 하우스의 수채화(앨버트 굿윈, 1880년),
찰스 다윈의 집인 다운 하우스에서 자라고 있는 미국담쟁이덩굴

런 나무들처럼 자신을 지탱하는 조직을 키우는 수고로움을 들이지 않고도
똑같은 높이까지 올라갈 수 있다. 진화의 기회주의적 특성을 보여주는 전형
적인 사례다.

　담쟁이 식물은 단일한 집단이 아니다. 관련이 없지만 똑같은 기본 원리
로 살아가는 여러 식물을 묶어 일컫는 말이다. 그 식물들은 그러한 방법이
아니라면 햇빛에 접근할 수 없다. 다가가는 방식은 다양하게 나타난다. 담쟁
이 식물들은 다양한 방법으로 똑같은 문제를 해결한다. 이것을 수렴 진화라
고 한다. 박쥐와 곤충, 새, 멸종한 익룡 모두 날 수 있도록 진화한 것이 수렴
진화의 전형적인 사례다. 그들은 각각 다른 방식으로 진화했다.

　다윈은 이 식물들에 매료되었다. 그는 "담쟁이 식물이 보여주는 적응
형태 중 몇몇은 난초가 타가수정을 하기 위해 적응한 형태만큼 아름답다"라

고 말하면서 정말 멋지게 칭찬했다. 다윈은 대단히 복잡한 특징들 뒤에서 완벽한 단순성이 드러나는 개념적인 아름다움을 진심으로 좋아했다. 그는 담쟁이 식물이 지지대를 휘감는 방법을 단번에 이해했다. 그는 식물이 촉각을 이용해 휘감는 것이 아니라, 마치 사람이 머리 주위로 밧줄을 휘두르거나 막대기를 휘두르는 방식과 같이 휘감는다고 설명했다. 가장 간단하고 효율적인 설명이다.

미국담쟁이덩굴의 원산지는 북아메리카다. 관상용 식물로 유럽에 소개되었다(콜럼버스 교환의 또 다른 사례다). 이 식물은 벽에 피해를 주지 않으면서 집의 측면을 타고 올라간다. 좁은 틈을 향해 자라는 대신 덩굴손으로 스스로를 지탱한다. 다윈은 "덩굴손이 처음 휘감은 다음 늘어나는 강도와 내구성은 놀라운 구석이 있다. 지금 내 집에는 질긴 덩굴손이 붙어 있다. 죽은 상태로 14년 혹은 15년 동안 날씨 변화에 노출되어 있었다. 덩굴손의 작은 측면 가지 하나는 10년 정도 된 것으로 보이는데, 아직 탄력이 있고 정확히 0.9킬로그램의 무게를 지탱하고 있다. … 10년 동안 날씨 변화에 노출되었다면 아마도 4.5킬로그램의 압력을 견뎌냈을 것이다!"라고 썼다.

덩굴손과 흡지(吸枝)는 그저 휘감기만 하는 줄기보다 더 전문적인 기관이다. 잎들과 비슷하면서도 다르다. 변형된 잎, 기능이 바뀐 잎이다. 덩굴손은 처음부터 덩굴손으로 만들어진 것이 아니다. 환경에 적응하면서 기존 구조가 바뀌었다. 이것이 진화의 또 다른 핵심 원리다. 공룡의 깃털은 이러한 원리를 보여주는 전형적인 사례다. 일부 공룡은 원래 체온 조절을 위해 깃털을 진화시켰지만, 깃털은 날기에 아주 적합하다는 사실이 점차 드러났다. 또 다른 사례로 포유류의 폐와 조기류의 부레가 있다. 이 둘은 본래 같은 기관이지만 다르게 적응한 결과다. 이전에는 이런 원리를 전적응(preadaptation)이라고 불렀으나 무언가 계획적이고, 목표와 목적이 있고, 체계적인 느낌을 주어서 이 용어를 사용하지 않게 되었다. 1982년부터는 스티븐 제이 굴드와 엘리자베스 브르바가 만들어낸 선택적 진화(exaptation)라는 용어를 많이 쓴다. 미국담쟁이덩굴의 흡지는 선택적 진화의 원리를 완벽하게 보여준다.

다윈의 연구로 담쟁이 식물들이 그저 자라기만 하는 것이 아니라 움직이기도 한다는 사실이 밝혀졌다. 담쟁이 식물들의 자라나는 새싹과 덩굴손은 매달릴 무언가를 찾아서 회전한다. 그리고 일부 덩굴손은 물체에 닿았을 때 그것을 알아차린다(다윈은 '자극 감수성'이라는 용어를 사용했다). 근육보다는 유압과 같은 기능으로 움직이는데, 이것은 담쟁이 식물이 살아가는 데 꼭 필요한 요소다. 다윈은 "식물은 움직일 힘이 없다는 점에서 동물과 구분된다고 막연하게 주장하는 사람이 많다. 그렇다기보다 식물은 무언가 이득이 있을 때만 그 힘을 얻고 보여준다고 말해야 한다"라고 말했다.

이 한 구절에서(그리고 이 식물에서) 진화의 단호한 기능주의가 드러난다. 생명에 대한 이런 관점에는 역사상 가장 위대한 사상가 중 한 명의 마음을 매료할 만큼 강렬한 아름다움이 있다. 다윈이 살았던 켄트의 다운 하우스는 현재 영국 문화유산청이 관리하고 있는데, 그들은 거기에 미국담쟁이덩굴을 심었다. 담쟁이 식물은 벽을 타고 오르며 자라고 있다. 다운 하우스를 지탱하는 벽뿐만 아니라 자연선택에 의한 진화론을 뒷받침하는 벽을.

057
아편양귀비

인류를 중독시킨 기쁨의 식물

너는 천국의 열쇠를 가졌구나. 오, 틀림없고, 미묘하고, 강력한 아편!

└→ 토머스 드 퀸시의 자서전 『영국 아편 중독자의 고백』

거의 모든 역사에서 내내 사람들은 아편양귀비가 인류에게 유익하다고 생각했다. 아편양귀비의 가장 중요한 생산물인 아편을 퍼뜨리는 것은 고귀하면서도 돈을 벌 수 있는 일이었다. 6,000여 년 전 최초로 아편을 사용했다고 알려진 수메르인은 아편을 기쁨의 식물이라고 불렀다. 의사이자 연금술사 파라켈수스는 아편 추출물을 만들어 라우다눔(laudanum)이라고 불렀다. '찬양할 만한 것'이라는 뜻이다. 아편은 또한 위대한 예술에 영감을 주었다.

아편양귀비는 지중해 동쪽에서 자생했을 가능성이 크다. 그러나 그 특성이 알려지면서 널리 재배되고, 팔리고, 퍼졌다. 아편양귀비는 개양귀비와 함께 양귀비속(*Papaver*)에 포함되는 70여 종 식물 중 하나다(19장 참조). 아편양귀비(*Papaver somniferum*)는 날카로운 도구로 덜 익은 꼬투리에 상처를 내면 화학물질이 가득 든 유액이 흘러 나온다. 이 유액이 인간 몸에 강력한 효과를 낸다. 통증을 줄여주는 효능에서 다른 어떤 물질도 이를 따라올 수 없다.

항상 그렇듯 이 효능을 어떻게 발견했는지는 아무도 모른다. 그러나 효

| 기쁨의 식물: 아편양귀비 꽃

능에 대한 소문이 퍼지자 여러 문명에서 잇따라 중요한 식물이 되었다. 아시리아, 바빌로니아, 이집트 문명, 오이디푸스의 도시 테베를 중심으로 재배되었다. 페니키아인과 미노아인은 지중해 주위에서 아편양귀비를 거래했다. 히포크라테스는 이 식물에 마법 같은 특성이 있다는 주장에는 회의적이었지만, 진통제와 여성 질환 치료제로 유용하다는 사실은 인정했다. 수술을 받는 환자에게는 아편양귀비의 유액을 스펀지에 묻혀 먹였다. 알렉산더대왕은 페르시아와 인도에 양귀비를 퍼뜨렸고, 양귀비는 그곳에서도 잘 자랐다. 그리스 신의 조각상 장식에서도 양귀비를 찾을 수 있다. 플리니우스는 양귀비에 잠이 오게 하는 효능이 있다고 칭찬하면서 순도를 간단하게 시험할 방법을 알아냈다. 태웠을 때 밝고 투명한 불꽃이 생기면 순수한 아편이다. 하지만 불이 잘 붙지 않고 계속 꺼진다면 불순물이 섞인 것이다. 서기 400년

무렵에 아랍 상인이 중국에 아편을 퍼뜨렸다.

이후 중국에서는 아편을 많이 사용했지만, 유럽에서는 점점 아편 사용이 줄어들었다. 그러다 1,500년 무렵 포르투갈 사람들이 아편을 다시 들여왔고, 사람들은 아편을 피우기 시작했다. 피우는 방식은 몸에 아주 빠르게 영향을 주면서 확실하게 쾌락을 제공했다. 그 전에도 페르시아와 인도에서 기분 전환용 약물로 사용되었다. 16세기 스위스 의사이자 연금술사 테오프라스투스 폰 호엔하임(또는 파라켈수스)은 아편을 의학적으로 사용할 방법을 개발하기 위해 라우다눔이라는 물질을 만들어냈다. 라우다눔은 기본적으로 에탄올에 아편을 녹인 것으로, 곧바로 사용할 수 있었다. 적어도 전해 내려오는 지혜보다 관찰을 더 중요시했다는 점에서 아편의 의학적 사용은 이른바 의학 혁명에서 중요한 부분을 차지한다.

장점이 널리 알려지면서 아편은 점점 더 많이 팔렸다. 영국의 약제사 토머스 시드넘은 아편에 셰리주와 약초를 넣어 섞은 '시드넘의 라우다눔'을 개발했다. 네덜란드는 인도의 아편을 중국에 판매했다. 영국 동인도회사는 벵골과 비하르의 아편 재배 지역을 장악했고, 이익을 위해 중국과 거래하려고 했다. 18세기 말에는 중국과의 거래 독점권을 얻었다. 인도 농부들은 위협과 폭력, 빚에 짓눌려 아편을 재배할 수밖에 없었다.

대영제국은 아편을 팔아서 중국과의 막대한 무역 적자(어느 정도 차 열풍 때문에 생겼다. 54장 참조)를 메우려고 했다. 사실 그때는 아편의 특성을 제대로 이해하지 못했고, 중독이라는 개념도 나중에 생겼다. 그렇다고 교훈적인 이야기라는 말은 아니다. 영국도 자체적으로 사용하기 위해 많은 양의 아편을 수입했다. 영국은 1830년에 총 1만 킬로그램의 아편을 수입했다. 중국은 아편 수입을 금지하고, 의료용으로만 사용하고자 했다. 그리고 외국 상인들에게 아편을 압수하라고 명령했다. 이런 상황에서 영국이 군함을 보내면서 1839년 영국과 중국 사이에 제1차 아편전쟁이 벌어졌다. 1841년에 영국이 승리하면서 중국은 전쟁 배상으로 홍콩을 영국에 넘겨주었다. 홍콩은 1997년까지 영국령이었다.

1803년에 독일의 약사 프리드리히 제르튀르너가 아편의 유효 성분을 발견했다. 그는 아편을 산에 녹인 다음 암모니아로 중화했다. 이러한 방법으로 그가 프린시피움 솜니페룸이라고 부른 물질, 즉 모르핀을 얻었다. 아편은 길들여졌고, 더 나아가 완성되었다. 사람들은 아편을 신이 주신 약물이라고 믿었다.

낭만주의 운동에서는 아편을 깨달음에 이르는 문으로 여기고 찬양했다. 1821년에 토머스 드 퀸시는 중독에 대한 초기 기록인 『영국 아편 중독자의 고백』을 출간했다. 가장 유명한 아편 사용자는 아마도 새뮤얼 테일러 콜리지일 것이다. 그의 시 〈쿠블라 칸〉은 황홀한 환상을 묘사한 작품으로 유명하다.

> 그의 주위를 세 번 원을 그리며 돌아라.
> 그리고 거룩한 두려움으로 눈을 감아라.
> 그는 감로 그리고
> 낙원의 우유를 마셨으니.

엑토르 베를리오즈는 1830년에 〈환상 교향곡〉을 작곡했고, 90가지 이상의 악기를 위한 악보를 썼다. 20세기 음악가 레너드 번스타인이 최초의 환각적인 음악이라고 불렀던 이 교향곡은 아편 과다 복용으로 자살하려한 예술가의 짝사랑 이야기와 처형당하는 꿈을 그린다. 낭만주의 운동에서는 아편을 아주 중요하게 여겼다. 비평가 엘리자베스 슈나이더는 "아편으로 원래 없던 힘이 생기거나, 원래 가지고 있던 힘의 성격이 바뀌지는 않는다"라고 지적한다. 다시 말해, 마약이 위대한 시인의 작품에 영향을 줄 수는 있지만, 마약으로 위대한 시인이 될 수는 없다는 뜻이다.

현대인의 관점에서 가장 놀라운 점은 당시에는 누구든 돈만 있으면 아편을 구할 수 있었다는 사실이다. 두통이나 생리통으로 힘들면 그저 가게에 가서 아편을 사면 된다. 글감이 막히면 처방전 없이 아편으로 영감을 얻는

다. 새뮤얼 테일러 콜리지는 하루에 최대 100방울의 라우다눔을 사용했다. 미국 대통령 윌리엄 헨리 해리슨은 1841년에 아편으로 치료를 받았다. 미국 남북전쟁 때 연합군은 8만 킬로그램에 달하는 아편을 사용했다.

1874년에 영국의 화학자 앨더 라이트가 모르핀에서 헤로인을 합성했다. 이 획기적인 약물은 모르핀을 대체할 중독성 없는 약물로 높이 평가받았다. 모르핀에 무수초산을 넣고 끓인 후 정제해서 헤로인을 만든다. 바이엘은 헤로인을 어린이 기침약으로 판매했다.

그러나 이런 대책 없는 시절도 끝나가고 있었다. 미국은 1906년에 식품 의약법을 도입해 성분을 확실하게 표시하게 했다. 3년 후에는 아편 수입을 금지했다. 같은 해인 1909년에 상하이에서 국제아편위원회가 열렸다. 이제 더는 마약의 위험하고 해로운 특성을 부인할 수 없게 되었다. 이듬해에 영국은 결국 아편 판매를 중단할 수밖에 없었다. 미국에서는 시어도어 루스벨트 대통령이 해밀턴 라이트 박사를 아편위원회 위원장으로 임명했다. 라이트는 1911년에 "미국의 1인당 습관성 약물 소비량이 전 세계 국가 중 가장 많다. 인류에게 알려진 가장 해로운 약물인 아편에 대한 안전장치는 유럽의 다른 나라보다 훨씬 적다"라고 말했다. 1914년에는 마약 판매를 규제하기 위한 해리슨 마약 세법이 통과되었다.

아편과 아편으로 만든 약물을 법으로 금지하자 부득이 불법 거래로 이어졌다. 모르핀과 헤로인은 생아편보다 훨씬 부피가 작아 밀수하기 쉬웠기 때문에 불법 거래에 적합했다. 제2차 세계대전으로 아편 거래가 크게 줄어들었지만, 전쟁이 끝나자 다시 늘어났다. 미국은 공산주의의 확산을 세계에서 가장 중요한 문제로 보았다. 그래서 CIA를 통해 캄보디아, 라오스, 미얀마의 국경이 만나는 지역인 이른바 골든트라이앵글을 포함해 여러 지역에서 반공 지도자 세력을 지원했다.

매혹적인: 〈축복받은 베아트리체〉(단테이 게이브리얼 로세티, 1864년), 여성의 손 위에 아편양귀비 꽃이 있다

미국과 프랑스가 무기를 공급하고 수송을 지원하면서 반군 지도자들은 수익성이 높은 아편을 불법 거래할 수 있었다. 아편 생산량이 급증하면서 가격이 떨어지고, 많은 사람을 중독시켰다. 윌리엄 버로스는 회고록 『정키』와 강렬한 소설 『네이키드 런치』에서 중독에 관해 썼다. 록밴드 벨벳 언더그라운드는 1967년 앨범에 무서운 노래 〈헤로인〉을 실었고, 존 레넌은 1969년에 헤로인 금단 증상에 대한 노래 〈콜드 터키〉를 발표했다. 헤로인을 사용하면 으스스한 매력을 얻는다. 중독자가 아닌 사람은 결코 이해할 수 없는 세계에 사는 특별한 중독자로서의 매력이다. 아편과 비슷하게 작용하는 합성 약물 혹은 반합성 약물인 오피오이드는 합법적인 의료용으로 많이 사용한다. 코데인도 여기에 포함된다. 더 강력한 오피오이드는 아주 심한 통증, 암이나 류머티즘성 관절염 환자의 통증 완화에 사용된다.

유엔마약범죄사무소는 전 세계에서 1,500만여 명이 오피오이드를 불법 사용하고 있으며, 그중 대부분은 헤로인을 사용한다고 추정한다. 거래 규모는 연간 550억 달러로 추산된다. 요즘에는 아프가니스탄이 주요 공급처이고, 미얀마와 멕시코, 콜롬비아가 그 뒤를 잇는다. 헤로인 거래는 단순한 범죄자뿐 아니라 테러리스트 집단의 자금 운용과도 관련이 있다.

양귀비는 매력적인 정원 식물로도 재배된다. 양귀비 씨앗은 요리에도 활용할 수 있다. 롤빵에 뿌려 먹으면 아주 맛있다.

058
바나나

한 번의 멸종을 겪은 과일

그래! 우리에겐 바나나가 하나도 없어.

오늘은 바나나가 하나도 없어.

└─ 프랭크 실버와 어빙 콘의 노래 〈그래! 우리에겐 바나나가 하나도 없어〉

바나나에는 확실히 어딘가 웃긴 구석이 있다. 남근 모양에 색깔은 선명하고, 껍질 안은 기분 좋게 부드럽다. 무엇보다 밟으면 미끄러져 넘어지는 바나나 껍질이 세상 사람들을 웃기는 것으로 유명하다. 20세기 초 미국의 보드빌(춤과 노래 따위를 곁들인 가볍고 풍자적인 통속 희극—옮긴이) 배우인 '미끄러지는' 빌리 왓슨이 바나나 껍질에 미끄러지는 모습을 처음으로 연기했다고 한다. 영화에서는 찰리 채플린이 처음으로 바나나 껍질에 미끄러지는 모습을 보여주었다. 바나나는 인종을 비하할 때 흔히 빗대는 과일이 되었다. 일본의 위대한 시인 바쇼는 파초과(芭蕉)인 바나나나무의 이름을 따서 자신의 이름을 지었다. 바나나 대재앙으로 알려진 1950년대 사건(곰팡이가 퍼지면서 바나나 품종 하나가 멸종되다시피 했다—옮긴이)이 있었고, 이 사건이 되풀이될 수도 있다는 끔찍한 두려움이 남아 있다.

우리는 바나나라는 단어를 보통 그 과일, 더 정확하게는 그 열매를 가리킬 때 사용한다. 엄밀히 말하면 바나나 식물은 나무가 아니라 초본식물이다. 바나나에는 나무 같은 줄기가 없다. 대부분 1년이 조금 넘는 생장기가 끝나면 공중에 있던 부분이 땅에 떨어져 죽는다. 그러고는 땅속 뿌리줄기에서 다시 싹을 틔워 여섯 번의 생장기를 더 거친다.

파푸아뉴기니의 쿠크 늪에서 1만여 년 전으로 거슬러 올라가는 바나나 재배의 증거가 발견되었다. 바나나는 동남아시아로 퍼져 나갔다. 바나나는 습기가 많은 열대지방의 깊고 성긴 토양에서 잘 자란다. 이후 아랍 상인들이 이슬람교와 함께 바나나를 퍼뜨렸고, 나중에는 포르투갈이 교역으로 들여왔다. 흔히 바나나가 최근에 유럽에 들어왔다고 생각하지만 아니다. 알렉산더대왕은 기원전 327년에 인도로 원정을 가는 길에서 바나나를 눈여겨보았다. 플리니우스는 바나나에 대해 "그 과일의 즙은 놀랍도록 달콤하고, 한 다발로 네 사람이 충분히 먹을 수 있다"라고 썼다. 12세기에 이븐 알아왐은 탁월한 저서 『농업에 관한 책』에서 바나나 재배 기술을 설명했다. 이슬람교도는 예로부터 라마단 기간 중에 해가 져서 금식을 잠시 중단할 때 바나나를 많이 먹는다. 바나나처럼 효과적으로 신속하게 영양을 공급하는 음식은 드물다. 그래서 3주 동안 열리는 장거리 사이클 경기인 투르 드 프랑스와 장기간 경기를 치르는 테니스 선수들이 보통 바나나로 에너지를 보충한다.

사람들은 대부분 달콤한 바나나 혹은 식후에 먹는 바나나에 익숙하다. 그것이 기본적인 바나나다. 그러나 바나나는 전 세계 많은 지역에서 탄수화물이 풍부한 주식이기도 하다. 이런 바나나를 좀 더 정확하게는 플랜테인(plantain)이라고도 부르는데, 어쨌든 둘 다 같은 식물이다. 린네의 분류 체계에 따르면 바나나는 파초과 바나나속(*Musa*) 식물이다. 린네는 열매를 맺도록 바나나를 재배하는 데 성공했고, 그 바나나 종을 무사 파라디시아카(*Musa paradisiaca*)라고 이름 지었다. 에덴동산에서 이브가 아담에게 준 과일이 사과가 아니라 바나나라는 믿음에서 비롯된 이름이다. 무사 아카미나타(*Musa acaminata*)와 무사 발비시아나(*Musa balbisiana*) 두 종이 현재 판매되는 모든 바나나의 바탕으로 알려져 있다. 그러나 다양한 재배 품종을 만들어내는 과정에서 교배를 거듭했기 때문에 이제는 거의 구별할 수 없어졌다. 말레

거부할 수 없는: 남아메리카에서 오는 열대 과
일을 광고하는 미국 포스터(1930년경)

이반도를 여행하면 서양에서 먹는 바나나가 얼마나 제한적인지 알 수 있다.
우리는 바나나라고 하면 흔히 먹는 캐번디시 한 품종만 떠올린다. 말레이시
아 시장에서는 녹색, 노란색, 붉은색, 자주색, 갈색 등 다양한 색깔을 띠고,
크기와 질감, 풍미, 당도도 제각각인 바나나들을 판다.

바나나는 터무니없을 정도로 먹는 방법이 간단하다. 과육 안에는 씨앗
이 없다. 기껏해야 씨앗의 흔적인 작은 검은 반점만 있을 뿐이다. 야생 바
나나는 씨앗이 가득 들어 있는 열매를 맺어 스스로 유성생식을 할 수 있지
만, 재배 품종은 씨앗이 없는 상태로 자란다. 씨앗이 없는 바나나는 뿌리줄
기에서 무성생식한다. 바나나는 가짜 줄기(헛줄기)에서 자라서 거대한 잎

(플리니우스는 바나나 잎을 새의 날개에 비유했다)을 만들어낸 다음 꽃줄기를 만들어낸다. 여기에서 열매가 맺히는데, 한 나무에 50~150다발, 한 다발에 10~20개의 바나나가 달린다. 열매를 맺은 다음 잎이 떨어지면 바나나 풀을 베어낸다. 다시 처음부터 심어서 열매를 맺을 때까지 15개월 정도가 걸린다. 이후에는 어느 정도 수확을 계속할 수 있다. 바나나는 뿌리줄기에서 새싹을 만들어내고 열매를 맺는다.

따라서 우리가 먹는 캐번디시 바나나는 모두 유전적으로 거의 동일하다. 단일 품종을 재배하는 작물이 모두 그렇듯, 문제가 생기면 회복하기 어렵다. 20세기 초에 가장 인기 있었던 디저트 바나나는 그로 미셸이었다. 그 바나나는 1950년대에 곰팡이가 바나나 뿌리에 감염되는 파나마병으로 어려움을 겪었다. 품종이 다양하지 않았기 때문에 회복력이 뛰어난 바나나가 없어서 재배 자체가 불가능해졌다. 그로 미셸은 캐번디시보다 맛이 더 풍부했다고 한다. 하지만 바나나 대재앙의 희생양이 되면서 그로 미셸은 영원히 사라졌다. 캐번디시도 이와 같은 운명을 맞을 수 있다.

열대 과일을 신선하게 보관하기 어려워 북쪽 나라에서는 바나나가 오랫동안 이국적인 과일이었다. 쥘 베른은 1872년에 출간한 『80일간의 세계 일주』에서 바나나를 경이롭게 묘사했다. "그들은 바나나 더미 앞에서 멈췄다. 빵처럼 건강에 좋고, 크림처럼 즙이 많은 바나나 열매를 충분히 먹고 감상했다." 1876년 필라델피아 세계박람회에서 포장지에 싸인 바나나를 10센트에 살 수 있었다. 아주 신기한 과일이었다. 1879년에는 『하퍼스 위클리』가 "바나나 껍질을 인도에 버리는 사람은 많은 사람에게 엄청나게 불친절한 짓을 하는 것이다"라고 쓸 정도로 많이 먹는 과일이 되었다. 미국 세인트루이스에서는 1909년에 길거리에 바나나를 버리는 행위를 법으로 규제했다.

바나나의 이국적인 특성은 언제나 바나나의 매력 중 하나였다. 18세기 일본의 위대한 시인이 살던 오두막에 한 숭배자가 바나나를 심었다. 그는 감사의 의미로 자신의 이름을 바쇼로 바꾸고, 하이쿠를 썼다.

내 오두막 주위에서

잎을 늘어뜨린 바나나들은

분명 달을 보고 있을 거야.

추운 기후에 사는 사람들은 숙성을 거친 바나나를 먹는다. 바나나는 덜 익은 상태에서 딴다. 수입한 나라에서 바나나를 숙성실에 보관하거나 에틸렌 가스로 처리하면 선명한 노란색 바나나가 된다. 건강식품점에서 에틸렌 가스로 처리하지 않은 바나나를 살 수도 있다. 바나나는 전 세계에서 가장 중요한 과일 중 하나다(바나나는 식물의 학명이 아니라 비공식적 혹은 상업적으로 사용하는 용어다). 바나나는 또한 가장 비경제적인 식물 중 하나다. 열매를 딴 다음에는 그 식물 전체를 버리기 때문이다.

바나나는 많은 열대 국가에서 중요한 작물이다. 그래서 독재적이고 망상에 빠진 대통령이 통치하는 불안정한 국가를 조롱하는 '바나나 공화국'이라는 용어가 생겼다. 원숭이가 거의 바나나만 먹고 산다고 단순하게 생각하기도 한다. 그런 생각을 바탕으로 인종을 차별하고 모욕하는 행동이 벌어졌다. 편견에 사로잡힌 축구 팬들이 흑인 선수들에게 바나나를 던졌다. 2014년에는 FC 바르셀로나 선수 다니 아우베스가 그런 편견에 맞서는 의미로 바나나를 껍질을 벗겨 먹었다. 그가 쓰라린 투쟁을 위해 얼마나 애쓰고 있는지 표정에서 선명하게 드러났다. 일부 아시아 국가에서 누군가를 바나나라고 부르면 모욕이다. 자신이 태어난 곳의 문화를 거부하는 아시아계 사람을 겉은 노랗고 속은 희다는 뜻으로 부르는 말이기 때문이다. 1923년에 프랭크 실버와 어빙 콘은 〈그래! 우리에겐 바나나가 하나도 없어〉라는 노래를 발표했다. 이 노래는 수십 년 동안 역사상 가장 많이 팔린 낱장 악보가 되었다. 1955년에는 자메이카 출신 미국인 가수 해리 벨라폰테가 〈데이-오〉(바나나 뱃노래)를 발표했다. 배에 바나나를 실으며 야간 근무를 하는 부두 노동자들에 대한 자메이카의 칼립소(서인도제도 민속음악—옮긴이)를 바탕으로 만든 노래다.

아침이 올 때까지 바나나를 쌓아라!

(날이 밝으면 집으로 가고 싶어)

앞 장에서 이야기한 벨벳 언더그라운드의 앨범 《벨벳 언더그라운드 & 니코》 표지에는 앤디 워홀이 디자인한 바나나 이미지가 실렸다. 처음 만든 표지에서는 바나나 스티커를 껍질처럼 벗길 수 있었다. 다 벗기면 분홍색 바나나가 나타났는데, 선정적이라는 논란이 일었다. 껍질을 벗기지 않은 바나나가 담긴, 질 좋은 사본은 달러나 파운드로 네 자릿수 금액에 거래된다.

059
엽란

가장 완벽한 실내용 식물

"너는 어딘가 치욕스러운 거지. 너는 죄를 지은 거야. 엽란에 대해 죄를 지은 거야."

└ 조지 오웰의 소설 『엽란을 날려라』

우리는 자연으로부터 우리 자신을 보호하려고 집을 짓는다. 그러나 집을 짓고 나면 자연을 다시 불러들인다. 실내용 화초만큼 우리와 자연의 관계에서 역설적인 본질을 잘 보여주는 것은 없다. 우리는 자연을 차단하려고 벽을 세운다. 그런 다음 자연을 우리 옆으로 끌어오려고 상당히 애쓴다. 우리는 벽과 식물 모두에서 위안을 얻는다. 자연을 미워하면서 두려워한다. 자연을 사랑하면서 필요로 한다. 집 안에 나름의 방식으로 자연을 두는 일은 우리가 진정으로 문명화했다는 의미다. 우리 본성의 상반된 측면이 균형을 이루었다는 뜻이다. 그래서 나는 모든 실내용 화초를 대표하는 엽란을 선택했다. 엽란은 사랑과 미움, 성취, 편안함, 고결함의 상징이 된 아시아 관복이다.

수메르인과 고대 이집트인은 예쁜 화분에 식물을 길렀다. 즐거움을 주고, 감각을 만족시키고, 실내와 실외의 차이를 줄이기 위한 식물이었다. 안뜰에서 키웠는지, 집 안의 실내에서 키웠는지는 확실하지 않다. 그러나 따뜻한 기후에서는 비가 오지 않는 한 안뜰이든 실내든 별로 차이가 없다. 인간이 자연을 지배하는 엄격한 잣대와 태도는 식물 때문에 말랑말랑해진다. 현대의 안락함 속에서도 우리는 우리의 깊은 과거와 계속 접촉하고 싶어한다.

　따뜻한 쉼터가 된다는 점을 비롯해 집은 식물에 몇몇 유리한 점이 있다. 그러나 불리한 점도 있다. 가장 불리한 점은 햇빛이다. 인간을 보호하기 위해 설계한 구조에서는 어쩔 수 없이 자연광이 집 안으로 그리 많이 들어오지 못한다. 두 번째 불리한 점은 물이다. 비를 맞을 수 없고, 화분이 저장할 수 있는 물의 양은 제한적이다. 물은 인간이 쉽게 줄 수 있지만, 햇빛을 받는 일은 더 어렵다. 그래서 그늘진 곳에서도 광합성을 잘할 수 있는 식물이 집에서 기르기 적당하다.

　고대 그리스인과 로마인 역시 화분에 식물을 길렀는데, 월계수를 특히 좋아했다. 월계수는 상록수여서 1년 내내 보기 좋다. 향기로운 잎은 요리에 활용하기에도 좋았다. 중국인은 2,500년 전부터 식물을 화분에 길렀다. 중세 유럽에서는 수도사들이 수도원 건물 안에서 약초를 재배했다.

　르네상스와 대항해시대가 시작되면서 해외에서 새로운 식물을 들여올 수 있게 되었다. 실외에서는 살아남을 수 없는 이국적인 식물들도 어느 정도 보살핌을 받으면 건물 안에서 기를 수 있었다. 서아시아와 동인도제도의 식물을 이탈리아, 네덜란드, 벨기에의 가정집에서 길렀다. 가정에서 이국적인 식물을 기르는 열풍은 16세기에 영국과 프랑스에까지 퍼졌다. 실내 식물은 신분을 나타낸다. 수입과 노동력에 여유가 없으면 기를 수 없다. 실내 식물은 사치품이다. 주인이 먹고살 만하다는 사실을 확실히 보여준다. 그러나 자부심을 느끼게 하는 것 이상의 유리한 점이 있다. 식물은 집을 더 기분 좋고, 편안하고, 따뜻하고, 아늑한 공간으로 만들어준다. 1660년에 휴 플랫 경은 『에덴동산: 집에서 식물을 기르는 방법』을 펴냈다. 이 책으로 실내용 화초를 기르는 취미가 널리 퍼졌고 상당히 대중화되었다. 17세기에는 남아메리카와 아시아, 아프리카의 식물을, 한 세기 뒤에는 오스트레일리아의 식물까지도 기를 수 있게 되었다. 영국에서는 18세기에 집에서 기르기 적당한 식물을 판매하는 종묘장이 많이 생겼다. 이런 식물은 워디언 케이스(Wardian case)

라는 밀폐된 유리 상자에서 길렀다. 19세기에는 가장 검소한 중산층 가정에서도 식물을 길렀다.

하지만 빅토리아시대 거실은 식물을 기르기에는 꺼림칙한 환경이었다. 유리가 비싼 데다 기술도 비교적 발달하지 않아서 창문이 작았고, 그래서 햇빛이 많이 들어오지 않았다. 겨울에는 석탄 난로로 난방을 해서 그로 인한 오염 물질이 가득했다(인간도 마찬가지로 고통을 받았다). 인공조명으로 인해 공기 문제는 더 심각해졌다. 석유램프와 석탄가스 조명도 오염 물질을 내뿜었다. 이렇게 위협적인 조건에서 식물이 살아남으려면 강인해야 했다.

오스트레일리아 로드 하우섬에서 들여온 켄티아야자, 멕시코와 중앙아메리카에서 들여온 테이블야자 그리고 엽란이 그 역할을 해냈다. 중국과 베트남에서 들여온 엽란은 전형적으로 그늘을 좋아하는 식물이다. 엽란의 줄기는 보이지 않는다. 흙에서 잎이 자라고 꽃이 핀다. 현재 100종 정도가 있다고 알려졌다. 빅토리아시대와 에드워드시대의 주택을 장식한 엽란은 그중에서도 아스피디스트라 엘라티오르종(*Aspidistra elatior*)이다.

엽란은 케케묵은 체면과 겉치레, 고상한 체하는 답답하고 억압적인 세상을 상징하기도 했다. 조지 오웰의 1936년 소설 『엽란을 날려라』 중 주인공 고든 콤스톡이 '돈의 신'과 개인적으로 전쟁을 벌이는 장면에서 이런 측면이 잘 드러난다. 그는 물론 길고 끔찍한 투쟁 끝에 패배한다. 그는 집에서 엽란을 기르지 않는다는 점에서만 유일하게 승리한다.

얼마 후 실내 식물 기르기는 한물간 취미가 되었다. 진취적인 사람이 관심을 가질 만한 취미는 아니었다. 이에 대한 일종의 강력한 반발로 영국 가수 그레이시 필즈는 1938년에 〈세계에서 제일 큰 엽란〉을 녹음했다.

여러 해 동안 우리는 화분에 엽란을 길렀네.
모든 스탠드 근처, 잡동사니 위에서….

보통 사람들이 좋아하던 이 노래는 제2차 세계대전 동안 거의 애국가처럼 여겨졌다. 복잡하게 뒤얽힌 영국 특유의 빈정거림과 뒤섞인 자부심의 비뚤어진 상징이 되었다. 그래서 엽란은 영국이 선전과 속임수를 위해 사용한 강력한 전시 송신기의 암호명으로 쓰이기도 했다.

새로운 유리 제조법이 나와 유리창을 많이 활용하게 되면서 집이 더 가벼워졌고, 굉장히 다양한 식물을 기르기에 더 알맞은 장소가 되었다. 실내 식물이 다시 유행하기 시작했다. 1970년대가 되자 일부 주택에는 열대우림 식물들로 대부분을 꾸민 실내 밀림이 생겼다. 그럴 만도 하다. 열대식물은 계절 변화가 심한 곳보다 안정된 환경에 익숙하기 때문이다. 열대우림 식물은 물을 많이 줘야 하고, 적절한 습도가 필요하다. 실내 식물은 이후로도 계속 유행이 왔다가 가고는 했다. 언젠가는 '비상시에는 유리를 깨시오'라는 문구와 함께 마체테(주로 정글이나 밀림에서 숲을 헤칠 때 쓰는 칼—옮긴이)를 액자에 넣어 우리 거실에 걸 생각이다.

실내용 화초는 우리에게 좋은 영향을 미친다. 1989년 미국항공우주국(NASA)의 연구는 식물 하나가 벤젠, 포름알데히드, 트리클로로에틸렌 등 발암성 물질을 줄여 실내 공기를 정화한다는 사실을 보여주었다. 실내용 화초가 있으면 학교와 사무실의 환경이 좋아지고, 생산성이 높아진다. 그래서 회사들은 사무실에 실내 식물을 두고 관리한다. 식물과 함께 살면서 얻는 혜택은 그리 쉽게 계산할 수 없다. 그것은 바이오필리아(biophilia)와도 관련이 있다. 바이오필리아는 미국의 위대한 과학자이자 작가 에드워드 O. 윌슨이 만든 용어다. 개를 쓰다듬고, 장미 향기를 맡는 등 인간이 아닌 생명에 대해 인간이 느끼는 친밀감을 표현하는 용어다. 이 책을 구입한 사람이라면 누구나 알 만한 감정이다.

실내 식물의 단점이라면 사용하는 퇴비에 종종 이탄이 들어간다는 사실이다. 이탄은 환경을 파괴하고 기후변화의 원인이 된다. 윤리적으로 행동하고 싶은 사람과 기업은 이탄을 대체할 수 있는 퇴비를 사용하고 있다.

▎ 쉽게 파괴할 수 없는: 〈엽란〉(장 마르상, 1912년경)

100가지 식물로 읽는 세계사

060
콩

간편하고 훌륭한 단백질 음식

"로켓 모턴, 너는 무엇을 먹고 살아?"

"나는 콩을 먹고 살아. 레이저콩을 먹고 살아."

└→ 캡틴 비프하트와 그의 매직 밴드가 만든 앨범

《트라우트 마스크 레플리카》의 수록곡 사이에 삽입된 대화

우리는 태양에너지를 소비하며 산다. 식물을 먹는 것이 가장 효율적이면서 경제적으로 태양에너지를 소비하는 방법이다. 식물을 먹은 동물을 먹어서 간접적으로 식물을 먹는 것이 또 다른 방법이다. 동물을 먹는 방법은 땅과 시간 같은 자원이 더 많이 들어간다. 고기는 원래 사람들이 대부분 일상적으로 먹을 수 있는 음식이 아니었다. 가끔 먹는 사치스러운 음식이었다. 이제 선진국에서는 많은 사람이 매일, 심지어 하루에 두세 번씩 고기를 먹을 수 있다. 이러한 변화는 최근의 일이다. 그전에는 상류층만 고기를 흔히 먹을 수 있었다. 상류층이 아닌 사람들은 언제 어디에서든 할 수 있는 한 다른 음식에서 단백질을 얻었다. 신세계에서 콩이 들어오면서부터 유럽은 완전히 상황이 바뀌었다.

　콩류의 재배는 농경이 시작된 이래로 인류 생활의 일부가 되었다. 콩류는 콩과(*Fabaceae*) 식물이다. 콩과 식물에는 지방과 단백질이 풍부한 씨앗이 있는 여러 종뿐 아니라 인간이 먹기에 부적합한 씨앗이 있는 클로버, 알팔파

같은 사료 작물도 있다. 완두도 콩과 식물이다(4장 참조). 태국에서는 농업이 시작된 직후인 1만 2,000여 년 전에, 멕시코에서는 9,000여 년 전에, 서아시아에서는 거의 최근에야 콩류를 재배했다는 증거가 있다. 콩류는 5,000여 년 전으로 거슬러 올라가는 이집트 무덤에서도 발견되었다.

예로부터 여러 문화권에서 콩류와 곡물을 섞어서 먹는다. 인도에서는

두 그릇째?: 〈콩 먹는 사람〉(안니발레 카라치, 1580~1590년경)

콩과 쌀, 중국에서는 두부와 쌀, 멕시코에서는 리마콩과 옥수수, 북아프리카에서는 병아리콩과 쿠스쿠스(밀가루를 손으로 비벼서 만든 좁쌀 모양의 알갱이—옮긴이)를 섞는다. 콩과 식물은 농업에도 많은 이득을 준다. 공기 중 질소를 흡수해 땅속에 가두기 때문에 다른 작물을 재배하는 데도 커다란 혜택이 된다. 콜럼버스 이전 북아메리카 농업 전통에서는 세 자매로 불리는 콩과 호박, 옥수수가 중요하다. 콩은 옥수수 줄기를 타고 올라가고, 다른 두 작물을 위해 질소를 가두는 역할을 한다.

오늘날 가장 중요한 콩의 종은 아메리카 대륙이 원산지인 강낭콩(*Phaseolus vulgaris*)이다. 이 식물이 유럽에 들어오면서 상류층이 아니어도 단백질을 쉽게 섭취할 수 있게 되었다. 강낭콩이 영양을 풍부하게 공급해서 르네상스 시대에 유럽 인구가 늘어날 수 있었다고 추측한다. 실제로 16세기에 영국 인구가 두 배로 늘었다. 그렇다고 너무 넘겨짚지 않는 것이 좋다. 인구 규모에는 여러 다양한 요인이 영향을 미치기 때문이다. 그냥 좋은 단백질을 더 많이 얻을수록 더 오래 살아서 자손을 많이 남길 가능성이 높아진다는 점만 주목하자.

어린 콩은 생으로 먹을 수 있다. 덜 익은 씨앗과 꼬투리를 한꺼번에 먹을 수도 있다. 콩의 가장 큰 장점은 보관하기 좋은 단백질 식품이라는 점이다. 특히 더운 기후에서는 육류보다 훨씬 더 보관하기 쉽다. 말린 콩은 바구미와 설치류가 다가오지 못하도록 안전하게 보관하면 맛과 단백질 함량이 조금 떨어지지만 몇 년 후에 먹어도 괜찮다. 설익힌 콩에는 독소가 남기 때문에 반드시 오랫동안 끓여야 좋은 음식으로 만들 수 있다.

콩은 종류가 아주 많다. 여러 다양한 품종을 만들어냈기 때문이다. 강낭콩 종에도 플래절렛, 키드니, 핀토, 해리콧, 볼로티, 카넬리니, 매로, 네이비 등 여러 품종이 있다. 브로드빈(아메리카에서는 파바빈)과 러너빈은 다른 종이다. 러너빈을 스트링빈이라고 부르기도 하며, 어떤 사람들은 러너빈의 섬유질 꼬투리가 맛있다고 좋아한다. 강낭콩 품종인 프렌치빈에는 긴 섬유질이 없는 식용 꼬투리가 생긴다.

미국에서 콩은 옛 서부와 관련이 있다. 카우보이들이 콩만 먹으면서 살았다는 생각은 전 세계로 퍼진 근거 없는 믿음 중 하나로 깊이 자리 잡았다. 하지만 그 믿음의 근거에는 상당한 진실이 담겨 있다. 콩은 훌륭하고, 간편하고, 싸고, 가볍고, 효과가 오랫동안 지속되는 단백질 음식이기 때문이다. 콩을 먹으면 속이 부글거리는 것도 사실이다. 콩에는 인간이 소화할 수 없는 다당류가 들어 있기 때문이다. 장내 세균이 이 다당류를 분해하는 과정에서 가스가 생기고, 트림과 방귀로 배출된다.

콩, 콩, 콩은 심장에 좋아!
많이 먹을수록 방귀도 많이 나오지!

오래된 동요에 나오는 그대로다. 1974년 멜 브룩스 감독의 영화《타오르는 안장》에는 카우보이들이 방귀 교향곡에 맞춰 저녁 식사를 하는 유명한 장면이 나온다. "콩 조금 더 드시겠어요, 타가트 씨?" "충분히 드신 것 같군요."

토스카나 콩 수프의 마늘과 허브, 여러 멕시코 요리의 고추 같은 재료가 주는 풍미를 잘 흡수한다는 점이 콩으로 요리하는 즐거움 중 하나다. 콩은 또한 콜럼버스 교환의 또 다른 작물인 토마토와도 아주 가깝다. 아메리카 원주민의 전통 요리에서는 콩과 토마토에 종종 곰의 기름, 메이플시럽, 사슴고기를 넣어 요리했다. 뉴잉글랜드의 초기 정착민은 이런 요리법을 받아들여서 그들만의 방식으로 변형했다. 그 요리는 토요일 밤에 따뜻하게 보관했다가 요리가 금지된 안식일에 아침으로 먹었다.

간편식 기술이 발달하면서 이렇게 아주 흔하면서 중요한 음식이 그 대상으로 선택된 것은 당연한 일이었다. 펜실베이니아의 J. 하인즈사는 1886년에 베이크드 빈스 통조림을 런던의 포트넘앤메이슨 백화점에서 사치품으로 판매했다. 그러나 1895년에는 그 통조림이 대중적인 제품으로 자리 잡았고, 1901년에는 영국 전역으로 유통되었다(1855년에 영국에서 통조림 따개가 특허를 받았다). 영국인은 베이크드 빈스를 열광적으로 받아들였다. 오늘날 230만여 명의 영국인이 매일 베이크드 빈스를 먹는다. 시장 점유율이 70퍼센트에 이르는 하인즈의 제품을 주로 먹는다. '빈스는 하인즈지(Beanz Meansz Heinz)'라는 1967년 광고 슬로건대로다. 사실 블라인드 테스트를 하면 하인즈의 베이크드 빈스가 경쟁사 제품보다 낮은 평가를 받을 때가 많은데도 말이다. 베이크드 빈스는 달콤한 토마토소스에 요리한 네이비빈, 즉 흰색 강낭콩이다. 미국에서는 다른 요리법으로 하인즈의 베이크드 빈스를 만든다. 한 통의 통조림에 설탕이 14그램씩 들어간다. 7그램씩 들어가는 영국의 통조림과 다르다.

미국의 식물 육종가 래리 프록터는 1999년에 아내 에놀라의 이름을 딴 노란 콩(역시 강낭콩종이다) 품종에 대한 특허를 얻었다. 그는 이 특허로 미국에서 그 콩을 판매하는 독점권을 얻었다. 따라서 그는 미국으로 수입되는 유전적으로 동일한 콩에 대해 로열티를 받을 권리가 생겼다. 그 콩은 원래 멕시코에서 들어왔기 때문에 멕시코에서 그 콩을 재배하는 농부들과 수출업자들에게는 심각한 문제였다. 그 문제로 유명한 소송이 벌어졌다. 에놀라 콩이 안데스산맥의 유전자 풀(gene pool: 어떤 생물 집단 속 유전정보의 총량—옮긴이)의 일부이며, 멕시코 노란 콩 집단과 유전적으로 동일하다는 사실이 밝혀졌다. 그 특허는 결국 2009년에 취소되었다. 이 소송은 개발도상국이 생물 자원 수탈이라는 착취에 맞서 유전자 자원을 보호해야 한다는 필요성을 보여주는 대표적인 사례로 남았다. 콩은 언제나 인간에게 소중한 존재였다. 세계 인구가 계속 증가하고, 육식의 윤리·경제적 타당성이 점점 더 의문시되면서 아마도 콩은 더욱더 중요해질 것이다.

061
독버섯

치명적이지만 매혹적인 죽음의 모자

우리는 송로버섯인 줄 알고 독버섯을 먹고 싶지는 않다.

└ 마크 트웨인의 소설 『얼간이 윌슨』

인간은 어디에서나 삶을 이분법적으로 보려는 성향이 강하다. 그래서 민간 분류에서는 버섯을 우리가 먹을 수 있는 버섯과 우리를 죽일 수 있는 버섯으로 나눈다. 그리고 우리를 죽일 수 있는 나쁜 버섯을 독버섯이라고 부른다. 하지만 이야기에서 종종 악당이 가장 흥미로운 캐릭터이듯(밀턴의 장편 서사시 『실낙원』의 사탄이나 007 시리즈의 악당 블로펠드처럼), 우리는 독버섯에 매료된다.

균류학자의 분류에서는 위험한 종과 위험하지 않은 종을 실제로 구분하지 않는다. 훌륭한 식품으로 귀하게 여기는 달걀버섯은 가장 치명적인 독버섯들과 함께 광대버섯속(*Amanita*)에 속한다. 과학자들은 독버섯이라는 용어를 사용하지 않는다. 사람들이 치명적인 독버섯에 매료된다는 사실은 죽음의 모자(death cap), 치명적인 거미줄 모자(deadly webcap), 파괴의 천사(destroying angel), 장례식 종(funeral bell), 바보의 깔때기(fool's funnel) 그리고 천사의 날개(angel's wing) 같은 영어권 사람들이 붙인 극적이고 멋들어진 이름

치명적인 거미줄 모자(녹슨끈적버섯)

장례식 종(투명살끝에밀종버섯)

바보의 깔때기(백황색깔때기버섯)

들에서 잘 드러난다.

민간에서는 좋은 버섯과 나쁜 독버섯을 구분하는 여러 방법을 이야기하지만, 믿을 수 있는 방법은 하나도 없다. 위험한 독버섯은 선명한 색깔이라는 생각은 아마도 흰색 반점이 있는 붉은색의 광대버섯에서 비롯되었을 것이다. 모든 사람이 독버섯은 그래야 한다고 생각한다. 광대버섯은 졸음을 유발하고 환각을 일으키는 특성이 있어 위험하지만, 치명적이지는 않다. 곤충들이 독버섯은 피하지만 식용버섯은 피하지 않는다는 속설도 있지만, 검증되지 않았다. 독버섯은 무엇이든 맛이 나쁘다는 생각 역시 맞지 않는다. 독버섯을 먹고 살아남은 사람들은 독버섯 역시 맛있었다고 전하기도 한다. 문제는 후유증이지만.

알광대버섯은 '죽음의 모자'라는 별명처럼 아주 치명적이다. 먹을 수 있는 버섯과 혼동하기 쉬워서 더 위험하다. 지름이 15센티미터까지 커질 수 있고, 색깔은 황록색에서 구릿빛까지 다양하다. 갓의 밑면 주름은 흰색으로, 자라면서 크림색과 분홍색으로 바뀐다. 줄기를 둘러싸고 턱받이 같은 고리가 축 늘어져 있다. 어딘가 남근 같은 모양은 학명(*Amanita phalloides*)에도 반영되었다. 알광대버섯에는 급성 간 질환과 신장 질환을 일으키는 아마톡신이 들어 있다. 초기에는 아주 고통스러우며 구토와 설사를 하는데, 때로 회복되는 것처럼 보이기도 한다. 그러나 이미 장기가 손상되어 회복할 수 없고, 보통 죽음에 이른다. 버섯의 갓을 반쪽만 먹어도 사망에 이르기 충분하다.

| 죽음의 모자: 알광대버섯을 그린 그림(1895년)

죽음에 이르는 방식은 다양하지만, 독버섯을 먹어서 죽는다고 생각하면 이상야릇한 공포를 느낀다. 영국의 『데일리 메일』은 (뉴질랜드 뉴스를 집중적으로 보도하는 신문은 아니지만) 2020년에 뉴질랜드에서 일어난 한 사건을 보도했다. 이 신문은 암을 이겨낸 사람이자 의사인 애나 화이트헤드가 점심으로 생선과 함께 두어 개의 알광대버섯을 볶아서 먹었다가 죽을 뻔한 이야기를 전했다. 그녀가 이전에 겪었던 어떤 경험보다도 더 끔찍한 경험이었다고 한다.

부처의 마지막 식사가 독버섯이었다는 이야기도 있다. 『나는 황제 클라우디우스다』의 저자 로버트 그레이브스에 따르면, 클라우디우스 황제는 매우 좋아했던 식용 민달걀버섯(*Amanita caesarea*)이라고 착각한 음식을 먹은 후 죽었다고 한다. 민달걀버섯은 무해하고 맛있지만, '죽음의 모자'라 불리는 알광대버섯과 혼동하기 쉽다. 클라우디우스 황제의 아내 아그리피나가 그

И. БИЛИБИНЪ. 1900.

치명적인 독버섯을 먹었다는 설도 있다. 전남편과의 사이에서 낳은 아들 네로를 황제로 만들기 위해서였다고 한다. 황제는 자연스럽게 신성한 존재로 여겨지기 때문에 네로는 그 죽음의 모자 버섯을 '신들의 음식'이라고 빈정거리듯 불렀다.

신성로마제국 카를 6세 황제는 1740년에 죽음의 모자를 먹은 후 사망했다. 그다음 8년에 걸친 오스트리아 왕위 계승 전쟁이 벌어졌다. 하프시코드 연주자이자 모차르트에게 큰 영향을 미친 작곡가 요한 쇼베르트는 1767년에 죽음의 모자를 먹고 사망했다. 그는 버섯에 독성이 있다는 말을 들었지만, 의사 친구의 조언에 따라 결국 그 버섯을 먹었다. 그 버섯으로 만든 수프를 먹고 그와 그의 아내, 하녀, 의사 모두가 죽었고, 부부의 자녀 중 한 명만이 살아남았다.

광대버섯의 화려한 모습이 독버섯의 상징이 되었다. 환각을 일으키는 버섯에 대해서는 31장에서 이야기했지만, 덧붙이자면 산타클로스가 흰색 띠를 두른 빨간색 옷을 입는 이유가 환각을 일으키는 광대버섯의 모습과 관련 있다는 주장도 있다. 이 버섯의 불길하고 주술적인 측면은 이후 동화에서 예쁘게 변모했다. 베이든 파월 경이 창설한 보이스카우트 운동과 비슷한, 어린 소녀들로 이루어지는 브라우니단은 전통적으로 흰색 반점이 있는 빨간색으로 칠한 광대버섯 의자 주위에 모인다. 브라우니단은 사람들의 요구로 1914년에 설립되었고, 처음에는 로즈버드단이라고 불렸다. 단원들이 조금 더 씩씩하면 좋겠다고 요구해서 브라우니로 이름을 바꾸었다.

아마도 가장 억울한 독버섯은 먹물버섯속(*Coprinus*)의 버섯들일 것이다. 지난 며칠 동안 술을 마시지 않았다면 이 버섯을 삼켜도 무해하다. 이 버섯의 독소는 알코올을 처리하는 신체 능력을 공격해 심한 숙취 같은 증상을 유발할 뿐이다.

사악한 무언가는 이런 식으로 찾아온다: 독버섯들 사이에 있는 악마를 보여주는 러시아의 민속 그림(이반 야코블레비치 빌리빈, 1900년)

우리는 독버섯을 먹고 죽을까 봐 매우 두려워한다. 그러나 독버섯 때문에 실제로 죽은 사람의 수는 상어에 물려 죽은 사람의 수만큼 많지 않다. 두 경우 모두 자연에 대한 인간의 공포 때문에 심각하게 느껴진다. 독성이 있는 버섯은 여전히 상당히 위험하지만, 실제로 위험이 발생하는 경우는 생각보다 훨씬 적다. 버섯과 곰팡이, 효모는 모두 진균류다. 진균의 일종인 맥각균에 의한 중독은 31장에서 다루었다. 다른 진균 독소도 심한 중독을 일으킬 뿐 아니라 암을 유발하고, 면역 체계를 장기적으로 손상시킬 수 있다. 사람뿐 아니라 가축도 그 독소를 흡수하면 고기와 우유에 안 좋은 영향을 받을 수 있다. 곰팡이는 특히 따뜻하고 습도가 높은 환경에서 보관한 식품에 발생한다. 곰팡이는 곡물과 견과류, 향신료, 말린 과일, 사과, 사료에 피해를 준다. 유해하다고 확인된 곰팡이의 수만 해도 수백 종이다. 세계보건기구는 '각국 정부가 시장에서 팔리는 식품의 곰팡이 독소 수치를 최대한 낮게 유지하도록 감시하고 확인하라'고 권장한다.

H. G. 웰스는 단편소설 『퍼플 필레우스』를 썼다. 이 소설에서 아내의 무성의한 태도에 절망한 작은 가게 주인 쿰스 씨는 퍼플 필레우스라는 가상의 버섯을 먹는다. 버섯의 독소 때문에 미쳐버린 그는 집으로 돌아와 소동을 부리지만, 그의 거친 분노 때문에 모든 것이 바로잡힌다. 이야기의 마지막 부분에서 그의 형은 버섯을 깎아내리는 말을 한다. 그러자 쿰스 씨는 "그 버섯들은 무언가 현명한 목적을 이루려고 내게 온 것 같아"라고 말한다.

062
티크나무

최고의 목재 뒤에 드리운 그림자

인간에게 나무란 보편적인 아름다움을 가진 존재다.
나무는 모든 재료 중 가장 인간에게 어울리는 아름다움을 지녔다.

└ 프랭크 로이드 라이트(미국의 건축가)

우리는 자연의 경이로움에 감탄하면서 그것이 모두 우리를 위한 것이라고, 세상은 인간에게 아무 조건 없이 주어진 선물이라고 믿었다. 우리가 사용하기를 바라지 않으셨다면 신이 그렇게 좋은 것들을 우리에게 주셨을까? 우리가 환각에 빠지기를 바라지 않으셨다면 환각을 일으키는 버섯을 주셨을까? 우리가 황제를 독살하기를 원하지 않으셨다면 죽음의 모자 버섯을 만드셨을까? 우리가 나무로 물건을 만들기를 원하지 않으셨다면 열대우림을 만드셨을까?

티크나무는 다른 어떤 나무보다 인간을 위해 특별히 만들어진 나무처럼 보인다. 티크나무의 목재는 장점이 무척 많다. 우리는 이 나무를 목재로만 생각하는 데 너무 익숙해서 자라나는 식물로 생각하기가 좀 어색할 정도다. 티크나무에는 천연 오일이 많이 들어 있어서 흰개미와 나무를 갉아먹는 다른 해충을 물리칠 수 있다. 나뭇결이 단단하고 촘촘해 내구성이 강하고, 날씨 변화에 영향을 덜 받는다. 인장 강도(압력을 받아도 부러지지 않는 저항

100가지 식물로 읽는 세계사

력)도 뛰어나다. 나무로 오래 사용할 무언가를 만들고 싶다면 가장 먼저 티크나무를 선택할 가능성이 높다.

티크나무는 남아시아와 동남아시아에서 자생한다. 키가 40미터까지 클 수 있는 낙엽수다. 비옥한 땅, 따뜻한 기후, 쨍쨍 내리쬐는 햇빛이 필요해서 열대지방에서만 자란다. 그러나 습도에 대해서는 비교적 관대하다. 연간 강수량이 500밀리미터인 지역부터 5,000밀리미터인 지역까지 살 수 있다. 일반적으로 많이 자라는 습도가 높은 숲뿐 아니라, 비교적 건조한 지역에서도 잘 자란다. 노르스름한 심재(나무줄기 중심부의 단단한 부분—옮긴이)는 자라면서 색깔이 짙어지고, 변재(통나무의 겉 부분으로 나무껍질의 바로 안쪽—옮긴이)는 심재에서 쉽게 분리된다. 목재를 사용하는 인간의 관점에서 또 다른 장점이다. 티크나무에는 세 가지 종이 있다. 그러나 이 책에서는 우리와 관련이 있는 한 가지 종만 다루려고 한다. 모든 상업용 티크나무 목재의 재료인 텍토나 그란디스(Tectona grandis)다. 린네 2세(린네의 아들)가 1782년에 펴낸 『추가 식물들』에서 이 나무의 이름을 붙였다.

우수한 특성 덕분에 티크나무는 자생하는 지역 대부분에서 예로부터 건축 자재로 사용되었다. 인도에서는 문이나 창틀, 기둥, 들보에 티크나무를 사용했다. 집 전체를 티크나무로 짓기도 했다. 배를 만드는 데도 최소 2,000년 이상 티크나무를 사용했다. 어쩌면 더 오래전부터 사용했을지도 모른다. 잘 썩거나 곰팡이가 생기지 않고, 수축률이 매우 낮아서 건물 뼈대와 널빤지 모두에 사용할 수 있다. 아주 단단하지만 비교적 다루기 쉽다.

제국주의 시대에 아시아로 진출한 서양인은 이 나무에 열광하기 시작했다. 그들은 자연스럽게 숲에 티크나무를 기르면서 착취했다. 오래전부터 자라던 지역뿐 아니라 중앙아프리카와 카리브해 지역, 나중에는 중남미에까지 티크나무 조림지를 만들었다. 한정된 몇몇 지역만이 아니라 전 세계에

최고의 목재: 버마 코코곤에서 운송되는
티크나무(로버트 탤벗 켈리, 1905년)

서 티크나무 목재라는 위대한 선물의 혜택을 누리게 되었다. 지금도 그렇다. 열대지방 곳곳에 있는 잘 관리되는 조림지와 숲에서 기르는 나무로 만든 티크나무 목재가 전 세계로 수출된다.

일반적으로 열대우림의 파괴는 나쁜 일이라고 여긴다. 그러나 사람들 대부분은, 적어도 시장경제 국가에서는 그 생각을 어딘가 추상적인 개념으로만 받아들인다. 자기만족을 위해 추구하는 단순한 미덕이라고 여긴다. 그래서 열대의 단단한 목재가 어느 지역에서 어떻게 생산되었는지 깐깐하게 따지지 않는다. 세계자연기금(WWF)은 영국에서 이 문제를 조사해 이렇게 보고했다. "몇몇 뚜렷한 예외를 제외하면, 대부분 소매업체는 제품에 사용한 목재가 어디에서 왔는지, 혹은 지속 가능하고 책임 있는 방식으로 공급되었는지 알지도 관심을 가지지도 않는 것 같다." 열대우림 파괴는 고객들이 관심이 없기 때문에 생기는 문제일 수도 있다. 고객들이 의심스러운 목재를 한결같이 외면하면 상황은 곧 바뀔 수 있다.

티크나무 목재는 실내 가구와 실외 가구뿐 아니라 배를 만들 때도 많이 사용하기 때문에 널리 팔린다. 티크나무 목재의 사용을 둘러싼 윤리적인 문제는 결국 낡고 하찮은 의자 하나가 지구의 미래에 별로 영향을 주지 않을 것이라고 믿는 개개인에게 달려 있다. 어떤 의미에서 이에 대한 명확한 해답은 없다. 지속 가능한 목재는 조림지에서 생산한다. 한때 원시 열대우림이었던 땅에 조성한 조림지이지만, 그곳에서 생산한 목재는 적어도 상황을 지금보다 악화시키지는 않는다. 하지만 여전히 상당히 많은 양의 티크나무 목재가 야생 숲에서 생산된다. 벌목 회사가 허가를 받고 나무를 베어낸다. 따라서 우리는 부패하기 쉬운 구조를 문제 삼아야 한다. 설령 허가 과정이 투명해도 숲을 파괴하는 불법적인 관행은 계속될 수 있다. 보통 외딴곳에서 불법 벌목을 하기 때문이다. 지역 주민들만 고통을 겪고 있다.

불법 벌목이라는 말은 왠지 해적질처럼 매력적으로 들린다. 대담하게 불법을 저지르며 살아가는 용감무쌍한 악당 무리가 떠오른다. 그러나 거대한 나무를 베어내는 일은 (운반하는 일은 특히 더) 엄청난 규모의 일이다. 자본이 많아야만 할 수 있다. 다시 말해, 불법 벌목은 기업 범죄. 그들은 계속되는 생태계 대학살에 참여하면서 인권도 심각하게 침해한다. 노동자의 인권과 파괴되고 있는 숲에 사는 사람들의 인권을 모두 침해한다. 1988년 미얀마에서 민주화 시위대를 학살하자 국제 원조가 중단되었고, 대신 미얀마는 티크나무를 대량으로 벌목해 판매하고 있다.

이 때문에 분쟁 티크(Conflict Teak)라는 표현이 생겼다. 환경 파괴와 정치적 부패를 통해 선진국으로 오는 목재라는 뜻이다. 열대에서 생산하는 모든 목재가 이런 끔찍한 조합을 거쳐 우리에게 오는 것은 아니다. 단지 그런 목재를 사들이는 나라의 사람들이 분쟁 목재와 그렇지 않은 목재의 차이를 제대로 알지 못할 뿐이다. 주요 금융기관들이 이 수익성 높은 불법 거래에 연루되어 있다는 비난을 받아왔다. 이는 거래 과정을 대부분 자세히 살펴보지 않은 탓이다. 세계은행은 여러 종류의 목재 불법 거래액이 연간 100억 달러에 달하고, 이로 인해 관련 정부의 추가 손실이 50억 달러에 이른다고 추산했다. 불법 벌목은 악당들이 땅에서 하는 해적질 수준이 아니다. 불법 벌목은 마약이나 무기 거래와 비교할 만한 국제적인 주요 불법 사업이다.

마약과 무기, 목재 모두 사람들이 대단히 얻고 싶어하는 물건이라는 이유로 불법 사업의 대상이 된다. 티크는 최고급 목재로, 여러 용도로 활용 가능한 최고의 소재다. 기꺼이 사겠다는 사람과 파는 사람만 있으면 언제나 시장이 생긴다. 해답을 찾는다면, 사겠다는 사람에게서 찾아야 한다. 사겠다는 사람이 없다면 시장도 생기지 않는다.

063
소나무

단일재배의 함정

그들은 나쁜 신문을 만들기 위해 좋은 나무를 죽인다.

└→ 환경운동가의 구호

나는 반세기에 걸쳐 글을 써왔다. 나는 얼마나 많은 나무를 죽였을까? 그 모든 책이 많이 팔릴수록 나는 더 행복해졌다. 그리고 더 많은 나무가 베어졌다. 매일매일, 해마다 내가 기고했던 그 모든 신문과 잡지. 내 글들은 나무로 만든 종이 위에 기록되었고, 읽히거나 읽히지 않거나 그다음에는 버려졌다. 이 나무들 가운데 얼마나 많은 나무가 훼손당하지 않는 지속 가능한 숲에서 왔을까?

대부분은 소나무였을 것이다. 소나무과(*Pinaceae*)에는 소나무속(*Pinus*)과 가문비나무속(*Picea*)이 있다. 상업용 조림지에서 많이 재배하는 식물이다. 내 서재에는 환경보호 활동가들이 쓴 책들이 있다. 그중 많은 책이 상업적 임업에 문제를 제기한다.

인간은 2,000년 이상 종이를 사용해왔지만, 말벌은 훨씬 더 오래 사용해왔다. 말벌은 나무를 씹어 펄프로 만든 후 정교한 종이 둥지를 만든다. 인간으로서는 중국의 환관 채륜이 기원전 105년에 종이를 처음 발명했다고 한다. 종이는 어떤 나무로도 만들 수 있다. 삼, 아마, 목화로도 만들 수 있다. 폐지와 누더기로도 만들 수 있다. 요즘은 대부분 소나무과의 나무로 만든다.

나무의 껍질을 벗기고 잘게 자른 다음 펄프로 만든다. 이 과정으로 목질소에서 셀룰로오스 섬유를 빼낸다. 목질소는 나무를 단단하게 만드는 물질이지만, 종이를 만들 때는 방해가 된다. 그다음 섬유를 평평하게 만들고 수분을 제거한다. 그 후 섭씨 100도 이상의 온도에서 더 건조하면 종이가 된다. 2018년 전 세계에서 4억 톤 이상의 종이와 판지를 생산했고, 그중 절반 이상을 포장재로 사용했다.

소나무는 상록수이고, 솔방울이 열린다. 소나무속 외의 많은 종에도 비공식적으로 소나무라는 단어를 사용한다. 그 나무들 모두 겉씨식물이다. 속씨식물(꽃식물) 다음으로 두 번째로 큰 무리의 식물이다. 지구에서 가장 오래된 나무들이 소나무속이다. 미국 그레이트베이슨 국립공원의 브리슬콘 소나무(강털 소나무)들이 그렇고, 캘리포니아 화이트마운틴의 므두셀라 소나무는 4,600살이다.

소나무에는 꽃가루 솔방울(수꽃), 밑씨 솔방울(암꽃)이 모두 열린다. 꽃가루 솔방울은 작고 금방 떨어지지만, 바람으로 꽃가루를 퍼뜨린다. 밑씨 솔방울은 꽃가루를 받아들이지만, 이듬해 봄까지 수정을 미룬다. 꽃가루받이를 한 후 성숙하기까지 최대 3년이 걸린다. 대부분의 종은 씨앗에 날개가 달려 있어 바람에 날아간다. 겉씨식물은 속씨식물보다 두 배 정도 오래 존재했다. 소나무는 적어도 2억 년 동안 지구에서 자라왔다. 소나무의 원산지는 대부분 북반구에 있지만, 일부는 적도 아래에서도 자생한다. 소나무는 나무가 자랄 수 있는 가장 추운 곳과 가장 더운 곳 모두에서 살 수 있고, 해발 고도 5,200미터에서도 자랄 수 있다.

그러나 우리가 소나무를 매력적으로 느끼는 이유는 극심한 환경에서 견딜 수 있어서만이 아니다. 온대성 소나무는 빠르게 자라는 침엽수여서 종이의 재료가 되는 등 여러 다양한 방식으로 인간에게 도움이 된다. 소나무 목재는 가구나 창틀, 바닥재, 지붕에 사용한다. 작업하기 쉬우면서도 상당히

387

침엽수: 〈숲〉(이반 시시킨, 1898년)

튼튼한 목재다. 질 좋은 제재목으로 만들 수 있지만, 우리는 이제 더 이상 한 종의 나무에서 얻은 제재목으로만 작업하지 않는다. 합판을 만들 때는 나뭇결이 서로 90도를 이루도록 베니어를 겹겹이 쌓아서 강도를 높인다. 소나무와 가문비나무, 몇몇 다른 침엽수로 만든 합판은 건축에서 중요한 역할을 한다. 요즘은 셀룰로오스 섬유와 톱밥을 접착제로 붙여서 다양한 종류의 합판도 만든다. 더 이상 원래의 나무에 따라 목재의 종류가 결정되지 않는다.

목재는 아주 쓸모 있는 재료지만, 너무 많이 사용하면 고갈된다. 제1차 세계대전 후 영국은 다른 나라들과 마찬가지로 그 사실을 깨달았다. 그래서 뉴 포리스트와 텟퍼드 포리스트 같은 곳들과 킬더 포리스트 같은 고지대 등 너무 척박해서 농사를 짓기 어려운 땅에 소나무와 다른 침엽수들을 키우는 조림지를 만들기 시작했다. 이러한 조림지에는 대부분 토종이 아니라 똑같은 종, 똑같은 나이의 나무들로 가득했다. 여러 해에 걸쳐 이런 추세가 계속되었다. 1980년대에는 플로 컨트리에 있는 국제적으로 중요한 이탄 지대를 갈아엎고 외래종 소나무와 시트카 가문비나무를 심었다. 정부 보조금과 세금 우대 혜택을 주면서 추진한 일이었다.

이렇게 집중적으로 같은 나무를 심으면 단일 재배에서 생기기 쉬운 위험이 따른다. 캐나다의 로지폴 소나무 조림지는 소나무좀이 서식하기 딱 좋은 환경이 되었다. 나무와 소나무좀의 관계는 수 세기에 걸쳐 이어져왔다. 소나무좀은 나무를 보호하는 나무껍질 안쪽으로 뚫고 부드러운 부분까지 들어가 알을 낳는다. 소나무좀은 이런 과정에서 푸른얼룩곰팡이 포자 몇 개도 옮긴다. 이 곰팡이들이 자라면서 나무의 목질을 먹기 시작한다. 소나무좀의 알에서 부화한 애벌레는 곰팡이들이 소화해놓은 나무 조직에서 영양분을 얻는다. 곰팡이가 나무의 목질을 먹으면서 공격하고, 동시에 소나무좀이 나무의 관다발계(식물 안에서 물질의 이동과 기계적 지지를 담당하는 부분—옮긴이)에 손상을 입힌다. 힘겨운 시련이지만, 나무는 수 세기에 걸쳐 대처하고, 균형을 유지해왔다. 그러나 조림지가 만들어지면서 상황이 바뀌었다. 이제 소나무좀이 훨씬 더 많이 생겼다. 로지폴 소나무가 훨씬 더 많아졌기 때문이다. 기후변화로 인해 훨씬 더 많은 소나무좀이 겨울을 넘기고 살아남는다. 기후변화 문제는 단일 재배에서 특히 더 심각하게 나타난다. 단일 재배는 회복 탄력성이 없기 때문이다. 로지폴 소나무는 '플랜 B가 없는 하나뿐인 지구'의 전형적인 사례다.

스코틀랜드를 여행하다 보면 헐벗은 언덕이 두드러지는 풍경이 많다. 그런 풍경에 대해 쓴 낭만적인 노래들도 많다.

이 녹색의 이국적인 언덕이 아름다울 수는 있지만,
그 언덕들은 고향의 언덕이 아니네….

이 언덕들은 한때 스코틀랜드 소나무가 가득한 숲이었다. 그러나 소나무가 너무 쓸모 있는 목재이기 때문에 그대로 둘 수 없다는 전형적인 이유로 그 나무들을 벴다. 그래서 양들과 수많은 사슴이 지키는 헐벗은 언덕이 되었다. 17세기에 스코틀랜드에서 늑대가 멸종된 후 사슴의 천적이 사라졌다. 부자들이 다 자란 수사슴을 사냥할 수 있도록 많은 수의 사슴을 유지시키고 있다. 그 사슴들은 풀밭 위로 고개를 쳐드는 소나무의 새싹들을 모두 먹어치운다.

그러나 스코틀랜드 일부 지역에서는 사슴을 쫓아내고 나무를 다시 자라나게 하면서 숲을 되살리고 있다. 스코틀랜드 고원 애버네시에서 뾰족뾰족한 잔디처럼 새로 자라나는 소나무들을 본 적이 있다. 헐벗은 언덕이었던 곳에 100만 그루 가까운 나무를 심은 알라데일을 찾은 적도 있다. 그곳 주인인 폴 리스터는 언젠가 그 땅에 늑대가 다시 살게 되기를 꿈꾼다.

오늘날에는 조림 사업이나 정부의 임업 정책이 더 이상 삭막한 실용성만 추구하지 않는다. 나무를 심어 숲을 만드는 일이 생물 다양성 유지나 기후 조절에 중요한 역할을 한다는 사실을 받아들인다. 요즘에는 '자연 자본(natural capital: 자연 생태계가 인간의 경제활동에 제공하는 재화와 서비스를 포괄하는 개념—옮긴이)'이라고 부르는 개념이 확산되고 있다. 목재 산업이 장기적으로 살아남기 위해서는 분명 일종의 환경 윤리가 필요하다. 윤리적 방법을 활용하면 목재 산업만 혜택을 입는 것이 아니다. 환경보호는 궁극적으로 우리를 포함해 지구에 사는 모든 종의 생존에 꼭 필요한 일이다.

064
뽕나무

인류 최고의 사치품 산업

우리는 모두 아담의 자식이다. 그러나 비단 때문에 차이가 생긴다.

└ 토미스 풀러

기원전 105년에 중국에서 종이가 발명된 후(앞 장 참조), 뽕나무를 사용해 최초의 종이를 만들었다. 세계에서 가장 얇은 종이인 일본의 텐구조는 뽕나무로 만든다. 섬유질의 길이가 길어서 얇지만 엄청나게 질기다. 텐구조는 문서와 책, 그림, 조각상 등을 보존하고 복원할 때 사용한다.

뽕나무는 전 세계 온대 기후대 대부분에서 자생하는 키 큰 낙엽수다. 뽕나무의 분류는 복잡하고 논쟁의 여지가 많다. 일부 학자는 200여 종을 뽕나무속(Morus)에 넣기도 한다. 그중 세 가지 품종은 열매를 먹기 위해 널리 재배해왔고, 흰색, 붉은색, 검은색 등 열매 색깔에 따라 이름을 붙였다. 하지만 흰 뽕나무라고 부르는 뽕나무의 야생종은 사실 검은색 열매를 맺는다. 뽕나무는 노다지다. 한 그루에서 엄청나게 많은 열매를 딸 수 있다. 블랙베리 같은 열매가 수천 개씩 달린다. 몇몇 미국 도시는 뽕나무를 기르는 것을 금지한다. 까만 열매가 떨어지고 새똥과 뒤섞이면서 거리를 엉망으로 만들기 때문이다. 또, 뽕나무는 미세한 꽃가루를 엄청나게 많이 만들어내기 때문에

女織蚕手業草

弐

哥麿筆

꽃가루 알레르기가 있는 사람들은 특히 싫어한다.

뽕나무는 열매를 먹기 위해 수 세기에 걸쳐 재배되었다. 뽕나무 열매는 고대 그리스와 로마에서 연회 때 먹는 고급 음식이었다. 뽕나무는 또한 치유력이 있다고 귀하게 여겼다. 로마인은 뽕나무를 입과 목, 폐 질환의 치료에, 아메리카 원주민은 이질 치료에 활용했다. 그들은 뽕나무를 버짐 치료에도 활용했다. 그래서 종종 병원과 요양 시설에 뽕나무를 심었다. 흰 뽕나무의 열매는 시큼털털한 맛으로, 검은 뽕나무의 열매는 아주 깊은 맛으로 인기가 있다. 흰 뽕나무의 원산지는 동남아시아다. 그러나 인간은 그 나무가 자랄 수 있는 곳이라면 어디든 퍼뜨렸다. 아메리카 대륙으로도 가져갔다. 이제 미국에도 흰 뽕나무가 토종인 붉은 뽕나무보다 훨씬 더 많다. 추위에 잘 견디는 러시아 품종도 미국에 들어왔다. 그러나 열매보다는 쉼터나 목재로 더 많이 활용되고, 지금은 침입종으로 여겨진다. 건강에 관심이 많은 사람은 뽕나무 열매와 잎 모두 효과가 좋은 건강보조식품으로 여긴다. 뽕나무 열매의 즙은 천연 식용 색소로 활용된다. 능수뽕나무의 재배 품종은 미국 일부 지역에서 잔디밭에 심는 나무로 인기가 있다.

영어권 사람들에게는 연극 《한여름 밤의 꿈》에서 보텀과 시끌벅적한 친구들이 극중극으로 공연하는 주제로 잘 알려진 '피라모스와 티스베' 이야기가 있다. 이 이야기에서 뽕나무는 비극에 대한 보상으로 검붉은 열매를 맺는다. 《한여름 밤의 꿈》에 등장하는 광대들은 뽕나무를 언급하지 않지만, 오비디우스는 『변신 이야기』에서 뽕나무를 중요하게 여긴다. 피라모스와 티스베 두 사람은 바빌로니아의 연인으로, 벽을 사이에 두고 양쪽에서 서로 사랑을 호소한다. 두 사람은 밤에 뽕나무 아래에서 만나기로 약속한다. 티스베가 먼저 도착하지만, 사자를 보고 무서워 도망친다. 조금 후에 도착한 피라모스는 그 사자가 연인을 죽여서 잡아먹었다고 믿는다. 그래서 자신을 칼

모두 비단을 얻기 위해서지: 일본 목판화 〈뽕나무 잎 따기〉(기타가와 우타마로, 1800년경)

395

로 찔러 자살한다. 숨어 있다 나타난 티스베는 연인의 시체를 발견하고 그 칼로 자신을 찔러 자살한다.

> 그리고 너 오 나무여…
> 우리 죽음의 흔적을 보존하라, 영원히 검붉은 열매를 맺어라.
> 애도의 징표로, 두 연인의 피를 나타내는 기념물로.

신들은 감동했고, 뽕나무는 이제 피처럼 검붉은 색이다. 뽕나무는 동요에도 등장한다.

> 뽕나무 덤불 주위를 돌자.
> 뽕나무 덤불, 뽕나무 덤불…

'이것이 우리가 옷을 빠는 방법이야' 같은 구절들이 나오는 학습용 노래다. 빈센트 반 고흐는 1889년에 자신이 지내던 정신병원 안에서 자라던 가을 뽕나무를 그렸다. 그때까지 그린 그림 중 가장 강렬한 그림이었다.

누에나방이라는 나방 종의 애벌레가 유일하게 먹는 식물이라는 점이 뽕나무와 관련한 또 하나의 중요한 사실이다. 누에나방의 종명은 뽕나무의 속명(*Morus*)에서 따왔다. 누에나방의 애벌레는 흰 뽕나무(*Morus alba*)를 특히 좋아하지만, 비슷한 종도 먹고 살 수 있다.

단일 종 혹은 아주 작은 범위의 종들에만 의존하는 일은 진화 과정의 실수처럼 보이기도 한다. 살아가는 방식이 터무니없이 지나치게 까다롭기 때문이다. 그러나 이렇게 특화했기 때문에 생기는 중요한 이점도 있다. 첫째, 하나의 식물에 삶이 좌우되기 때문에 그 식물이 나타나고 무르익는 시기에 맞춰서 알을 낳고 부화하는 시기를 조절할 수 있다. 그러면 그 식물이 많이 자라는 곳에서 유리한 위치를 차지할 수 있다. 두 번째는 식물과 그 식물을 먹는 동물이 진화하는 과정에서 끊임없이 벌이는 '창과 방패'의 싸움과 관련이 있다. 여러 종류의 식물을 먹는 동물은 선택의 폭이 넓다. 그러나 많은 식물이 진화 과정을 거치며 방어 수단을 갖추기 때문에 그만큼 먹을 수 없는 식물이 많아진다. 반면 한 종류의 식물만 먹는 동물은 그 식물이 방어 수단을 갖추는 속도를 따라잡으며 공격 수단을 갖춘다. 여러 종의 식물을 먹는 동물이 대처하지 못해 남겨두는 식물을 먹을 기회도 생긴다.

나비와 나방은 삶의 단계를 아주 정확하게 구분한다. 성충은 번식하기 위해, 애벌레는 먹기 위해 산다. 인간은 누에나방의 중간 단계에 관심을 가진다. 누에나방의 애벌레는 번데기가 되기 전 스스로 비단실을 토해 몸을 감싸며 고치를 만든다. 누에는 비단이라는 사치품 산업이 5,000년 이상 번성하게 만들었고, 그로 인해 역사상 가장 중요한 무역로 중 하나인 비단길(실크로드)도 만들어졌다. 이러한 역사에 누에의 공이 크지만, 뽕나무가 없었다면 불가능했을 일이다.

중국의 황후 누조가 마시던 차에 누에고치가 떨어지면서 우연히 비단을 발견했다는 전설이 있다. 찻물에 빠지자 누에고치의 실이 풀렸다고 한다. 그 비단으로 만든 옷감은 입기도 좋고 보기도 좋았다. 더 중요한 점은 비단이 사회적 지위를 나타낸다는 것이었다. 비단은 서기 500년까지 중국이 계속 독점한 상품이었고, 중국은 제조 과정을 강력하게 보호했다. 서기 2세기 무렵에 실크로드가 열렸고, 중국에서 유럽으로 가는 길 중간에 있는 문화와 공동체가 연결되었다. 여전히 위험했던 해상무역이 더 경쟁력을 갖추는 중세까지 실크로드는 계속 유지되었다.

십자군 전쟁에 참전했던 전사들이 집으로 돌아오면서 비단을 가져왔고, 그로 인해 비단이 유럽에서 다시 인기를 끌었다. 유럽에서 비단을 생산할 수 있다면 이익을 얻을 것이 확실했다. 그러나 뽕나무가 없으면 비단을 만들 수 없다는 사실이 문제였다. 누에나방은 인류가 일찌감치 사육해온 곤충이다. 누에나방의 애벌레는 방어기제가 전혀 없어 야생에서 살아남을 수 없고, 성충이 되더라도 날 수조차 없다. 누에나방은 사육 과정을 거치면서 원래 야생종보다 훨씬 더 많은 비단실을 만들어내게 되었다. 인간의 편의를 위해 누에나방을 사육해왔지만, 뽕나무가 없으면 애벌레가 생존할 수 없다.

뽕나무는 추운 곳에서 자라기 힘들다. 그러나 장화 모양 이탈리아반도의 발가락 부분인 칼라브리아 지역에서는 재배할 수 있었다. 이렇게 유럽의 비단 생산은 이탈리아에서 시작되었다. 비단을 얻으려면 누에나방의 애벌레가 맛있게 먹을 수 있는 튼튼한 뽕나무를 기르는 일이 중요했다. 그래서 더 추운 북쪽 지역에서도 잘 견디는 품종들을 만들어냈다. 제임스 1세는 영국에서 비단 산업을 일으키려고 검은 뽕나무를 심도록 장려했다. 지금의 버킹엄 궁전 자리 1만 6,200제곱미터 정도에 뽕나무를 심었다. 지금도 세인트제임스 공원과 윈저 그레이트 공원을 비롯한 왕실 공원들에서 뽕나무를 볼수 있다. 비단은 언제나 왕족 그리고 거의 모든 종류의 엘리트주의와 관련이 있다. 중요한 공식 행사에서는 비단 겉옷과 비단 셔츠, 중요한 사적인 만남에서는 비단 천을 사용했다. 비단은 기교, 부티, 매력, 돈 등과 관련이 있다. 공항 면세점 인공조명 아래에서 판매하는 비단옷 견본을 살펴보면서 비단산업 전체가 어떤 나무 하나에 의존하고 있다는 사실을 떠올리기란 어렵다.

065
백합

죽음 앞에서는 꽃이 필요하다

"그리고 네 입에서 무슨 냄새가 나는지 알아? 이 멍청한 자식아."

그가 웃으면서 물었다. "포름알데히드와 백합 냄새야."

└• 이언 플레밍의 소설 『다이아몬드는 영원히』에서 펠릭스 라이터가 제임스 본드에게 하는 말

꽃은 삶과 관련이 있다. 그래서 필연적으로 죽음과도 관련이 있다. 우리는 수천 년에 걸쳐 죽은 자를 기리기 위해, 슬픔과 사랑을 표현하기 위해, 죽은 후에도 삶이 지속된다는 희망과 믿음을 상징하기 위해 그리고 시체 썩는 냄새를 가리기 위해 꽃을 사용해왔다. 유럽과 북아메리카의 많은 지역에서 그런 용도로 가장 많이 선택하는 꽃이 백합이다.

수련(water lily), 은방울꽃(lily of the valley), 원추리(day lily) 등 백합(lily)으로 불리는 꽃들은 많다. 이 장에서는 주로 백합속(*Lilium*), 그중에서도 특히 흰 백합(Madonna lily, 학명은 *Lilium candidum*)에 대해 이야기하려고 한다. 백합속에는 100여 종의 식물이 있다. 그 식물들은 북반구 온대 지역에서 자생하면서 키가 60~180센티미터까지 자란다. 일반적으로 숲속이나 산에서 자란다. 다년생 식물로 매년 구근에서 자라나기 때문에 아무 문제 없이 기를 수 있다. 그저 휴면기에 땅에 묻어두고 다음 해까지 기다리면, 형형색색의 화려하고 향기로운 꽃을 피워낸다. 화분에서도 잘 자란다. 아주 조금만 돌봐주어

도 호사스러운 꽃으로 보답하는 친절한 식물이다.

눈부신 형태와 색깔을 띠는 잡종도 많다. 백합의 구근은 중국과 일본 요리에서 뿌리채소로 활용한다. 크고 선명하고 강렬한 향기를 내뿜는 꽃은 꽃가루받이를 해줄 곤충을 끌어들이기 위해 야생종에서 진화한 형태다. 꿀벌에게 즐거움을 주는 꽃은 인간에게도 즐거움을 안긴다. 백합은 아마도 꽃을 즐기기 위해 가장 먼저 재배한 식물 중 하나일 것이다. 선발 육종을 거치면서 크기와 모양, 색깔과 향기가 더욱더 두드러졌다.

많은 꽃식물과 꽃가루 매개자의 상호 의존성은 우리 마음을 사로잡는다. 그러니 꽃식물과 인간의 상호 의존성도 주목해볼 만하다. 우리는 이 책에서 이미 이런 의존성, 우리가 먹기 위해 재배하는 식물과의 상호 의존성을 살펴보았다. 그 식물은 우리에게 먹을거리를 주고, 우리는 그 식물을 위해 노동을 한다. 그러나 우리는 고작(정말 고작?) 장식용인 식물과도 비슷한 관계를 맺는다.

인간은 백합 그리고 가장 확실하게는 장미와 같은 여러 종류의 식물을 먹을거리가 아니라 감각적인 즐거움을 준다는 이유로 돌봐왔다. 우리는 그런 식물들을 위한 공간을 만들고, 그들과 경쟁하는 식물을 없애고, 그들의 필요를 채워준다. 이것은 일방적인 과정이 아니다. 우리는 그런 식물을 돌보고, 그 식물들은 그 어느 때보다 지금 우리 삶에 필요한 아름다움을 선물하면서 보답한다.

꽃은 사랑 그리고 아름다움과 관련이 있다. 이것은 어떤 삶에서도 결코 작은 부분이 아니다. 빅토리아시대에는 꽃마다 각기 다른 의미가 정해져 있었다. 그래서 큰 소리로 말할 수 없는 함축된 의미를 담아 꽃을 선물했다. 백합 선물은 완벽하게 예의를 갖추고 전할 수 있는 사랑과 열정의 표현이었다. 주황색 백합은 행복과 따뜻함의 의미를 전달했다. 백합은 전통적으로 장례식에서 사용하는 꽃이었다. 슬퍼할 때 작은 위로를 건넬 수 있는 식물은 무척이나 소중하다.

인류는 아마도 7만여 년 전부터 무덤에 꽃을 두었다. 이라크 샤니다르

동굴에서 7만 년이 지난 10명의 인골 화석이 발견되었다. 그중 적어도 한 명의 주위에 꽃가루 화석이 함께 발견되었다. 시체를 꽃으로 장식했다고 추측할 수 있다. 그 동굴에서 28종의 꽃가루 화석이 발견되었는데, 주변의 어떤 지역보다 꽃가루 화석이 집중되어 있었다. 이스라엘 라케페트 동굴에는 1만 2,000년 정도 된 무덤 4기가 있고, 명백하게 꽃으로 장식되어 있다. 죽은 사람을 이런 식으로 매장한 나투프인은 유목 생활을 그만두고 정착 생활을 시작한 최초의 인류였을 수 있다. 생활이 바뀌면서 영구적인 묘지가 필요했을 것이다. 그런 장소를 꽃으로 장식하는 전통은 거의 끊이지 않고 이어졌다. 이집트의 파라오들도 꽃과 함께 매장되었다. 람세스 2세의 미라는 열세 줄의 화환으로 장식되어 있다. 사람이 죽을 때마다 우리에게는 꽃이 필요하다.

유럽이나 북아메리카에서는 오랫동안 장례식용 꽃으로 흰 백합을 가장 선호했다. 많이 재배되는 종이지만, 발칸반도와 서아시아가 원산지인 인상적인 들꽃이기도 하다. 크레타섬 크노소스 궁전에 있는 〈백합 왕자〉라고 부르는 프레스코화에는 백합이 분명하게 그려져 있다. 〈백합 왕자〉는 백합과 함께 있는 강력한 남성 인물을 묘사한 수수께끼 같은 그림으로 유명하며, 기원전 1550년에 그려진 것으로 추정된다. 성경 「아가」의 구절에도 "아가씨들 가운데 내 연인은 가시덤불 가운데 백합 같구나"라며 백합이 등장한다. '가시덤불 가운데 백합'은 유명한 구절이 되었지만, 히브리어인 쇼산나를 백합과 장미 중 어떤 꽃으로 번역해야 하는지에 대해서는 논란이 있다. 어느 쪽이든 백합은 적어도 중세까지 특히 성모 마리아와 관련된 성스러운 의미가 가득한 꽃으로 귀하게 여겨졌다. 수태고지를 묘사한 수많은 그림에서 대천사 가브리엘은 성모 마리아에게 백합을 건네면서 하나님의 아들을 낳을 것이라고 알려준다. 아마도 그 상면을 가장 생생하게 묘사한 그림은 보티첼리의 작품이다. 백합 꽃의 흰색은 순결을 상징한다. 누구든 백합의 아름다움을 그 꽃의 향기만큼이나 분명하게 느낄 수 있다. 그 꽃을 흰 백합이나 프랑스 백합, 수태고지 백합, 성 요셉 백합, 부르봉 백합으로도 부른다.

영국의 몇몇 교회에서는 백합 위에서 십자가에 못 박힌 그리스도의 그

성스러움을 위한 백합: 〈수태고지〉(산드로 보티첼리, 1485~1492년경)

림을 찾을 수 있다. 수태고지의 날과 그리스도가 십자가에 못 박힌 날이 똑같이 3월 25일(그리스도의 탄생을 기념하는 크리스마스에서 9개월 전)이라고 전해져서 그렇게 이상한 그림을 그렸을 수도 있다. 부활절은 특히 백합과 관련이 있다. 매년 봄에 부활절이 있기 때문에 그리스도의 부활뿐 아니라 그해의 부활도 같이 기념한다. 보통 교회를 꽃으로 장식하지만, 몇 세기 전만 해도 부활절이 있는 4월이 되기 전에는 몇 달 동안 꽃을 구하기가 어려웠다. 부활절 교회 장식용으로는 백합을 가장 선호했다. 백합은 부활절과 관련이 있어서 특히 장례식용으로 더 잘 어울린다.

백합에는 조금 평화롭지 않은 의미도 있다. 흰 백합 문양은 프랑스 왕실의 상징이었다. 그러나 방패에 새겨진 꽃문양이 백합보다는 꽃창포와 비슷해 보인다고 이야기하는 사람들도 있다. 종교적 상징을 세속적 목적으로 활용하면서 왕실은 신이 준 지위, 즉 백성을 통치할 신성한 권리를 지녔다는 사실을 암시했다. 성모 마리아의 지지를 받는다면 잘못될 일이 있을까? 유럽에서 침입한 십자군에 맞서 성지라고 불리는 곳을 지켜낸 살라딘의 깃발에도 백합이 그려져 있었다.

백합은 여전히 가장 인기 있는 꽃이꽃 중 하나로, 슈퍼마켓에서도 살수 있다. 장례식과 관련이 있는 꽃이기 때문에 선물로 주고받기를 좋아하지 않는 사람들도 있다. 작고 밀폐된 공간을 꽉 채우는 자극적인 백합 향기도 호불호가 갈린다. 그러나 그 향기는 일반적으로 꽃, 특히 백합이 장례식과 관련이 있는 이유 한 가지를 떠올리게 한다. 실제로 자연계에서 백합만큼 다른 냄새들을 확실하게 가리는 역할을 하는 것은 없다. 백합 화환은 죽은 지 오래되지 않은 시신의 냄새를 가려준다.

백합 왕자: 크레타섬 크노소스 궁전의
프레스코화(기원전 1550년경)

065 백합

066
수련

물 위에 피어나는 경이로움

'수련'은 내 삶의 연장선이다.
수련이 물 없이 살 수 없듯,
예술이 없다면 나도 없다.

└ 클로드 모네

웨이브니강은 영국 동부의 서퍽과 노퍽 지역을 가르며 흐른다. 강물이 거의 멈출 듯이 느리게 흐르고, 제철에는 카누를 타고 수련의 녹색 잎과 노란 꽃들 사이를 헤치며 터무니없을 정도로 아름다운 풍경을 볼 수 있다. 위대한 화가 중 한 명에게 영감을 불어넣고, 역사상 가장 중요한 건물 중 하나를 설계하는 데 아이디어를 주고, 찰스 다윈이 '지긋지긋한 수수께끼'라고 부른 문제의 해결책이 될 수도 있었던 식물 집단을 이곳에서 볼 수 있다.

수련과(Nymphaeaceae)에는 60여 종이 있다. 연꽃과(38장 참조)는 수련과와는 다르다. 수련은 열대와 온대 기후대 전체에 걸쳐 자생하고, 대부분 다년생 식물이다. 어떤 수련의 잎이든 기실(氣室: 잎의 기공 아래에 있는 세포 사이의 공간—옮긴이)이 많고 유연해서 물에 잘 뜬다. 수련은 진흙에 묻힌 뿌리줄기에서 긴 줄기가 자라나고, 물 위로 한 송이씩 꽃을 피운다. 무척 아름다워서 리처드 도킨스(『이기적 유전자』의 저자로 종교를 강경하게 비판한다—옮긴이)마저 마음이 풀려 믿음이 생기지 않을까 걱정되는 꽃이다.

왕실 수련: 오스트레일리아 애들레이드
식물원의 빅토리아 아마조니카종 수련

　　식물원마다 대개 수련을 기르는 연못이 있다. 많은 개인 정원에도 수련
을 기르는 작은 연못이 있다. 하지만 수련을 기르기는 쉽지 않다. 나도 수련
을 기르다가 방치해서 연못을 늪지 정원처럼 만들어버린 적이 있다. 훌륭한
저택의 으리으리한 정원에는 거의 틀림없이 수련으로 가득한 정원이 있다.

407

수련은 분명 즐거움을 주는 식물이다.

수련은 가장 섬세하고 세련된 식물처럼 보인다. 그러면서도 오래된 계통의 식물이다. 얼마나 오래되었는지 따지기란 골치 아픈 문제다. 오늘날 지구상 모든 식물 종의 90퍼센트 정도가 속씨식물이다. 그러나 속씨식물의 존재를 증명하는 화석은 생각보다 먼 옛날로 거슬러 올라가지 않는다. 찰스 다윈이 살던 때 가장 오래된 속씨식물 화석은 1억여 년 전, 공룡 시대가 끝날 무렵인 백악기로 거슬러 올라간다. 그 전에는 석송류와 속새류(16장 참조)가 우세한 식물군이었고, 뒤이어 침엽수인 겉씨식물이 우세했다. 속씨식물은 공룡과 함께 갑자기 나타났고, 두 배나 빨리 자리 잡은 것으로 보인다.

이것은 다윈의 이론과 맞지 않는다. 다윈은 『종의 기원』에서 "조금씩 계속해서 유리한 변이가 쌓이는 방식으로만 자연선택이 작용한다. 크거나 갑작스러운 변이를 일으킬 수 없으며, 천천히 아주 짧은 단계로만 변이가 이루어졌다"라고 썼다. 그러나 20년 후 그는 평생의 친구인 식물학자 조지프 후커에게 속씨식물의 출현과 확산은 '지긋지긋한 수수께끼'라고 쓴 유명한 편지를 보냈다. 그는 어딘가 아직 발굴되지 않은 지역에서 언젠가 초기 화석이 발견될 것이라고 가장 그럴듯한 대안을 제시했다.

그 이후 다윈이 알았던 가장 오랜 화석보다 최대 3,500만 년이나 앞선 초기 화석들이 중국에서 발견되었다. 적어도 다윈이 부분적으로는 옳았다. 유럽과 북아메리카에서도 비슷한 시기의 화석이 발견되었다. 화석 기록은 언제나 고르지 않고 변덕스럽다. 세상의 모든 화석을 찾아낸다고 해도 역사를 완벽하게 알아내기는 어려울 것이다. 어떤 생물이든 화석으로 남는 과정은 정말 드물고 어려운 일인데, 부드러운 생물은 특히나 더 어렵다. 수련의 유전자를 분석한 결과, 아주 오래전부터 지구에 존재했던 생물로 보였고, 분류학자들은 수련을 기저 속씨식물이라고 부른다.

다른 유전학 연구들, 특히 뉴칼레도니아의 기묘한 암보렐라(*Amborella*)에 대한 유전자 연구는 속씨식물의 기원을 밝히는 데 실마리가 되어주었다. 그러나 암보렐라가 모든 속씨식물의 조상이라고 주장할 수는 없다. 암보렐

100가지 식물로 읽는 세계사

라는 오리너구리처럼 특이한 존재에 가깝다. 화석에 대한 통계 분석에 따르면, 최초의 속씨식물 연대를 2억 5,000만여 년 전으로 추정한다. 속씨식물의 진화를 연구하는 데 수련은 중요한 역할을 한다. 다윈이 언제나 옳았다는 사실을 알려주는 또 하나의 생물이기도 하다. 속씨식물의 출현에 대한 지긋지긋한 수수께끼는 아직 완전히 풀리지 않았다. 그러나 수련과 다른 생물들의 도움으로 과학자들이 해답을 찾아가고 있다.

가장 큰 수련은 대영제국의 빅토리아 여왕을 기리기 위해 빅토리아속 (*Victoria*)이라고 이름 붙인 수련이다. 빅토리아속에는 왕실 수련이라고 부르는 빅토리아 아마조니카(*Victoria amazonica*)와 산타크루즈 수련이라고 부르는 빅토리아 크루지아나(*Victoria cruziana*) 두 종이 있다. 19세기 영국에서는 수련 재배를 둘러싸고 귀족들이 경쟁을 벌였는데, 노섬벌랜드 공작과 데번셔 공작이 대표적인 인물이었다. 6대 데번셔 공작 윌리엄 캐번디시는 요령 있게도 왕립원예협회에서 조지프 팩스턴을 빼내 임무를 맡겼다. 수련 재배는 쉽지 않았지만, 팩스턴은 석탄으로 난방을 해서 재배에 성공했다. 그렇게 키운 수련에서 꽃이 피자 때맞춰 빅토리아 여왕에게 꽃을 선물했다. 팩스턴은 정원사이자 건축가였다. 그는 그 수련들을 키울 더 큰 유리온실을 만들었는데, 그 온실은 수련 잎의 구조를 본떴다.

그 놀라운 수련 잎의 지름은 거뜬히 2미터에 이르고, 종종 그보다 더 길어지기도 했다. 거대한 수련의 잎에 안전하게 앉아 있는 아이들의 모습을 촬영한 사진들을 볼 수 있다. 그중에는 팩스턴의 딸 앨리스가 수련 위에 앉은 모습도 있다. 수련의 꽃은 지름이 46센티미터에 이르는 괴물 같은 꽃이다. 여왕 폐하는 수련 꽃을 선물 받고 분명 기뻤을 것이다. 수련의 잎들은 비교적 가벼운 무게에도 불구하고 강도를 유지한다. 유연한 갈비뼈들이 교차하면서 연결되어 바큇살처럼 잎을 떠받치는 듯한 구조이기 때문이다. 팩스턴은 이것을 '자연 공학의 위업'이라고 불렀다.

팩스턴은 유리온실의 디자인 체계를 발전시켜 1851년 런던 국제박람회가 열린 하이드파크의 수정궁을 설계했다. 눈부시게 발전한 유리와 주철

409

기술을 활용한 건물이었다. 수정궁의 크기는 9만 2,000제곱미터로 로마 성베드로 성당 크기의 네 배에 달한다. 국제박람회와 수정궁은 아마도 대영제국의 정점이자 근일점(태양의 둘레를 도는 행성이나 혜성의 궤도 위에서 태양에 가장 가까운 점—옮긴이), 가장 영광스러운 순간이었다. 팩스턴은 또한 다양한 품종의 바나나를 개발했다. 그를 고용했던 6대 데번셔 공작 윌리엄 캐번디시의 이름을 딴 캐번디시 바나나(58장 참조)는 오늘날 전 세계에서 팔리는 바나나가 되었다.

위대한 인상파 화가 클로드 모네는 "내 정원이 나의 첫 번째 걸작이다"라고 말했다. 파리 북쪽 노르망디의 지베르니에는 아직도 그 정원이 남아 있다. 모네는 일생을 햇빛이 물에 반사되는 풍경에 사로잡혔다. 원하는 물가 풍경을 만들어내기 위해 강줄기를 바꾸기도 했다. 그는 그곳에 대나무와 수양버들 그리고 수련을 심었다. 그러고는 그 풍경을 그렸다. 모네의 수련 연작은 적어도 250점이 있다. 그는 이전에도 같은 소재를 햇빛에 따라 시시각각 달라지는 분위기로 반복해서 그리기를 좋아했다. 노년이 되자 그는 이런 방식을 일종의 논리적 결론으로 받아들였다. 그는 "이렇게 그리는 게 노인으로서는 벅찬 일이다. 그러나 나는 아직 내가 느끼는 것을 표현하고 싶다"라고 말했다.

80대에 백내장이 심해지면서 그의 그림은 점점 더 순수한 색채로 이루어진 작품이 되었다. 그는 지금의 파리 오랑주리 미술관에서 자신의 수련 작품 전시회가 열리기 몇 달 전에 세상을 떠났다. 모네가 제1차 세계대전 종전을 기념하기 위해 프랑스 정부에 기증한 작품들이다. 총길이가 거의 100미터에 달하는 8개의 거대한 캔버스로, 액자 속 그림이라기보다 한 세기 후에 생긴 용어인 설치미술에 가까운 작품이다. 이 작품들은 수련을 통해 평화와 아름다움 두 가지를 찬양한다.

떠다니는 경이로움: 〈수련〉(클로드 모네, 1916~1919년)

411

067
오렌지

세계에서 가장 많이 재배하는 과일나무

그는 밝은 주황색 그늘에 매달려 있네.

푸른 밤의 황금빛

└ 앤드루 마벌의 시 〈버뮤다〉

파리 루브르궁은 프랑스 왕들이 주로 살던 궁전이었기 때문에 당연하게도 오렌지나무 온실이 있었다. 루이 14세는 1682년에 왕실을 베르사유로 옮기면서 옛 궁전에 왕실 수집품을 보관했다. 그렇게 지금의 루브르 박물관이 되었다. 앞 장에서 살펴보았듯, 루브르의 오렌지나무 온실(오랑주리 미술관)에는 현재 클로드 모네의 거대한 수련 그림 여덟 점이 걸려 있다. 물론 베르사유궁전에도 오렌지나무가 자라는 아주 멋진 곳이 있다. 오렌지를 워낙 좋아해서 오렌지나무가 잘 자라는 데 필요한 햇빛과 온기를 유지할 수 있도록 가능한 한 유리를 많이 사용한 건물과 별관을 지었다. 이런 아이디어는 마침내 (앞 장에서도 소개한) 영광스러운 런던의 수정궁으로 이어졌다.

오렌지는 종의 이름이 아니다. 우리에게 익숙한 달콤한 오렌지 열매는 둘 다 귤속(Citrus) 식물인 포멜로와 만다린의 교잡종 나무에서 자란다. 그 나무는 향기로운 꽃을 피우고, 엄밀히 말하면 감과(柑果)라고 하는 조각으로 나뉘는 변형된 열매를 맺는다. 오렌지는 1980년대에 세계에서 가장 많이 재

100가지 식물로 읽는 세계사

배하는 과일나무가 되었다.

　오렌지의 원산지는 말레이제도로 본다. 남동쪽 히말라야고원에서도 일찍이 재배되었다. 만다린, 씁쓸한 맛이 나는 세비야 오렌지, 베르가모트 등 다양한 품종이 있지만, 언제나 달콤한 오렌지를 가장 많이 재배해왔다. 귤속에는 레몬과 라임, 그레이프프루트 등 여러 재배 품종이 있다. 기원전 314년으로 거슬러 올라가는 중국 문서에 달콤한 오렌지에 대한 기록이 있다. 오렌지는 아랍제국과 함께 서쪽으로 퍼져 나갔고, 동쪽으로는 중국 국경까지 퍼졌다. 오렌지는 북아프리카와 시칠리아, 이베리아반도에도 전해졌다. 유럽에서는 10세기에 대규모 재배가 시작되었다. 식스투스 교황을 위해 직성한 1475년 문서는 달콤한 오렌지와 씁쓸한 오렌지를 구분한다. 16세기에는 지중해 전역에서 오렌지를 볼 수 있었다.

　귤이 잘 자라려면 날씨가 상당히 따뜻해야 한다. 가벼운 서리가 오렌지나무에 도움이 된다고 말하는 사람들도 있지만, 오렌지나무는 많은 서리에 견디지 못한다. 그래서 북유럽에서는 오렌지가 사치스러운 과일이 되었다. 대항해시대 탐험가들은 오렌지나무를 아메리카 대륙으로 가져갔다. 콜럼버스는 1493년 2차 항해에서 지금은 아이티라고 부르는 히스파니올라섬에 오렌지나무를 심었다.

　프란체스코회 수도사들이 오렌지나무를 캘리포니아로 가져갔다. 포르투갈과 스페인 선원들은 그들이 개척하는 무역로를 따라 오렌지나무를 심었다. 당시에는 오렌지가 괴혈병을 예방하고 치료할 수 있다는 사실이 알려졌기 때문이다. 1500년부터 1800년까지 300년 동안 바다를 항해하던 선원 200만여 명이 괴혈병으로 사망했으리라 추정된다. 스페인 사람들은 16세기에 이미 괴혈병 치료법을 알았다. 스페인 수도사이자 의사 아구스틴 파르판은 1579년에 괴혈병 예방을 위해 오렌지와 레몬을 먹으라고 추천했다. 스코틀랜드 의사이자 해군 건강법의 선구자 제임스 린드는 의학 역사상 최초의 임상 실험을 했고, 오렌지 주스가 괴혈병 예방에 효과가 있다는 사실을 명백히 보여주었다. 그는 오렌지 주스를 백포도주나 맥주에 섞어 마시라고 추천

우아한 생활: 〈두칼 공원의 오렌지나무 온
실〉(귀도 카르미냐니, 1857년)

했다. 대양을 건너 항해하는 일이 오렌지 덕분에 점점 더 안전해졌다.

오렌지가 인기를 끌면서 오렌지나무를 기르는 온실도 생겼다. 유리 제
조 기술이 크고 투명한 유리를 생산할 수 있는 단계에 도달한 이탈리아에서
처음으로 오렌지 재배 온실을 지었다. 처음에는 과일을 재배하기 위한 완전
히 실용적인 건물이었고, 덮개 없는 난롯불로 난방을 했다. 1545년 파도바
에 지어진 오렌지 온실도 그러한 건물 중 하나였다. 유리 지붕을 만들 수 있
는 기술이 개발되기 몇 세기 전이었지만, 실내의 오렌지 나무숲은 거부할 수
없는 매력이 있었다. 아마도 오렌지 재배 온실이 신분의 상징이 되었다는 점
이 더 중요했을 수도 있다.

100가지 식물로 읽는 세계사

신분을 나타내는 상징은 많은 사람에게 과시해야 한다. 그래서 오렌지 재배 온실은 나무를 기르는 곳일 뿐 아니라 손님을 맞이하고 즐기는 곳이 되었다. 작은 동굴과 분수까지 갖춘 온실도 많았다. 과시하길 좋아하고 특이한 음식을 즐겼던 루이 14세는 온실도 당연히 최고를 가져야 했다. 그래서 베르사유에 길이 155미터, 폭 13미터의 오렌지 재배 온실이 생겼다. 10대 때 그곳을 걸었던 기억이 난다. 실내인데도 그토록 길게 이어져 있다는 사실에 약간 어지러웠다. 그곳에는 순은으로 된 화분에 심은 3,000그루의 오렌지나무가 있었다. 사치스러운 온실을 둘러보면 얼마 뒤인 1789년에 프랑스혁명이 일어난 것이 어느 정도 이해가 된다.

오렌지 재배 온실이 어마어마한 호사의 상징이 된 것은 창문 수를 기준으로 매기는 세금 때문이기도 했다. 당시에는 국가가 소득을 바탕으로 세금을 매기면 실례라고 여겼다. 각자가 버는 소득 정도를 훤히 드러내야 했기 때문이다. 그래서 사는 집을 기준으로 세금을 매겼다. 창문의 개수를 세어보면 재산 정도를 합리적으로 정확하게 가늠할 수 있었다. 영국과 프랑스 모두 이런 식으로 세금을 매겼다. 그래서 18세기 말과 19세기 초에 세워진 건물 중에서는 세금을 피하려고 창문이 있어야 할 자리를 벽돌로 채운 우아한 형태의 집을 많이 볼 수 있다. 그러니 창문으로 둘러싸인 오렌지 재배 온실은 부를 대놓고 과시하는 건물이었다(온실 전통에 대한 더 자세한 내용은 오이에 대한 69장에서 확인하자).

이국적이고 기분이 좋아지는 과일을 즐기면서 과시할 기회, 이 거부할 수 없는 이중의 즐거움에 대한 전통은 오렌지와 함께 시작되었다. 그러나 운송 수단이 발달하면서 오렌지는 점차 대중화했다. 대부분의 국제무역이 불가능해진 제2차 세계대전 당시 영국 국민이 가장 그리워한 과일 중 하나가 오렌지였다.

1868년에 오스트레일리아에서 미국 오렌지 과수원으로 건너간 이세리아깍지벌레라는 곤충 때문에 오렌지 생산이 극심한 피해를 입었다. 이 벌레는 로스앤젤레스 주위 과수원들을 완전히 망가뜨리고, 캘리포니아 전역에 영향을 끼쳤다. 결국 이 해충을 먹이로 삼는 오스트레일리아 무당벌레를 들여옴으로써 통제할 수 있었다.

오렌지 판매는 일찍 따면 숙성하지 않는다는 사실 때문에 까다롭다. 완전히 익은 상태로 운송해야 하지만, 다른 신선한 과일들보다 더 잘 유지된다. 녹색과 노란색 반점이 있는 오렌지들도 많다. 그러나 최색이라는 과정을 통해 에틸렌 가스로 처리하면 반점을 없앨 수 있다. 오렌지나무는 대체로 유성생식을 하지 못해서 대부분 접목으로 번식한다. 여러 다양한 종류의 토양에서 잘 견디고, 기후만 적당하면 거의 어느 곳에서나 재배할 수 있다.

1920년대에 사람들이 오렌지 주스를 마시기 시작하면서 오렌지에 대한 수요가 급증했다. 오렌지 주스에는 비타민 C가 풍부하지만, 당분도 많다. 한때 건강에 무조건 좋은 음식이라고 생각되었지만, 그렇지만은 않다. 판매하는 오렌지 주스 대부분은 농축액으로 만든다. 수분을 대부분 제거하면 운송하기가 훨씬 쉽기 때문이다. 그래서 농축액으로 만들지 않은 오렌지 주스는 가치가 높다. 2017년에 전 세계에서 생산된 오렌지는 7,300만여 톤이다. 브라질이 전 세계 오렌지의 거의 4분의 1을 재배하고, 인도와 중국이 그 뒤를 따른다.

사람들이 오렌지에 대해 잘 알기 전에는 오렌지색이라는 단어가 없었다. 주황색 혹은 더 이국적으로 사프란색이라고 불렀다(다음 장 참조). 단어가 없다면 우리가 세상을 인식하는 방식도 달라질까? 뉴턴이 무지개 색깔의 목록을 만들 무렵(45장 참조)에는 오렌지를 참고할 수 있었다.

068
사프란 크로커스

세계에서 가장 비싼 향신료

아침이 신들과 인간들에게 빛을 주려고

사프란색 망토를 두르고 비다의 파도에서 일어난다.

└ 호메로스의 서사시 『일리아스』

사프란은 오렌지처럼 식물의 이름이자 색깔의 이름이고, 식물의 일부이기도 하다. 사프란은 오랫동안 사치와 관련이 있었다. 무게로 따지면, 사프란은 세계에서 가장 비싼 향신료다. 아주 노동 집약적인 과정을 통해 만들어지기 때문이다. 그러나 종교, 거룩함, 순수성 그리고 가장 신성한 것들과도 관련이 있다.

크로커스는 보통 249종이 있다고 알려져 있는데, 그중 크로커스 사티부스(*Crocus sativus*) 한 종만 사프란을 생산한다. 사프란으로 판매하는 물질은 꽃의 암술에서 나온다. 암술은 꽃가루를 받아들이는 암술머리, 그리고 암술머리와 씨방을 연결하는 암술대로 이루어져 있다. 사프란은 보통 건초 냄새 같다고 표현되는 향기를 내뿜는다. 주로 피크로크로신, 사프라날 같은 화학물질에 의해 만들어지는 향기다. 사프란에는 향기를 만들어내는 총 28종의 휘발성 화합물이 들어 있고, 음식과 옷감 모두를 황금색으로 물들이는 카로티노이드 색소도 들어 있다.

| 사프란을 만드는 꽃: 크로커스 사티부스

원산지가 그리스와 메소포타미아라는 주장도 있지만, 아마도 이란에서 유래했으리라 추측된다. 그리스어 단어 크로코스(krokos)는 사프란을 뜻하는 셈족 언어권의 단어에서 유래했다. 오늘날 야생에서는 사프란을 발견할 수 없다. 계통적으로 가장 가까운 식물은 야생 사프란으로 알려진 크로커스 카르투리그티아누스(*Crocus cartwrightianus*)다. 재배된 사프란 크로커스는 독립적인 유성생식을 할 수 없고, 사프란이 돋아나는 구근을 나누어서 영양번

100가지 식물로 읽는 세계사

식을 해야 한다.

사프란 수확은 손이 많이 가는 섬세한 작업이다. 7만 개의 크로커스에 달린 20만 개의 암술머리에서 사프란 완제품 0.45킬로그램가량을 얻는다. 크로커스 하나를 말렸을 때 사프란 7마이크로그램(1마이크로그램은 0.001밀리그램)을 얻을 수 있다. 사프란의 품질은 암술머리와 암술대의 비율에 따라 달라진다. 암술머리가 많을수록 품질이 좋은 사프란이다. 당연하게도 역사적으로 오랫동안 비트 뿌리의 섬유질과 석류, 비단 가닥 등을 사프란에 몰래 섞어서 팔고는 했다. 맛도 향도 없는 수술을 섞거나, 치자나무 열매에서 얻은 색소를 사프란이라고 속이기도 했다.

사프란은 수 세기에 걸쳐 귀하게 여겨졌다. 사프란은 기원전 7세기 아시리아의 식물학 책에도 등장한다. 알렉산더대왕은 사프란으로 목욕을 하고는 했다. 상처 치료에 좋다고 알려졌기 때문이다. 우울증 치료를 위해 사프란을 침대 위에 뿌리기도 했다. 클레오파트라 역시 사프란으로 목욕을 했다. 사프란으로 목욕하면 사랑을 나눌 때 쾌감이 커진다고 믿었기 때문이다. 고전 작품에서는 사프란을 새벽의 상징으로 찬양했다. 그리스 신화에서는 에오스, 로마 신화에서는 오로라가 새벽의 여신이다. 호메로스는 『일리아스』에서 사프란의 새벽에 대해 썼다. 베르길리우스는 『아이네이스』에서 "오로라는 이제 사프란 침대를 떠났다…"라고 표현했다.

사프란은 음식에 넣는 비싸고 이국적인 향신료로 가장 많이 사용되어 왔다. 소화 장애를 줄여주는 효과 또한 있다고 알려져 고대 로마인도 사용했다. 섬세한 향과 기분 좋은 색감의 조합으로 다양한 요리에 늘 사용되었다. 스페인의 파에야, 프랑스 남부의 생선 스튜 부야베스, 이탈리아의 밀라노 리소토, 서아시아의 필래프 요리에서 사프란을 사용한다. 인도 요리에서는 푸딩, 특히 우유와 쌀로 만드는 푸딩에 주로 사용한다. 물, 육수, 와인 등 뜨거운 액체에 실 같은 사프란을 몇 시간 담가두면 풍미가 살아난다. 분명 내 입맛 탓이지만, 내가 직접 요리한 음식이든 다른 사람이 요리해준 음식이든 나는 사프란이 들어간 음식이 언제나 조금 실망스러웠다. 사프란을 둘러싸고 떠들썩한 이유가 맛보다는 가격 때문이 아닌지 의심된다.

사프란은 스페인에서 카슈미르까지 생산되지만, 전 세계 공급량의 90퍼센트는 이란에서 생산된다. 영국에서도 16~17세기에 사프란을 생산했다. 에식스의 사프란 월든이라는 마을 이름은 그곳에서 사프란을 재배했다는 사실을 짐작하게 한다. 2013년에 그 마을에서 사프란 사업이 되살아났다. 이 향신료가 지닌 특별한 매력은 색에서 나온다. 일부 전통에서는 색을 신성하게 여기는 방식과도 관련이 있다. 힌두교와 불교의 성직자와 성인들은 전통적으로 사프란 옷을 입는다. 사프란의 냄새가 좋아서만은 아니다. 노란색과 빨간색, 주황색은 불을 상징하는 색이고, 불은 두 종교의 중심이다(보리수를 다룬 30장에서 부처의 불 설법에 대해 언급했다). 불은 부유하든 가난

하든 상관없이 모든 사람 그리고 모든 것을 소멸시킨다. 우리는 모두 죽을 것이다. 자신을 제대로 인식하려면 그 진리를 깨닫는 일이 꼭 필요하다. 불은 자신이 가진 모든 것을 타오르는 불길에 내던지는 희생을 의미한다. 모든 것을 버린 사람은 사프란으로 물들인 옷을 입을 자격이 있다. 불은 또한 금욕과 정화, 순수성을 의미한다. 서양에서 불은 통제할 수 없는 열정과 관련이 있지만, 이 종교들에서 불은 그것을 극복한다는 의미다.

마하트마 간디가 영국의 지배를 받던 인도의 독립(마침내 1947년에 독립했다)을 위해 활동할 때 서로 다투는 집단들을 화해시킬 통합된 인도의 깃발을 제안했다. 삼색기로, 맨 아래 녹색은 이슬람교, 맨 위의 사프란색은 힌두

까다로운 작업: 사프란 모으는 사람, 크레타섬 크노소스 궁전의 프레스코화(기원전 15세기)

교를 상징한다. 중간의 흰색 줄은 모든 다른 소규모 집단과 함께 그들 모두의 평화로운 관계를 의미한다.

1960년대 후반과 1970년대 초반에 히피 운동을 하던 청년들은 동양 종교와 사프란의 관련성에 매력을 느꼈다. 영국의 밥 딜런이라고 불렸던 스코틀랜드 출신 싱어송라이터 도너번이 사프란을 찬양하는 노래를 불렀다.

나는 그저 사프란에 미쳤어요.
사프란도 나한테 미쳤죠….

사프란은 이제 약간 히피 느낌이 나는 이름이 되었다. 영국의 시트콤 드라마 《앱솔루틀리 패벌러스》의 등장인물인 타락한 히피 에디나에게는 사프란이라는 이름의 딸이 있는데, 그녀를 사피라고 부른다.

사프란과 관련해 가장 눈에 띄는 점은 여전히 가격이다. 사프란 옷 가운데 진짜 사프란으로 염색한 옷은 거의 없다. 강황을 활용한 염색이 더 쉽고 비용이 덜 들기 때문이다. 강황은 적당한 가격으로 살 수 있고, 초본식물의 가장 섬세한 부분인 암술이 아니라 가장 튼튼한 부분인 뿌리줄기로 만든다. 그러나 사프란이 더 이국적인 향신료라는 점이 중요하다. 모든 것을 포기한 사람조차 강황으로 물들인 옷보다 사프란으로 물들인 옷을 더 입고 싶어한다.

069
오이

기후를 극복하는 온실의 발명

오이는 얇게 썰어 후추와 식초로 버무린 다음 내버려두어야 한다.

그대로 두는 것이 좋다.

└ 새뮤얼 존슨 박사

1만 2,000년 전 무렵에 농업이 시작되면서 인간과 자연의 사이가 크게 멀어졌다. 그로부터 1만 년 정도 뒤에 로마 황제 티베리우스가 오이를 아주 좋아한 덕분에 멀어지는 속도는 더욱 빨라졌다. 황제(플리니우스는 그를 '가장 우울한 사나이'로 묘사했다)는 매일 일정한 양의 오이를 먹길 원했기 때문에 날씨뿐 아니라 계절과 상관없이 오이를 재배할 수 있어야 했다.

서기 14~37년에 로마를 통치했던 두 번째 황제 티베리우스는 서기 30년에 로마를 떠나 카프리섬에 자리 잡았다. 의사들은 그에게 매일 적어도 한 가지 이상의 야채를 먹어야 한다고 충고했고, 황제는 오이를 아주 좋아했다. 카프리섬에서도 겨울에는 오이를 기르기 어려웠다. 정원사들은 황제를 위해 최선을 다했고, 이내 바퀴 달린 수레를 생각해냈다. 햇볕이 들어오는 방향대로 움직이고, 추운 날에는 덮개를 덮어서 보온할 수 있는 수레였다. 그들은 햇빛이 스며드는 덮개를 만들어냈다. 셀레나이트라는 돌은 갈아서 반투명하게 만들 수 있는데, 이것을 사용해 만든 덮개가 가장 좋았다. 그들은 온실도 발명했다. 기후를 극복하기 위한 큰 발걸음을 내디딘 셈이다.

오이는 동남아시아가 원산지인 담쟁이덩굴이다. 겉껍질은 단단하고, 속은 나뉘어 있지 않은 페포라는 열매를 맺는다. 그 열매는 수분이 거의 95퍼센트를 차지한다. 샤를마뉴 대제 역시 오이를 아주 좋아했다. 오이는 14세기에 영국에 들어왔지만, 인기를 얻지 못했다. 크리스토퍼 콜럼버스가 1494년에 지금은 아이티라 불리는 히스파니올라섬에 오이를 가지고 갔다. 오이는 17세기에 영국에 다시 들어왔고, 사람들은 엇갈린 반응을 보였다. 사

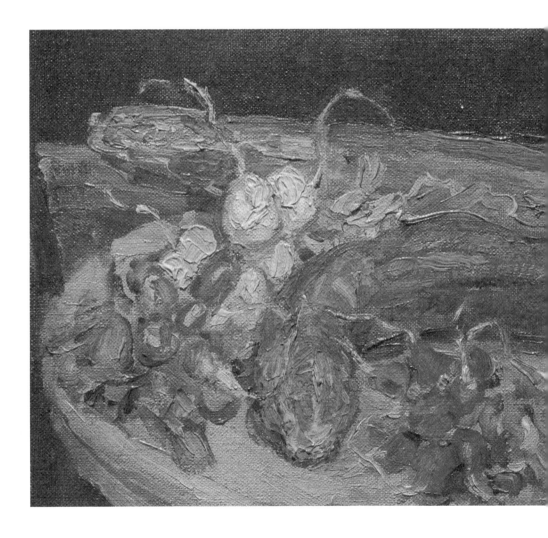

100가지 식물로 읽는 세계사

람들은 익히지 않은 채소를 먹으면 병에 걸린다고 생각했다. 안전한 물로 제대로 씻지 않는다면 그렇게 될 수도 있다. 어떤 사람들은 오이가 소나 먹을 채소라고 말하면서 점잖은 라틴어에서 유래한 단어(cucumber)를 카우컴버(cowcumber)로 바꿔 불렀다. 새뮤얼 피프스는 일기에 "W. 배튼 경이 오늘 내게 뉴번 씨가 카우컴버를 먹고 죽었다고 말했다"라고 기록했다.

북쪽 나라들에서는 재배 환경을 바꿔야만 오이를 제대로 키울 수 있었

맛있게 드세요: 〈오이와 무〉(막스 슬레포크트, 1902년)

고, 그것이 오이의 특징이 되었다. 유리온실에서 식물을 재배한다는 개념이 퍼졌다. 난방을 하는 온실의 활용은 1450년대 한국의 기록에도 나온다(조선 전기의 농서 『산가요록』에 온실을 만드는 방법에 관한 구체적인 기록이 나온다. 온돌 위에 흙을 쌓고 식물을 심는 방식이다—옮긴이). 네덜란드와 영국에서도 일찍이 같은 원리를 활용한 사례들이 있다. 토머스 힐은 1577년에 『정원사의 미로』를 펴내면서 유리를 활용하라고 추천했다. "특수한 목적을 위해 만들어진 유리를 씌우면 어린 식물들을 차갑고 거친 바람과 서리, 서늘한 공기, 뜨거운 태양으로부터 보호할 수 있다." 식물의 온실 재배는 유리 제조 기술에서 앞서 나가던 이탈리아에서 발전했다. 살레르노와 바티칸에 유리 식물원이 들어섰지만, 지금은 남아 있지 않다.

이국적인 과일을 재배하기 위한 오렌지 온실이 상류층 저택의 우아한 부속 건물로 발전해온 역사는 67장에서 이미 이야기했다. 같은 원리로 온실에서 파인애플을 기르는 파인애플 재배원도 지어졌다. 동시에 조금 더 확실하게 실용적으로 유리를 활용하는 식물 재배법도 개발되어갔다. 나폴레옹 1세의 조카인 나폴레옹 3세는 네덜란드 레이던에 온실을 지어 열대지방의 약용식물을 재배했다. 런던의 첼시 피직 가든에도 1681년에 약용식물을 재배하는 온실이 들어섰다. 대학에도 온실들을 지었다. 온실은 더 이상 부자들의 전유물이 아니었다.

영국과 프랑스에서는 유리창 개수를 기준으로 세금을 매겨서 온실이 널리 퍼지기 어려웠다. 그러나 결국 세금 부담이 줄어들었고, 동시에 산업혁명으로 유리 기술이 발달하면서 비용이 급격하게 낮아졌다. 많은 사람이 유리를 사용하게 되었다. 즉, 부유한 중산층도 정원에 온실을 만들 수 있게 되었다. 오이는 조금 더 대중적인 채소가 되었지만, 여전히 귀한 편에 속했다. 순무를 재배하면서 오이를 같이 재배할 수는 없었다. 빅토리아시대 정원에는 나무틀에 유리를 덮은 이동식 오이 재배 틀이 필수품이 되었다. 그런 틀은 『이상한 나라의 앨리스』에도 등장한다. 앨리스는 거인처럼 커져서 흰 토끼의 작은 집을 꽉 채운다. 토끼가 안으로 들어가려고 하자 앨리스가 토끼를 붙잡으려고 한다. "그러나 그녀는 아무것도 붙잡지 못했고, 비명을 지르며 넘어지는 소리, 깨진 유리가 부딪치는 소리를 들었다. 그녀는 그 소리로 오이 틀이 떨어졌을 것이라는 결론을 내렸다."

오이는 어느 정도 우아한 채소로 남아 있었다. 오이가 들어간 샌드위치는 애프터눈 티에 곁들이는 간식으로 인기가 있었다. 허기를 때우지만 풍성한 저녁을 먹을 식욕은 떨어뜨리지 않는 가벼운 간식이었다. 오스카 와일드의 희곡 『진지함의 중요성』에서 앨저넌은 "인생의 과학에 대해 말하자면, 브랙넬 부인을 위해 오이 샌드위치를 잘랐나?"라고 말한다.

현대의 오이 품종은 대략 세 종류로 나눈다. 날것 그대로 먹는 오이와 절임용 오이 그리고 씨 없는(트림이 생기지 않는) 오이다. 영국에서는 절임용 오이를 거킨(gherkin)이라고 부르고, 북아메리카에서는 그저 피클이라고 더 많이 부른다. 씨 없는 오이 품종은 날것 그대로 먹는 일반적인 오이를 소화하지 못하는 사람들을 위해 개발했다. 2011년, 대장균에 감염된 오이를 먹고 10명이 사망한 후 독일과 오스트리아, 체코에서 오이 판매가 중단되었다. 수입 오이를 통해 대장균이 퍼진다고 우려했기 때문이다. 그러자 오이 대부분을 재배했던 스페인은 판매 손실에 대해 보상을 요구했다.

스페인에서는 오이와 다른 많은 까다로운 작물을 온실에서 대규모로 재배한다. 이 기술 덕분에 노지 재배보다 면적 대비 훨씬 많은 양의 작물, 즉 계속 늘어나는 인구를 먹일 식량을 생산할 수 있다. 네덜란드는 그런 농사법에 막대한 투자를 했다. 일부 집단은 이것이야말로 농업이 가야 할 길이라고 여긴다. 해를 끼칠 수 있는 화학물질을 사용할 필요 없이 농업 자원을 더 잘 관리할 수 있는 방법이기 때문이다.

1960년대부터 유리와 똑같은 용도로 사용할 수 있는 폴리에틸렌을 개발하면서 온실 재배를 활용하기가 더 쉬워졌다. 이런 방식으로 대규모 농사를 지으려면 온도와 습도 공기 흐름까지 조절해야 해서 복잡하다. 정원사라면 누구나 알겠지만, 온실 환경에서는 식물 병원균이 늘어날 수 있고, 또한 곤충이 꽃가루받이를 해주기가 확실히 훨씬 더 어렵다. 일부 시설에서는 햇빛 없이도 광합성이 이루어질 수 있도록 인공조명을 활용하고, 일부에서는 이산화탄소를 추가로 사용하기도 한다. 2019년 기준으로 전 세계에서 온실 재배에 활용하는 땅은 4,968제곱킬로미터였다. 온실 재배는 전용 건물이 아닌 임시 덮개 아래에서 작물을 재배하는 방식과는 다른 범주로 분류된다. 임시 덮개를 활용해서 재배하는 땅은 2019년 기준으로 총 55만 6,000제곱킬로미터에 이른다.

온실 재배를 하면 일부 작물의 경우 북쪽 지역에서도 12개월 내내 재배할 수 있다. 그러려면 상당히 투자를 많이 해야 한다. 특히 딸기와 오이처럼 맛있는 과일과 채소를 재배하기에 효율적인 방법이다. 하지만 그러한 농경지는 야생동물이 살거나 인간이 휴식을 취하기에는 어울리지 않는다. 온실에서 식재료를 재배하는 일은 농업에서 점점 더 중요해지고 있다. 이제는 그저 생장기를 늘리는 수준에 그치는 것이 아니라, 계절과 날씨로 인한 영향을 완전히 없애는 방법이 되어가고 있다.

070
쐐기풀

까다롭지만 의외로 유용한

나는 쐐기풀 위의 먼지를 좋아해.

소나기의 달콤함을 증명할 때 외에는 절대 떨어지지 않아.

└• 에드워드 토머스의 시 〈매너 팜〉

내 집 주변의 제방에서 굴착기가 작업을 끝내자 맨땅이 많이 생겼다. 나는 이 새로운 출발에서 어떤 식물이 나타날지, 오랫동안 묻혀 있던 보물 같은 씨앗들 가운데 무엇이 몇 년 만에 처음으로 싹을 틔울지 기대감에 들떴다. 그런데 쐐기풀이 돌아왔다. 키가 유난히 크고, 활력과 독성을 지닌 쐐기풀이 돌았다. 가시가 있는 쐐기풀은 인간을 따라다닌다. 우리가 가는 곳마다 따라다니며 번성한다. 우리는 쐐기풀이 그러지 않기를 바라는 마음이 크지만.

쐐기풀종(*Urtica dioica*)에는 여섯 가지 아종이 있고, 그중 하나는 가시가 없다. 쐐기풀의 원산지는 유럽, 아시아의 온대 지역, 서아프리카와 북아프리카로 전 세계에 퍼져 있다. 에콰도르에서는 2010년까지 범죄자들을 발가벗겨 쐐기풀로 때리며 공개 처벌했다. 쐐기풀은 캐나다 그리고 하와이를 제외한 미국 전역에서 자란다. 촉촉한 토양이 필요해서 아무 데서나 정착하지는 못하지만, 남부 유럽에서는 지금도 흔히 볼 수 있다. 쐐기풀은 씨앗과 뿌리줄기, 기는줄기(수평으로 뻗어 나가며 뿌리를 내서 번식하는 줄기)로 번식하고,

| 가시 돋친 식물: 쐐기풀을 그린 그림

100가지 식물로 읽는 세계사

겨울에 죽었다가 봄에 되살아난다. 아주 이른 봄에 돋아날 때가 많다. 쐐기풀은 불이 난 뒤에도 아주 빨리 돋아나서 경쟁 식물들을 압도한다.

쐐기풀의 잎은 하트 모양에 끝부분이 톱니바퀴처럼 깊게 파였다. 그리고 줄기와 잎 모두 눈에 띄게 털이 많다. 우리 인간은 이 털, 즉 모용(trichome)으로 쐐기풀을 구분한다. 각각의 털은 끊어지기 쉬운 관으로, 히스타민과 세로토닌, 포름산, 주석산, 옥살산 등을 함유한 자극성 액체로 가득한 주머니와 연결되어 있다. 다시 말해, 우리가 불편을 느끼는 까칠까칠한 털은 수백만 년에 걸친 아주 복잡한 진화의 산물이다. 가시가 있는 쐐기풀은 일시적인 변덕으로 악의를 드러내는 것이 아니다. 가시는 풀을 뜯는 포유동물이 가득한 들판에서 잘 살아남을 수 있도록 자신을 보호하는 방어기제다. 자포자기한 소나 말이 아니라면 어떤 포유동물도 쐐기풀을 먹으려고 하지 않는다. 우리가 쐐기풀을 건드리면 털이 끊어지면서 주삿바늘처럼 피부를 뚫고 쐐기풀의 자극성 액체가 들어온다. 그러면 접촉성 두드러기로 알려진 일종의 피부염이 생긴다. 안타깝게도 쐐기풀에 쏘인 부분에 소리쟁이 잎을 바르면 독성이 줄어든다는 이야기에는 어떤 화학적인 근거도 없다. 반대자극제(아픈 부위를 자극해 통증을 덜 느끼게 하는 방법—옮긴이)나 위약 효과라고 할 수도 있고, 또는 둘 다일 수도 있다.

쐐기풀은 인간이 사는 지역을 특별히 좋아한다. 너무 좋아해서 이상할 정도로 빽빽하게 쐐기풀이 자라고 있으면 오랫동안 방치된 거주지인 경우가 많다. 인간이 사는 곳은 쐐기풀이 번성할 수 있는 이상적인 조건을 오랫동안 지속시킨다. 쐐기풀이 인산염과 질소가 풍부한 비옥한 땅, 되도록이면 갈아엎은 땅을 좋아하기 때문이다. 인간은 역사적으로 재와 뼈, 각종 쓰레기, 방목장에 쌓인 동물 배설물, 매장한 인간의 시체 그리고 아마도 가장 중요하게는 인간의 배설물을 처리하기 위해 만든 두엄더미 등을 배출해 질소와 인산염을 토양에 넉넉하게 공급해왔다. 쐐기풀은 까다로운 식물이 아니다. 인간 삶에서 가장 유쾌하지 않은 부분 모두를 기꺼이 받아들이면서 번성하는 식물이다.

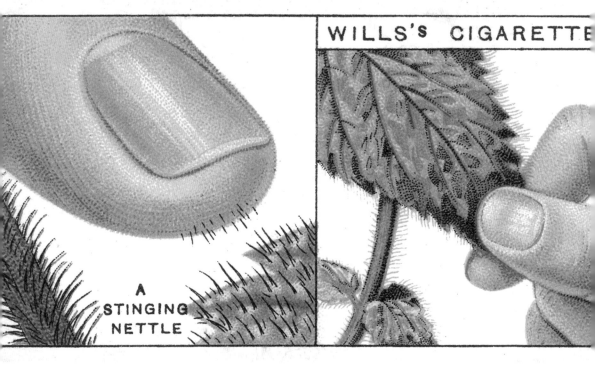

아얏: 윌스 담배가 발행한 담배 카드
의 삽화(20세기 초)

　내가 사는 곳의 쐐기풀은 버려진 집들 덕분에 번성한 것이 아니다. 가
까운 농토에서 수로를 따라 흘러들어오는 화학비료 덕분에 번성하고 있다.
그 비료는 더 아름다운 야생식물 대신 쐐기풀이 번성하는 데 도움이 된다.
이렇게 질소와 인산염이 풍부한 토양은 어떤 종류의 농사를 짓는 곳에서도
발견할 수 있지만, 특히 현대적이고 집약적으로 농사를 짓는 곳에 많다. 이
를 부영양화(富營養化)라고 한다. 좋은 것이 너무 많다는 뜻이다. 부영양화는
기후변화의 여러 측면처럼 처음에는 그리 나쁘게 들리지 않는 생태계 문제
중 하나다. 그래서 환경보호 단체들이 중요성을 널리 알리기가 어렵다. 그러
나 부영양화 역시 생물 다양성을 해치는 환경문제다.
　영국 농경지의 길가에서 그 결과를 확인할 수 있다. 쐐기풀과 전호(미나

100가지 식물로 읽는 세계사

리과의 여러해살이풀─옮긴이)만 너무 많이 자라고, 다른 식물은 거의 보이지 않는다. 환경주의자 올리버 래컴은 분노하고 절망하면서 "1945년 이후 거의 모든 농촌은 멋지거나 드물거나 의미 있는 것들을 없애면서 이미 어디에서나 볼 수 있는 것들을 늘렸다"라고 썼다.

로마인이 영국에 쐐기풀을 들여왔다고 추측해왔으나, 2011년에 청동기 무덤을 발굴한 후 그런 추측은 뒤집혔다. 무덤 속 시신이 쐐기풀로 만든 띠를 두르고 있었기 때문이다. 인류는 족히 3,000년 동안 쐐기풀을 이용해 옷을 만들어왔다. 쐐기풀의 섬유질은 거칠지만 질기다. 제1차 세계대전 중 독일군의 일부 군복과 배낭 같은 장비를 쐐기풀로 만들었다. 면직물이 부족해서였다. 쐐기풀로 오래가는 염료 또한 만든다. 뿌리에서 노란 색소, 잎에서 녹황색 색소를 얻을 수 있다. 빅토르 위고의 소설 『레미제라블』에서 염색 과정에 대한 정확한 설명을 읽을 수 있다.

쐐기풀은 또한 인간에게 식량이 된다. 영양이 아주 풍부하고, 비타민 A와 C, 철분, 칼륨, 망간, 칼슘을 많이 함유하고 있다. 건조 중량 기준으로 25퍼센트의 단백질 또한 함유하고 있다. 이른 봄에 돋아나기 때문에 매년 가장 먼저 먹을 수 있는 신선한 채소다. 맛은 시금치와 오이의 중간이라고 한다. 리처드 메이비는 그의 책 『공짜 음식』에서 양파, 감자, 크렘 프레슈(프랑스 유제품으로 젖산을 첨가해 약간 발효시킨 크림─옮긴이), 육두구를 넣은 쐐기풀 수프를 추천했다. 자극을 유발하는 화학물질은 조리 과정에서 파괴된다. 쐐기풀은 꽃이 피기 전에 벤다. 쐐기풀이 성숙할수록 요로를 자극하는 종유체(쐐기풀 잎의 세포 안에 있는 수산화칼슘 덩어리─옮긴이)가 들어 있을 수 있다. 최고의 코니시 야그 치즈는 식용 쐐기풀 잎에 싸서 내놓는다. 사람들은 쐐기풀로 차를 만들고, 심지어 맥주도 만든다.

류머티즘과 관절염을 완화하고 젖분비를 촉진하기 위해 쐐기풀을 활용할 때도 많다. 로마인은 손 관절염 치료법으로 쐐기풀 한 줌을 가져다 문질렀다. 이솝우화의 한 이야기에서 한 소년이 쐐기풀에 쏘인다. 소년의 어머니는 다음에는 쐐기풀을 대담하게 움켜잡으라고 충고하면서 "그러면 비단처럼 부드러워질 것"이라고 말한다. 셰익스피어의 희곡 〈헨리 4세〉 1막에서 대담하고 성급한 핫스퍼는 "쐐기풀을 피하면 위험해. 이 꽃을 뽑으면 안전하지"라는 대사로 똑같은 지점을 강조한다. 단단하게 잘 잡으면 모상체(식물 표피의 털이나 가시—옮긴이)가 으스러지면서 피부를 뚫고 들어오지 못한다. 확실히 그렇다.

쐐기풀을 뜻하는 영어(nettle)에는 짜증 나게 한다는 의미도 있다. 독일과 네덜란드에서는 문제가 생길 때 쐐기풀에 앉아 있다고 표현한다. 발트해 연안에서는 쐐기풀이 벼락을 맞지 않는다는 말이 있다. 나쁜 사람들이 천벌을 교묘하게 피한다는 의미다. 프랑스에는 할머니를 쐐기풀에 밀어 넣지 말라는 말이 있다. 상황을 악용하지 말라는 경고다.

치밀한 방어 전략에도 불구하고 쐐기풀은 인간이 아닌 많은 동물에게도 소중한 먹이가 되는 식물이다. 거품벌레 애벌레, 진딧물, 나무이, 노린재, 매미충, 총채벌레가 쐐기풀을 좋아한다. 그리고 딱정벌레와 파리, 거미가 쐐기풀 덤불에서 쐐기풀을 먹는 벌레들을 사냥한다. 쐐기풀은 또한 많은 나방의 애벌레와 공작나비, 산네발나비, 작은 호랑나비 등 여러 종의 나비가 먹이로 삼는 식물이기도 하다. 모든 정원에는 쐐기풀 덤불이 있어야 하고, 더 까다로운 토종 야생화들이 자라는 공간도 있어야 한다.

071
칸디다 알비칸스

우리의 몸 위에서 자라나는 곰팡이

지낼 곳이 없는 사람은 가난하고 헐벗은 동물에 지나지 않는다.

윌리엄 셰익스피어이 희곡 〈리어왕〉

우리 인간은 스스로를 성인과 현인으로 이루어진 고귀한 종족의 후예라고 생각할 수 있다. 하지만 곰팡이 포자에게 우리는 그보다 훨씬 더 중요한 존재다. 우리 인간은 곰팡이가 살아가고, 잘 자라고, 번식할 수 있는 환경이자 생태계다. 지금까지 살아온 모든 인간은 곰팡이의 잠재적 서식처였고, 우리 대부분은 언젠가 곰팡이의 숙주가 된다. 혹은 이미 몇 년 동안 곰팡이의 숙주였다.

공기에는 머물 곳을 찾고 있는 균류 포자가 가득하다. 이 사실에 기뻐할 사람도 있다. 균류 포자 덕분에 우리에게 발효된 빵과 술이 생기기 때문이다(효모에 관한 11장 참조). 보답으로 우리는 몇몇 균류 종이 살 만한 완벽한 장소를 내준다. 그중 가장 불쾌한 균류가 아마도 질과 음경, 음낭 주위를 편안한 안식처로 삼는 칸디다 알비칸스(*Candida albicans*)다.

한 의학 웹사이트에서는 "그들은 정착하지 말아야 할 곳에 자리 잡는다"라고 우아하게 설명하지만, 이 말에 담긴 도덕적 의미는 균류에 거의 통

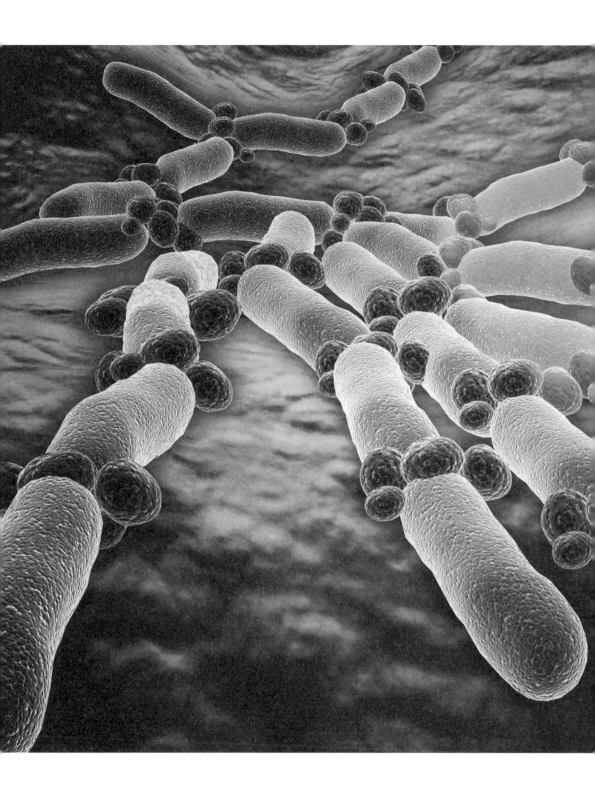

100가지 식물로 읽는 세계사

하지 않는다. 내 오른쪽 엄지발가락이 말에 짓밟혀 발톱이 짧아지자 균류인 곰팡이가 자라기 완벽한 장소가 되었다. 중년이 되기까지 살아오면서 발톱 주위에 곰팡이가 감염된 적이 없는 사람은 드물다. 보기 흉하고 불쾌하긴 하지만, 고통스럽거나 위험하지는 않은 감염이다.

발톱 주위보다는 드물지만, 손톱도 곰팡이에 감염될 수 있다. 미용사, 농부, 마구간에서 일하는 사람 등 젖은 손으로 일할 때가 많은 사람이 감염되기 쉽다. 가장 잘 알려진 곰팡이 감염은 발가락 사이에서 곰팡이가 자라는 무좀이다. 무좀도 땀에 젖은 양말이나 젖은 바닥 같은 습기 때문에 생긴다. 샤워실, 수영장, 체육관 탈의실처럼 습기 많은 공간을 맨발로 다닐 때 전염될 수 있다. 무좀을 긁으면 몸 전체로 퍼질 수도 있다.

곰팡이는 운동선수 가려움증(jock itch: 곰팡이균에 피부가 감염되어 생기는 백선증―옮긴이)이라 불리는 불편함이 따라다닌다. 스포츠와 관련이 많아서 붙은 이름이다. 이 가려움증은 보통 피부와 피부가 맞닿는 부위에 생긴다. 허벅지와 음낭이 맞닿는 부위에 생기는 것으로 가장 악명이 높다. 어릴 때 생길 확률이 더 높고, 비만으로 피부가 접히는 사람들에게도 똑같은 문제가 나타날 수 있다. 여성들은 가슴 아래에 생겨 고생할 수 있다.

이쯤에서 고백해야겠다. 나는 이 장을 가능한 한 빨리 끝내고 더 좋은 무언가로 넘어가고 싶은 충동을 느끼면서, 동시에 곰팡이를 무시하면 이 책이 불완전해지고 따라서 정직해지지 못한다고 느낀다. 우리 인간이 세상을 바꾸는 대단한 기술을 발명하고, 위대한 과학적 발견을 하고, 그 모든 아름다움과 경이로움을 창조하고, 달로 사람을 보내고, 태양계 깊숙이 우주선을 보내고, 생명체가 작동하는 방식을 발견하고, 원자를 분열하고, 도시를 건설·파괴하고, 암을 치료하고, 『율리시스』와 〈별이 빛나는 밤〉〈골든베르크 변주곡〉 같은 위대한 작품들을 창작한 존재이면서 동시에 땀을 흘리고, 의도치 않게 습기를 유지해서 신체의 가장 은밀한 부위로 곰팡이를 불러들이

침략자: 칸디다 알비칸스의 개념적 이미지

는 동물이라는 사실을 곰팡이는 일깨운다. 역사상 가장 위대한 인물에게도 결점이 있음을 알게 될 때, 우리는 『다니엘서』를 언급하며 그들이 '진흙의 발'을 가졌다고 말한다. 우리는 천사의 마음과 신의 심장을 지녔을지 모르지만, 운동선수의 발도 가졌다.

인간 몸에 감염된 곰팡이는 단순한 불편함을 넘어 더 큰 문제를 일으킬 수도 있다. 우리 모두 숨을 쉴 때마다 균류를 들이마시고 내쉰다. 이전에 앓은 질병으로 폐가 상했거나, 화학요법이나 에이즈 바이러스 같은 질환으로 면역 체계가 손상된 사람들에게는 심각한 문제가 될 수 있다. 수백 종이 있는 누룩곰팡이속(*Aspergillus*)은 위험한 곰팡이로, 퇴비 더미나 건축 부지, 냉난방 장치에 많이 퍼진다. 이 곰팡이는 인간의 생명을 위협할 수도 있다.

곰팡이 때문에 생기는 문제는 여기에 그치지 않는다. 곰팡이는 외이도에 영향을 줄 수 있는데, 수영 선수와 잠수부가 특히 그로 인해 불편함을 겪는다. 아기들의 입에도 영향을 미친다. 백선은 팔과 다리, 두피에 원형의 붉은 상처가 생기는 곰팡이성 질환이다. 곰팡이와 접촉하거나 침구, 가축, 반려동물로부터 감염될 수 있다. 칸디다속(*Candida*) 곰팡이는 질과 음경에 영향을 주면서 흰색 분비물과 함께 우리를 상당히 불편하게 만든다. 이런 모든 상태는 크림으로 치료할 수 있다.

아직 이 책을 읽고 있다면 더 즐겁고 확실히 더 편안한 주제로 서둘러 넘어가자. 우리는 인간이고, 포유류의 한 종이라는 사실을 언제나 기억해야 한다. 곰팡이가 우리 몸 위에서 자라기 좋아한다는 사실은 좋은 일일지도 모른다. 우리가 결코 분수를 넘지 말아야 한다는 것을 곰팡이가 일깨워주기 때문이다. '개에게 어느 정도 벼룩이 있는 것이 좋다. 그렇지 않으면 개라는 사실을 잊어버린다'라는 옛 속담처럼 말이다.

072
카카오나무

달콤한 맛 뒤에 감춰진 쌉쌀한 진실

이봐, 이 세상에 초콜릿만큼 형이상학적인 것은 없어.

ㄴ 페르난도 페소아(포르투갈의 시인)

마법 생물 디멘터는 해리 포터 시리즈의 세 번째 책 『해리 포터와 아즈카반의 죄수』에 처음 등장한다. 디멘터들은 우울증을 상징하며, 마주친 상대에게 절망을 안긴다. 디멘터와 마주친 후에는 어떻게 회복할까? 루핀 교수는 거대한 초콜릿 덩어리를 조각조각 쪼갠다. 그는 해리에게 특별히 큰 조각을 건네며 "이걸 먹어, 도움이 될 거야"라고 말한다.

초콜릿은 간식거리이면서 위로가 되어주고, 기운을 북돋워주며, 고통을 없애준다. 이 책의 또 다른 장의 집필을 끝마친 내게 스스로 주는 상이기도 하다. 앤서니 파월은 12권으로 구성된 소설 『시간의 음악에 맞춰 춤을』의 전쟁 3부작에서 초콜릿에 관해 썼다. 소설의 화자인 닉 젠킨스 소위는 저녁 식사를 거르고 강에 두 번이나 빠지면서 새벽부터 밤까지 형편없는 하루를 보낸다. 중대장은 그에게 초콜릿 바 하나를 건넨다. "나는 초콜릿이 얼마나 좋은지 잊고 있었다. 왜 전쟁 전에 초콜릿을 더 많이 먹지 않았는지 이상했다. 초콜릿은 마약 같았다. 초콜릿을 먹으니 관점이 완전히 바뀌었다. 나는 갑자기 괏킨에 대해 길트 상병만큼이나 따뜻한 감정을 느꼈다…"

초콜릿은 열대우림의 하층 식생인 카카오나무의 씨앗으로 만든다. 카카오나무는 줄기나 오래된 가지에서 직접 꽃을 피운다는 점이 특이하다. 작은 파리들이 꽃가루받이를 해준다. 카카오나무는 8미터까지 자라는 상록수로, 원산지는 아메리카 대륙의 멕시코 남부와 아마존 분지 사이다. 보통 카카오 빈이라고 부르는 20~60개의 씨앗이 든 꼬투리가 열린다. 이 씨앗에는 지방과 기분을 돋우는 향정신성 물질인 테오브로민이 많이 들어 있다. 즉 초콜릿은 마약과 비슷한 것이 아니라 일종의 마약이다.

콜럼버스 이전 아메리카 대륙 문명에서는 카카오를 말 그대로 귀중하게 여겼다. 카카오 빈은 화폐로 사용되었고, 심지어 위조되기도 했다. 카카오는 또한 음료를 만드는 데도 활용되었다. 기원전 1900년으로 거슬러 올라가는 도자기 그릇에서 카카오 잔여물이 발견되었다. 카카오나무를 언제 처음 재배했는지에 대해서는 논쟁이 계속되고 있다. 아스테카인이 15세기에 메소아메리카를 지배하게 되었는데, 그들은 깃털 달린 뱀이 인간에게 초콜릿을 선물해서 다른 신들에게 쫓겨났다는 케찰코아틀의 전설을 소중히 여겼다. 카카오의 학명(*Theobroma cacao*)의 앞부분은 '신들의 음식'이라는 의미다. 카카오는 쓴맛을 줄이기 위해 고추와 바닐라, 꿀 등을 첨가해서 마셨다. 무역과 조공에서도 카카오를 활용했다. 유럽인은 아메리카 대륙에 도착했을 때 카카오가 그 문명에서 핵심 역할을 한다는 사실을 알아차렸다.

스페인 여행자들은 1519년에 아스테카왕국 수도 테노치티틀란에서 몬테수마 2세를 만나 초콜릿을 마셨다. 유럽인은 이 초콜릿을 좋아했고, 설탕을 추가해서 마시기 시작했다. 그들은 초콜릿을 스페인으로 가져왔고, 스페인 궁정에서 이것을 받아들였다. 그다음 세기에는 초콜릿이 유럽 전역으로 퍼졌다. 프랑스인은 카리브해 지역에, 스페인인은 베네수엘라와 필리핀에

모두에게 행복을: 프라이의 코코아를 광고하는 포스터(1906년)

Fry's Pure Concentrated Cocoa

AND MILK CHOCOLATE

카카오 농장을 만들었다.

쓴맛이 나는 카카오 빈을 초콜릿으로 만드는 과정은 아주 복잡하다. 카카오 빈을 씻고, 볶고, 발효시키고, 껍질을 벗겨낸 다음 갈아야 한다. 그렇게 만든 코코아 덩어리를 가열해서 액화해 코코아액으로 만든다. 이것을 식혀서 코코아 고형물과 코코아 버터로 분리한다. 우리가 아는 초콜릿을 만들려면 여기에 설탕을 섞으면 된다. 코코아 버터 대신 식물성 기름을 사용하면 가격은 싸지만 질은 떨어지는 초콜릿을 만들 수 있다.

산업혁명 이전에는 이런 제조 과정이 노동 집약적이었다. 네덜란드 화학자 쿤라트 판 하우턴이 제조 과정을 바꾸기 시작했다. 그는 먼저 초콜릿의 쓴맛을 줄이기 위해 알칼리성 소금을 첨가했다. 그다음 지방의 절반을 제거하는 압축기를 발명했다. 1847년에 영국 제조업자 조지프 프라이가 초콜릿을 원하는 모양대로 찍어내면서 대량 생산이 시작되었다. 1875년에 스위스의 다니엘 피터는 네슬레 분유를 첨가해 밀크 초콜릿을 발명했다. 역시 스위스 사람인 루돌프 린트가 초기 초콜릿의 거칠거칠한 질감을 없애는 콘칭기를 발명했다. 존 캐드버리는 1824년 버밍엄에서 차와 커피 그리고 마시는 초콜릿을 판매하는 사업을 시작했다. 그는 퀘이커교의 도덕적 원칙인 선량한 자본주의에 따라 본빌이라는 시범 마을을 만들었다. 우리 할머니도 그곳에서 일했다. 그들은 1875년에 최초로 부활절 달걀을 만들었다.

초콜릿은 완전히 대중적인 제품이 되었다. 초콜릿은 어디에서나 구할 수 있고, 힘들 때 힘듦을 약간 덜어주는 특별한 효능이 있다는 점에서 주목받는다. 초콜릿은 하루의 육체노동 중 잠시 쉴 때 꼭 필요한 탄수화물을 채워주고, 기운을 북돋아준다, 사무실에서 점심을 먹은 후 간식으로 먹기도 좋다. 호의를 표현하기 위해, 케이크나 브라우니로 만들어 손님을 환영하기 위해, 생일이나 그 밖의 축하할 일을 위해, 자기만족과 사랑을 전하기 위해 선물로 수많은 사람이 즐겨 찾는 음식이다. 초콜릿은 서구 사회에 너무 많이 퍼져 있어서 그 특별함을 알아차리기 힘들다.

초콜릿 제품의 원재료인 코코아는 오늘날 전 세계 생산량의 70퍼센트 정도를 서아프리카에서 얻는다. 그중 50퍼센트가량은 코트디부아르와 가나에서 생산하고, 그 뒤를 나이지리아와 카메룬이 잇는다. 이 나라들은 낮은 가격에 양질의 코코아를 공급하는데, 그럴 수 있는 이유는 어린이의 노동력을 활용하기 때문이다. 2015년 미국 노동부 보고서에 따르면, 최대 200만 명에 이르는 어린이가 노동력을 착취당하고 있다. 코코아의 원산지를 알아내기란 쉬운 문제가 아니다. 대부분 여러 나라에서 생산한 카카오 빈을 합쳐서 판매하기 때문이다. 노동을 하는 어린이들이 이곳저곳으로 인신매매되고 있다는 보고들도 나온다. 다시 말해, 노예 취급을 받는다는 뜻이다.

코코아 산업은 이런 문제에 대해 계속 비판을 받아왔고, 그들은 모든 측면에서 개선하겠다고 시한을 제시했다. 그러나 2005년, 2008년, 2010년 모두 시한을 넘겼다. 코코아 업계는 2001년에 4년 안에 '최악의 어린이 노동'을 뿌리 뽑고, 가장 좋은 형태의 노동만 남기겠다고 약속했다.

최근에는 학교를 설립하고, 독립적인 협동조합과 가족을 지원하면서 개선되고 있다는 주장도 나온다. 그러나 전 세계 소비자들이 매일 비싸지 않은 가격에 초콜릿을 사는 상황에 익숙해져서 노동 형태를 개혁하라고 거의 압박하지 않는다는 점은 불편한 현실로 남아 있다. 그것은 뉴스에서 중요하게 다루는 문제가 아니다. 우리 대부분이 연루되어 있기 때문에 우리 모두가 알고 싶어하지 않는 문제다.

이 장을 끝내고 나면 스스로에게 주는 상으로 초콜릿 한 조각을 먹기로 마음먹었고, 실제로 그러려고 한다. 아내가 동네 직거래 가게에서 사 와서 내게 준 초콜릿 조각이다. 캐드베리 초콜릿 바의 두 배 정도 가격으로, 토니스 초코론리라는 상표다. 상황에 따라 포장지에 쓰인 다정한 문구가 거슬릴 수도 있지만, 오늘은 그렇지 않았다. "고객 여러분 안녕하세요? 지는 토니스 초코론리입니다. 초콜릿 산업에서 노예 노동을 끝내기 위해 존재합니다. 제 사명은 초콜릿 산업에서 노예 노동을 전혀 동원하지 않는다는 기준을 만드는 일입니다. 우리 함께 모든 초콜릿을 노예 노동이 전혀 동원되지 않은 초콜릿으로 만들 수 있습니다. 함께하시겠습니까?"

073
딸기

세속적 쾌락의 상징

딸기밭이여 영원하라!

└ 비틀스의 노래 〈스트로베리 필즈 포에버〉

오비디우스는 2,000여 년 전에, 이 책에서 이미 언급한 적이 있는 위대한 작품 『변신 이야기』를 집필하기 시작했다. 오비디우스는 위대한 시대들이 이어진 지구의 역사를 이야기하면서 책을 시작한다. 물론 처음은 황금시대로 시작한다. 현대인이 삶에서 시달리는 걱정과 괴로움이 존재하지 않았고, 인간이 딸기를 먹으며 살았던, 지금은 잃어버린 완벽한 시대였다.

힘들게 만들지 않아도 되는 음식을 기꺼이 즐겨라.
사람들은 그저 아르부투스 열매 그리고 산딸기를 따기만 했다.

아르부투스 열매는 딸기나무로 알려진 식물에서 열린다. 딸기와 비슷해 보이지만, 서로 관련은 없다.

딸기는 수 세기에 걸쳐 즐거움과 연관되었다. 욕망과 섹스, 죄와도 연결되었다. 물론 테니스와도 관련이 있다(윔블던 테니스 대회에서 전통적으로 관중이 딸기와 생크림을 많이 먹는다—옮긴이). 그러나 오늘날 우리가 먹는 딸기는 신대륙에서 나는 두 종을 교배한 잡종으로, 1750년대부터 존재했다.

오비디우스가 이야기한 딸기는 프라가리아 베스카(*Fragaria vesca*)로, 종종 야생 딸기, 숲의 딸기라고 부른다. 이 딸기는 프랑스에서 14세기 무렵부터 재배했는데, 정원에서 재배할 수 있는 별미로 여겨졌다. 그 과일은 매우 작지만, 맛이 아주 좋다. 엄밀히 따지면 딸기는 열매가 아니라 집합 가과(꽃받침이나 꽃대 부분이 씨방과 함께 비대해져서 생긴 과실—옮긴이)다. 다시 말해, 꽃의 일부가 과일의 일부가 된 것이다. 딸기는 땅바닥 가까이에서 낮게 자란다. 그래서 일부 사람들은 인간을 하늘로 끌어올리는 것이 아니라 땅으로 끌어내린다면서 하찮은 열매로 여겼다. 죄의 냄새가 난다는 것이 아마도 언제나 딸기가 지닌 매력 중 일부였다. 베르길리우스는 그의 전원시 중 한 편에서 다양한 의미로 해석할 수 있는 딸기의 특징을 지적했다. 오비디우스는 거의 같은 시기에 글을 쓰면서 딸기를 따는 소년들이 "풀밭에 숨어 있는 차가운 살무사"를 조심해야 한다고 경고했다. 순진하게 즐거움을 추구하는 것은 위험한 일이었다.

플리니우스 또한 딸기에 관해 쓰면서 딸기와 딸기나무를 구분한다. 요즘은 딸기나무를 아르부투스 우네도(*Arbutus unedo*)로 분류한다. 플리니우스가 그 열매에 대해 '나는 하나만 먹었다(unam tantum edo)'라고 쓴 데서 비롯한 이름이다. 이 글은 종종 그 열매가 너무 훌륭해서 그의 형편으로는 하나밖에 먹을 수 없었다는 의미로 해석되었다. 그러나 그는 훗날 쓴 글에서 그 열매를 전혀 높이 평가하지 않았다.

프랑스의 샤를 5세는 딸기를 좋아했고, 왕실 정원에 1만 2,000그루에 이르는 딸기 식물을 심었다. 딸기는 중세 말기와 르네상스 시대의 플랑드르, 독일, 이탈리아 회화에 등장하고, 얼마 지나지 않아 더 많이 등장하게 된다. 딸기에 약효가 있다고 여겨 우울증과 배앓이 치료, 혈액 정화에 활용했다.

영국 국왕 헨리 8세의 재상이었던 토머스 울지 추기경은 1509년에 연회를 열었고, 손님들에게 새로운 요리를 대접했다. 크림을 곁들인 딸기였다.

쾌락의 원리: 〈세속적 쾌락의 정원〉 중 일
부(히에로니무스 보스, 1490~1500년)

아이작 월턴은 1653년에 자신의 책 『완벽한 낚시꾼』에서 "확실히 하나님은
더 좋은 열매를 만드실 수 있었지만, 분명히 절대 그렇게 하지 않으셨다"라
는 16세기 영국 의사 윌리엄 버틀러의 말을 인용했다.

버틀러가 말하는 딸기는 그가 한 번도 맛보지 못한 현대의 딸기가 아니
다. 현대의 딸기는 잡종이고, 정확히 말하면 프라가리아 아나나사(*Fragaria
ananassa*)다. 맛을 위해 북아메리카가 원산지인 프라가리아 비르기니아나
(*Fragaria virginiana*)와, 크기를 위해 이름으로 알 수 있듯 칠레가 원산지인 프

100가지 식물로 읽는 세계사

라가리아 칠로엔시스(*Fragaria chiloensis*)를 교배한 품종이다. 프랑스 첩보원 아메데 프랑수아 프레지에는 18세기에 그 칠레 식물을 유럽으로 가져왔다. 당시에도 프랑스에 미식 관련 첩보원이 있었다니 든든하다.

이 새로운 품종은 더욱 대규모로 재배할 수 있었고, 딸기는 금방 빈곤 층이 아니라면 모두가 즐길 수 있는 간식이 되었다. 영국의 전국 오픈 테니스 선수권 대회는 1877년에 윔블던에서 처음 열렸다. 첫 대회부터 가든파티 분위기였고, 딸기는 이 대회와 뗄 수 없는 요소가 되었다. 딸기는 완전히 제철 음식이었기 때문에 유럽의 테니스 시즌은 마드리드에서 로마, 파리, 런던 까지 딸기 성수기를 따라 열리게 되었다. 런던에서 딸기는 상류층이 여름에 애프터눈 티와 함께 먹는 과일이 되었다. 딸기에 얽힌 전통은 계속되고 있다. 윔블던이 열리는 2주 동안 매년 2만 8,000킬로그램의 딸기가 소비된다.

아마도 테니스와 딸기 모두 섹스와 관련 있다는 점이 중요하지 않을까. 테니스는 사실 젊은 남녀가 시중드는 사람 없이 대담하게 즐길 수 있는 새로운 스포츠였다. 여성들이 공공장소에서 신체를 사용해 격렬하게 벌일 수 있는 시합이기도 했다. 딸기는 비너스와 여성의 성적 매력과 관련이 있었다. 아도니스는 비너스의 품에서 하루를 보내기보다 사냥하러 다니길 더 좋아했다. 그러다 멧돼지에 들이박혀 죽었고, 비너스는 죽은 아도니스를 보고 눈물을 흘렸다. 그녀의 눈물은 딸기처럼 떨어졌다. 토머스 하디의 소설 『더버빌가의 테스』에서 더버빌은 테스의 입안에 딸기를 넣어주겠다고 한다. "그녀는 입술로 다가오는 그의 손을 손가락으로 막으면서 '아뇨, 안 돼요! 내 손으로 집을래요'라고 급히 말했다. '당치 않아!'라고 그는 우겼다. 그녀는 약간 난처해하면서 입술을 벌려 딸기를 먹었다."

딸기에는 종교적인 의미도 있다. 세 갈래로 나뉜 딸기의 잎은 성 삼위일체, 다섯 장의 꽃잎은 예수 수난의 다섯 상처, 그리고 딸기의 빨간색은 그리스도의 피를 상징한다. 딸기는 성모 마리아와 관련이 있지만, 늘 위험한 조짐을 암시한다. 현재 프랑크푸르트 슈타델 미술관에 걸려 있는 작가 미상의 15세기 회화 〈천국의 작은 정원〉에서 성모 마리아는 딸기 덤불과 함께 등장한다. 자세히 살펴보면 딸기 사이에 숨은 작은 악마가 보인다.

　가장 위대한 딸기 그림은 플랑드르 화가 히에로니무스 보스의 〈세속적 쾌락의 정원〉이다. 이 세 폭짜리 회화의 중앙 패널에는 쾌락을 추구하는 인물들이 나체로 등장한다. 이들 중 다수가 거대한 딸기를 게걸스럽게 먹으며 황홀해한다. 이 그림은 즐겁게 뛰노는 나체들만큼이나 다양하게 해석된다. 아마도 인간이 타락하지 않았다면 어떤 삶을 살았을지 보여주는 그림일 수도 있다. 아니면 쾌락을 추구하면 바로 오른쪽에 그려진 음악의 지옥으로 떨어질 수 있다는 무시무시한 경고일 수도 있다. 어느 쪽이든 절제하지 않는 쾌락에 관한 그림이고, 그림의 핵심은 딸기다.

　"아무것도 진짜가 아니야"라고 노래한 비틀스의 곡 〈스트로베리 필즈 포에버〉에서 우리는 쾌락의 이상향과 비밀스러운 의미를 발견할 수 있다. 이 곡은 LSD로 인한 자아 상실(마법의 버섯에 관한 31장 참조)에 대한 노래다. 노래 제목은 존 레넌이 어린 시절에 알았던 리버풀 구세군 어린이집에 있는 스트로베리 필즈 정원 이름에서 따왔다. 존 레넌이 사망한 후 뉴욕 센트럴파크에 '스트로베리'라는 이름으로 그를 기리는 구역이 생겼다.

　내가 어렸을 때는 여름에 첫 딸기를 먹으면서 소원을 비는 것이 관습이었다. 오늘날에는 딸기를 온실에서 재배해 항공 운송하기 때문에 서양에서는 1년 내내 슈퍼마켓에서 딸기를 살 수 있다. 제철이 아닌 딸기는 맛이나 식감이 떨어지지만, 어쨌든 원할 때 언제든지 먹을 수 있다.

　딸기는 선(禪)에 관한 가장 유명한 이야기에도 등장하며, 여기에서도 세속적인 즐거움을 상징한다. 한 스님이 호랑이를 피해 도망치다 절벽 아래로 뛰어내려 포도나무를 붙잡는다. 호랑이는 스님을 향해 으르렁거린다. 스님이 아래를 내려다보니 거대한 폭포 밑에 또 다른 호랑이가 기다리고 있다. 스님이 매달려 있는 포도나무를 쥐 한 마리가 갉아 먹기 시작한다. 그 순간 스님은 절벽에서 자라는 과일을 발견한다. 그는 그 과일 하나를 따서 먹는다. "정말이지 맛있는 딸기구나!"

074
목화

우리가 입는 옷이 지구를 파괴한다

이런, 목화 한 더미를 따!
이런, 하루에 한 더미씩 따!
└ 미국 민요

이 책을 읽는 독자들은 얼마나 많은 면직물 옷을 입고 있을까? 면직물을 일부 사용한 옷은 얼마나 될까? 옷을 거의 벗은 채 침대에서 이 책을 읽고 있을 수도 있겠다. 그렇다면 거의 틀림없이 씻은 후 면으로 된 수건으로 몸을 닦고, 면으로 된 이불 속에 누워 있을 것이다. 우리는 피부에 닿는 천을 고를 때 면을 선택한다. 거의 언제나 그렇다. 우리는 면직물이 숨을 쉰다고 말하길 좋아한다. 면직물은 공기가 잘 통하기 때문에 열과 습기가 안에 쌓이지 않는다. 또한 면직물은 대부분 부드러워서 몸의 형태와 움직임에 잘 맞는다. 잠비아의 밭에서 일하면서 키코이(아프리카의 전통 의상—옮긴이)를 입든, 뉴욕에서 업무 회의를 할 때 흰색 셔츠를 입든 면직물이 없는 삶은 생각하기 어렵다. 면직물은 피할 수 없는 존재다.

목화는 모두 목화속(*Gossypium*)에 속한 종들이다. 전 세계의 열대와 아열대 지역에 다양한 토착종이 자생한다. 이 식물의 키는 2미터 정도에 이르지만, 목화를 재배할 때는 수확하기 쉽게 허리 높이까지만 오도록 기른다. 처

음에는 손으로 땄지만, 최근에는 기계로 수확한다. 목화에서 따는 꼬투리는 씨앗을 퍼뜨리기 위해 진화한 부위다. 목화 씨앗은 꼬투리라는 덩어리에 싸여 있다. 자연스러운 상태에서는 이 꼬투리가 열리면서 씨앗들이 부드럽고 솜털 같은 실들에 실려 바람에 날아간다. 전혀 관련이 없는 다른 많은 식물도 종종 비슷한 전략을 활용한다. 영국에서 산울타리로 활용하는 덩굴식물인 사위질빵의 씨앗 또한 솜털에 실려 바람에 날아가는 전형적인 사례다. 그러나 저절로 열려 씨앗을 퍼뜨리기 전에 꼬투리를 따면 솜털을 모두 그대로 얻을 수 있다.

인간은 이 길고 가는 솜털을 돌려서 실을 잣고 옷감을 짤 수 있다는 사실을 언제 처음 알게 되었을까? 너무 오래전이라 확실한 증거는 없지만, 면직물은 몇몇 지역에서 비슷한 시기에 발명된 것으로 보인다. 이 책의 앞부분에서 살펴본 과정처럼, 농업의 발명과 함께 시작되었다고 보는 것이 가장 유력하다. 파키스탄 인더스강 유역의 기원전 5500년경 유적지와 비슷한 시기의 멕시코 유적지에서 면직물의 흔적이 발견되었다. 중국에서는 기원전 207년부터 서기 220년까지 한나라에 목화가 널리 보급되었다.

양모에 의존하던 유럽으로 목화가 전파되기까지는 더 오랜 시간이 걸렸다. 그래서 유럽에서는 양모 거래가 중요했다. 중세 초기에는 지금의 양치기들로서는 이해할 수 없는 방식으로 양을 통해 돈을 벌었다. 또한 유럽인은 목화가 양모와 같은 것을 만들어내는 식물이니 분명 양도 길러낼 것이라는 재미있는 생각을 했다. 14세기에 존 맨더빌은 인도에 대해 "그곳에는 나뭇가지 끝에서 작은 양들을 낳는 멋진 나무가 자란다. 그 나뭇가지들은 정말 유연해서 양들이 배고플 때마다 먹이를 먹을 수 있도록 아래로 구부러진다"라고 기록했다. 그는 이 놀라운 나무를 설명하는 멋진 그림도 보여주었다. 타르타리의 식물 양에 대한 전설도 함께 전해진다. 이 식물 양의 그림은 식물과 탯줄로 연결되어 자라는 양의 모습을 보여준다.

언젠가 유럽 문명은 무슬림이 우리에게 해준 것이 무엇이 있느냐고 묻는 날이 올지도 모른다. 사실은 이슬람교를 믿는 무어인이 이베리아반도와 시칠리아를 점령했을 때, 종이와 나침반, 아라비아 숫자, 수학, 보통교육, 읽고 쓰는 능력의 확산, 도서관, 발달한 농업과 관개 기술, 오렌지와 살구, 목화 같은 작물 등 많은 것을 유럽에 전해주었다. 목화는 8세기부터 15세기까지 이베리아반도를 점령한 무어인을 통해 유럽에 전파되었다. 이 새로운 작물의 장점은 단번에 눈에 띄었다.

유럽에서는 목화를 재배하기 어렵다는 점이 걸림돌이었다. 목화를 재배하려면 서리가 내리지 않는 기간이 길어야 하고, 물을 충분히 공급해야 하며, 햇볕이 많이 내리쬐어야 하고, 꼬투리를 수확하는 시기에는 비가 오지 않아야 한다. 목화는 다년생 식물이지만 매년 처음부터 새로 재배해야 한다. 유럽 국가들이 제국을 세우고 적어도 그들에게는 유익한 무역을 시작했을 때, 열대와 아열대 지역을 활용해 적극적으로 목화를 재배했다. 무굴제국은 16세기부터 인도에서 면직물을 생산해왔다. 그러나 영국 동인도회사가 그 권리를 넘겨받아 행사했다. 목화는 불가능해 보였던 일을 해냈다. 목화 무역이 향신료 무역을 앞지른 것이다.

면직물을 만들 때 부딪히는 첫 번째 문제는 솜털에서 씨앗을 빼내는 일이다. 조면기로 이 작업을 한다. 서기 500년부터 인도에서 소형 조면기를 사용했고, 16세기부터는 돌리는 조면기를 사용했다. 이렇게 씨를 빼낸 솜털로 실을 자아서 옷감을 짜야 한다. 직물 제조는 산업혁명 덕분에 가장 먼저 발달한 분야 중 하나다. 제임스 하그리브스가 방적기를 발명했고, 리처드 아크라이트와 새뮤얼 크럼프턴이 크게 발전시켰다. 미국인 엘리 휘트니가 1793년에 최신 조면기를 발명하면서 목화 산업이 결정적인 발걸음을 내딛었다. 면직물 생산 과정은 획기적으로 빨라졌다.

그러나 목화를 따서 옮기는 일은 여전히 노동 집약적인 과정이었다. 노동자에게 임금을 주지 않거나 아주 조금만 주면서 강제로 일을 시켜서 비용을 줄였다. 자유를 위해 투쟁했던 인도의 위대한 운동가 마하트마 간디가

극심한 노동: 〈목화 따는 사람들〉(윈즐로 호머, 1876년)

100가지 식물로 읽는 세계사

정확하고 예리하게 지적했듯, 대영제국을 뒤덮은 목화를 재배하고 수확한 사람들은 이 거래로 형편이 나아지지 않았다.

미국 남동부의 기후는 목화를 재배하기에 이상적이다. 그래서 그곳의 목화 농장 주인들은 비용을 많이 들이지 않고 목화를 재배하려고 노예제를 이용했다. '목화가 왕이다'라는 말은 목화 재배와 판매를 바탕으로 삼는 경제를 압축적으로 보여준다. 노예제는 남북전쟁 이후 1865년에 폐지되었다. 그러나 해방된 노예들이 곧장 자유와 번영을 누리지는 못했다. 노예제가 폐지되어도 목화 재배는 계속되었다. 1920년에는 값싼 노동력에 대한 의존도를 낮추려고 목화 따는 기계를 개발했다.

우리는 목화를 정말이지 너무나 당연하게 여겨서 거의 생각하지도 않는다. 이 글을 쓰고 있는 나는 분명히 적어도 이 글을 읽는 독자들만큼이나 많은 면직물 옷을 입고 있을 것이다. 목화는 식량이 아닌 작물로는 전 세계에 가장 널리 퍼진 작물이다. 목화 산업으로 2억 5,000만여 명이 소득을 올리고, 개발도상국에서는 전체 노동 인구의 7퍼센트가 목화 산업에 종사하고 있다. 목화 산업으로 인한 피해도 엄청나다. 목화를 재배하려면 농약, 특히 살충제와 비료, 제초제를 집중적으로 사용해야 한다. 그래서 목화 농장들이 위치한 강의 하류 지역인 중앙아시아의 아랄해, 파키스탄의 인더스강 삼각주, 오스트레일리아의 머레이-달링강 같은 곳으로 농약이 섞인 물이 흘러들어간다.

목화 생산은 토양을 황폐하게 만든다. 그래서 어느 정도 시간이 지나면 새로운 지역으로 옮겨 농장을 다시 만들어야 한다. 보통 그 과정에서 야생 서식지가 파괴된다. 또, 목화를 재배하려면 물이 너무 많이 필요하다. 대부분의 지역에서 지속하기 어려운 수준이다. 오늘날 목화 산업은 장기적으로 볼 때 지속 불가능하다. 이런 상황을 바로잡기 위한 계획들이 있다. 공정무역 같은 단체들을 통해 노동자들에게 공정한 대우를 해주는 등 책임감 있는 목화 농업으로 거듭나고자 하는 움직임이 일어나고 있다. 우리가 입는 속옷이 지구를 훼손하고 있다면 참으로 슬픈 일이다.

075

대두

공장식 축산을 지탱하는 가짜 고기

공장식 축산은 우리의 기술력이 우리의 윤리 의식보다

얼마나 빨리 앞서나가는지를 보여주는 또 하나의 신호다.

└ 피터 싱어(오스트레일리아의 철학자)

요즘 슈퍼마켓에 가면 그 재료로 만든 음식들이 즐비하다. 햄버거와 소시지, 미트파이, 미트볼, 베이컨, 얇게 썬 고기, 다진 고기, 스튜용 고기, 초리조, 어묵, 생선 튀김, 해선장에 볶은 오리고기, 치킨너깃…. 그런데 그중 어떤 음식에도 동물성 단백질을 흔적조차 찾을 수 없다. 생선 없는 생선, 쇠고기 없는 쇠고기, 돼지고기 없는 돼지고기, 닭고기 없는 닭고기가 모두 가능하다. 이런 음식들은 대부분 대두 단백질을 활용한다. 대두에는 기이할 정도로 단백질이 풍부하고, 인간은 족히 9,000년 동안 식용으로 대두를 재배해왔다. 대두는 채식주의와 관련이 있다. 대두로 만든 음식을 좋아하는 사람도 있고 싫어하는 사람도 있다. 대두는 세계에서 가장 중요한 단백질 공급원 중 하나가 되었고, 따라서 가장 중요한 작물 중 하나가 되었다. 대두의 80퍼센트 이상은 가축에게 공급된다.

대두의 원산지는 중국 북동부와 일본, 한국, 러시아다. 재배종들의 원산지는 아마도 대두를 처음 재배한 중국일 것이다. 재배종들은 비교적 키가 커

사료 작물: 콩밭의 트랙터(작가 미상, 1943년)

서 2미터까지 자란다. 비옥하고 배수가 잘되는 땅에서 가장 잘 자라고, 서리를 견디지 못하며, 따뜻한 기후에서 잘 자란다. 대두는 자생하는 지역에서 처음으로 재배되었다. 대부분의 콩과 식물처럼 공기 중 질소를 흡수해 땅속에 가두기 때문에 작물을 바꿔가며 재배하는 윤작 체계에서 중요한 역할을 한다. 단백질을 공급한다는 점에서, 그리고 다음에 심을 작물을 위해 토양을 비옥하게 만든다는 점에서 대두는 정말 소중한 작물이다. 어떤 지역에서는 대두를 신성하게 여기기도 한다.

대두를 이용해 가짜 고기를 만드는 전통은 2,000여 년 전에 중국에서 시작되었다. 당시 인도에서 전해진 불교의 채식주의 전통에 따라 생긴 방법이었다. 그 전통은 계속 이어지고 있다. 불교 사찰을 방문하는 사람들(평소에는 육식을 하는 경우가 많다)은 자연스럽게 채식주의 음식을 대접받는다. 아마도 손님에 대한 예의로 종종 고기나 생선처럼 보이는 음식이 나오기도 한다. 중국의 사찰 음식점에서도 정성 들여 만든 맛있는 음식을 내놓는데, 고기로 만든 것같이 보이는 음식들이 있지만 모두 대두로 만든 음식이다.

동아시아 전역에서는 굳이 고기 흉내를 내지 않고도 대두 자체의 장점을 즐길 수 있는 두부를 먹는다. 두부의 질감은 밀도가 높고 쫄깃한 질감부터 달걀 커스터드처럼 부드러운 질감까지 다양하다. 두부는 주변 재료의 맛을 쉽게 흡수한다. 역설적이게도, 대두로 만든 장은 중국과 아시아 여러 지역의 많은 음식에서 강력하면서도 보편적인 맛을 내는 데 활용된다. 간장은 발효시킨 대두와 볶은 곡물, 소금물로 만든다. 맛있는 미소 된장 역시 발효시킨 대두로 만든다. 풋콩은 샐러드에 넣어 먹을 수 있고, 꼬투리까지 먹을 수 있는 품종도 있다. 이런 풋콩을 조금 혼란스럽게도 에다마메(枝豆: '풋콩'을 뜻하는 일본어) 콩이라고 부른다. 서양 사람들은 아시아 음식을 받아들이면서 다양한 동양 언어에서 무작위로 단어를 가져와 음식 이름을 붙이는 경향이 있다.

대두가 아시아에서는 늘 중요한 식량이었지만, 다른 지역에서는 좀 더 이국적인 식품으로 여겼다. 단백질이 풍부하고 탄수화물이 적어서 당뇨병

환자처럼 특정 식이요법이 필요한 사람들에게 도움이 되었다. 그러다가 윌리엄 모스가 등장했다. 그에 대해 들어본 사람이 많지 않겠지만, 실은 세상을 바꿔놓은 사람이라고 할 만하다. 그는 정육점 주인의 아들로 대학을 졸업하자마자 미국 농무부에서 일하기 시작했다. 찰스 파이퍼 박사에게 아낌없는 격려를 받으면서 콩을 연구했고, 1910년에 지금은 미국 국방부 건물이 들어선 알링턴 실험 농장에서 콩을 재배하기 시작했다. 대두를 특별히 가축 사료로 쓰기 위해 재배했다는 점이 반전이었다. 인간은 먹지 않지만, 인간이 기르는 가축에게는 먹이는 작물이었다. 파이퍼 박사는 모스에게 "젊은 친구, 이 콩들은 땅에서 나는 금처럼 소중해. 서양 세계의 삶에서 발휘할 강력한 힘에 진정으로 경외심을 가져야 하네"라고 말했다.

1930년대에 황진지대의 후유증을 겪으면서(흙에 대한 35장 참조) 대두를 심을 때는 이 말이 명백한 진리처럼 보였다. 황폐해진 밭에 심은 대두는 질소를 토양에 돌려줌으로써 인간이 일으킨 생태계 재난을 극복하는 데 중요한 역할을 했다. 미국에서 널리 재배되는 대두는 주로 가축에게 먹인다. 대두로 농업이 바뀌지는 않았지만, 농업이 바뀌는 계기가 되어주었다. 싸고, 맛있고, 단백질이 풍부한 사료가 생긴다는 것은 축산 농부들이 더 이상 풀에 의존해서 소를 키우지 않아도 된다는 의미였다. 다른 사료들을 함께 먹이면서 풀을 뜯게 하면 땅의 면적에 비해 더 많은 소를 기를 수 있다. 대두를 점점 더 많이 활용하게 되자 방목 자체가 전혀 필요 없어졌다. 소를 우리 안에 가두어 기를 수 있게 되었고, 밖으로 내보낼 필요도 없어졌다. 그렇게 공장식 축산이 시작되었다.

돼지도 대두를 먹여 기를 수 있다. 닭은 스스로 먹이를 찾아 먹으면서 살게 놔두지 않고 언제나 대부분 인위적으로 모이를 주며 사육했다. 단백질 함유량이 많은 대두 덕분에 더 빠르고 효율적으로 닭에게 모이를 먹여 살찌울 수 있었다. 제2차 세계대전 이후 집단 사육 방식이 발달하면서 닭들은 콩을 먹으며 6주 동안 짧게 살고(좋은 환경에서는 최소 5년 이상 살 수 있다), 때때로 1제곱미터 안에 20마리까지 사육되기도 한다. 대두 때문에 가축에 대한 우리의 사고방식이 급격하게 바뀌었다. 가축을 동물이라기보다 마치 식물처럼 대하게 되었다. 인위적으로 기르면서 화학물질로 처리하고 준비를 마치면 수확하는 존재로 말이다.

실내에 가두어 기르는 동물이 많아질수록 그 동물을 먹일 작물도 더 많이 필요해졌다. 그래서 유전자 변형 콩을 개발했다. 대두는 농업의 유전 혁명에서 선두주자였다. 가장 중요한 진전은 제초제 글리포세이트에도 잘 견디는 유전자 변형 대두를 만들어낸 것이었다. 작물이 피해를 입지 않으니 콩밭에 마음껏 제초제를 뿌릴 수 있게 되었다. 미국과 브라질 등 주요 대두 생산국은 유전자 변형 대두를 주로 재배한다. 유럽연합에서는 유전자 변형 농산물을 금지했다. 논란은 계속되고 있다. 어떤 사람들은 늘어나는 인구의 식량 문제를 해결하기 위해서는 유전자 변형 작물만이 유일한 해결책이라고 말한다. 반면 어떤 사람들은 의도치 않은 결과의 법칙을 인용하며 생태계에 예상치 못한 재앙이 일어나리라고 예측한다(이에 대해서는 다음 장에서 더 자세히 다루겠다).

유전자 변형 대두와 대두의 광범위한 재배를 지지하는 사람들은 인간의 건강과 행복을 위해서는 고기를 많이 먹는 것이 필수라는 인식을 바탕으로 주장한다. 브라질의 열대우림에서 엄청나게 넓은 지역이 대두 농사를 위해 파괴되었다. 그런데도 선진국에서는 감당할 수 있는 가격으로 고기를 살 수 있어야 기본적인 인권이 보장된다고 여긴다.

대두에서 짠 콩기름 역시 유용하다. 마가린과 비건 치즈, 페인트, 접착제, 바닥재인 리놀륨 그리고 소화기에 들어간다. 인간이 대두를 먹으면 좋지 않다는 주장도 있다. 유방암을 일으키고, 남성을 여성화하고, 아이들의 성장을 방해할 수 있다고 한다. 자세히 조사하면 그중 어떤 주장도 근거가 확실하지 않다. 그럼에도 이러한 주장은 의심할 여지 없이 고기를 최고로 여기는 원시적인 관념을 강화한다. 윤리철학자 피터 싱어는 "우리는 햄버거를 먹기 위해 말 그대로 미래에 도박을 걸고 있다"라고 썼다.

076
애기장대

과학의 발전을 이끈 평범한 잡초

오, 열심히 노력하는 장인에게는 얼마나 유익하고, 기쁘고, 힘차고,

명예롭고, 무엇이든 할 수 있는 세계가 약속되어 있는지!

↳ 크리스토퍼 말로의 희곡 《포스터스 박사》

요하네스 탈은 16세기의 선구적인 식물학자였다. 그는 독일 북부 하르츠산맥에서 대단히 많은 연구를 했고, 그곳에서 발견한 식물 종들에 관한 책을 썼다(물론 학계의 만국 공통어인 라틴어로 썼다). 그 책은 그가 사망한 지 5년 후인 1588년에 출판되었다. 그가 설명한 많은 종 가운데 발견자의 이름을 딴 평범해 보이는 식물도 있다. 흔히 애기장대라고 부르는 아라비돕시스 탈리아나(*Arabidopsis thaliana*)다. 4세기에 걸쳐 인간에게 그리 유용하다고 여겨지지 않았던 식물이다. 그러나 요즘은 지구상의 식물 가운데 역대 가장 중요한 식물로 꼽히기도 한다.

　애기장대의 원산지는 유럽과 아시아, 북아프리카다. 길가와 철로 변에 아무렇게나 자라는 야생식물로 너무나 흔히 보여서 잡초라고 무시받기도 한다. 키가 20센티미터 정도까지 자라고, 겨자과 식물이다. 강렬한 냄새가 나는 겨자과 식물이어서 애기장대가 우리에게 의미 있는 것은 아니다. 의미 있는 것은 다른 모든 속씨식물과 공통점이 많기 때문이다.

글쎄, 공정하게 말하면 다른 모든 속씨식물과 다를 바가 없다고 말할 수도 있다. 애기장대는 너무 평범해서 무척 다루기가 쉽고 편리하다는 것이 두드러지는 장점이다. 즉, 실험 대상으로 삼기 좋다는 의미다. 4만 470제곱미터 면적에 2.4미터 정도 높이로 펼쳐진 옥수수밭이나 엄청나게 높이 솟은 미국삼나무 또는 예민한 열대 난초보다 훨씬 더 쉽게 연구할 수 있다. 1900년대에 애기장대를 활용해 염색체에 대한 초기 연구를 몇 가지 수행했다. 1940년대에는 애기장대를 활용해 돌연변이에 관한 연구를 했다. 그러나 완전히 실용적인 목적으로 진행되는 응용과학 연구에서는 애기장대를 거들 떠보지 않았다. 애기장대는 상업적인 작물이 아니기 때문이다. 실용적으로 는 대두와 옥수수, 감자에 관한 연구가 훨씬 더 중요했다.

그러다 1950년대와 1960년대에 실험실 연구에서 애기장대를 활용하기 시작했다. 애기장대를 통해 다른 속씨식물들의 일반적인 특성을 알 수 있었다. 애기장대를 활용한 존 랭그리지와 조지 레데이의 연구는 과학 지식의 폭을 넓히는 역할을 했다. 1980년대에는 애기장대가 실험실에서 활용하는 전형적인 식물이 되었다.

마땅한 때가 된 것일 수도 있다. 동물에 관한 실험실 연구는 20세기 내내 비둘기나 쥐, 생쥐 같은 동물을 활용해왔다. 초파리와 장내 세균인 대장균을 활용해 동물 유전학에서는 획기적인 발전을 이루기도 했다. 식물은 우리가 숨 쉬는 공기, 우리가 먹는 모든 음식, 우리가 입는 옷 대부분, 의약품의 4분의 1을 공급한다. 기초과학이나 응용과학 모두에서 식물에 대해 속속들이 아는 것은 중요할 수밖에 없다.

우선, 애기장대는 기르기가 쉽다. 원예에 특별한 재능이 없어도 씨앗을 심어 키울 수 있다. 비용이 별로 들지 않는다는 점도 무시할 수 없는 요소다. 애기장대는 씨앗을 많이 맺는다. 적응도 잘해서 거의 어디에서나 자랄 수

모델 식물: 바위장대 옆의 애기장대(오른쪽, B)
그림, 『스웨덴 식물지』의 삽화(1905년)

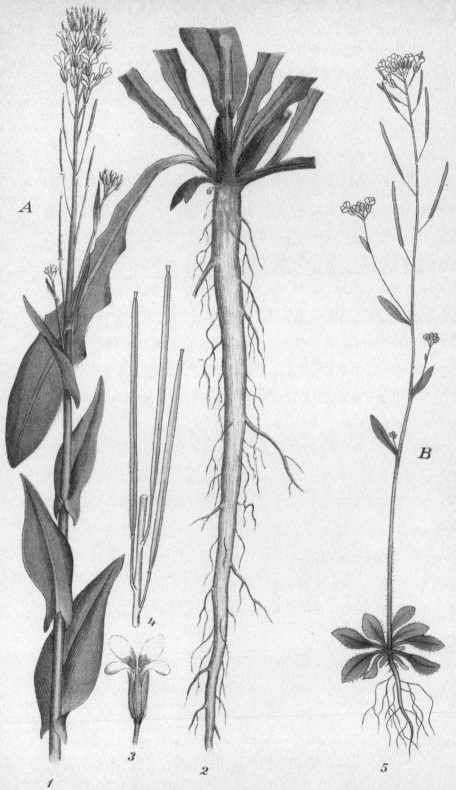

A. ROCKENTRAF, ARABIS GLABRA WEINM.

B. BACKBRÄNNA, ARABIS THALIANA L.

있다. 화분에서든 세균 배양접시에서든, 퇴비를 뿌린 흙에서든 수경 재배에서든, 햇빛을 받든 인공조명을 받든 쉽게 잘 자란다. 애기장대는 기르기 수월할 뿐 아니라 빠르게 자란다. 수명 주기가 6주로 짧아서 비교적 짧은 기간에 여러 세대를 살펴볼 수 있다.

바로 이런 점들이 유전적 특징과 유전학, 진화에 관한 연구를 할 때 유용하다. 이러한 연구는 기초과학과 응용과학 모두에 꼭 필요하다. 애기장대를 통해 일반적인 원리를 훨씬 더 정밀하게 연구할 수 있다. 식물의 생리와 발달, 말하자면 식물이 어떻게 작동하는지 그리고 어떻게 그렇게 작동하게 되었는지를 장기적인 목표를 세워 연구할 수 있다. 애기장대는 게놈의 유전자 배열 순서가 완전히 밝혀진 최초의 식물이다. 유전자 배열이 짧아서 정확하고 편리하게 연구할 수 있었다. 애기장대에서 게놈을 완전히 발견하면서 다른 식물들에서도 더 수월하게 게놈을 연구할 수 있었다. 예를 들어, 병원균에 대한 애기장대의 저항성을 연구해 알아낸 사실을 활용해 질병에 강한 품종을 만들어낼 수 있다. 그런 다음 상업적인 작물을 대상으로 연구를 이어갈 수 있는 것이다.

따라서 애기장대는 유전자 변형 작물을 개발하는 데 가장 중요한 역할을 하는 식물이 되었다. 앞서 이야기했듯, 유전자 변형 작물 분야에 대해서는 논란이 있다. 이러한 개발을 지지하는 사람들은 지구의 늘어나는 인구를 먹여 살릴 유일한 길이라고 주장한다. 인류가 10억 명에 이르는 데는 20만 년 정도가 걸렸지만, 그 후 200년이 흐르자 70억 명으로 늘어났다. 2021년의 세계 인구는 79억 명에 이르렀고, 매년 8,000만 명 가까이 증가하고 있다. 식량 공급을 늘리는 일이 인구 위기에 대한 한 가지 해결책이 될 수 있다. 그래서 일각에서는 유전자 변형 작물이 전 세계에 필요하다고 주장한다.

이에 반대하는 의견은 복잡하다. 유전자 변형 작물은 일반적인 생물 다양성뿐 아니라 작물 자체의 생물 다양성도 줄여서 각 지역 품종과 더불어 저항력이 강한 품종도 줄어들게 만든다고 주장한다. 유전자 변형 식물의 꽃가루는 꿀벌의 소화기관에 어떤 영향을 미칠까? 유전자 변형 식물이 자라는 토양에 사는 균류와 세균류는 어떤 영향을 받을까? 이처럼 아직 밝혀지지 않은 영향에 대한 논란도 있다. 유전자 변형 작물 때문에 인간이 항생제에 내성이 생길 것이라는 우려도 있다. 유전자 변형 작물의 개발 비용이 너무 많이 들기 때문에 반대하기도 한다. 유전자 변형 품종은 내성이 있어서 제초제와 살충제의 영향을 별로 받지 않는다. 따라서 제초제와 살충제를 더 많이 사용하게 된다. 유전자 변형 작물이 토양을 황폐화한다는 주장도 있다. 정치·경제적 문제도 얽혀 있다. 유전자 변형 작물에는 특허권이 있는데, 농업 관련 대기업이 그런 특허권을 소유한다. 그래서 유전자 변형 작물이 인류의 이익이 아니라 대기업의 이익을 위해 활용된다는 비판을 받는다.

이 보잘것없는 겨자과 식물은 이러한 논란들에 아무런 책임이 없다. 기회만 생기면 언제 어디서든 그저 자라날 뿐이다. 애기장대는 인간이 자연을 더 좌지우지할 수 있게 도움을 준 식물이다. 이로 인해 점점 더 커지는 책임을 우리가 얼마나 잘 감당할 수 있을지는 아직 미지수다.

튤립

야생에 존재하지 않는 아름다움

나와 함께 튤립 사이로 살금살금 걸어가요.

ㄴ. 앨 듀빈과 조지프 A. 버크의 노래 〈튤립 사이를 걷는 발끝〉

원한다면 멋진 튤립을 감상할 수 있다. 예쁜 소녀와 몇몇 꽃을 묘사한 앙리 마티스의 명랑한 그림 〈아넬리, 흰 튤립과 아네모네〉에 등장하는 단순하고 깔끔한 튤립을 좋아할 수도 있다. 나는 분별력을 잃을 위험 없이 튤립을 바라볼 수 있다. 그럼에도 이 식물이 진지한 역사책에서조차 '튤립 광풍'이라고 부르는 사건을 일으켰다는 사실이 이상하게 느껴진다. 보통 튤립 파동이라 불리는 이 사건은 17세기 네덜란드의 황금기에 벌어졌다.

백합과(*Liliaceae*)의 튤립속(*Tulipa*)에는 아마도 100종 정도가 있다. 그러나 이것은 추측일 뿐이다. 튤립을 오랫동안 재배하면서 너무 자주 교배했기 때문에 튤립의 조상을 찾아 명확하게 거슬러 올라가기가 어렵다. 야생 튤립이 각각 무척이나 다양할 뿐만 아니라 스스로 쉽게 돌연변이와 잡종을 만들어내기 때문에 문제는 더욱 복잡해진다. 자연계에 질서를 부여하고 싶은 사람이라면 튤립을 두고 누구나 혼란스러워한다. 그러나 이런 유연성과 가변성이 결합해 이 꽃은 인간의 상상력을 사로잡았다.

튤립은 서아시아 온대 지역의 산과 대초원에서 자생했다. 적어도 11세기에는 콘스탄티노플(지금은 이스탄불)에서 재배되었다. 파르하드 왕자의 전설에 따르면, 그 왕자는 연인이 죽었다고 오해해 자살했는데, 그가 흘린 피에서 튤립이 피어났다고 한다. 뽕나무에 대한 64장에 나오는 피라모스와 티스베 전설과 놀랍도록 비슷하다. 튤립은 아름다워서 귀하게 여겨진다. 숙련된 손길로 재배하고 가꿀 수 있는 아름다움이기에 더더욱.

튤립은 16세기가 되어서야 유럽에 전파되었다. 콘스탄티노플 주재 오스트리아 합스부르크 왕가 대사로 술레이만 대제의 만찬에 초대받았던 오기어 기스레인 드 뷔스베크가 전파했을 가능성이 높다. 그는 물론 자신이 튤립을 가지고 왔다고 주장했다. 그러나 의사이자 식물학자인 카롤루스 클루시우스가 비엔나 식물원과 라이덴 대학 정원에 튤립을 심어 유럽의 북쪽 지역에서도 튤립을 키울 수 있다는 사실을 보여주면서 튤립이 유럽에 널리 전파되었다.

튤립의 기이한 점 중 하나는 튤립 파괴 바이러스의 영향을 받는다는 것이다. 이 바이러스로 인해 튤립은 기묘한 줄무늬와 극적인 색상 조합을 갖춘 형형색색의 꽃을 피운다. 그 바이러스는 식물을 약하게 만들기도 해서 형형색색의 현란한 꽃을 만들어내길 원한다면 튤립을 조심스럽게 다뤄야 한다. 원예가들은 언제나 더욱더 특별한 튤립을 재배하기 위해 땅에 페인트 가루를 뿌리고, 튤립 뿌리에 비둘기 똥을 바르고, 심지어 연금술의 힘을 빌리기도 했다. 원예가들은 순수한 파란색을 제외하면 원하는 대로 거의 모든 색깔의 튤립을 만들어낼 수 있음을 알게 되었다. 가장 푸른색에 가까운 튤립 꽃조차 보라색을 띤다. 그 꽃에는 향기가 없어서 순수성을 연상시킨다.

보통 1588년부터 1672년까지를 네덜란드의 황금기로 본다. 해상무역으로 어마어마한 번영을 누리던 시기다. 향신료가 생산되는 섬으로 무역을 다녀오면 400퍼센트의 수익을 올릴 수 있었다. 당시 네덜란드는 1인당 소득이 가장 높은 세계 최고의 경제 대국이었다. 사람들은 자연스럽게 돈을 쓸만한 무언가, 즐거움을 주면서도 지위를 과시할 만한 물건을 바라게 되었다.

값을 따질 수 없는: 〈바보 같은 튤립 투자〉(장 레옹 제롬, 1882년), 17세기 네덜란드 튤립 파동 당시를 재현한 그림으로, 귀족이 특별한 튤립을 지키고 있는 동안 병사들이 나머지를 짓밟고 있다

당시 네덜란드는 렘브란트, 베르메르, 프란스 할스 등 세계 최고의 화가를 배출했다. 늘어나는 부르주아들 사이에서 꽃 그림이 가장 인기를 끌었다. 훗날 반 고흐가 이런 전통을 받아들여 발전시켰다(8장 해바라기 참조). 그림뿐 아니라 꽃 자체도 인기가 있었는데, 특히 튤립, 그중에서도 파격적이고

100가지 식물로 읽는 세계사

멋진 튤립의 인기가 치솟았다. 사람들은 그런 튤립에 기꺼이 큰돈을 지불하려고 했다.

1634년부터 1637년까지 튤립이 점점 더 파격적인 가격에 팔리면서 투기 광풍이 불었다. 튤립 재배 시기가 시작될 때쯤부터 거래했다는 사실이 아마도 가장 의미심장한 부분이다. 구근이 모두 땅속에 묻혀 있어서 아직 판매할 수 없을 때 거래되었다. 이것은 최초로 형성된 공식적인 선물 시장이었다. 증권거래소를 바탕으로 거래하는 네덜란드(1609년에 네덜란드 암스테르담에서 세계 최초로 증권거래소가 설립되었다—옮긴이)의 방식은 오늘날 글로벌 비즈니스가 이루어지는 방식과 정말 비슷하다. 그러한 방식은 튤립 덕분에 중요한 진전을 이루었다.

어마어마한 규모의 튤립 파동으로 수많은 이야기와 사치에 대한 전설이 생겼다. 4만 8,560제곱미터가 넘는 땅으로 구근 하나를 사고, 구근 하나가 숙련된 장인이 받는 연봉의 열 배에 달하는 가격에 거래되고, 구근 하나의 주인이 하루에 열 번이나 바뀌고, 구근을 심지 않고 사고파는 것만이 목적이 되는 등의 이야기였다. 한 선원이 얼마나 어마어마한 가격인지도 모르고 구근을 훔쳐 아침 식사로 볶아 먹었다는 이야기도 있다. 튤립 구근은 정말 맛이 고약하기 때문에 믿기는 힘든 이야기다. 다양한 품종의 튤립에는 장군과 제독 등 점점 더 환상적인 이름을 붙였다. 그중 가장 비싼 품종은 셈페르 아우구스투스로, "색상은 흰색이고, 암적색 무늬의 맨 위에는 꺼지지 않는 불꽃이 있다"라고 묘사된다. 이런 튤립을 과연 누가 거부할 수 있을까?

광풍이 어느 정도였는지는 여전히 불분명하다. 찰스 매카이가 1841년에 펴낸 책 『널

가장 비싼 **튤립**: 셈페르 아우구스투스(1640년 이전)

리 퍼진 터무니없는 망상과 군중의 광기』는 튤립 광풍 이야기를 분명히 과장해서 다루었다. 그럼에도 튤립 시장이 결국 끔찍하게 폭락한 것만은 확실하다. 아마도 하를럼에 흑사병이 퍼져서 사람들이 튤립 경매에 참석하지 않았기 때문일 것이다. 튤립은 지금도 네덜란드의 중요한 전통 중 하나로 남아 있다. 한동안 진, 청어, 치즈에 이어 네 번째로 규모가 큰 네덜란드의 수출품이었다. 네덜란드의 튤립밭은 오늘날까지도 유명하다. 리세의 쾨겐호프 공원은 매년 세계 최대 규모의 튤립을 자랑한다.

알렉상드르 뒤마의 소설 『검은 튤립』은 1850년에 출간되었고, 튤립 파동을 다루고 있다. 검은 튤립을 처음으로 재배하는 사람에게 엄청난 상금을 준다는 줄거리의 소설이다. 검은 튤립을 재배하는 것은 불가능한 일이지만, 진보랏빛 튤립은 재배되었다. 그 튤립은 밤의 여왕, 검은 앵무새, 검은 영웅이라고 불렸다. 튤립은 왕조를 무너뜨리고 아야톨라 호메이니가 집권한 1979년 이란 혁명의 상징이기도 했다.

튤립은 관상용과 꽃이꽂으로 여전히 인기가 있다. 영국에서는 튤립을 시청 앞이나 로터리에 자리한 지나치게 형식적인 화단에 많이 심는데, 모든 꽃을 일직선으로 배치한다. 튤립의 열광적인 애호가들은 계속해서 더 색다르고 경이로운 튤립을 만들어낸다. 아크로폴리스, 발라드의 꿈, 신시아, 대장, 알라딘, 푸른 왜가리, 진홍색 레이스, 곱슬머리 수, 관능적인 감촉, 백조의 날개, 세계의 미녀, 얼굴을 붉히는 미녀 등으로 부르는 튤립들이다. 모두 인간이 자연을 개량하기 위해 애쓰는 과정에서 나왔다. 어떤 사람들은 바이러스에 감염된 형형색색의 튤립이 야생에서는 절대 알 수 없을 아름다움을 보여준다고 생각한다.

078
커피나무

인류에게 각성과 휴식을 선물한 열매

나는 커피 스푼으로 내 인생을 측정했다.
└ T.S. 엘리엇의 시 〈J. 앨프리드 프루프록의 사랑 노래〉

나는 커피가 음료이자 가벼운 각성제라는 사실을 알지만, 그런 이유로 커피를 마시지는 않았다. 커피는 동반자, 희망, 탐구, 추파, 문학, 아름다움, 진리, 우정, 사랑이기도 했다. 대학교 1학년 때는 네스카페 인스턴트커피와 마블 가루우유 같은 음료를 마셨다. 내가 마신 것 중 물만이 진짜였던 시절이다. 2학년이 되면서 우유나 커피도 가끔 진짜를 마시기 시작했고, 아마 다른 음료들도 마찬가지였을 것이다. 커피 덕분에 우리는 함께할 수 있었다. "들어와서 커피 한잔 하실래요?" 커피는 마음의 문을 열어준 음료였다.

커피는 어떻게 전 세계에서 이토록 엄청나게 중요한 음료가 되었을까? 나는 9세기에 칼디라는 에티오피아 소년이 자신이 기르던 염소가 어떤 특정 덤불의 열매를 먹고 나면 언제나 활기가 넘친다는 사실을 눈여겨보았다는 이야기를 좋아한다. 사막으로 추방된 셰이크 오마르 이야기도 있다. 그는 이 체리 같은 열매 외에는 먹을거리를 찾지 못했다. 그런데 그냥 먹기에는 너무 써서 볶아보았고, 그러니 너무 딱딱해져서 끓여보았다. 우려낸 물을 마

셔보니 새로운 활력이 생겼다. 그는 사
회로 돌아갔고, 그 열매로 병자들을 치
료해 성인으로 존경을 받았다.

인류에게 중요한 음료인 커피의 진
짜 기원은 그렇게 간단하지 않다. 그러
나 가장 인기 있는 아라비카 커피콩을
생산하는 종은 에티오피아의 산악 지대
와 수단의 보마고원이 원산지다. 보통
커피 체리라고 부르는 붉은색이나 보라
색 열매를 맺는데, 열매에는 커피콩이
라고 부르는 두 개의 씨앗이 들어 있다.

커피 체리: 열매가 맺히는 커피나무 줄기
그림(사이먼 테일러 그림, 존 밀러 채색)

야생 상태에서는 3미터 높이의 무성한 덤불로 자라며, 해발 고도가 높으면
서 영하로는 내려가지 않는 지역에서 가장 잘 자란다. 심은 후 3~5년이 지
나면 덤불에서 열매가 열리기 시작해 족히 50년 동안 계속 열린다. 100년까
지도 가능하다. 커피나무는 자신을 먹으려는 동물을 물리치기 위해 카페인
형태의 독성 물질을 만들어낸다. 우리가 초콜릿을 만드는 데 사용하는 카카
오나무에서도 똑같은 종류의 방어기제가 독자적으로 진화했다(72장). 커피
나무속(*Coffea*)에는 120여 종이 있고, 새로운 종들도 계속 발견되고 있다. 그
중 60퍼센트가량이 야생에서 멸종 위기에 처해 있다.

커피는 에티오피아에서 홍해의 남쪽 끝을 가로질러 모카 항구를 통해
예멘까지 건너갔다. 이슬람 신비주의 종파의 일원인 수피교도가 그곳으로
가져갔을 것으로 보인다. 15세기에 예멘의 수피교도들은 분명 커피를 대규
모로 받아들였다. 커피는 그들이 밤새 깨어 있으면서 기도하는 데 도움이 되
었다. 많이 마시면 행복감을 느낄 수 있다는 점도 높이 평가했다. 하지만 커
피는 얼마 지나지 않아 근무 중에 기운을 차리게 해주는 음료, 소규모 사교
모임에서 마시는 음료 등 좀 더 세속적인 용도로 활용되기 시작했다. 커피는
인도에 전파되었다. 바바 부단이라는 수피교도가 가슴에 쑤셔 넣어 몰래 빼

돌렸고, 마이소르에서 재배했다는 이야기가 전해진다.

커피는 동쪽 지중해 무역을 좌지우지했던 베네치아를 통해 유럽으로 전파되었고, 그로부터 커피를 마시는 풍습이 확산되었다. 커지는 시장에 맞춰 커피를 재배하는 일이 과제였다. 네덜란드 동인도회사가 네덜란드 식민지였던 자바섬과 (나중에 영국이 점령하는) 스리랑카에서 재배한 커피를 대규모로 수입하면서 처음으로 이를 해결했다. 영국의 일기 작가 존 에벌린은 1637년 일기에서 커피를 마셨다고 기록했다. 커피를 마신 경험에 대한 영국 최초의 기록이다. 너새니얼 코노피오스라는 크레타섬 출신 옥스퍼드 대학 베일리얼 칼리지 학생이 만든 커피였다. 그는 이후에 커피가 아니라 다른 이유로 추방되었다. 영국 동인도회사가 커피 판매를 시작했고, 영국에서도 커피가 인기를 얻었다. 옥스퍼드에서 커피를 마시는 풍습이 퍼졌고, 옥스퍼드 커피 클럽은 영국 학술원이 되었다. 현재 세계 최고의 학회 중 하나다. 런던의 로이즈 커피 하우스는 런던 로이즈라는 보험 중개업체가 되었다.

커피는 열대기후 환경에서 재배해야 한다. 그래서 아시아와 아프리카, 카리브해 지역, 남아메리카에서 흔히 식민지 착취 방식으로 재배되었다. 코스타리카는 예외였다. 인구가 너무 적어 대규모 농장을 운영할 수 없었기 때문이다. 커피 열매를 손으로 일일이 따려면 값싼 노동력이 필요했다. 커피콩을 말려서 볶고, 가는 작업 또한 거쳐야 한다. 아라비카 커피와 보통 로부스타라고 부르는 카네포라 커피 두 종을 널리 재배했다. 아라비카 커피가 더 달콤하고, 전 세계 커피의 70퍼센트가량을 차지한다. 로부스타는 카페인 함량이 더 높고, 가격이 더 싸고, 커피녹병에 덜 걸린다. 커피콩을 얼마나 많이 볶느냐에 따라 원두의 색깔과 맛이 달라지는데, 많이 볶을수록 점점 색깔이 진해진다. 커피콩을 물에 푹 담그거나 쪄서 카페인을 제거할 수도 있다.

커피는 식민지 시대에 북아메리카에 전해졌고, 미국독립전쟁 중에 인기를 얻었다. 특히 영국 식민주의자들에게 큰 수익을 안겨준 차를 덜 마시고 싶은 사람들이 많았기 때문이다(54장의 보스턴 차 사건 참조). 커피를 마시는 일은 그저 단순한 습관이 아니라 애국적인 행위가 되었다. 오늘날 미국은

다른 어떤 나라보다 커피를 많이 마신다.

18세기 영국에서는 커피의 인기가 떨어졌다. 무엇보다 준비하기가 쉽다는 이유로 차를 압도적으로 더 많이 마셨다. 1907년에 인스턴트커피가 발명되면서 이 문제는 해결되었다. 네스카페는 처음부터 가장 인기 있는 상표였다. 일찍이 마늘을 받아들였던 나의 어머니(48장 참조)는 다른 나라에서 커피를 마시는 방식에는 별로 관심이 없었고, 네스카페를 훨씬 더 좋아했다.

아킬레 가자는 1938년에 높은 압력을 이용하는 에스프레소 기계를 발명했다. 크레마가 풍부한 에스프레소를 추출해 뜨거운 우유를 섞은 카푸치

노도 쉽게 만들 수 있는 기계였다. 이 기계는 제2차 세계대전 이후 런던에 전해져 열풍을 일으켰다. 1956년에는 런던에 커피전문점이 300군데였다. 이런 유행은 미국에도 전해졌고, 비트 세대 시인들이 모여들던 샌프란시스코의 트리에스테 카페가 아주 유명해졌다. 스타벅스는 1971년에 시애틀에서 처음 문을 열었다. 소설『모비딕』에 등장하는 포경선 피쿼드호의 일등 항해사 스타벅에서 이름을 따왔다. 현재 75개국에 2만 5,000여 개의 매장이 있다.

커피는 두 가지 측면에서 인기가 있다. 각성제여서 많은 사람이 일할 때 꼭 필요하다고 여긴다. 하지만 잠시 일을 쉴 수 있는 기회를 마련해준다는 점이 아마도 그만큼 중요할 것이다. 미국 위스콘신주 슬로턴 마을은 커피를 마시며 쉬는 시간을 19세기에 최초로 공식화한 지역이라고 주장한다. 이 위대한 발걸음을 기리기 위해 마을에서는 매년 축제를 연다. 커피를 마시며 쉬는 시간에는 휴식만 하지 않는다. 생각을 나누고, 절차를 논의하고, 투덜거리고, 넋두리하고, 추파를 던지며 사교하는 시간이다. 간단히 말해, 커피 덕분에 하루가 더 즐거워진다. 몇몇 학술 기관은 커피를 마시며 쉬는 시간을 연구 과정에서 꼭 필요한 부분으로 여긴다. 부담 없이 떠들다 보면 골치 아픈 문제에 대해 새롭게 생각할 수 있기 때문이다.

가장 비싼 커피는 코피 루왁이다. 커피 열매를 먹은 사향고양이의 배설물에서 커피콩을 꺼내 가공한 커피다. 한때는 커피 재배 농장 주변에 살던 야생 사향고양이의 배설물 더미에서 커피콩을 얻었지만, 지금은 대량 사육 방식으로 얻는다. 사향고양이가 소화하는 과정에서 커피의 풍미가 풍부해진다고 알려져 있다. 코피 루왁은 400그램에 100~600달러 정도로 구입할 수 있다.

커피는 사교와 비즈니스 수단으로도 가치가 있다. "커피 한잔하면서 이야기하자"라고 권하면 과소비를 하지 않으면서도 시간과 돈을 넉넉하게 쓰는 것 같아 보인다. 북유럽 국가들이 1인당 커피 소비량이 가장 많다. 핀란드가 가장 많고, 노르웨이와 아이슬란드가 그 뒤를 잇는다. 해를 보기 어려운 북극 지방의 겨울을 견디려면 각성제가 필요하다. 커피 재배는 계속해서 생태계 문제와 사회문제를 일으킨다. 커피나무를 재배하려면 물이 많이 필요하다. 다른 나무나 작물과 함께 자라는 커피와 달리, 단일 재배로 햇볕을 받으며 자라는 커피나무는 생물 다양성을 줄인다. 좀 더 윤리적인 커피를 찾는 사람들은 공정무역이나 열대우림동맹 등 신뢰할 만한 공급처의 인증을 받은 커피를 구한다.

　나는 치명적이지는 않지만 고통스러운 머리 부상으로 고생하기 전까지는 커피를 아주 열정적으로 마셨다. 지금은 커피를 마시면 눈을 뜰 수 없을 정도로 두통이 심해져서 커피를 끊었다. 요즘은 남아프리카의 루이보스 차를 마신다. 나는 커피 없이는 못 살 줄 알았는데… 알고 보니 그렇지 않았다.

079
사탕수수

인류에게 단맛을 선물하다

꿀, 아, 설탕, 설탕,

당신은 나의 사탕 아가씨.

그리고 내가 당신을 원하게 만들었지.

ㄴ 제프 배리와 앤디 킴이 만들고 아치스가 부른 노래 〈설탕, 설탕〉

설탕은 아무도 필요로 하지 않지만, 모두가 갈망하는 식품이다. 설탕이 어떤 통치자나 제국, 전쟁보다 세상을 바꾸는 데 더 큰 역할을 했다는 주장도 있다. 걸핏하면 전 세계 영양 불균형의 원인으로 비난받지만, 설탕을 피할 수는 없다. 케이크와 비스킷, 사탕처럼 당연히 설탕이 들어갔으리라고 예상되는 식품 외에도 베이크드 빈스, 케첩, 저지방 요구르트, 스파게티 소스, 그래놀라, 청량음료, 향기 나는 커피, 맥주, 아이스티, 단백질 바, 건강 음료, 즉석 수프, 아침 시리얼, 통조림 과일, 사 먹는 스무디, 데워 먹는 음식, 볶음 소스 등에 모두 설탕이 들어간다. 슈퍼마켓에서 판매하는 모든 식품 중 74퍼센트에 설탕이 들어 있다.

　단맛을 좋아하는 인간의 취향이 최근에 생겼다고 볼 수는 없다. 인류가 수렵·채집 생활을 할 때부터 꿀은 항상 중요했고, 자연에서 가장 에너지가 풍부한 음식이었다. 연구에 따르면, 현대의 수렵·채집인은 전체 칼로리의 15퍼센트를 꿀에서 얻는다. 함께 먹는 애벌레는 포함하지 않은 수치다. 꿀에서 얻는 고칼로리, 곧장 에너지를 공급하는 영양분을 브레인푸드(brain-food)라고도 부른다. 꿀이 현생 인류로 진화하는 데 중요한 역할을 했다는 주장도 있다.

당분은 대부분 식물의 조직에 들어 있고, 우리는 꿀과 과일이라는 형태로 당분을 가장 확실하게 섭취한다. 유일하게 식물에서 얻지 않는 당분이 포유류의 우유에 들어 있는 유당이다. 자당은 광합성 과정을 거쳐 생기고, 사탕수수와 사탕무에 가장 농축된 형태로 들어 있다. 이 장의 뒷부분에서 사탕무에 대해 조금 더 자세히 설명하려고 한다.

사탕수수는 아시아에서 자생하고, (53장의 대나무와 마찬가지로) 벼과의 풀이다. 사탕수수는 수천 년 전부터 재배되었고, 아마도 파푸아뉴기니에서 처음 재배되었다. 그곳에서 아시아 곳곳으로 전해졌고, 아시아에서는 사탕수수를 생으로 먹었다. 산스크리트어로 칸다(khanda)라고 불렸던 사탕수수는 서양으로 전해지면서 아랍어 칸디(qandi)로 불리다가 캔디(candy)가 되었다. 사탕수수는 인도 무역 항로를 따라 더 멀리 전파된다. 플리니우스는 "사탕수수 속에 있는 일종의 꿀은 고무나무 진액처럼 하얗고, 이빨 사이에서 아작아작 씹힌다"라고 설명했다.

5세기에 설탕을 알갱이 결정 상태로 저장·운반하면 단맛을 유지할 수 있다는 사실이 밝혀지면서 새로운 단계로 접어들었다. 십자군 전쟁에서 돌아오는 전사들이 설탕을 가져와 '달콤한 소금'이라고 설명했다. 말할 것도 없이 베네치아가 설탕 무역을 좌지우지했고, 베네치아 사람들은 티레 근처에 사탕수수 농장을 만들었다. 베네치아는 15세기까지 유럽 전역에서 판매하는 설탕의 정제와 유통 대부분을 장악했다. 파이와 디저트, 연회를 화려하게 장식하는 설탕 조각이 유명했다. 이후 유럽이 지배하게 된 마데이라제도와 카나리아제도에도 사탕수수 농장이 만들어졌다. 1390년에 개발된 새로운 사탕수수 압착기로 사탕수수즙의 추출량이 두 배로 늘었고, 유럽과의 무역에서 마데이라제도가 압도적인 위치를 차지했다.

사탕수수는 서리가 내릴 위험이 없고 비가 많이 오는 열대나 아열대 기

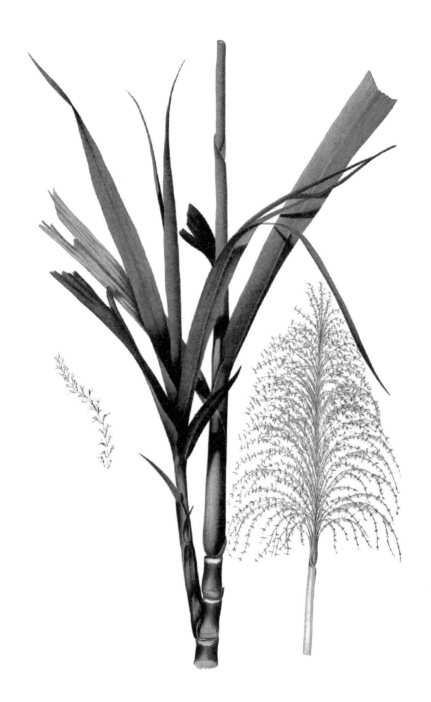

단맛이 나는 식물: 사탕수수 그림(프란시스코
마누엘 블랑코, 1880~1883년)

Bedularia ca. est in tercio tra
du sic in quarto Radix cm
claufam herbe xex Xcem annos
fernatur lumium Decoctione eι9
contra parui tuffim Aulet. Cot
dis koci et intestinoz ex ventositate
uel ex fructe. Suppozoz ex eo et
trifera magma frz maticem caffi
fruit z mundificat. Saffamentu
ex eo fintum uel trifeu magma et
xoxe marmo et zuffe affo et aceto
ipetitauư inctat

Bzama. herba est Nafcitur
inter taticum hicis cozmp
tu xe uibς phlac in lumm babet
acuta et Xenenofam. Iſti menteω
turbat et inebriat si farme xxdu in
fcantuω imxe thua xuxo z muliexes
ex cū fumigentur et Auluia. ixezum
conamundi funt cū. Xixta eciam
fuzfuzi xusς z aceto et ad imixtari
nem z fervigmem Aulent cozta cum
Vmo z fterxoze afpmo z bm femine
catapla fusto axe Sxffoluit et fxofu
las certo eciam cum zadice cortic:
vulneribus ia putrefactis ipozti
fanat ea et mundificat

Imulle troffus est cibus
ex duabus caufis. cm
naxt fpleios ac kembus. Aina h
Anfcofitatem oli. alta perinfco
fitatem farine. cm flu quoſxa
tenenit z Anfcofium. et Xenar
via oppilant eyie σ a nouitates
hic ſiue cas cū meffe manducet
uſ cū precuue aiue ant emticeꝰ:
z ſplenetice

xaciluu ca. est et bu
traite i hσ quidu phae
fueal ca. est mico xxmm. luxdu
bu. in medio. tolat diffoluit:

후에서 잘 자란다. 이런 환경에서 사탕수수는 놀랍도록 효율적으로 광합성을 해서 엄청난 양의 자당을 만들어낸다. 크리스토퍼 콜럼버스는 카나리아 제도에서 신대륙으로 사탕수수를 가져갔고, 지금의 아이티인 히스파니올라 섬에서 1501년에 처음으로 사탕수수를 수확했다. 1520년대에는 쿠바와 자메이카, 그리고 조금 후에 브라질에 설탕 공장이 생겼다. 설탕을 간절히 원하는 수요가 치솟으면서 설탕 생산도 급격하게 늘었다. 설탕을 만들려면 엄청나게 많은 노동력이 필요했다. 사탕수수를 재배하고, 수확하고, 설탕으로 만드는 문제는 그 당시 흔한 방식으로 해결했다. 먼저 아프리카에서 노예를 데려오고, 그래도 노동력이 부족하면 인도 아대륙에서 계약직 노동자를 데려왔다. 1501년에서 1867년 사이에 1,200만여 명의 아프리카인을 신대륙으로 보냈다고 추산한다. 항해 중 사망한 25퍼센트는 포함하지 않은 수치다. 대영제국은 1807년에 대서양을 건너는 노예무역을 중단했다. 1834년에는 노예제 자체를 폐지했다. 노예제를 폐지하면서 노예가 아니라 노예주에게 보상을 지급했다.

설탕은 여전히 사치품이었다. 프로이센이 1747년에 사탕무를 발견하면서 설탕이 대중적인 식품이 되기 시작했다. 즙을 효율적으로 추출하는 기계들이 생기면서 설탕이 널리 보급되었다. 밭에서 공장으로 서둘러 옮기지 않아도 된다는 점이 사탕무의 장점 중 하나다. 수확 후 몇 주 동안 밭에 눕혀놓아도 되니 상당히 편리하다. 유럽은 대부분 사탕무에서 얻은 설탕을 사용했다. 영국은 1880년 무렵부터 링컨셔에서 처음으로 사탕무를 재배하기 시작했다. 설탕은 더 이상 덩어리로 판매하지 않았다. 훨씬 더 편리하게 알갱이들을 봉지에 담아 판매했다.

그때부터 설탕은 모든 곳에서 거의 모든 음식에 들어가는 세계적인 상품이 되었다. 설탕은 그저 나쁘거나 그릇된 식습관 정도가 아니다. 화석연료

달콤한 자연: 페다니우스 디오스코리데스의 책 『약초논고』에 실린 사탕수수와 빵 굽기에 대한 논문

와 비교될 정도로 우리가 선택한 삶의 방식에서 핵심 역할을 하는 존재다. 설탕을 피하기란 어렵다. 설탕 사용은 산업적인 유행병, 전 세계로 퍼진 비전염성 질병으로 묘사된다.

　설탕 섭취를 줄이면서 설탕을 악마처럼 대하는 사람이 늘어나고 있다. 우리 집을 찾은 한 손님이 나의 배우자에게 "아직도 설탕을 먹고 싶어? 설탕은 백사병(흑사병에 비유한 표현)을 일으킬 뿐이야"라고 말했던 기억이 떠오른다. 설탕에 집착하는 사람들의 태도는 중독과 다를 바 없다고 보았다.

　그런데도 공중보건 문제에서 설탕을 아직 우선순위로 삼지 않는 것은 이상한 일이다. 여러 해에 걸쳐 지방을 진정한 악당처럼 여겼고, 지방을 제거한 음식들을 예전이나 지금이나 쉽게 구할 수 있다. 저지방 요구르트를 마시지만, 코카콜라도 마시는 사람들을 많이 보았다(일반적인 콜라 350밀리리터에 설탕이 9티스푼 들어간다). 설탕에 세금을 매기거나 설탕이 많이 들어간 음식에 건강에 해롭다는 경고문을 붙여야 한다는 식의 시급함은 거의 느껴지지 않는다.

　사실 당분 자체가 건강에 나쁘지는 않다. 당분은 쉽게 이용할 수 있는 에너지를 많이 공급해준다. 소모하는 양보다 더 많은 양의 당분을 (어떤 종류의 음식으로든) 섭취하는 것이 건강에 나쁠 뿐이다. 고칼로리 식단은 하루 종일 육체노동을 하는 사람에게는 꼭 필요하다. 그러나 주로 앉아서 일하면서 고칼로리 식단을 유지하면 비만이 될 수밖에 없다. 선진국에서는 이제 비만을 거의 정상으로 여긴다. 지나친 설탕 섭취를 해결하는 문제는 개인의 선택에 달렸다.

080
호랑가시나무

가장 어두울 때 빛나는 생명력

숲속의 모든 나무 가운데
호랑가시나무가 왕관의 무게를 견딘다.
└ 세실 제임스 샤프의 책 『영국 민속 캐럴』에 실린 전통 캐럴의 한 구절

인생은 힘들지만 더 좋은 때가 오고 있다. 이 생각이 아마도 인간 존재의 근본 원리이자 삶을 살게 하는 원동력일 것이다. 우리 모두가 알다시피 나쁜 일들도 일어난다. 이 책의 여러 장에서, 특히 마지막 장에서 이야기하듯이 인간은 어마어마하게 사악한 짓도 저지를 수 있다. 하지만 상황은 나아지고 있다. 위대한 미래가 오면 과거를 잊을 수 있으니 눈물을 닦자….

모든 문화와 모든 종교에 이런 정서가 있다고 나는 생각한다. 계절 변화가 뚜렷한 지역에서는 봄을 숭배하는 의례를 치르는 경우가 많다. 매년 가장 어둡고 춥고 생명력이 없는 때인 동지 즈음이 지나면 봄이 찾아온다. 일년 중 가장 어두운 시기는 곧 봄과 함께 다가오는 더 나은 삶을 기대하는 희망의 축제가 된다. 우리는 어둠을 이겨낼 것이다. 26장 크리스마스트리에서 살펴보았듯, 오늘날에는 전 세계 많은 사람이 크리스마스를 기념한다. 그러나 동지 때 상록수를 숭배하는 전통은 더 오래전으로 거슬러 올라가서 호랑가시나무와 연관된다.

이 책의 여러 장에서 살펴보았듯, 식물의 속(屬)마다 우리 생각보다 훨씬 더 많은 종(種)이 있다. 감탕나무과(*Aquifoliaceae*) 감탕나무속(*Ilex*)에는 568종이 있다. 감탕나무 종들은 전 세계 어디에서나 찾을 수 있다. 해발고도 2,000미터까지 다양한 기후에서 낙엽수나 상록수, 덤불, 덩굴식물 등 여러 형태로 자란다. 이 나무들은 작은 열매, 엄밀히 말하면 핵과를 맺는다. 붉은색이나 갈색, 검은색, 때로는 노란색이나 녹색일 수 있고, 열매마다 최대 10개의 씨앗이 들어 있다.

그러나 적어도 인간의 이해나 인류 역사라는 측면에서 보자면, 이렇게 광범위한 감탕나무속 중에서도 한 종만이 압도적인 위치를 차지한다. 바로 호랑가시나무(*Ilex aquifolium*)다. 동지 때 북유럽 숲에서 호랑가시나무는 모든 나무 중에서도 가장 중요하고 두드러져 보인다. 춥고 우중충한 날에 잎을 떨군 초목들 사이에서 호랑가시나무만이 선명한 색으로 생명력을 발산한다. 녹색 잎에는 윤기가 흐르고, 열매는 선홍색으로 빛난다. 일 년 중 숲이 가장 생기가 없는 시기에 혼자서만 선명하게 생명력을 뽐낸다. 누가 좋아하지 않을 수 있을까?

서리가 내리면 열매가 부드러워져서 새들이 더 맛있게 먹을 수 있다. 새들은 적절한 시기에 그 열매를 먹고 씨앗을 배출해 봄에 싹이 틀 수 있게 한다. 호랑가시나무의 열매는 많은 동물에게 중요한 겨울철 먹이다. 그러나 인간이 먹으면 구토와 설사를 일으키는 독성이 있다. 아주 어린 아이는 스무 개 정도의 열매만 먹어도 치명적일 수 있다. 다행히 열매의 쓴맛이 먹을 수 있는 음식이 아님을 확인시켜준다. 호랑가시나무는 주로 숲속의 하층 관목으로 자란다. 1년 내내 가시로 뒤덮여 있어 작은 새들이 숨을 수 있는 은신처가 되어준다. 인간도 호랑가시나무가 보호해주는 느낌에 이끌리는 듯하다. 예로부터 호랑가시나무가 악령을 내쫓는다고 믿었다.

우리가 얼마나 오랫동안 호랑가시나무를 숭배해왔는지는 알 수 없다. 그러나 기독교가 생기기 전부터 이런 관습이 있었던 것은 확실하다. 동짓날에 소년은 호랑가시나무 잎을 두르고, 소녀는 담쟁이덩굴 잎을 두르고 마을

겨울 숲에 생기를 더하는: 호랑가시나무
그림(안톤 하팅거, 1882년)

을 행진하는 전통이 있었다. 두 상록수는 삶의 연속성을 확실히 보여준다. 담쟁이덩굴은 달라붙을 무언가를 필요로 하기 때문에 여성적이라고 여겼다. 켈트 신화에서는 호랑가시나무 왕이 하지부터 동지까지 다스리지만, 참나무 왕에게 정복당한다. 이후 참나무 왕이 하지가 다시 돌아올 때까지 다스린다. 호랑가시나무 왕은 종종 호랑가시나무 잎을 옷처럼 두른 거인이 호랑가시나무 곤봉을 쥐고 있는 모습으로 그려진다. 호랑가시나무 왕과 참나무 왕은 모두 아주 오래전의 수수께끼 같은 인물로 생명력이 넘치는 녹색 인간의 모습이다. 영국 노리치 대성당의 천장 장식에서 녹색 인간의 얼굴을 찾을 수 있다. 사나워 보이지만 적극적인 악의는 없고, 나뭇잎으로 덮여 있다. 그는 참나무 왕일까, 호랑가시나무 왕일까? 두 나무의 잎은 비슷해 보인다.

위대한 시 〈거웨인 경과 녹색 기사〉에서 녹색 인간과 아주 비슷한 녹색 기사는 평화로운 의도라는 표시로 호랑가시나무 가지를 들고 아서왕의 궁전으로 들어간다. 호랑가시나무는 희망을 의미하기도 한다.

그러나 한 손에는 잎이 떨어진 숲에서 더욱 푸르러 보이는
호랑가시나무 가지 하나를 들고 있다.

산울타리의 호랑가시나무는 최대 높이로 자라도록 내버려두는 경우가 많았다. 울타리 꼭대기를 고속도로처럼 활용한다고 알려진 마녀의 길을 막기 위해서라는 설이 있다. 밭고랑을 똑바로 유지하려는 쟁기꾼이 시야를 잘 확보할 수 있게 간간이 보이는 표지 역할을 할 수도 있다. 호랑가시나무는 악령뿐 아니라 번개로부터 주거지가 피해를 입지 않기 위해 보호하는 용도로 심었고, 그래서 천둥의 신 토르와도 관련 있는 나무로 여겨졌다. 호랑가시나무를 쓰러뜨리면 불운이 온다고 믿었지만, 가지를 자르거나 가지치기

강력한 상징: 〈유니콘과 함께 있는 부인〉(15세기 말),
태피스트리에 호랑가시나무 덤불이 그려져 있다

를 금지하지는 않았다(가지치기를 하면서 살아 있는 가지를 남겨두면 거기에서 새싹들이 자라나 가지가 여러 줄기로 늘어난다). 호랑가시나무의 나뭇결은 곱고 질이 좋아서 칼 손잡이나 제도 기구, 판화 제작용으로 사용한다. 흰색이고, 염색이 잘 된다는 특징이 있다. 종종 문턱 보호용으로도 사용한다. 잘 말린 호랑가시나무는 불에 잘 타는 좋은 장작이 된다. 호랑가시나무로 만든 숯은 칼과 도끼날을 만들 때 많이 사용한다.

다른 많은 관습과 마찬가지로 호랑가시나무도 거의 마찰 없이 기독교에 흡수되었다. 호랑가시나무의 열매는 그리스도의 피, 뾰족뾰족한 잎은 가시 면류관의 상징이 되었다. 호랑가시나무의 옛 이름은 '그리스도의 가시'다. 19세기 캐럴 〈호랑가시나무와 담쟁이덩굴〉이 가장 널리 알려졌지만, 훨씬 더 오래전으로 거슬러 올라가는 전통에서 비롯된 이름이다.

호랑가시나무는 열매를 맺네.
피처럼 붉은 열매를
그리고 성모 마리아는 다정한 예수 그리스도를 낳으셨네.
불쌍한 죄인들을 도와주시려고!

호랑가시나무는 장식적이면서 상징적인 특징 때문에 재배되었다. 유럽의 종이 북아메리카에 전해진 것도 같은 이유였다. 이제는 캘리포니아에서 브리티시컬럼비아에 이르는 북아메리카 서부 해안의 숲에 환영받지 못하는 외래 식물로 자리 잡았다. 다른 지역에서는 서식지 파괴로 감탕나무의 다른 종들이 멸종 위기를 맞았다. 한 종은 멸종되었고, 100여 종은 멸종 위기에 처했다.

셰익스피어의 『당신 뜻대로』에 나오는 노래로 이 장을 마무리하려고 한다.

야호! 노래해 야호! 녹색 호랑가시나무가 들리도록:

대부분의 우정은 가식, 대부분의 사랑은 그저 어리석음뿐이지.
그러니 야호, 호랑가시나무!
이 삶이 가장 즐거워.

081
건조 부후균

선박과 건축물을 갉아먹는 곰팡이

콧김을 내뿜어 네 집을 날려버릴 거야.

└ 전래동화 『아기 돼지 삼 형제』

세상을 정복하려고 애쓰고 있는데 작은 곰팡이 때문에 계획이 위태로워진 다면 짜증이 날 수밖에 없다. 이러한 일은 의외로 거듭 일어난다. 위대한 인물이 살기 위해 지은 건물이 작고 미묘하고 느리지만 지치지 않는 곰팡이로 인해 무너지기도 한다. HMS 퀸 샬럿은 영국 해군이 보유한 최고의 1급 전함이다. 이 전함은 1810년에 진수되었고, 104문의 대포를 탑재하고 있었다. 1816년 알제리 포격 당시 엑스머스 경이 이끄는 함대의 기함으로 무시무시한 힘을 발휘했고, 이 배를 탄 윌리엄 브라운이라는 흑인 해병이 여성으로 밝혀져 해고당한 사실로도 유명하다. 더 충격적인 사실은 HMS 퀸 샬럿이 곰팡이투성이였다는 점이다. 이 배를 진수한 후 처음 6년 동안 해군이 지출한 수리 비용은 배를 짓는 데 들였던 비용을 이미 넘어섰다.

│ 집과 선박을 먹어치우는 존재: 건조 부패 균류, 레옹 뒤푸르의 책 『식용버섯과 독버섯 도해집』(1891년)에 실린 그림

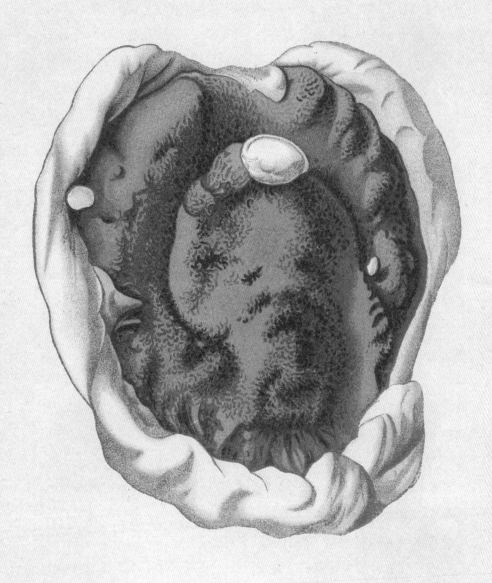

Nº 141. Merulius lacrymans. *Mérule pleureur.*

앞에서 이야기했듯, 균류는 식물이 아니다. 먹이를 먹어야 한다는 뜻이다. 균류는 희한한 먹이를 먹고 사는 경향이 있다. 많은 종의 균류는 죽거나 (죽어서) 썩어가는 물질을 먹고 산다. 그러므로 곰팡이는 자연 생태계에서 꼭 필요한 존재다. 예를 들어, 균류는 숲의 바닥에 깔린 낙엽 쓰레기를 소화하고 그 영양분을 다른 생명체들이 재활용할 수 있게 해준다. 균류의 활동 덕분에 열대우림이 유지될 수 있다. 특히 11장 효모와 21장 푸른곰팡이에서 살펴보았듯, 균류가 먹고 사는 방식은 여러 차원에서 인간에게 중요하고 유익하다. 그러나 균류의 삶이 인간의 삶에 심각한 불편을 끼칠 때가 있다. 우리는 71장에서 살아 있는 인간의 몸을 서식처로 활용하는 균류를 통해 이런 문제를 살펴보았다. 더 나아가 인간이 만든 구조물을 위태롭게 만드는 균류도 있다.

우리는 참나무에 대한 9장, 티크와 몇몇 다른 목재에 대한 62장에서 건축 자재로 활용되는 목재에 찬사를 바쳤다. 그런데 균류 중에는 이러한 목재를 갉아 먹는 종이 있다. 이들은 인간이 목재로 무언가를 만들 때 말썽을 일으킨다. 건물과 선박에서 건조 부패를 일으키는 균류는 목재를 결합하는 섬유소를 먹고 산다. 균류에 감염되어 썩었어도 목재가 수분에 젖어 고정되어 있는 동안에는 멀쩡해 보인다. 그러나 수분이 마르면 목재가 먼지처럼 바스러지며 실상이 드러난다. 이러한 과정이 매우 당황스러워서 마치 속임수 마술처럼 보인다. 분명 평생 살 수 있을 것같이 굳건히 서 있던 집이 곳곳에서 허물어지고 있다. 당신이 가장 희망을 걸었던 대상이 한순간에 먼지로 변할 수 있다.

건조 부패(dry rot)는 감염 증상과 균류 자체를 모두 뜻하는 용어로 무분별하게 사용된다. 건조 부패(乾蝕)와 습기 부패(濕蝕)를 혼동해 사용하기도 한다. 건조 부패라는 용어 자체가 말이 되지 않는다고 주장할 수도 있다. 습도가 상당히 높지 않으면 균류가 활동할 수 없기 때문이다. 건조한 상태에서 부패를 일으키는 대표적인 균류로, 북유럽의 세르풀라 라크뤼만스(*Serpula lacrymans*)와 북아메리카의 메룰리포리아 잉크라사타(*Meruliporia incrassata*) 두 종이 있는데, 이들을 건조 부후균(dry rot)이라고 부른다.

건조 부후균은 목조 선박에 퍼진 곰팡이에서 비롯된 용어일 가능성이 높다. 수리하려고 물 밖으로 끌어내기 전에는 상태를 알아차리지 못하는 경우가 많다. 그러나 건조 부패는 물기가 마르면서 생기는 상태가 아니라 물속에서 이미 내내 그런 상태였던 것이다. 나무의 물기가 마르면서 바스러질 때 얼마나 부식되어 있었는지가 드러난다. 영국 해군의 조사관이었던 새뮤얼 피프스는 이 문제에 직면해야 했고, 1684년 해군본부위원회에 제출한 보고서에서 그가 알아낸 사실을 기록했다. "서른여섯 척의 배 대부분이 … 부패가 진행되는 곤경에 빠진 채 방치되었고 … 그중 몇몇 배는 … 배를 대놓은 계류장에서 침몰할 위험에 놓였다 … 여러 곳의 널빤지들이 가루가 될 정도로 부패해 있었다."

건조 부패는 목조 선박과 관련이 있는 모든 사람에게 심각한 문제였다. 19세기에 영국과 미국에서 처음으로 철갑 군함을 건조하기 전까지는 목조 선박밖에 만들 수 없었다. 메이플라워호는 1620년에 이주자들을 싣고 신대륙으로 항해했지만, 되돌아와야 했다. 동행한 스피드웰호에서 물이 새고 있었고, 건조 부패가 심각했기 때문이다. 결국 스피드웰호는 항해를 포기했다. 스피드웰호의 승객들이 신대륙으로 건너갔다면 미국과 세계의 역사가 바뀌었을까? 역사가 어떻게 바뀌었을지 우리로서는 알 수 없다.

균류는 포자를 통해 나무에 침투한다. 이런 포자는 습도가 낮은 목재에서 수십 년 동안 휴면 상태로 남아 있을 수 있고, 때때로 고운 주황색 먼지처럼 보이기도 한다. 포자가 싹을 틔워 번성하려면 적절한 조건이 필요하다. 습도가 높고 공기가 잘 통하지 않으면 되는데, 그런 조건이 이뤄지기는 어렵지 않다. 조건이 충족되면 균사라는 실 모양의 균류가 생겨나 나무를 먹으면서 자란다. 습기를 말린 목재의 수분 함유량은 14퍼센트 정도다. 싹을 틔우려면 수분 함유량이 28퍼센트에 가까워야 하지만, 일단 싹을 틔운 균류는 20퍼센트의 낮은 습도에도 적응할 수 있다. 그래서 건조 부패를 습기 부패에서 이어지는 과정으로 볼 수도 있다. 습기를 말리지 않은 목재를 선박이나 집을 지을 때 사용하면 부패시킬 균류를 불러 모으는 꼴이다.

　균류는 공기와 만나야 한다. 그러니 목재가 물속에 잠겨 있는 한 걱정할 필요가 없다. 베네치아는 물속에 가라앉은 나뭇더미 위에 지었다. 이 나뭇더미 중 일부는 공기에 노출되지 않아서 1,000년 동안 버틸 수 있었다. 공기와 습기가 만날 때 비로소 문제가 생긴다. 철도 침목은 주로 건조 부패 때문에 파괴된다. 미국에서는 잣버섯(*Lentinus lepideus*)이 주로 철도 침목을 파괴한다고 알려져 있다.

　우리는 피해를 입히는 균류 종이 마치 적극적인 악의라도 있다는 듯이 자연스레 악마처럼 여긴다. 그런 균류를 제거하는 사업을 하는 사람들은 '공격적' '건물 파괴자'라는 용어를 사용한다. 제거 작업은 어려운 과정이다. 독성이 있고, 오염 물질이며, 부동액으로 더 익숙한 에틸렌글리콜을 사용한다. 과감한 조치가 필요한 경우도 많다. 일단 균류를 제거한 다음에도 다시 생기지 않게 예방해야 하는 문제가 남는다. 습도를 낮추고, 결로가 생기지 않게 하고, 난방을 골고루 하면 효과가 있다. 균류가 퍼지면 전기·전자 제품, 가죽, 종이, 직물, 광학 기기에도 피해를 입힐 수 있다. 유리에서 무기 영양소를 얻을 수 있는 종도 있다.

　역사를 통틀어 건조 부후균을 비롯한 다른 균류가 인류의 가장 웅장한 몇몇 건축물에도 침투했다. 작고 미묘하지만 수 세기에 걸쳐 꾸준히 영향을 미치는 균류로 인해 인간의 야심 찬 건축물들이 위태로워졌다. 균류는 우리가 자연과 분리되지 않았음을, 분리되었다고 자신 있게 말할 수 없다는 사실을 일깨워준다.

082
올리브나무

평화의 상징이 된 나무

그날 저녁, 비둘기는 뜯어낸 올리브나무 잎사귀를 입에 물고 돌아왔다.

그것을 보고, 노아는 땅이 거의 다 말랐다는 사실을 알았다.

└• 『창세기』 8장 11절

아테네의 후원자가 되는 영광을 누릴 신은 누가 되어야 할까? 아테나와 포세이돈은 선물로 대결을 벌였다. 아테네의 왕 케크롭스는 누가 더 좋은 제안을 하는지 판단해야 했다. 포세이돈은 삼지창으로 땅을 쳐서 짠물이 솟는 샘을 만들었다. 마실 수는 없지만, 바다에 대한 힘을 얻을 수 있었다. 아테나는 처음으로 재배한 올리브나무를 선물했다. 목재와 기름, 음식을 얻을 수 있을 뿐더러 경쾌하고 호사스러운 나무로서 요컨대 평화와 번영을 의미했다. 케크롭스는 아테나의 선물을 받아들였고, 도시에 아테나의 이름을 붙였다. 그렇게 올리브나무는 문명의 중심이 되었다.

올리브나무는 오늘날까지 평화의 상징으로 여겨진다. 『창세기』에서 노아는 방주에서 비둘기를 날려 보낸다. 비둘기는 올리브나무 가지를 부리에 물고 돌아와서 홍수가 줄어들고 있음을 보여주었다. 물 위로 뭍이 드러났고, 공포스러운 시기는 끝났다. 이제 새롭고 더 좋은 삶을 시작할 수 있다. 나는 눈치 없는 오랜 친구와 옥신각신 다툰 적이 있다. 친구는 작게 화해의 제스

노아의 방주: 〈올리브 가지를 물고 돌아온 비둘기〉(970년), 카탈루냐 책에 실린 그림

처를 보였고, 나는 "(그 제스처가) 올리브나무 가지를 뜻한다면 받아들일 생각이야"라고 했다. 올리브나무는 서양인의 가슴과 마음에 아주 깊이 자리 잡았다.

올리브나무는 라일락과 재스민, 개나리, 물푸레나무 등 놀랍도록 다양한 식물이 모여 있는 물푸레나무과(Oleaceae) 식물이다. 올리브나무는 상록수나 관목으로 자라고, 키가 15미터를 넘는 경우가 드물다. 올리브나무는 수명이 수천 년에 이를 정도로 오래 사는 나무다. 3,500년이 된 나무들도 있다는 주장이 설득력 있게 제시되기도 한다. 터무니없게는 그보다 더 오래되었다고 주장하는 경우도 있다. 올리브나무는 또한 울퉁불퉁 비틀리고 기괴한 모양으로 자라기 때문에 오래된 나무로 보인다. 많은 다른 식물처럼, 반 고흐의 그림에서 가장 감탄스러운 모습으로 표현되었다. 올리브나무는 작고 하얀 꽃을 피우고, 단단한 핵으로 싸인 씨앗이 하나씩 들어 있는 열매(핵과)를 맺는다.

올리브나무는 가장 오래전부터 재배해온 나무다. 그러나 그 나무의 열매가 맛있고, 가장 탁월한 기름을 만들어낸다는 사실을 인간이 어떻게 알아냈는지는 수수께끼다. 올리브나무의 열매를 먹어본 사람이라면 누구나 알다시피 맛이 형편없다.

올리브는 보존 처리하고 발효해서 먹어야 한다. (나무를 태운 재로 만든) 잿물에 며칠 혹은 소금이나 소금물에 몇 달 동안 재워두는 과정이 필요하다. 그래야 쌉쌀한 맛을 내는 올레우로페인 성분이 제거된다(우리는 영국에서 화분에 기른 올리브나무의 열매로 집에서 이 방법을 시도해보았고, 어느 정도 성공했다).

예전에는 맷돌로, 최근에 와서는 강철 기계로 열매를 으깨서 기름을 얻는다. 열매를 압착해 얻은 즙은 여전히 물기가 많다. 기름과 물은 예로부터 중력을 이용해 분리했다(기름이 더 가볍다). 그러나 이제 원심분리기를 이용해 더 빠르고 효율적으로 분리할 수 있다. 순전히 기계적인 수단으로 생산한 기름이 버진 올리브유다. 유리 산도가 낮고, 특정한 결함이 없어야 한다는 기준을 통과하면 엑스트라 버진 올리브유로 분류된다. 저급 가공유는 열이나 화학물질로 정제한 기름이다.

인간은 올리브에서 얻은 기름을 숭배한다고 해도 과언이 아니다. 올리브유는 로마 가톨릭, 정교회, 성공회 등 여러 종파의 기독교에서 사제 서품이나 죽음을 앞둔 신자의 병자 성사 혹은 세례 때 올리브유를 사용한다. 몇몇 나라에서는 왕과 왕비의 대관식에서도 중요하게 쓰인다. 동방 정교회의 등잔대는 올리브유로 채운다. 8일 동안 열리는 유대인 축제 차누카에서는 중심 역할을 하는 메노라 등잔대의 여덟 개 등잔에 불을 붙이는데, 여기에도 전통적으로 올리브유를 채운다. 예언자 마호메트는 올리브가 축복받은 나무라면서 올리브유로 몸을 문지르라고 권했다.

올리브유는 미용을 위해서도 사용해왔다. 더 아름답게 보이기 위해서 혹은 그렇게 느끼기 위해서 몸에 올리브유를 발랐다. 보디빌더들은 지금도 그렇게 하지만, 대부분 석유에서 추출한 베이비오일을 사용한다. 『오디세이아』에서는 키르케의 시녀들이 올리브유로 오디세우스를 목욕시켰다.

> 기름으로 나를 매끄럽게 문지르면서 목욕을 끝마쳤다.
> 내 어깨에 따뜻한 양털과 셔츠를 둘러주더니
> 그녀는 나를 안으로 이끌었다.

검소함을 좋아했던 플리니우스는 "몸을 따뜻하게 하면서 추위로부터 보호해주는 것이 올리브유의 본래 특성이다. 더울 때는 머리를 식혀준다. 그런데 모든 악덕을 처음 만들어낸 그리스인은 체육관에서도 올리브유를 사용하게 해서 사치스러운 목적으로 변질되었다"라고 기록했다.

올리브나무는 7,000여 년 전에 처음 재배하기 시작했다. 무엇보다 요리, 장식용, 등불, 종교의식에 사용할 기름을 얻기 위해서였다. 올리브나무는 메소포타미아에서 서쪽으로 퍼졌다고 짐작한다. 그러나 이집트에서 퍼졌다는 주장도 있다. 크레타섬의 미노스 문명에서는 올리브나무를 적극적으로 받아들였다. 미노스 문명은 올리브 무역으로 세력을 키웠을 것이다. 올리브나무는 바다에서 일정 거리 이상 떨어져서는 자라지 못한다고 믿었다. 기원전 4세기의 그리스 철학자이자 식물학자 테오프라스투스는 바다에서 50킬로미터 이상 떨어지면 올리브나무가 잘 자랄 수 없다고 주장했다. 그는 또한 올리브나무의 접목과 영양번식 방법을 명확하게 설명했다. 올리브는 밀, 포도와 함께 그리스의 세 가지 주식 중 하나로 여겨졌다.

올리브나무는 기독교 시대에도 여전히 특별한 의미를 지녔다. 예수는 겟세마네 동산에서 배신을 당했는데, 겟세마네는 올리브유를 짜는 틀이라는 뜻이다. 예수는 예루살렘 교외 감람산(올리브 산)에서 하늘로 올라갔다.

올리브나무는 오늘날 지중해 연안 곳곳(그리스는 지금도 1인당 올리브 소비량이 가장 많다)과 남아메리카, 남아프리카, 중국, 오스트레일리아(오스트레일리아 남부에서는 올리브가 침입종이 되었다), 뉴질랜드, 지중해성 기후가 나타나는 멕시코와 미국의 여러 많은 지역에서 재배된다. 18세기에 스페인 선교사들이 캘리포니아에 올리브나무를 가져갔다. 전 세계에서 수확한 올리브의 90퍼센트는 올리브유로 활용되고, 나머지 10퍼센트는 열매를 직접 먹는다. 다양한 맛을 위해 덜 익은 녹색 올리브, 반쯤 익은 올리브, 완전히 익은 검은색 올리브 등 여러 단계에서 열매를 딴다. 따라서 수확하는 시기가 중요하다. 녹색 올리브로 만든 올리브유는 약간 쌉쌀한 맛이 나고, 너무 익은 올리브로 만든 올리브유는 산패된 맛이 난다.

올리브는 대부분 고대부터 아주 오래된 나무에서 따온 열매다. 그런데 최근 농부들을 위협하는 문제가 생겼다. 올리브 급감소 증후군이 그러한 문제 중 하나다. 이탈리아 남부의 올리브나무에 치명적인 피해를 입힌 자일렐라 파스티디오사(*Xylella fastidiosa*)라는 박테리아에서 비롯된 문제다. 올리브유를 많이 먹는 지중해식 식단은 심장병과 비만을 줄인다고 알려져 있다.

세속적으로 변한 시대에도 올리브나무는 여전히 중요한 상징이다. 1782년에 완성한 미국의 국새 문양은 한쪽 발로 올리브나무 가지, 나머지 발로 화살 한 움큼을 움켜잡고 있는 대머리독수리를 보여준다. 미국은 '평화

100가지 식물로 읽는 세계사

를 강렬하게 원하지만, 언제든 전쟁에 대비할 것'이라는 의지를 전 세계에 알리는 문양이다. 1946년에 채택한 국제연합의 휘장은 올리브 화환 안의 세계지도를 보여준다. 1949년에 파리에서 제1회 국제평화회의가 열렸고, 피카소의 작품 〈평화의 비둘기〉를 상징으로 채택했다. 올리브나무 가지를 물고 있는 비둘기의 모습을 아름답고 단순하게 묘사한 작품이다.

희망의 상징: 〈올리브 가지를 들고 있는 천사〉(한스 멤링, 1475~1480년)

083
라플레시아

악취를 풍기는 가장 거대한 꽃

그것은 아마도 세계에서 가장 크고 가장 화려한 꽃일 것이다.

└ 스탬퍼드 래플스 경(영국의 정치인, 싱가포르 건국의 아버지)

나는 혼자 버스를 탈 수 있는 나이가 되자마자(아홉 살이었지만, 당시엔 더 수월한 시절이었다) 매주 토요일마다 런던 남부 스트리텀의 우리 집에서 사우스 켄싱턴의 자연사 박물관을 찾아가고는 했다. 나는 이 거대한 보물 창고의 계단을 올라갔고(화려한 벽돌 하나하나가 보물 창고라는 사실을 여실히 보여주었다), 중앙 복도에 들어설 때마다 전시물 가운데 식물이 가장 먼저 눈에 들어왔다. 그 식물은 지름이 1미터가 넘고 무게가 11킬로그램에 달해 지구에서 가장 거대한 꽃을 피우고 있었다. 이번 장에서 다룰 이 식물은 인간에게 자연 세계에 대한 경이감을 느끼게 한다.

프랑스인 루이 오귀스트 데샹이 그 꽃을 처음 발견했다. 그러나 그는 공로를 인정받지 못했다. 라플레시아속(*Rafflesia*)은 영국 식민지였던 동남아시아에서 총독을 지냈고, 싱가포르 건국의 아버지라 불리는 스탬퍼드 래플스 경의 이름을 땄다. 라플레시아속에는 40종이 있다. 그중 내가 자연사 박물관에서 보았던 괴물 같은 라플레시아 아르놀디(*Rafflesia arnoldii*)는 데샹보다 족히 몇 년 후에 발견한 영국인의 이름을 따왔다. 이 종들의 식물에는 모두 라플레시아라는 이름이 붙는다.

데샹은 1791년에 레스페랑스호를 타고 항해를 시작했다. 프랑스어로 희망이라는 뜻을 지닌 이름의 배였지만, 오디세우스 이후 가장 운이 나쁜 항해였다. 오세아니아 어디에선가 사라진 라 페루즈라는 배를 찾는 일이 주요 목적이었지만, 그들의 노력은 실패로 돌아갔다. 날씨가 몹시 나빴고, 전염병으로 119명의 선원 중 89명이 사망했다. 그 후 배는 네덜란드인들에게 나포되어 네덜란드 식민지인 수마트라섬으로 끌려갔다. 데샹은 1802년까지 그곳에 머물렀다. 식물에 관심이 많은 외과 의사였던 그는 열대우림을 아주 열정적으로 탐험했다. 그는 라플레시아에 관해서 굉장히 많은 기록과 표본을 남겼다.

그는 프랑스로 돌아가기 위해 다시 항해를 시작했다. 그런데 이번에는 당시 프랑스와 전쟁 중이던 영국인들이 배를 나포했고, 그의 논문과 표본도 모두 몰수했다. 그의 자료들은 상당히 오랫동안 사라졌다가 1860년에 매물로 나왔다. 영국 자연사 박물관이 그것을 구입했으나 그곳에서 자료를 잃어버렸고, 1954년이 되어서야 다시 발견되었다. 잃어버린 것이 아니라 일부러 숨겼다는 주장도 있다. 모든 꽃 중에서 가장 큰 꽃을 발견하고, 설명하고, 이름 붙인 영광을 모두 영국이 누리게 되었기 때문이다.

라플레시아는 거대할 뿐만 아니라 정말 기묘한 식물이다. 라플레시아에는 잎도 줄기도 없고, 번거롭게 광합성을 할 필요도 없다. 라플레시아는 테트라스티그마속(*Tetrastigma*) 덩굴식물을 숙주로 삼아서 기생한다. 테트라스티그마는 열대우림의 하층 식생으로 자라는 담쟁이덩굴로, 코페아 카네포라(*Coffea canephora*)를 타고 오르기 좋아한다. 이 책을 열심히 읽은 독자라면 이 종으로 로부스타 커피(78장 참조)를 만든다는 사실을 짐작할 수 있을 것이다. 라플레시아는 보이지 않다가 덩굴식물이 스스로 맺지 않는 꽃봉오리를 덩굴에 틔우며 모습을 드러낸다. 그 과정은 1년이 걸릴 수도 있는데, 절정에 이르면 가장 거대한 꽃으로 피어난다. 꽃 외에 다른 부분은 아무것도

거대한 꽃: 19세기 라플레시아 그림

보이지 않을 정도다. 그 꽃은 햇볕에 방치한 스테이크 같은 색깔에 썩어가는 고기 냄새 같은 향을 내서 곤충들을 꾀어낸다. 곤충들은 먹이를 찾아 거대한 꽃송이로 들어갔다가 실망하고 떠나는 과정에서 무심코 꽃가루받이를 해주고는 옆의 더욱 거대한 꽃에 또 속아 넘어간다.

라플레시아보다 더 거대해 보이는 꽃들도 있다. 특히 시체꽃(titan arum)은 높이가 3미터에 달하지만, 하나의 꽃이 아니라 여러 꽃이 모여 있는 꽃차례다. 탈리폿 야자나무는 60년 동안 자란 후 일생에 딱 한 번 꽃을 피우는데, 가지를 뻗은 꽃차례의 길이가 8미터에 달할 수 있다. 그 꽃차례에는 수백만 송이의 꽃이 모여 있다.

그러므로 약간 똑똑한 척하자면, 하나의 꽃으로서는 라플레시아가 가장 큰 꽃이라고 할 수 있다. 어느 쪽이든 라플레시아의 명예는 대단히 존중받아왔다. 조지프 아널드는 1818년에 영국 시민지였던 수마트라섬의 벤쿨렌이라는 지역(지금은 븡쿨루)에서 식물 채집을 하고 있었다. 래플스 경이 그곳의 부총독이었다. 아널드는 "이곳에서 가장 위대하고 불가사의하다고 할 만한 식물을 우연히 만났다고 말할 수 있어 기쁩니다. 말레이계 하인 중 한 명이 제게 달려와 알려주었을 때 저는 어떻게든 파티에서 빠져나왔죠. … 사실대로 말하자면, 만약 제가 혼자였고 증인이 아무도 없었다면 이 꽃의 크기에 대해 이야기하기 꺼렸을 거예요. 이제까지 보고 들었던 어떤 꽃들과도 비교할 수 없이 거대해서 다른 사람들이 믿어주지 않을 것 같았거든요"라고 썼다.

아널드는 이 꽃을 발견한 직후 사망했다. 그가 그리던 채색화는 래플스 부인이 완성했다. 래플스 경은 1820년에 런던의 린네 학회에서 두 종의 라플레시아에 대해 설명했다. 당시 프랑스 북부의 병원에서 일하던 데샹이 자신이 먼저 발견했다고 정당하게 주장할 수 있었으므로 상당히 서둘러 발표했다. 라플레시아는 1821년에 공식적으로 인정받았고, 학명을 붙이면서 영국에 명예를 돌렸다. 학명에 래플스와 아널드의 이름을 모두 따면서 먼저 발견한 프랑스인을 교묘하게 배제했다.

라플레시아는 수마트라섬과 보르네오섬에서 발견된다. 예로부터 출산할 때 분만과 회복을 돕기 위해 활용되었고, 정력제로도 사용했다. 아마도 식물의 생식기관인 꽃봉오리의 특성 때문에 정력제로 여긴 것 같다. 영국의 큐 왕립식물원은 라플레시아의 밀랍 모형을 구해 전시했다. J. 헌트 쿡이라는 시인은 1877년에 이런 시를 지었다.

정말 이상하고 거대한 꽃이 여기 있네.
줄기도 잎도 드러나지 않는 곳에서
그저 쓸쓸하고 흐릿한 모습만 보여주는 꽃이지.

라플레시아는 정말 경이로운 꽃이다. 인간은 그 꽃을 둘러싼 역사의 과정에서 다소 옹졸한 모습을 내보였다. 하지만 라플레시아는 악취를 풍기며 위풍당당하게 그런 것들을 넘어선다.

084
토마토

관상용에서 식탁 위에 오르기까지

제발, 나 토마토를 만지지 마세요.

└─ 샘 매닝이 지은 칼립소 〈도마토〉

음식에서 이런저런 형태로 불쑥 나타나는 토마토를 피하기란 어렵다. 파스타 위에 얹고, 카레의 맛을 풍성하게 하고, 볶음 요리에 신선함을 더한다. 고기 요리의 진하고 붉은 소스, 스튜와 육수, 뜨겁거나 차가운 수프에도 모두 토마토가 들어간다. 샐러드에 넣고, 요리 옆에 곁들이고, 치즈와 함께 샌드위치 안에 넣고, 베이크드 빈스의 소스에 넣고, 살사소스와 칠리소스에 넣어 달콤하고 경쾌한 맛을 낸다. 케첩이란 형태로 온갖 요리에 다 들어간다. 토마토 없는 삶은 생각하기 어렵다. 그럼에도 토마토는 콜럼버스 교환의 일부로 전해진 후 오랫동안 여러 문화권에서 깊은 의심을 받았다. 토마토를 널리 받아들이기까지 몇 세기가 걸렸다. 미국에서는 1900년대 초가 되어서야 대중적인 식품으로 자리 잡았다.

토마토는 엄밀히 따지면 과일이다. 그러나 1893년 법정 소송 이후 미국에서는 법적으로 채소가 되었다. 1887년 미국에서는 채소에만 관세를 매기고 과일에는 매기지 않았다. 과일 수입업자 존 닉스가 세관원 에드워드 헤든을 상대로 벌인 소송에서 닉스는 토마토가 과일이기 때문에 관세를 물지 않아도 된다고 주장했다. 실제로 토마토는 식용 베리류 과일로 분류된다. 디저트가 아닌 일상적인 식사로 먹는 과일로는 피망, 오이, 껍질콩 가지, 아보카도, 호박 등이 있다. 하지만 과학은 신경 쓰지 말자. 미국 대법원은 고기와 함께 먹는다는 이유로 토마토가 채소라고 판결했다.

생물에 이름을 붙이는 방식을 위기에 빠뜨린 판결이었다. 전문 용어와 일상 용어는 서로 충돌한다. 엄격한 잣대를 들이대지 않고 자유롭게 말할 때, 개는 동물이지만 닭은 동물이 아니다. 둘 다 동물계에 속하지만, 비공식적으로는 인간이 아닌 포유류를 가리킬 때 동물이라는 단어를 사용하는 경우가 많다. 같은 이유로 사과는 우리가 과일이라고 부르는 다른 모든 것과 마찬가지로 엄밀히 따지면 식물계에 속하는 채소다. 반면 가지는 엄밀히 따지면 과일이다…. 그러나 법은 일반적인 이유를 바탕으로 자의적으로 만들어진다.

토마토(*Solanum lycopersicum*)의 원산지는 멕시코와 중남미다. 토마토는 아즈텍 어족의 나와틀어 단어인 토마틀에서 유래한 단어(아보카도와 초콜릿, 칠리, 코요테, 메스칼린, 페요테, 오셀롯, 섀크도 마찬가지)다. 토마토는 덩굴식물로 자라는데, 줄기가 약해서 재배할 때 지지대가 필요하다. 보통 1미터에서 3미터 높이까지 자란다. 토마토의 원산지는 열대의 산악지대로, 야생 열매는 완두콩만 한 크기다. 털이 많은 줄기가 땅에 닿으면 뿌리를 내린다. 토마토는 감자, 가지와 함께 가짓과 식물이고, 잎과 녹색 열매에 토마틴이라는 독소가 들어 있다. 토마토는 기원전 5000년 무렵부터 멕시코와 다른 지역들에서 재배를 시작했으리라 추측한다.

스페인 정복자들은 아즈텍인들로 인해 토마토를 알게 되었다. 프란체스코회 선교사 베르나르디노 데 사하군(마법의 버섯에 대한 31장 참조)은 "시장에는 여러 종류의 토마토를 파는 사람들이 있었다. 그들은 보통 완전히 익었을 때 황적색을 띠는 크고 작은 토마토를 팔았다"라고 기록했다. 에르난 코르테스가 지금은 멕시코시티인 테노치티틀란을 점령한 후 그 식물을 맨

좋아하는 음식: 〈토마토밭의 소년〉
(작자 미상, 1945년)

처음 유럽으로 들여왔을 가능성이 높다. 유럽에서는 토마토를 식용보다 관상용으로 더 많이 길렀다.

유럽 문헌에서 토마토가 최초로 등장한 때는 1544년으로 거슬러 올라간다. 의사와 식물학자의 일을 전통적인 방식으로 결합했던 피에트로 안드레아 마티올리는 "빨간 사과처럼 납작하고, 속이 나뉘어 있고, 처음에는 녹색이지만 익으면 황금색으로 변하는 또 다른 종이 우리 시대에 이탈리아로 들어왔다"라고 기록했다. 황금색이라는 표현이 아주 흥미롭다. 이탈리아에서는 그 열매에 황금색 사과라는 뜻의 포미도로(pomi d'oro)라는 이름을 붙였다. 현대 이탈리아어로는 포모도로(pomodoro)다. 지금은 빨간색 토마토가 표준이고, 황금색 토마토는 약간 이국적인 느낌을 준다.

토마토는 관상용 혹은 이국적인 음식에서 결국 주식으로 바뀌었지만, 그 과정은 더뎠다. 토마토는 맨 먼저 포르투갈 상인들이 포르투갈 식민지였던 고아와 마카오를 통해 인도와 중국에 전파했다. 그러나 토마토는 결코 서민의 음식이 아니었다. 배를 채우기에 좋은 음식은 아니지만, 포만감을 주면서 체력을 보충해주는 음식에 곁들일 때 효과적이다. 따라서 최저 생활 수준인 사람들이 보기에는 사치스러운 음식이었다. 더구나 토마토에 독성이 있을 수도 있어서 권장할 만한 식품은 아니었다. 밝은 색깔인 데다 분명 과일로 보이는데도 당분이 많이 들어 있지 않아서 친숙한 음식으로 느껴지지 않는다는 문제도 있었을 것이다.

토마토를 다룬 최초의 유럽 요리책은 17세기 후반 이탈리아에서 나왔다. 그 요리책은 토마토를 '스페인 방식으로' 활용하라고 권한다. 스페인에서 토마토 요리를 주도했음을 알 수 있다. 토마토는 곡물로 만들어 배를 채우는 음식과 단백질이 풍부한 육류에 풍미를 더해 주식의 맛을 쉽게 돋우는 재료로 서서히 받아들여졌다. 밀로 만든 파스타에 마늘과 허브로 맛을 낸 간단한 토마토소스를 얹은 포모도로 스파게티가 가장 대표적인 사례.

토마토케첩이 언제 어떻게 만들어졌는지는 그 단어의 유래와 마찬가지로 확실히 알 수가 없다. 나는 토마토를 뜻하는 광둥어 판치예첩(판치예지는 토마토 소스를 뜻한다)에서 유래했다는 주장을 좋아한다. 케첩은 1836년에 미국에서 판매되었고, 1876년에 F. J. 하인즈가 병에 담아 판매했다. 지금의 케첩은 당도가 엄청나게 높아졌다. 케첩 한 스푼에 설탕 한 티스푼씩 들어 있다고 보면 된다. 식초 함량 때문에 새콤달콤하면서도 단맛이 강하다.

토마토는 인기 있는 정도가 아니라 어디에나 빠짐없이 들어가게 되었다. 따라서 기업가들은 토마토를 가장 효율적으로 관리할 방법을 찾았다. 캘리포니아 주립대학 데이비스 캠퍼스에서 이른바 '정사각형 토마토'를 개발한 것도 그러한 방법 중 하나였다. 정확한 정사각형도 직육면체도 아니었지만, 컨베이어 벨트에서 굴러떨어질 가능성이 적었다. 이렇게 개빌한 토나도와 토마토 수확용 기계 덕분에 더욱 쉽게 토마토를 수확하고 통조림으로 만들 수 있게 되었다.

소비자의 요구에 따라 강한 맛을 줄이고 당도를 낮춘 아름답고 반짝이는 붉은 토마토가 개발되었다. 이제 다양한 기후대에서 토마토를 온실 재배하고, 호박벌을 이용해 꽃가루받이를 한다. 토마토에 들어 있는 리코펜이 암과 심혈관 질환 예방에 도움이 된다는 주장이 있지만, 판매할 때 이러한 주장을 내세우는 것은 합법이 아니다.

그런데 이 망할 단어는 도대체 어떻게 발음해야 하는 걸까? 오늘날 표준 영국식 발음은 토마토(tom-ah-to)이고, 표준 미국식 발음은 토메이토(to-may-to)다. 계급이 없는 사회인 미국의 상류층 사람들은 제2차 세계대전 전까지 일반적으로 영국식 발음을 더 좋아했다. 프레드 아스테어와 진저 로저스가 주연한 1937년 뮤지컬 영화 《쉘 위 댄스》에 등장하는 조지 거슈윈과 아이라 거슈윈의 노래 〈전부 취소하자〉에서는 영국과 미국의 이런 발음 차이에 관해 이야기한다. 뮤지컬에서 두 주인공은 롤러스케이트를 타고 춤추며 사라지기 전에 이렇게 노래한다.

당신은 토메이토를 좋아해.
그리고 나는 토마토를 좋아하지.

아몬드나무

아몬드 산업이 마주한 딜레마

벌을 키우는 일은 햇빛의 방향을 조절하는 일과 같다.

↳ 헨리 데이비드 소로

아몬드나무를 선택한 것이 약간 이상해 보일 수도 있다. 아몬드는 좋긴 하지만, 우리 삶에서 그렇게 핵심 역할을 하지는 않는다. 어떤 사람들은 상당히 만족스러운 덤이라고 여기고, 대부분은 중요한 건강식품 정도로 생각한다. 얼핏 봐도 인류 역사에서 그리 중요한 역할을 맡은 것 같지는 않다. 우리는 흔히 크리스마스 케이크 위에 있는 과일과 설탕 장식 사이에 놓인 마지팬(설탕을 섞은 아몬드반죽—옮긴이)이나 특히 마카롱 같은 고급 과자, 혹은 한 모금만 마셔도 충분한 아마레토 리큐어(아몬드 등의 각종 씨앗을 사용해 만드는 이탈리아의 술—옮긴이)에서 아몬드를 만난다. 하지만 아몬드나무는 지구의 풍경을 만드는 식물과 인간 사이에 일어나는 위대한 상호 작용 가운데 가장 눈에 띄는 연례행사의 중심 역할을 한다.

그 연례행사는 전 세계 아몬드의 80퍼센트를 재배하는 캘리포니아의 센트럴밸리에서 열린다. 그곳은 아몬드나무가 자라기에 이상적인 장소다. 높은 산들의 눈이 여름 햇살에 녹아 계곡으로 흘러내리면서 여름 내내 나무에 물을 댄다. 2월이 되면 4,000제곱킬로미터에 달하는 센트럴밸리에서 아몬드나무들이 한꺼번에 꽃을 피운다. 2주 동안 꽃이 피어 있는데, 나무 한 그루당 2만 송이씩 핀다. 9,000만여 그루의 나무가 꽃을 피우니, 총 2조 5,000억 송이가량을 피우는 셈이다. 반 고흐는 아몬드 꽃을 소재로 최고의 그림들을 그렸다. 그중 조카의 탄생을 축하하며 그린 그림이 가장 유명하다. 동생 테오가 형을 생각하며 빈센트라고 이름을 지은 조카였다.

장엄한 아름다움을 자랑하는 캘리포니아의 아몬드 꽃에는 한 가지 걸림돌이 있다. 나무가 아몬드를 생산하려면 꽃가루받이가 이루어져야 한다. 수술의 꽃가루가 꽃의 암술머리를 찾아가야 하는데, 그 작업을 곤충이 해야 한다. 그런데 곤충이 없다는 것이 문제다. 있다고 해도 아주 적다. 이것이 아몬드가 아니면 용납하지 않는 단일 재배의 문제점이다. 해로운 곤충을 죽이는 독은 도움이 되는 곤충도 죽인다. 아몬드나무가 아니면 어떤 식물이든 죽이는 독은 꽃가루받이를 해줄 곤충이 살아갈 수 없는 생태계를 만든다. 도움이 되는 곤충이 있다고 해도 1년에 한 번 어마어마한 규모로 한꺼번에 피어나는 꽃들을 감당할 정도로 많지는 않다.

이러한 문제에 대해 인간이 내세운 해결책은 무척 놀랍다. 바로 곤충을 직접 데려오는 것이다. 매년 미국 전역에서 거대한 대형 트럭들이 벌들이 윙윙거리는 벌집을 센트럴밸리로 수송한다. 벌들은 그곳에 도착한 후 꽃가루받이를 한다. 전 세계에서 가장 대규모로 이루어지는 인위적인 꽃가루받이 행사다. 이때 140만여 개의 벌집이 그곳으로 모여든다. 면적 4,050제곱미터당 벌집이 두 개씩 필요하고, 벌집 하나에 200달러의 비용이 든다. 최근 몇 년간 벌집 군집 붕괴 현상(꿀을 채집하러 나간 일벌 무리가 돌아오지 않아 벌집에 남은 여왕벌과 애벌레가 떼로 죽는 현상—옮긴이)이 일어나면서 가격이 치솟았다. 벌집에 악영향을 미치는 이러한 현상은 원인이 명확하게 밝혀지지 않아서 간단한 해결책도 없다. 행사가 끝난 후 센트럴밸리를 떠날 때는 가져온 벌집의 3분의 1 정도가 사라지는 경우가 많다. 사라진 벌집의 수를 되돌리기는 어렵다.

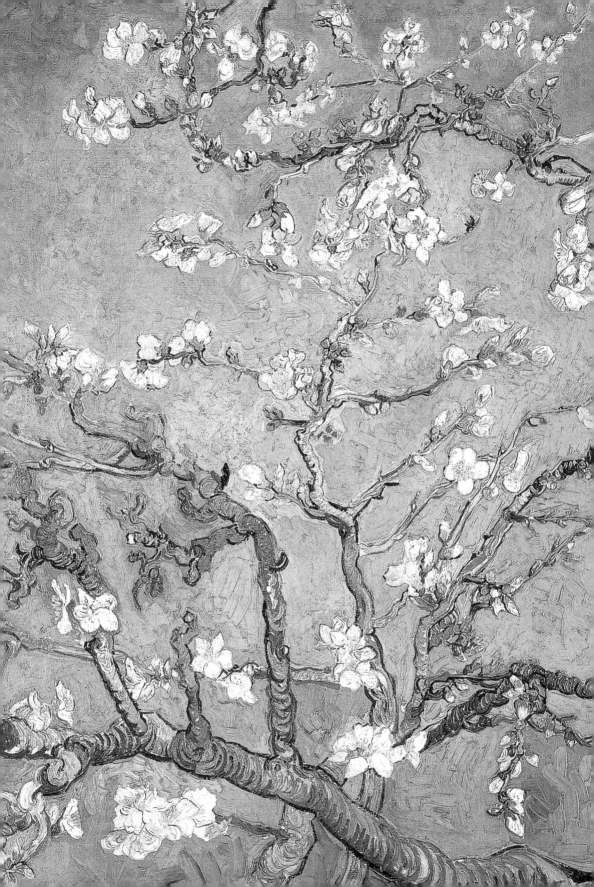

아몬드나무는 자두, 버찌, 복숭아, 살구 등과 함께 벚나무속(*Prunus*) 식물이고, 원산지는 이란이다. 열매보다 꽃에 초점을 맞추면 직감적으로 이해가 된다. 엄밀히 따지면 아몬드나무가 맺는 열매는 견과류가 아니다. 식물학적으로 정의하는 견과류란 딱딱한 껍데기 안의 씨앗으로, 깨뜨려서 열지 않으면 씨앗이 나오지 않는다. 도토리와 너도밤나무 열매, 개암나무 열매는 견과류지만, 캐슈너트와 브라질너트(14장 참조), 피스타치오, 땅콩, 잣, 호두는 견과류가 아니다. 요리와 같은 비공식적인 영역에서는 위의 모든 것이 물론 견과류다.

아몬드나무에서 열리는 핵과는 대단히 높은 평가를 받는다. 이 식물은 대항해시대에 지중해 주변에 처음 전해진 후 다른 지중해성 기후 지역으로 전파되었다. 인류는 아몬드나무를 5,000여 년 전부터 재배해왔다. 씨앗에 싹이 나서 쉽게 자라기 때문에 접목 기술이 필요하지 않다는 점에서 초기 농부들이 재배하기 유리했다. 아몬드나무는 12세기에 스페인으로 전해졌고, 이븐 알아왐이 『농업에 관한 책』에서 재배법을 설명했다.

달콤한 아몬드 품종을 쓸쓸한 아몬드 품종보다 압도적으로 더 많이 재배한다. 달콤한 아몬드가 그저 맛이 더 좋기 때문만은 아니다. 쓸쓸한 품종에는 독성이 강한 시안화물이 상당히 많이 들어 있어서 50개만 먹어도 죽을 수 있기 때문이다. 사과와 복숭아, 살구, 보리, 죽순 등 많은 식물이 포식자에 먹히지 않도록 방어해주는 물질인 시안화물을 이용한다. 그런데 쓸쓸한 아몬드에는 그 물질이 너무 많이 들어 있다. 소설에서는 탐정이 시체에서 나는 쓸쓸한 아몬드 냄새를 맡은 후 즉시 사인을 시안화물 중독이라고 추리하는 장면이 흔히 등장한다.

아몬드는 건강에 도움이 된다는 이유로 높이 평가된다. 28그램 정도만 먹어도 일일 단백질 필요량의 8분의 1을 채울 수 있다. 더불어 콜레스테롤

의미심장한 아름다움: 〈꽃이 핀 아몬드나무 가지들〉(빈센트 반 고흐, 1890년)

수치를 낮추고, 암 위험도 줄인다고 한다. 아몬드는 불포화 지방이 풍부하고, 아몬드로 만든 음료(아몬드 우유)는 유당 불내증이 있는 사람도 마실 수 있을 뿐 아니라 유제품보다 건강에 좋다고 여기는 사람들도 있다.

이스라엘에서는 아몬드나무가 가장 먼저 꽃을 피우는 나무다. 늦겨울에도 꽃을 피운다. 그래서 아몬드나무는 유대교에서 특별히 중요한 의미를 지닌다. 성경에서 아론의 지팡이는 기적을 일으킨다. 『민수기』에서는 "이튿날 모세가 장막에 들어가보니, 레위의 집안을 나타내는 아론의 지팡이에서 싹이 났다. 그리고 꽃봉오리가 맺혀 꽃이 피더니 잘 익은 아몬드가 열렸다"라고 설명한다. 『출애굽기』에는 유대교의 위대한 등잔대인 메노라(올리브나무에 대한 82장 참조)의 등잔이 아몬드 꽃 모양이라고 기록되어 있다.

마지팬(혹은 마르지판)은 특히 부활절과 관련이 있다. 아마도 유대교에서 아몬드가 중요하기 때문일 것이다. 예를 들어, 독일의 오스터브로트나 이탈리아의 콜롬바 디 파스쿠아 같은 부활절 빵, 역시 부활절에 먹는 영국의 심넬 케이크에 모두 아몬드가 들어간다. 심넬 케이크 위에는 유다가 배신한 뒤에 남은 11명의 제자를 상징하기 위해 11개의 마지팬을 올린다. 아몬드는 각 지역의 전통 디저트인 독일의 슈톨렌, 스웨덴의 프린세스토르타 케이크, 프랑스의 피티비에 파이, 중동의 할바에 꼭 들어가는 재료이기도 하다.

아몬드나무의 꽃가루받이 행사가 유독 눈길을 끌지만, 아몬드나무만 그런 식으로 꽃가루받이를 해야 하는 것은 아니다. 오크라·키위·감자·양파·캐슈너트·셀러리·스타프루트·사탕무부터 시작해 겨자·유채·브로콜리·양배추 등의 모든 배추속 식물과 순무·완두콩을 비롯한 온갖 종류의 콩, 그리고 멜론·오렌지·레몬 같은 모든 감귤류 과일, 또 고추·파파야·캐러웨이·코코넛·커피·담배·오이·호박·당근·딸기·목화·해바라기·아마·리치·사과·망고·알팔파·아보카도·살구·체리·석류·배·라즈베리·가지·클로버·블루베리·토마토·포도 같은 다른 작물들까지 먹을거리를 만들어내려면 모두 꽃가루받이를 해야 한다. 열거한 목록만으로 결코 끝나지 않는다. 미국 코넬 대학교의 한 연구는 "꽃가루받이를 해주는 곤충이 없다면 전 세계 농작물의 3분의 1이

꽃을 피웠다가 시든 다음 열매를 맺지 못할 것"이라고 결론을 내렸다.

스스로 꽃가루받이를 하는 아몬드나무를 개발하는 데 어느 정도 진전이 있었다. 투오노 품종의 아몬드나무는 벌이 없어도 꽃가루받이를 하지만, 질이 떨어지는 열매를 맺는다. 이로 인해 아몬드 산업은 21세기 농업의 전형적인 딜레마에 빠졌다. 인위적인 꽃가루받이를 더욱 강화하면서 자연의 체계에서 점점 더 멀어지는 것이 해결책일까? 아니면 인위적인 꽃가루받이를 줄이면서 어느 정도 단일 재배에서 벗어나서 아몬드나무와 함께 자라는 다른 야생식물이 꽃가루받이를 해줄 야생 곤충을 불러들이게 해야 할까? 여전히 의견이 분분한 문제다.

086
독미나리

독을 품은 죽음의 정원

내 가슴은 저려오고, 맥 빠지게 하는 마비가 내 감각을

고통스럽게 하는구나. 마치 독미나리를 마셨던 것처럼.

└── 존 키츠의 시 〈나이팅게일에 부치는 시〉

이 장의 제목은 '꽃으로 죽여라'다. 이언 플레밍이 쓴 007 소설 『인생은 두 번뿐』에서 제임스 본드는 그의 다음 적이 식물의 왕국이라는 사실을 알게 된다. 타이거 다나카는 그곳을 '죽음의 정원'이라고 부르면서 "섀터핸드 박사가 이 유명한 공원을 독특하게 유독한 식물들로 채웠다"라고 설명한다. 뒤이어 본드가 대담하게 끼어들어 그 적에 대해 읽어 내려가는 서술이 나온 다. 학자처럼 객관적인 태도로 식물 21종과 균류 1종의 목록, 그들의 특징 및 유독성을 여섯 쪽에 걸쳐 설명한다. 무척 흥미진진한 내용이다. 세상에 이렇게 유독한 식물이 많다고 상상이나 해보았을까? 오직 한 사람만이 우리 를 구할 수 있다. 다나카는 본드에게 "당신이 이 죽음의 성으로 들어가 성안 의 용을 죽여야 해요"라고 말한다.

　많은 식물에 독이 들어 있다. 그중 상당수의 독은 원래 목적과 달리 인 간을 죽일 수도 있다. 사람들이 악마의 빵, 악마의 죽이라고 불러왔지만, 악 마가 독미나리를 만들어내지는 않았다. 포식자에게 먹히지 않고 자신을 보

호하려고 독성이 있는 식물로 진화했을 뿐이다. 흔히 볼 수 있는 독미나리의 독성은 풀을 뜯는 포유동물을 내쫓는 것이 목적이다. 그러나 비교적 적은 양으로도 인간에게 확실히 치명적이다. 보통 잎을 6개 정도만 먹어도 충분히 사망에 이를 수 있다.

독미나리는 미나리과(*Apiaceae*) 식물로, 중독으로 인한 죽음이라는 이국적인 개념에 친근한 느낌을 덧붙인다. 독미나리의 모든 부분에 독성이 있지만, 특히 씨앗과 뿌리에 많다. 독미나리의 원산지는 유럽과 북아프리카로 오스트레일리아와 서아시아, 뉴질랜드, 북아메리카, 남아메리카에 (잡초로 우연히 혹은 정원 식물로 의도적으로) 전해졌고, 미국 12개 주에서 볼 수 있다. 이 식물은 두해살이풀로 길가에서 많이 자란다. 개울이나 도랑 근처에 물이 잘 빠지지 않는 땅에서 잘 자란다. 독미나리는 모든 포유동물을 비롯한 다른 많은 생물에 유독하다. 소와 돼지, 양, 염소, 당나귀, 토끼, 말 등에 영향을 끼친다고 알려졌다. 그래서 겨울 사료로 저장하는 건초 안에 독미나리가 없는지 확인하는 일이 특히 중요하다. 독미나리를 말리면 더 맛있어지고, 더 많은 양을 먹을 수 있다.

독미나리는 흰색의 매력적인 꽃을 피우는 미나리과 식물로(순수해 보이는 모습 때문에 더 불길해 보인다는 평을 듣는다), 미나리과의 평범한 여러해살이풀 전호와 헷갈릴 수 있다. 독미나리는 보통 허리 높이까지 자라지만, 더 높이 자라기도 한다. 줄기에는 털이 없고, 녹색 바탕에 자주색 반점이 있다. 마치 경고 신호처럼 보이기도 한다. 독미나리의 활성 독소는 코닌이고, 학명은 코니움 마쿨라툼(*Conium maculatum*)이다. 그리스어로 코네이온(koneion)이라는 식물 이름에서 유래했고, 코네이온은 현기증과 어지럼증을 뜻하는 단어인 코나스(konas)에서 유래했다. 현기증과 어지럼증은 독미나리에 중독되었을 때 처음 나타나는 증상이다. 처음에는 술에 취한 듯한 상태로 시작하지만, 얼마 지나지 않아 코닌이 중추신경계에 작용하고, 72시간 이내에 호흡이 멈춘다. 스릴러 작가들이 좋아할 만한 해독제는 전혀 없다. 산소호흡기를 계속 사용해야만 피해자를 구할 수 있다. 독미나리는 상당히 잔인하다. 그 식물이 뿜어내는 화학물질을 들이마시면 몸에 해롭고, 피부에 접촉하면 염증이 생긴다. 독미나리는 감탄과 두려움, 증오의 대상이 되어왔고, 자연스럽게 신화화되었다. 독미나리에 관한 대표적인 이야기는 소크라테스의 죽음과 관련된 것으로, 분명 사실에 근거한 이야기다. 서양 역사 최초의 위대한 윤리 철학자로 여겨지는 소크라테스는 불경죄와 아테네 청년들의 정신을 타락시킨 죄로 유죄 판결을 받았다. 그는 가르침을 포기하거나, 죽음을 받아들여야 했다. 그는 죽음을 선택했다. 자신이 사형당하는 방법을 선택할 수 있었는데, 소크라테스는 독미나리를 선택했다. 이 이야기는 제자 플라톤이 『파이돈』에서 남긴 구절로 유명하다.

그 남자는 … 그분에게 손을 얹고 얼마 후 그분의 발과 다리를 살펴본 다음 발을 꼬집고, 감각이 있는지 물었다. 그분은 "없네"라고 대답했다. 그다음 허벅지 그리고 이런 식으로 위로 올라가면서 그분의 몸이 차갑고 딱딱해지고 있음을 우리에게 보여주었다. 그런 다음 다시 그분을 만졌고, 가슴을 만지더니 그분이 사망할 것이라고 말했다. 이제 사타구니 부근도 차가워졌다. 그런데 그분이 가려져 있던 얼굴을 드러내더니 "크리토, 우리는 아스클레피오스에게 수탉 한 마리를 빚졌네. 갚고 소홀히 하지 말게"라고 마지막 말을 남겼다. 크리토는 "그렇게 할게요. 그런데 다른 할 말은 없으세요?"라고 물었다. 그분은 이 질문에 대답하지 않았다. 그러나 잠시 후 그분의 몸이 움직였다. 사형 집행인이 덮개를 들추었고, 그분의 눈은 움직이지 않았다. 크리토는 그 모습을 보고 그분의 입을 다물게 하고 눈을 감겨드렸다.

아스클레피오스는 의술의 신이다. 수수께끼 같은 소크라테스의 마지막 말에 대해서는 논란이 많다. 플라톤은 소크라테스를 이상적인 인물이자 위인으로 묘사했다. 그가 소크라테스의 죽음을 얼마나 낭만적으로 미화했는지 역시 논란거리다. 독미나리의 독으로 죽음을 맞이하는 사람은 마지막 단계에서 숨을 쉬지 못해 헐떡인다. 플리니우스는 독미나리를 먹은 후 포도주를 마시면 해독제 역할을 할 것이라고 말했다. 그는 또한 독미나리로 어린 소녀의 가슴을 문지르면 가슴이 항상 단단하게 유지되고, 남성의 고환에 독미나리를 문지르면 성욕이 가라앉는다는 사람들의 생각을 인용했다.

독성이 있는 식물들은 깊은 매력을 내뿜는다. 그런데 많은 유독식물을 산과 들, 정원 모두에서 흔히 볼 수 있다는 사실이 이상하게 느껴진다. 유독한 가지속 식물의 달콤한 열매를 먹고 우발적으로 사망하는 사람이 생기기도 하고, 로마 황제 아우구스투스의 아내 리비아가 유독식물로 황제를 독살했다는 소문처럼 일부러 사람을 죽이는 데 쓰이기도 한다. 구토를 일으키는 피마자유의 원료인 피마자는 아프리카에서 자라는 유독식물로, 1978년에

A.H.Payne

불가리아의 반체제 작가 게오르기 마르코프를 살해하는 데 사용되었다. 묵주 완두는 빨간 바탕에 검은 점이 있는 매력적인 열매를 맺어서 팔찌나 목걸이, 묵주로 많이 사용되어왔다. 평소에는 전혀 위험하지 않지만, 긁히거나 부서지면 치명적일 수 있다. 장신구를 만드는 사람들이 손상된 열매로 묵주를 만들다가 사망하는 일도 있었다.

수국과 협죽도, 수선화, 디기탈리스, 담쟁이덩굴, 은방울꽃, 진달래 등은 위험한 독이 들어 있는 인기 있는 정원 식물이다. 우리 모두 이런 식물들로 죽음의 정원을 가꿀 수 있고, 실제로 많은 사람이 그렇게 하고 있다. 그러나 섀터핸드처럼 악의적인 의도는 없다. 물론 섀터핸드누 본드의 숙적 에른스트 스타브로 블로펠트라는 사실이 밝혀진다.

탐정소설 작가들은 언제나 독이 많은 식물을 좋아했고, 뛰어난 정원사이기도 했던 애거사 크리스티가 그중 최고였다. 그녀는 데번에 12만 제곱미터 규모의 정원을 소유하고 있었고, 종묘 사업을 하기도 했다. 수수께끼 같은 죽음과 살인자들의 정체를 파헤치는 방대한 작품에서 등장인물들은 주목, 디기탈리스, 투구꽃, 노란 재스민 그리고 물론 독미나리로 죽임을 당한다. 푸아로 탐정이 등장하는 『아기 돼지 다섯 마리』에서는 피해자가 맥주병에 든 독미나리를 먹고 죽는다.

치명적인: 〈독미나리〉(1854년), 그랑빌(본명은 장 이냐스 이시도르 제라르)의 그림에 앨버트 헨리 페이지가 채색

087
양배추

다윈이 발견한 진화의 법칙

많은 것에 대해 이야기할

때가 왔다고 바다코끼리는 말했네.

신발과 배와 밀랍에 대해

양배추와 왕들에 대해

└ 루이스 캐럴의 시 〈바다코끼리와 목수〉

어릴 때 겪은 충격적인 경험이 어른으로 살아갈 때도 깊은 영향을 미친다는 생각이 프로이트 신념 체계의 핵심이다. 그는 영양보다 섹스에 관심이 많았지만, 양배추로 범위를 넓히면 나도 그의 결론을 확실히 받아들일 수 있다. 내가 초등학교에 다니던 시절, 밀퍼드 교장 선생님은 이따금 갑자기 학교 급식 시간에 찾아와 급식으로 나온 음식을 제대로 먹지 않는 학생을 골라내고는 했다. 교장 선생님은 그 학생이 그 음식을 먹어치울 때까지 마주 앉아 지켜보았다. 급식에는 언제나 향이 진한 양배추 잎을 잘게 썰어 푹 삶은 후 동그랗게 퍼 담은 음식이 나왔다. 밀퍼드 교장 선생님이 찾아온 그 많은 점심 시간마다 나는 구역질을 참으며 양배추 조각을 억지로 삼켰다. 그 때문에 어른이 되어서는 양배추를 먹을 수 없게 되었다. 양배추가 생물의 작동 원리와 의미를 생생하고 훌륭하게 보여주는 단서이자 찰스 다윈이 "얼마나 다양한 형태의 양배추가 있는지 모두가 안다"라고 말하며 열렬히 지지했던 채소라고 교장 선생님이 설명해주었더라면 도움이 되었을 것이다.

양배추의 조상 식물은 브라시카 올레라세아(*Brassica oleracea*)로 양배추와 완전히 달라 보인다. 줄기가 가늘고 길며, 잎은 축 늘어지고, 노란 꽃이 피는 식물이다. 이 한 종으로 적양배추와 녹색 양배추, 흰색 양배추, 방울양배추, 브로콜리, 콜리플라워, 케일, 사보이 양배추, 콜라드 그린, 콜라비, 카이란 등의 품종을 만들어냈다. 화성에서 온 식물학자라면 이 채소들을 같은 종은커녕 같은 속의 식물로 분류하기도 주저했을 것이다. 화성에서 온 동물학자여도 똑같은 이유로 개를 분류하기가 어려웠을 것이다. 모든 개는 같은 종이고, 양배추에서 유래한 모든 식물도 같은 종이다. 따라서 양배추는 생물이 작동하는 방식을 이해하는 데 핵심 역할을 한다.

조상 양배추는 남유럽과 서유럽 해안에서 자생한다. 소금과 석회에 대한 저항력이 강하고 키가 큰 두해살이풀이다. 양분을 저장한 채 겨울을 나기 때문에 다른 동물들에게 매력적인 먹이가 된다. 늑대가 요크셔테리어처럼 보이지 않는 것 이상으로 양배추는 방울양배추처럼 보이지 않는다. 그러나 개와 늑대가 같은 종이듯, 조상 양배추와 다른 양배추들도 모두 같은 종에 속한다.

양배추의 잎은 먹을 수 있고, 기억에 남을 만한 맛이다. 나처럼 어릴 적에 끔찍한 경험을 하지 않았다면 분명 충분히 좋아할 수 있다. 양배추는 3,000여 년 전, 아마도 그보다 훨씬 전에 처음 재배하기 시작했을 것이다.

고대 그리스와 이집트도 양배추에 대해 알았다. 양배추를 밤에 술을 마시면서 먹는 안주로 이상적이라고 여겼다. 양배추를 많이 먹으면 술을 더 많이 마실 수 있다고 믿었다. 철학자이자 냉소적인 이단자였던 디오게네스는 양배추와 물만 먹고 살면서 격언보다는 직접 모범을 보임으로써 사람들을 가르쳤다고 전해진다. 양배추는 통풍과 두통을 줄여준다고 알려져 있다.

고대 로마인은 양배추를 굉장히 좋아했고, 어떤 채소보다도 낫다고 칭찬했다. 플리니우스는 "양배추의 장점을 늘어놓자면 너무 길어질 것이다"라며 양배추에 대한 논의를 시작한다. 그는 일곱 가지 품종을 열거한다. 양배추를 재배하면서 벌써 상당히 다양한 품종이 생기기 시작했음을 알 수 있다. 그는 그리스 의사인 크니도스의 크리시포스가 쓴 양배추 재배에 관한 논문을 언급하면서 양배추와 포도나무를 함께 심지 말아야 한다고 전한다. 둘을 함께 심으면 포도주에서 양배추 맛이 날 수 있다면서 유별나게 이상한 맛이 된다고 말했다.

둥근 머리 양배추(우리가 일반적으로 양배추라고 생각하는 양배추)는 14세기 영국의 기록에서 처음 등장했다. 양배추는 일반적인 경로를 통해 동서로 퍼져 나갔고, 항해에서 중요한 음식이 되었다. 비타민 C가 풍부해서 선원들의 괴혈병 예방에 큰 도움이 되기 때문이었다.

양배추는 날로 먹어도 되고, 삶거나 찌거나 구워서 먹어도 된다. 절이거나 발효시켜서 먹을 수도 있는데, 일반적으로 가장 널리 알려진 형태로는 독일의 사워크라우트와 한국의 김치가 있다. 이런 형태로 저장한 양배추는 상처 치료와 괴저 예방에 활용되어왔다. 요즘에는 중요한 건강식품으로 사랑받고 있다. 영양이 풍부할 뿐 아니라 소화와 체중 감량에 도움이 되고, 스트레스를 줄이고, 두뇌 건강에 좋고, 암 위험을 줄이고, 심장을 건강하게 하고, 뼈를 더 튼튼하게 만든다고 한다. 세상에서 가장 큰 양배추는 무게가 62.7킬로그램에 이르는 기록을 세우기도 했다.

다윈은 품종이 다양한 양배추에 흥미를 가졌다.『종의 기원』1장 제목은 '사육 혹은 재배 환경에서 일어나는 변이'다. 이 장에서는 인간이 품종을 선택적으로 개량하면서 우리와 함께 사는 동식물을 바꾸어놓은 방식에 관해 다룬다. "인간이 인내심을 가지고 자신에게 유용한 변이를 선택할 수 있다면 … 자연의 생물에도 유용한 변이가 자주 발생해서 보존되고 선택되어야 하지 않을까?"

그는 1868년에 출간한 책『사육 혹은 재배하는 동식물의 변이』에서 이 점을 다시 강조했다. 이 책을 1,000쪽에 달하는,『종의 기원』1장에 관한 부록으로 볼 수도 있다. 다윈은 자신의 획기적인 발견에 결코 만족하지 않았다. 그는 증거를 들어가며 계속 되풀이해서 진실을 보여주고자 했다.

"인간이 '자연을 조작해서' 변이를 일으켰다는 생각은 잘못되었다. 유기

100가지 식물로 읽는 세계사

고귀한 양배추: 〈양배추 밭〉(찰스 코트니 커런, 1914년)

체 안에 변화하려는 내재적 성향이 없었다면 인간은 아무것도 할 수 없었을 것이다." 양배추가 그의 주장을 입증하는 멋진 사례가 되었다. 양배추의 개량종들은 조상인 야생식물과 근본적으로 다를 뿐 아니라, 서로 간에도 여러 다양한 측면에서 다르다. 인간이 비교적 짧은 기간에 그렇게 근본적인 변화를 일으킬 수 있다면, 지질학적 시간이 흐르는 동안 자연 자체의 힘만으로 어떤 일을 할 수 있을까?

"그러므로 인간은 대규모의 실험을 시도하고 있다고 말할 수도 있다. 그것은 오랜 세월 동안 자연이 끊임없이 시도해온 실험이다. 따라서 사육하고 재배하는 원리가 우리에게 중요해진다. 생물은 그런 과정을 거쳐 크게 달라졌고, 그런 변이는 유전되었다."

어릴 때 런던 천문관을 견학했을 때(밀퍼드 교장 선생님에게서 벗어나 기분 좋은 날) 어둠 속에서 흘러나오던 거창한 해설에 큰 충격을 받았던 기억이 난다. 인류의 영원한 탐구에 관한 이야기로, 우리는 더 멀리 보고 더 많이 알아야 한다는 내용이었다. "그리고 그것이 인간과 양배추의 차이죠"라는 목소리가 천둥처럼 울렸다.

그러나 다윈의 책을 읽었다면 인간과 양배추에 근본적으로는 차이가 하나도 없다는 사실을 받아들일 수밖에 없을 것이다. 우리는 모두 선택의 산물이다. 우리 모두 타고난 변이 성향 때문에 생존하고 번영해왔다. 양배추와 왕도 마찬가지다. 다를 게 무엇인가?

100가지 식물로 읽는 세계사

088
카사바

지속 가능한 식량을 위한 길

그가 전쟁과 기근을 예언할 수 있다는 사실을 누구나 알았다.
그렇게 어려운 일은 아니었다. 전쟁은 언제나 벌어지고 있었고,
일반적으로 어디에서든 기근이 있었기 때문이다.
↳ 마크 트웨인의 소설 『수수께끼 같은 이방인』

카사바는 절망적인 시기에 먹는 음식이다. 그래서 가뭄과 전쟁, 기근의 작물로 불린다. 가장 열악한 상황에서 수백만 명의 사람이 카사바를 먹고 살아남았다. 그러나 영국에서는, 적어도 특정 세대에게는 악몽 같은 음식으로 유명하다. 카사바 뿌리에서 얻은 전분인 타피오카에 달걀과 우유, 설탕을 잔뜩 넣고 푸딩으로 만든 음식이다. 나는 학교가 아닌 곳에서 이런 음식이 제공된다는 이야기를 들어본 적이 없다. 『굿 푸드 매거진』에서 실시한 설문조사에서 타피오카 푸딩이 양배추(앞 장 참조)를 제치고 최악의 학교 음식으로 뽑혔다. 타피오카 푸딩은 둥글납작하고 끈적끈적한 모양 때문에 개구리 알이나 물고기 눈 혹은 더 생생하게 눈알 푸딩으로 많이 불렸다. 나는 크게 개의치 않았다. 아마도 밀퍼드 교장 선생님이 급식 중 디저트에는 신경을 쓰지 않았기 때문일 수도 있다. 그러나 엄청나게 생생한 공포를 느낀 학교 친구들도 있었다. 카사바 덕분에 많은 사람이 목숨을 건질 수 있었다는 사실이 그들의 공포를 덜어주지는 못했을 것이다.

카사바는 매니악, 맨디오카, 유카로도 불린다(용설란과의 여러해살이풀 유카와는 관련이 없다). 카사바는 열대지방에서 쌀과 옥수수에 이어 세 번째로 중요한 주식이다. 아프리카에 사는 8억여 명의 사람 대부분에게는 카사바가 주요 식량이다. 카사바는 남아메리카가 원산지인 다년생 관목이고, 대극과(Euphorbiaceae) 식물이다. 긴 덩이 모양 뿌리가 있고, 이 뿌리를 먹기 위해 1만여 년 전부터 재배해왔다. 인류가 가장 먼저 재배하기 시작한 작물 중하나다. 콜럼버스 이전 아메리카 문명에서는 주식이었지만, 식민지로 만들기 위해 찾아온 스페인인과 포르투갈인은 좋아하지 않았다. 영국 학교를 제외하면, 유럽 요리의 주류에 들어가지 못한 콜럼버스 교환의 사례 중 하나다. 그렇기는 해도 쓸모는 상당히 분명했다. 카사바는 탄수화물을 쉽게 얻을 수 있는 식재료로, 사탕수수와 사탕무 다음으로 탄수화물을 많이 제공한다.

스페인은 쿠바에서 카사바를 재배했다. 쿠바에서는 밀을 재배하기가 어렵기 때문이었다. 선원들은 카사바를 먹었으나 별로 좋아하지는 않았다. 아프리카와 아시아를 찾은 유럽 상인들은 카사바를 전 세계에 전파했다. 카사바는 동물 사료라는 뚜렷한 쓰임새가 있고, 놀랄 만한 장점도 많다. 수확 기간이 유난히 길다는 사실이 가장 중요한 장점이다. 카사바는 오랫동안 땅속에 둘 수 있는데, 우리가 먹는 뿌리 부분은 그동안 계속 자라난다. 손으로 캐내야 하지만, 상대적으로 인건비가 적게 든다. 그래서 카사바는 가장 놀라운 예비 작물로, 말 그대로 기근을 대비하는 울타리가 되었다. 극심한 기후로 다른 작물이 시들어갈 때 카사바는 계속 충실하게 자라나 식량이 되어준다. 카사바는 역사를 통틀어 몇 번이고 그런 역할을 해냈다.

1980년대 가뭄, 1990년대 엘니뇨 등의 기후변화로 식량 공급이 어려워지자 미국 정부는 이런 중대한 문제에 대처하기 위해 계획을 세웠고, 카사바는 그 계획에서 중요한 역할을 했다. 카사바는 또한 분쟁 시기에 사람들의 목숨을 살린 음식이기도 했다. 1961년부터 1997년까지 앙골라를 전쟁터로 만든 독립전쟁과 내전, 1977년부터 1992년까지 벌어진 모잠비크 내전, 1960년대 후반의 나이지리아 비아프라 전쟁 등이 가장 주목할 만한 사례다.

RACINES DU MANIOC

dont on fait la Cassave &c.   G.S.D. pinx·ex nat.

기근과 싸우는 투사: 카사바 그림
(펠릭스 들라에, 1789년)

최근에는 카사바가 자급자족 이상으로 시장에서 팔리는 작물이 되었다. 농부들은 점점 늘어나는 도시 인구가 먹을 식량으로 카사바를 판매한다.

문제는 카사바에 독성이 강한 시안화물이 많이 들어 있다는 것이다. 늘 그렇듯 이렇게 위험한 작물을 인간이 어떻게 먹기 시작했는지, 치명적일 수 있는 식물이 지구에서 가장 지속 가능한 식량 중 하나가 될 수 있음을 사람들이 어떻게 깨달았는지 짐작하기란 불가능하다. 아프리카에서는 카사바를 맛있게 먹는 전통적인 방법으로 뿌리를 사흘 동안 물에 담가 발효시킨다. 카사바를 굵게 갈아 걸쭉한 반죽으로 만든 다음 다섯 시간 동안 그대로 두어도 된다. 카사바는 여전히 매우 조심해야 할 식물이다. 2010년대 베네수엘라에서는 잘못 요리한 카사바를 먹고 수십 명이 사망한 사건도 있었다. 일부러 카사바의 시안화물을 이용해 독화살을 만들기도 했다. 하나의 식물로 가족을 먹여 살리기도 하고, 적을 죽일 수도 있다니. 멋지다고 생각할 수도 있다. 그러나 카사바로 만든 독화살은 언제나 먹을거리를 얻기 위한 사냥에서 더 많이 사용되었다.

카사바로 술을 만들 수 있고(여기에 '당연히'를 덧붙여야겠다), 옷에 풀을 먹일 좋은 전분으로 만들 수도 있다. 최근 몇 년 동안 특히 중국에서는 에탄올 바이오 연료를 만드는 데 카사바를 점점 더 많이 사용하고 있다(바이오 연료에 대해서는 95장의 유채에서 더 자세히 살펴보려고 한다).

카사바 재배는 서식지 파괴(카사바 재배를 위해 숲을 없앤다)와 토양의 장기적인 황폐화 등의 문제를 일으킨다. 더 크고 밀접한 문제는 2050년까지 아프리카 인구가 두 배로 늘어날 가능성이 높다는 점이다. 척박해진 토양과 인구 증가라는 두 가지 문제에 인류가 어떻게 대처하느냐가 생명을 유지하는 유기체로서 지구의 생존 가능성에 깊은 영향을 미칠 것이다. 그러므로 우리는 '지속 가능한 강화(sustainable intensification: 농업이 환경에 미치는 부정적 영향을 줄이면서 동시에 농업의 생산성 및 효율성을 높이는 방향을 추구하는 개념—옮긴이)'를 생각해야 한다. 모순처럼 보이는 개념이지만, 계속 늘어나는 인구가 먹고 살기 위해서는 이 개념을 쌍둥이처럼 함께 추구해야 한다.

089
시죄나무

치명적이지만 가장 유용한 독

오, 내 범죄는 악취가 나네, 악취가 하늘까지 퍼지네….

└ 윌리엄 셰익스피어의 희곡 〈햄릿〉

아마도 우리는 삶의 이분법적인 관점에서 절대 벗어나지 못할지도 모른다. 살아 있는 생명체라면 식물이거나 동물이고, 좋거나 나쁘다는 식으로 둘 중 하나라고 생각한다. 밀과 장미, 참나무는 좋고, 덩굴식물과 아편양귀비, 칡은 나쁘다고 여긴다. 사람이나 국가, 종교도 좋고 나쁨의 범주로 나눈다. 우리는 엄마 품에 안긴 아기 때부터 그런 구분을 받아들인다. 살아가면서 내내 이분법으로 나눠지지 않는 미묘한 차이를 알게 되지만, 그것을 마음 깊이 받아들이는지는 잘 모르겠다.

　돌미나리와 독버섯은 명백하게 나쁘다고 생각하기 쉽다. 거의 자연의 실수 혹은 자연에 악의가 있다는 증거로 생각한다. 좀 더 생각해보면 그렇지 않다는 사실을 알 수 있지만, 그렇게 생각하지 않는 편이 훨씬 더 편리하다. 사실 많은 유독한 식물에서 얻은 독은 인간에게 중요한 역할을 해왔고, 때론 개인과 가족 공동체를 먹여 살리기도 했다. 독을 활용하지 못했다면 인간은 살아남지 못했을지도 모른다. 이 말은 지나친 주장처럼 들릴 수 있지만,

농업이 발명되기 전 수렵·채집 시대부터 현재까지 독은 인류가 존속하는 데 확실히 중요한 역할을 했다.

시죄나무(ordeal tree)는 유용한 독을 지닌 대표적인 식물이다. 고대 재판의 시죄법(試罪法: 피고에게 신체적 고통을 준 후 반응에 따라 죄의 유무를 판단하는 재판 방식—옮긴이)에서 중요한 역할을 했기 때문에 그런 이름이 붙었고, 두려움의 대상이 되면서 신화적인 존재로 여겨졌다. 이에 대해서는 잠시 후 살펴보려고 한다. 그러나 시죄나무는 정의를 추구한다는 대단한 이유보다 훨씬 더 평범하고 소박한 이유 때문에 인류에게 중요했다. 바로 물고기를 잡아서 먹는 일이다.

여러 사회에서 독을 활용해 물고기를 잡아왔고, 수렵·채집 시대에는 물고기를 잡는 일이 아주 중요했다. 인류가 농경 생활을 시작한 이후에도 물고기를 잡는 일은 단백질을 보충하는 데 도움이 되었다. 여러 지역에서 다양한 식물에서 추출한 다양한 독을 활용해 물고기를 잡아왔다. 아프리카에서는 위험하지만 매우 효율적으로 낚시를 하기 위해 늘 시죄나무를 선택한다. 이 나무는 에뤼트로플레움속(Erythrophleum) 식물로, 사하라사막 이남의 아프리카 대부분 지역에 서식하고, 아시아, 오스트레일리아에는 더 많은 종이 있다. 시죄나무는 여느 유독식물이 그러하듯, 포식자한테 먹히지 않기 위한 방어 수단으로 독을 만들어낸다. 그 독은 나무껍질과 씨앗에 가장 많이 들어 있다.

기본 원리는 아주 간단하다. 물고기 떼가 있는 상류로 올라가서 독을 뿌린 다음 물고기를 잡아 올린다. 손으로도 충분히 집어 올릴 수 있을 때가 많다. 제임스 본드가 등장하는 단편소설 「힐데브란트 래리티」에서 그 과정을 생생하게 묘사하고 있다. 이언 플레밍은 자연 묘사에 탁월한 작가였다. "그런 다음 갑자기 깜짝 놀라서 모두 미쳐버렸다. 마치 그들 모두가 세인트 비투스 춤에 사로잡힌 것 같았다. 몇몇 물고기는 미친 듯이 원을 그리며 돌았다. 그다음 무거운 나뭇잎처럼 모래 바닥에 툭 떨어졌다." 겁에 질린 본드의 눈앞에서 물고기 떼가 전멸하는 장면에 대한 현란한 묘사가 또다시 16줄이나 이어진다.

하지만 자신과 가족의 생존이 달린 문제에 안이한 감상이 끼어들 틈은 거의 없다. 시죄나무의 껍질과 잎을 모아 물에 넣고 일부를 으깬 다음, (요즘은) 옥수수 가루를 담는 자루에 넣는다. 이 독을 가장 효과적으로 사용하려면 댐처럼 강물을 막아 물고기 떼를 가둬야 한다. 강폭이 너무 넓어 댐처럼 만들 수 없다면 강의 적절한 지점에 신중하게 장애물을 설치하면 된다. 독살당한 물고기 대부분을 그곳에 수월하게 모을 수 있다.

그러나 이러한 낚시법은 위험하고 문제가 많다. 생태계를 파괴하고, 표적이 아닌 물고기까지 영향을 받으며, 이후 어획량도 줄어들기 때문이다. 게다가 독을 너무 많이 사용하거나 과하게 농축된 형태로 사용하면 잡은 물고기에 독이 많이 남을 수 있고, 어린아이가 그 물고기를 먹으면 심각한 병에 걸릴 수도 있다.

그래서 아프리카 일부 지역에서는 독을 먹고 죽은 것 같은 물고기를 발견하면 냄비에 돌을 함께 넣고 끓이면 안전하다는 충고 섞인 우스갯소리가 사람들 입에 오르내린다. 돌이 부드러워지면 물고기를 버리고 돌을 먹으라는 것이다. 돌에서 맛있는 생선 맛이 날 거라나.

시죄나무는 좋은 목재로 만들 수 있지만, 역시 위험이 없지 않다. 톱밥을 들이마셔 점막을 자극할 수 있기 때문이다. 그래도 시죄나무는 갖가지 가구와 바닥재, 다리, 배 등에 쓰이는 좋은 재료다. 철도 침목에도 사용해왔다. 시죄나무는 이러한 용도로 재배되어왔지만, 관상용 나무로 기르는 경우도 꽤 많다. 종종 보기 좋다는 이유로 도로변에 심기도 한다. 그 불길한 명성 때문에 확실히 더 매력적으로 보인다.

전 세계까지는 아니지만, 유럽 등 많은 지역에서 신체적 고통을 통해 죄의 유무를 판단하는 재판이 있었다. 끓는 솥에 손을 넣어 돌을 집어 올리게 하거나 독을 먹이는 등의 시험을 통해 죄인과 죄 없는 사람을 가릴 수 있다고 생각했다. 죄가 없는 사람은 독을 토하지만, 죄를 지은 사람은 독을 삼키고 죽는다고 믿었다. 자신의 죄를 아는 죄인은 이런 시험을 받아들이지 않

Lady Frances Cole Delt.   Pub. by S. Curtis Walworth. Feb. 1. 1830

으려 할 것이고, 죄가 없는 사람은 그보다 순순히 받아들일 것이다. 시험에 쓰이는 독의 양을 조절하는 사람은 이런 점을 고려할 수 있다.

　잠비아의 루앙과 계곡 야영지 관리인으로 일했던 내 친구 마니 음불라는 돈을 도난당한 적이 있었다. 야영지 직원들은 모두 자신이 한 짓이 아니라고 부인했다. 그는 조언을 듣고 마법사를 찾아갔고, 그 마법사는 물에 독을 섞어서 주었다. 그는 그것을 가지고 야영지로 돌아가 직원들에게 보여주었다. 직원 중 한 명만 빼고 모두 독을 먹는 시험을 받겠다고 동의했다. 시험을 거부한 한 명은 돈을 훔친 사람이었다. 그 사람은 자신이 한 짓을 고백하고 돈을 돌려주었다. 만약 그가 그 독을 마셨다면 어떻게 되었을까.

　시죄나무에는 강력한 물질이 들어 있어서 전통 의술에서 널리 쓰였다. 인구가 증가하면서 시죄나무는 점점 더 희귀해지고 있다. 그 나무에서 얻은 물질은 구토제, 마취제, 살균제로 사용되었고, 말라리아 예방과 통증 완화에도 효과가 있다. 더불어 피부염이나 염증, 두통, 괴저, 류머티즘 치료에도 활용되었다. 온혈동물(조류와 포유류)이 많은 양을 먹으면 호흡곤란과 발작이 일어나고 몇 분 안에 심장마비에 이른다. 그러나 신중하게 사용하면 물고기를 한 아름 잡아서 가족과 함께 다음 한 주를 먹고살 수 있다.

진실 찾기: 시죄나무 그림(레이디 프랜시스 콜, 1830년)

090
국화

인류의 생존에 기여한 천연 살충제

흰 국화

아무리 골똘히 바라보아도

티끌 하나 없네.

└→ 마쓰오 바쇼의 하이쿠

국화에 대한 평판은 복합적이다. 프랑스와 벨기에, 이탈리아, 스페인, 폴란드, 헝가리, 크로아티아 등 여러 유럽 국가에서 국화는 주로 장례식에 사용하는 꽃이다. 영국에서는 지나치게 화려한 꽃이라는 약간 터무니없는 평가를 받는다. 동아시아에서는 경외심을 불러일으키는 꽃이다. 국화는 또한 전 세계적으로 힘 있고 중요한 식물이다. 강력한 살충제의 재료로, 지난 세기 내내 늘어난 인구 문제와 다가오는 세기의 가장 큰 딜레마 하나를 압축적으로 보여준다.

어머니는 국화를 싫어했다. 자신이 가을에 죽으면 국화로 잔뜩 장식한 교회에서 장례식을 치를지도 모른다고 걱정하기까지 했다. 어머니는 꽃의 생김새와 꽃잎이 주는 다육질의 느낌, 그리고 무엇보다 향기를 좋아하지 않았다. 어머니에게는 국화 향이 썩어가는 냄새같이 느껴졌다. D. H. 로런스는 「국화 냄새」라는 제목의 고전적인 단편소설을 썼다. 환멸과 죽음 그리고 엎질러진 국화 꽃병에 관한 이야기다. 공평해지자면, 국화에서 흙냄새와 풀

냄새가 난다면서 기분 좋은 향이라고 생각하는 사람들도 있다.

P. G. 우드하우스의 소설 『스미스에게 맡겨라』에서 주인공 스미스는 상대가 자신을 알아보도록 단춧구멍에 분홍색 국화를 꽂고 누군가를 비밀리에 만나려고 한다. 안타깝게도 만나자고 한 사람은 그가 카네이션을 꽂을 것이라고 생각했다.

"나는 분홍색 국화를 꽂고 있어요. 아무리 부주의한 사람이라도 그냥 지나칠 수 없을 거라고 생각했어요."

"그거요? …나는 그게 양배추 같은 거라고 생각했어요."

국화의 원산지는 동아시아로, 그곳에서 더 높은 평가를 받는다. 그런데 이쯤에서 우리는 정확함을 중시하는 분류학자들은 좋아하지만, 그 외의 사람들은 모두 혼란스러워하는 이름 문제에 부딪힌다. 국화과(*Asteraceae*)에는 국화속(*Chrysanthemum*)을 포함해 1,500개 이상의 속이 있다. 꽃집에서 파는 국화는 합당하게도 국화속에 포함되어 있었지만, 한때 다른 속으로 밀려났고, 그 후 적어도 일부는 다시 국화속으로 되돌아왔다. 분류 문제는 여전히 논쟁거리다. 생물이 작동하는 방식에 관심이 있다면 충분히 심각한 문제다. 국화속은 일반적으로 크고 화려한 꽃을 피우는 종뿐 아니라 강력한 살충 작용을 하는 종도 포함된다고 본다. 여기에는 비슷한 특성을 지닌 관련 종들과 함께 비공식적으로 제충국이라 불리는 크뤼산테뭄 퓌레트룸종(*Chrysanthemum pyrethrum*)도 포함된다. 모기향을 피워야 하는 방에서 지내본 적이 있다면 제충국이 얼마나 도움이 되는지 알 것이다.

국화꽃은 일본에서 정말 중요한 꽃으로, 일본 왕실의 상징이기도 하다. 천황의 국새에 국화꽃이 새겨져 있고, 국화꽃이 절정에 이르는 음력 9월 9일은 나라 전체가 기념하는 국화의 날이다. 내 어머니가 잘 알고 있었듯, 국화는 늦가을에 꽃을 피우는 식물이다. 국화는 일찍이 기원전 1500년부터 중국에서 재배되었다. 매화, 대나무, 난초와 함께 중국 회화에서 사군자의 하나로 여겨졌다. 8세기에 일본에 전해졌고, 1603년부터 1868년까지 에도시대, 즉 17~19세기 대부분에 걸쳐 인기가 치솟았다. 1630년까지 최소

LUCIEN DAVIS R I

500가지 품종이 있었다고 추정되고, 오늘날에는 품종이 2만 가지에 이른다는 이야기도 있다. 국화는 북쪽의 겨울도 견디는 내한성의 다년생 식물이다. 맞춤법 검사기가 나오기 전에는 틀리기 쉬웠던 철자를 지닌 영어 이름(Chrysanthemum)은 '황금색 꽃'이라는 뜻의 그리스어에서 유래했다.

제충국으로 불리는 종은 많은 사람에게 황금처럼 소중하다. 제충국은 확실히 인류의 삶을 바꾸어놓았다. 제충국의 살충 성분 덕분에 모기가 가까이 오지 못해 말라리아 발병률을 떨어뜨린다. 또, 농작물에 피해를 입히는 곤충을 죽여서 농부가 같은 땅에서 농작물을 더 많이 생산할 수 있게 해준다. 그저 제충국 꽃을 말리고 으깬 다음 그 가루를 물과 섞으면 살충제가 된다. 제충국을 다른 식물들과 함께 심을 수도 있다. 제충국이 있으면 식용식물이 곤충으로부터 피해를 입지 않도록 보호할 수 있다. 제충국을 활용하는 방법은 유기농 인증을 받을 수 있는 농법이다.

제충국의 살충 성분인 피레트린을 화학적으로 합성한 피레트로이드도 만들어졌다. 피레트로이드는 독성이 더 강하지만, 곤충을 더 잘 죽이고, 더 싼 비용으로 쉽게 생산할 수 있다. 합성 살충제는 이제 거의 모든 곳에서 쉽게 구할 수 있다. 이 살충제가 세상을 바꿔놓았다고 말해도 과언이 아니다. 제충국 같은 식물들에서 아이디어를 얻어 살충제가 만들어졌다. 살충 식물에는 세 가지 종류가 있다. 삼키면 소화기관이 손상되는 경우, 들이마시면 호흡계가 손상되는 경우 그리고 접촉하면 외피나 외골격이 손상되는 경우다. 제충국은 그중 마지막 범주에 속한다. 대부분의 합성 살충제는 적어도 어느 정도는 세 가지 효과를 동시에 낸다. 천연 살충제는 효과가 지속되는 시간이 짧은 데 반해, 합성 살충제는 그 효과가 더 오래 지속된다.

합성 살충제는 20세기 중반에 널리 사용되기 시작했다. 빌 브라이슨의 책『선더볼트 키드의 삶과 시대』는 1950년대 미국을 인상적으로 묘사한다.

의기양양한 꽃들: 〈온실에서〉(루시언 데 이비스, 1920년)

책 표지에는 "DDT, 담배, 방사능 낙진까지 모든 게 좋았다"라고 적혀 있다.

합성 살충제는 농업의 비약적인 발전에 결정적인 역할을 했다. 새로 개발된 살충제 덕분에 일부 지역 들판에서는 1945년에서 1965년 사이 수확량이 50퍼센트가 늘어났다. 먹을거리가 많아진다는 것은 지구에서 더 많은 사람이 살 수 있다는 뜻이다. 더군다나 살충제는 말라리아, 황열병, 발진티푸스의 전염 속도를 늦췄다. 살충제는 인류의 생존율을 높였고, 그로 인해 인구가 증가한 것은 필연적인 결과였다.

농업에서 살충제 확산의 부정적인 측면은 충분히 잘 알려져 있다. 환경을 오염시킬 뿐 아니라 표적이 되는 종들은 살충제에 대한 내성을 키우고, 표적이 되지 않는 종들은 우발적으로 죽는다. 이미 살펴보았듯(아몬드나무에 대한 85장), 꽃가루받이를 해주는 곤충처럼 여러 좋은 작물에 꼭 필요한 몇몇 종의 곤충들도 살충제 때문에 죽는다. 최근까지 자연과 자연의 다양성이 훼손되는 현실을 그저 부수적인 피해 정도로 여겨왔다. 감상주의자로 치부되는 소수의 사람만 후회하는 일이었다. 그러나 계속 늘어나는 인구를 먹여 살리기 위해 단일 재배에 치중하면서 이제는 식량을 생산하는 유기체인 지구의 미래가 돌이킬 수 없을 정도로 위태로워지고 있다는 우려가 나온다. 다시 한번 우리는 끔찍한 딜레마에 직면했다.

인간의 독창성으로 해결책을 찾을 수 있다는 신념을 바탕으로 우리는 몇 년간 노력해왔다. 이전에도 우리는 언제나 해결책을 찾아왔기 때문이다. 인구가 늘어 점점 먹여야 할 입이 늘어나는 지금, 우리는 기존의 방법이 여전히 실행 가능한지 물어야 한다. 우리는 심각한 내기에서 판돈을 걸어야 한다. 자연, 아니면 자연의 힘을 배제하고 문제를 해결하려는 인간의 능력. 둘 중 어디에 판돈을 걸어야 할까?

091

균근균

우리가 깨달아야 할 경이로운 세계

나는 나무들에게 이야기하네….

· 1969년 영화 《페인트 유어 웨건》에서 클린트 이스트우드가 부른
앨런 제이 러너와 프레더릭 로우의 노래

생소한 이 장의 제목을 보고 눈이 휘둥그레졌을 수도 있겠다. 100가지를 모두 채울 식물이 부족해 내가 낙담한 결과라고 생각할 수도 있으리라. 그렇다면 다시 생각해보길 바란다. 물론 나는 가장 멋진 식물을 마지막까지 남겨두고 있다. 하지만 나는 이 장이 이 책에서 가장 중요하다고 말할 수도 있다. 균근균(mycorrhiza)은 세상을 생명으로 가득 채워온 것처럼 우리 마음도 경이로움으로 가득 채운다.

균근균은 식물 뿌리의 안팎에서 서식한다. 균근균은 종이 아니고, 어떤 분류 범주에도 들어가지 않는다. 그저 생태학적인 설명으로, 살아가는 방식에 관해 말하는 것이다. 균근균은 모든 식물 종의 90퍼센트 정도와 관련이 있고, 식물과 균근균 모두 이러한 관계로 이득을 얻는다. 균류는 우리 동물처럼 먹이를 먹는 소비자다. 그리고 식물만이 오로지 먹이를 만들어낸다. 식물은 균류가 수분과 함께 특히 질소와 인 같은 영양소를 가져다주어 이득을 얻는다. 균류가 아니면 식물이 얻기 어려운 것들이다. 또한 균류는 숲에서

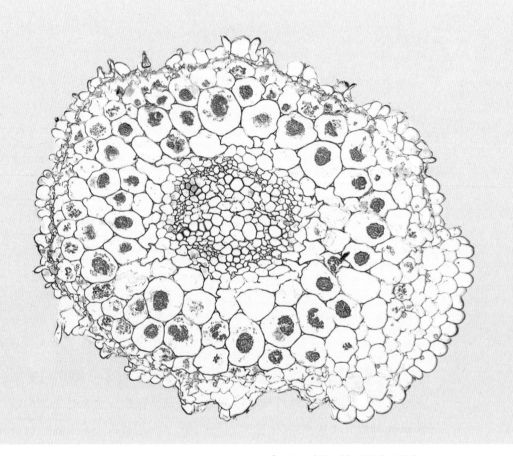

나무들이 서로 소통하고, 메시지를 보내고, 경고하고, 도움을 주고, 가끔은
적대적인 물질을 내보낼 수 있는 체계를 만들어낸다. 이것은 마치 사이버 범
죄에 비교될 만한 비현실적인 방식으로 이루어진다.

균근균을 이해하려면 균류에 대한 우리의 개념을 다시 한번 재조정해
야 한다. 리소토에 넣는 버섯이나 숲의 땅바닥에 자라는 위협적인 독버섯
모두 균류의 자실체다. 이것이 포자를 퍼뜨려 자손을 만든다. 자실체를 균류
의 전부라고 혼동하는 것은 도토리를 참나무로 착각하는 것과 비슷하다. 균

사라고 부르는 실 같은 세포야말로 균류의 심장이자 영혼이다.

균사에 대해 가장 먼저 이해해야 할 점은 거의 셀 수 없을 정도로 많다는 사실이다. 한 찻숟가락 정도 넓이의 땅에 있는 균사의 길이를 모두 합하면 1킬로미터에 달한다. 균사체의 실은 너무 가늘어서 맨눈으로 볼 수 없는 경우가 많다. 우리가 쉽게 이해할 수 없는 생물이지만, 균류가 작동하는 방식은 우리 모두에게 꼭 필요하다. 알지도 못하고, 볼 수도 없고, 쉽게 이해할 수도 없는 무언가에 의존하고 있다는 사실이 조금 거슬릴 수도 있다. 그러나 삶은 언제나 그랬다.

그물처럼 얽혀 있는 균사는 균류나 식물 모두의 삶을 풍요롭게 히면서 양쪽의 생존에 큰 역할을 한다. 4억 5,000만여 년 전에 식물이 땅에 등장한 것은 균류라는 존재가 있었기 때문에 가능했다. 균류의 실은 땅속에서 사방으로 뻗어 있다. 숲에서는 이 나무와 저 나무를 연결한다. 코로나로 자유롭게 오갈 수 없던 시대의 우리처럼, 나무들은 서로 직접 소통할 수 없기 때문에 외부 수단의 도움을 받아 소통해야 한다. 그물처럼 얽혀 있는 균류의 망은 줌으로 하는 화상회의 같은 역할을 한다. 우리는 그것을 우드 와이드 웹(Wood Wide Web)이라는 매력적인 이름으로 부른다.

나무들이 서로 이야기를 나눈다는 발상은 뉴에이지(1970년대 초 서구 사회에서 유행한 여러 영적·종교적 관행 혹은 신념—옮긴이)스럽게 들려서 수상쩍다. 그러나 밝혀지고 있는 진실은 의외로 철저히 현실적이다. 예를 들어, 숲의 큰 나무들은 그들보다 조건이 좋지 않은 주변 식물들에게 균류를 통해 영양분을 전달한다. 생명력을 주는 햇빛의 혜택을 큰 나무만큼 받지 못하는 나무를 그런 식으로 돕는다. 이렇게 부모 나무가 자손 나무를 도울 수 있다. 그러므로 숲의 규모가 커지면 나무에게 더 도움이 된다. 숲 규모가 클수록 기상이변을 겪을 때 모든 나무가 더 안전해진다. 다른 나무를 돕고 격려하는 일이 모든 나무에게 이익이 되는 셈이다.

나무가 질병에 걸리면 균류의 소통 체계를 통해 다른 나무들에게 자신의 상태를 전달한다. 그로 인해 다른 나무들은 면역 체계를 강화하고, 질병을 방어하는 화학물질을 만들어냄으로써 대비한다. 마치 예방접종과도 같다. 덕분에 짧은 시간 안에 주변 모든 나무가 그 질병에 더 잘 대처할 수 있다.

적대적인 동물 종에 대처할 때도 같은 원리가 적용된다. 균류로 연결된 누에콩 식물 하나가 진딧물의 공격을 받을 때 다른 식물들에게 그 위험을 어떻게 알리는지를 실험을 통해 입증했다. 진딧물의 공격 신호를 받은 주변 식물들은 진딧물로부터 자신을 보호할 화학물질을 만들어냈다. 진딧물이 다가왔을 때는 이미 대비가 되어 있었다. 진딧물이 공격하지 않으면 에너지를 낭비하는 셈이고, 비경제적이기 때문에 식물들은 이런 화학물질을 평소에 미리 갖추고 있지는 않다.

하지만 모든 소통이 좋은 의도로만 이루어지는 것은 아니다. 식물은 균류 망(fungal networks)을 통해 독소를 보낼 수도 있다. 경쟁하는 주위 식물에 독소를 보내는 것이다. 경쟁 식물이 자리 잡지 못하게 할 수는 없더라도 자리 잡기 힘들게 만들 수는 있다. 어디든 식물들이 협력하는 곳이라면 경쟁 상대 또한 있다. 많은 식물이 서로 가까이 있어서 유익을 얻지만, 똑같은 자원을 두고 서로 경쟁하기도 한다. 협력과 경쟁은 때로는 떼려야 뗄 수 없는 관계다.

식물 대부분이 균류와의 공생 관계를 통해 더 잘 자란다는 사실은 농업에 확실히 영향을 미친다. 좋은 균류 망이 확보되면 화학비료 없이도 작물에 영양분을 공급할 수 있고, 동시에 토양 속의 포식자로부터 식물을 보호할 수 있다. 하지만 화학비료와 농약이 발명된 후로 우리는 효율적이면서 비교적 저렴한 화학적 농법을 더 선호했다. 농약 생산은 온실가스 발생과 관련이 있다. 그것만으로 이미 충분히 문제가 많은데, 화학비료를 사용한 토양은 그로 인한 영양분이 사라지면 이전보다 더 척박해지는 경향이 있다. 이런 피할 수 없는 악순환으로 우리는 결국 끔찍한 결정을 내려야 한다. 더 많은 양의 비료를 사용해야 할까? 주변 나무들을 베어내서 재배 면적을 늘려야 할까?

균근균을 활용해 이런 끔찍한 질문에 대한 해결책을 찾을 수 있다. 균근균은 농업의 악순환을 선순환으로 되돌릴 수 있다. 하지만 균근균을 활용

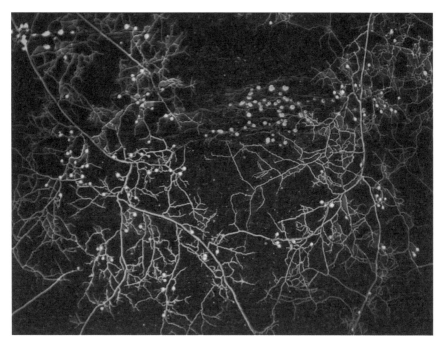

식물의 의사소통 수단: 균류 망(오야르테 갈베즈 박사 제공)

하는 방법은 시간과 노동력이 많이 든다. 화학적인 방법을 사용하는 편이 훨씬 더 쉽고, 적어도 그해에 성과를 거둘 수 있다.

　우리는 식물이 필요하다. 먹기 위해서뿐 아니라 숨을 쉬기 위해서도 세계 곳곳에 식물이 필요하다. 식물은 대기를 산소로 채우고, 당연하게도 우리의 호흡기를 좋은 상태로 유지시켜준다. 균근균이 있기에 이러한 식물이 잘 자랄 수 있다. 한 걸음 떨어져서 보면 우리는 이 작고 흰 실 같은 존재에 빚을 지고 있다. 균근균의 존재와 목적은 지구가 작동하는 방식을 새롭게 이해할 수 있게 해준다. 균근균 덕분에 지구를 가상 잘 돌보는 방법을 더 잘 알 수 있다. 균근균은 또한 세상이 우리가 이해할 수 있는 범위보다 더 복잡하다는 사실을 깨닫게 함으로써 기쁨과 경이로움, 환희를 불러일으킨다. 어쩌면 우리는 생존의 열쇠가 그 경이로움에 달려 있다는 사실을 깨닫게 될지도 모른다.

092
유칼립투스

경제 논리와 생태계 보전의 충돌

옛날에 한 쾌활한 떠돌이가 호수 옆에서 야영을 했네.

쿨라바 나무 그늘 아래에서….

└ 밴조 패터슨의 노래 〈왈칭 마틸다〉

집을 뜻하는 그리스어는 오이코스(oikos)다. 여기에서 인간의 공적인 삶을 규정하는 두 단어가 생겼다. 바로 경제(economy)와 생태계(ecology)다. 농업이 발명된 이래 지난 1만 2,000여 년 동안 이 두 가지가 지구를 형성해왔다. 기원이 비슷하므로 경제학과 생태학은 거의 같은 분야이자 동전의 양면 같은 자매 학문이라고 기대할 수도 있다. 어쩌면 그렇게 되어야 하는지도 모른다. 그러나 이 책에서 여러 차례 살펴보았듯, 경제와 생태계는 완전히 반대되는 가치관과 세계관을 표현하는 데 사용될 때가 많다. 유칼립투스가 그런 사실을 아주 명확히 보여준다.

유칼립투스속(*Eucalyptus*)에 속하는 식물은 700종 가까이 되는데, 이 식물들은 한 국가를 정의하는 데 큰 역할을 한다. 거의 모든 유칼립투스의 원산지가 다른 어느 곳도 아닌 오스트레일리아이기 때문이다. 15종만이 북쪽 섬들에서 자생하는데, 그중 6종은 오스트레일리아에서도 자란다. 오스트레일리아를 방문한 북반구 사람들은 오스트레일리아의 풍경을 바라보면서 도시의 공원에서조차 시각적으로 묘하게 혼란스러운 인상을 받는다. 상당히 익숙하면서도 무언가 정상에서 벗어나 보인다. 나무 대부분이 유칼립투스이기 때문이다. 유칼립투스는 다른 지역에서 온 사람들이 익숙하게 아는 나무와는 미묘하게 달라 보인다.

유럽에서 온 초기 정착민 가운데 이러한 풍경을 그리려고 했던 사람들은 어려움을 겪었다. 시드니의 뉴사우스웨일스 미술관에 있는 오스트레일리아 풍경화는 썩 나쁘지 않지만, 그림 속 나무는 확실히 영국 나무다. 유칼립투스 잎은 아래로 늘어지는 경향이 있어서 나무 모양이 다르다. 그래서 대부분 그늘을 잘 드리우지 않는다. 18세기와 19세기 초 화가들은 그런 특징을 잘 묘사해내지 못하고 어려워했다.

유칼립투스속에는 작은 관목도 있고, 세계에서 가장 큰 나무도 있다. 이 거인 나무 중에는 오스트레일리아 마운틴 애시종(*Eucalyptus regnans*)이 있다. 분류학에 무관심한 영국 출신 정착민이 향수에 젖어 붙인 이름이다. 키가 100.5미터에 이르렀다는 기록도 있다. 다른 6종도 보통 80미터까지 자란다. 유칼립투스 식물은 잎에서 강력한 성분의 기름을 만들어낸다. 나무껍질이 손상되면 상처를 자연 치유할 수 있는 키노라는 끈적끈적한 물질, 비공식적으로는 껌이라고 부르는 것을 분비한다. 그래서 유칼립투스 나무를 껌나무라고도 부른다. 〈왈칭 마틸다〉 속 불운한 떠돌이가 잠시 쉬어간 쿨라바 나무가 바로 이 나무다.

유칼립투스는 코알라와 주머니쥐의 먹잇감이며, 그 꽃에는 꿀이 풍부해서 많은 곤충이 이를 노린다. 익숙하지 않은 눈으로 보아도 유칼립투스 나무에는 놀라운 특성이 눈에 띈다. 나무껍질이 계속 벗겨진다는 점이다. 유칼립투스에 속하는 낳은 종이 매년 새로운 나무껍질이 생겨나고 오래된 껍질이 떨어져 나가는 특성을 보인다.

유칼립투스는 화재가 일어나는 생태계에 잘 적응한다. 많은 나무가 나무껍질 아래 새싹이나 화재를 견뎌낸 씨앗에서 다시 자라난다. 자연의 순환에서 화재는 재난이자 기회다. 빠른 재생에 빠른 성장이 뒤따르기 때문이

오스트레일리아의 오지: 〈정착민의 집〉(해럴드 허버트, 1931년), 오스트레일리아 빅토리아주 키와 계곡

다. 많은 유칼립투스 종은 불에 아주 쉽게 탄다. 그래서 오스트레일리아의 산불은 특히 더 맹렬하게 타오른다. 유칼립투스 나무들은 거의 산불을 즐기는 것처럼 보인다. 유칼립투스에 든 강력한 성분의 기름이 균류를 막아서 균

100가지 식물로 읽는 세계사

류가 먹어치우지 못한 마른 목재가 상당히 많은 데다 기름 때문에 불에 더 잘 탄다. 숲의 위쪽에 기름으로 가득한 공기 때문에 불이 이 나무 저 나무로 더 옮겨붙기도 쉽다. 1974년부터 1975년까지 산불로 오스트레일리아 면적의 15퍼센트인 117만 제곱킬로미터가 불탔지만, 거의 모두 사람이 거주하는 지역에서 멀리 떨어진 곳이었다. 2019년부터 2020년에 발생한 화재로 5,900채의 건물이 파괴되었고, 30억 마리 이상의 육상 척추동물, 대부분 파충류가 피해를 입었다. 아마도 몇몇 종은 멸종했으리라 추정된다. 기후변화로 인한 화재는 더욱 잦아지고 있다.

오스트레일리아는 집과 가구, 배 등 무든 것을 유칼립투스로 만들었다. 원주민은 유칼립투스를 이용해 불과 도구, 무기를 만들었다. 그들이 유칼립투스 목재로 만든 부메랑이 유명한데, 두 가지 종류가 있다. 직선으로 날아가는 사냥용과 되돌아오는 오락용이다. 우메라라는 도구는 인간의 팔을 연장하는 역할을 하면서 창을 더 멀리 더 빨리 던지게 해준다. 전통 악기 디저리두 역시 유칼립투스로 만든다.

유칼립투스는 건강에 유익한 특성 때문에 높은 평가를 받는다. 유칼립투스 글로불루스종(*Eucalyptus globulus*)은 주로 에센셜 오일을 얻기 위해 재배한다. 잎을 수증기로 증류해서 얻는 이 오일은 세척제, 용해제, 치약, 충혈완화제, 모기 방충제 등으로 사용된다. 또, 스트레스를 줄이고 통증을 완화하며 건조한 피부를 치료하는 데 도움이 된다고 한다.

몇몇 유칼립투스 종은 좋은 목재와 목재 펄프를 만드는 데도 유용하다. 유칼립투스는 아주 빨리 자라는 편이고, 열악한 환경에서도 잘 견딘다. 몇몇 종은 나무껍질을 이용해 광합성을 한다. 이런 특성들 때문에 유칼립투스는 상업용으로 나무를 재배하는 조림지에서 선택할 만한 완벽한 나무다. 그러나 대부분이 서리를 견디지 못하기 때문에 따뜻한 나라에서만 재배할 수 있다. 유칼립투스 조림지는 캘리포니아와 스페인, 포르투갈, 아프리카, 동아시아, 남아메리카, 남아시아, 중국을 포함해 여러 지역에 만들어졌다. 가난한 나라에서는 유칼립투스가 돈을 벌 수 있는 중요한 작물이다. 유칼립투스는 쓰러져도 뿌리에서부터 다시 자라나는 놀라운 재생력을 보여준다. 유칼립투스 종은 전 세계적으로 조림지에서 가장 널리 재배하는 나무가 되었다.

유칼립투스는 급변하는 세상에서 인간의 명령을 수행하기 위해 외딴 대륙에서 구해낸 거의 완벽한 나무처럼 보인다. 물론 대가도 있다. 불에 잘 타는 문제는 그중 하나일 뿐이다. 유칼립투스는 땅속 깊이 뿌리를 내려 지하수를 뽑아내고 고갈시켜 토양침식을 촉진한다. 토종 식물 종들을 희생시키면서 번성하고, 토종 동물의 생물 다양성도 급격하게 줄인다. 유칼립투스는 그 지역 생태계에서 확산을 막을 병원균이나 포식 동물이 없다는 일반적인 이유로 침입종이 된다. 그럼에도 인류는 유칼립투스 심기를 멈추지 않았다. 전 세계적으로 최대 19만 제곱킬로미터에 달하는 면적이 유칼립투스 조림지가 되었다고 추산한다. 유칼립투스는 여러 지역에서 경제 논리가 생태계 보전 논리를 이겼다는 사실을 보여준다.

그러나 21세기에는 이 두 가지 측면을 계산하는 새로운 방법이 제시되었다. 자연 자본이라는 개념을 바탕으로 삼는 계산법이다. 자연이 공짜로 제공하는 '생태계 서비스'는 실제로 총액을 계산할 수 있는 엄청난 금액의 가치가 있다. 가장 확실한 사례는 꽃가루받이다. 만약 곤충을 모두 죽이면 꽃가루받이를 위해 비용을 지출해야 한다. 2012년 미국에서 곤충들이 꽃가루받이를 해준 작업의 가치는 349억 달러에 이른다(아몬드나무에 대한 85장 참조). 이러한 원칙은 전 세계 그리고 인간 활동의 모든 범위에 걸쳐 적용된다. 인간이 휴식하면서 몸과 마음을 회복하기 위해 찾는 자연을 파괴하면 스트레스를 더 많이 받고, 비싼 값에 치료를 받고 약을 먹어야만 한다.

경제와 생태계의 해결책이 다른 것은 기본적으로 시간의 문제 때문이다. 경제는 빠른 해결책을 찾으려고 한다. 현대인은 경제 문제를 해결하면 다른 모든 측면이 제자리를 찾는다고 믿는다. 반면 생태학은 다음 세대를 생각한다. 우리 앞에 선택의 기로가 놓여 있다. 그 선택으로 인류라는 우리 종과 우리가 살아갈 세상이 결정된다.

093
코카나무

마음을 바꾸는 금지된 약물

당신은 그저 히치하이크하는 사람을 태웠어.

고속도로 차선에 있던 한 죄수를.

└ 조니 미첼의 노래 〈코요테〉

역사를 통틀어 인간은 술과 함께 식물과 균류를 활용해 나쁜 일은 덜 나쁘게, 좋은 일은 더 좋게 느끼려고 노력해왔다. 초콜릿, 헤로인, LSD, 커피, 차, 대마초, 말보로 한 갑 그리고 1953년산 샤토 마고(20세기 최고의 와인)…. 이 모든 것이 우리의 의식을 바꾼다. 그리고 이 모든 것을 식물과 균류에서 얻을 수 있다.

어떤 사회에서든 이러한 과정은 문제가 많고 복잡하다. 마음을 바꾸는 물질 중에서는 슈퍼마켓에서 살 수 있는 종류도 있고, 소지하고 있으면 교도소로 가는 종류도 있다. 술은 아마도 다른 어떤 마약보다 많은 사람의 삶을 망쳐왔을 것이다. 그러나 술은 많은 나라에서 생활의 중심에 있다. 게다가 술에 매기는 세금은 국가 운영에 도움이 되기까지 한다. 이슬람 문화권에서는 술에 대해 다른 관점을 가지고 있다. 몇몇 이슬람 국가에서는 술을 마시는 것은 물론이고 가지고 있기만 해도 불법이다. 이제 전 세계적으로 담배가 건강에 좋지 않다는 사실을 인정하지만, 대부분 정부는 여전히 담배로 수익을 올리고 있다. 담배를 불법화하겠다고 진지하게 생각하지는 않는다. 12장에서 살펴보았듯, 몇몇 국가는 대마초에 대한 생각을 바꾸었다. 대마초를 악으로 여기다가 지금은 건강에 나쁘지 않고 국가 수익에 도움이 되는 것으로 생각한다. 헤로인과 LSD는 거의 모든 나라에서 불법이고, 법으로 단속하는 비용이 아주 많이 든다. 정부는 헤로인에 세금을 매겨 돈을 받는 대신, 헤로인 사용을 억제하기 위해 돈을 쓴다.

전 세계 나라들은 코카나무 잎에서 추출한 코카인 사용을 금지한다. 그러나 코카인을 찬양하는 수천 곡의 노래에 힘입어 엄청난 규모로 코카인의 불법 거래가 이루어지고 있다. 코카인의 단점을 지적하는 노래조차 상당히 매력적으로 들린다. 데이비드 보위, 플리트우드 맥, 에릭 클랩턴, 롤링 스톤스, 스틸리 댄 등 우리가 하루 종일 흥얼거릴 수 있는 노래들에 코카인에 관한 공공연하면서 은밀한 언급이 있다.

이 모든 상황이 불법 거래를 부추긴다. 전 세계 GDP의 1퍼센트가 불법 마약 거래로 생긴다고 추산한다. 코카인은 식물이 곤충의 공격으로부터 자신을 보호하기 위해 잎에서 만들어낸 물질이다. 코카나무에는 두 종이 있고, 각각 두 가지 재배 품종이 있으며, 모두 코카나무과(*Erythroxylaceae*)에 속한다. 코카나무는 안데스산맥 동부에서 자생하지만, 아르헨티나 북동부, 볼리비아, 콜롬비아, 에콰도르, 페루에서 수천 년 동안 재배해왔고, 뒤늦게 멕시코에서도 재배되었다. 이 식물은 덤불에서 3미터 높이까지 자라고, 작은 꽃들을 무리 지어 피우며 붉은 열매를 맺는다. 사람들이 찾는 물질은 잎에 있다. 수 세기 동안 사람들은 이 잎을 씹어왔다. 씹는 과정에서 통증과 배고픔이 희미해지고 활력이 생기며 생각이 명료해진다. 씹는 방식에는 신체·정신적으로 중독성이 없다. 그래서 남아메리카

┃ 기분이 좋아지는: 코카나무 잎

에서는 많은 사람이 코카나무 잎을 씹거나 차로 마신다. 코카나무 재배의 역사가 8,000여 년 전으로 거슬러 올라간다고 추정하는 사람들도 있다. 한편, 잉카 문명에서 유명한 인물의 미라를 만들 때 입에 코카 잎을 넣었다고 한다. 몇몇 문화권에서는 지배층만 코카 잎을 사용할 수 있었고, 종교적인 목적으로도 사용되었다.

16세기에 남아메리카에 도착한 스페인 사람들은 코카를 종교적인 목적으로 사용하는 일은 반대했지만, 강제 노역을 하는 사람들에게는 코카 잎을 씹을 수 있게 했다. 더 열심히 일하게 만들기 위해서였다. 코카 잎이 유럽으로 들어왔지만, 처음에는 큰 관심을 불러일으키지 못했다. 19세기에 파올로 만테가자 박사가 인지 기능에 미치는 영향을 높이 평가하는 글을 쓰면서 상황이 바뀌었고, 코카가 잠시 인기를 끌었다. 안젤로 마리아니는 보르도 와인과 코카를 섞어서 강장제로 판매했다. 1886년에는 존 펨버턴이라는 미국 약사가 설탕 시럽과 코카를 주재료로 음료를 개발했다. 이 음료는 소다수 판매점에서 코카콜라라는 이름으로 판매되었고, 1903년까지 그런 형태로 제조되었다.

1859년에 앨버트 니만이 코카 잎에서 활성 알칼로이드 성분을 추출해 전 세계에 공급했다. 이 성분은 마취제로 사용되었다. 1905년에는 알프레트 아인호른이 프로카인을 합성해 노보카인이라는 상표를 붙였다. 아인호른은 의사들이 절단 수술을 할 때 그 제품을 국소마취제로 사용하기 바랐지만, 외과 의사들은 전신마취제를 더 좋아했다. 그러나 치과 치료에서 그 마취제를 사용하게 되었고, 우리 대부분은 이에 대해 고마워해야 한다.

코카인은 아서 코넌 도일의 두 번째 셜록 홈스 소설『네 사람의 서명』에 불쑥 나타난다. 소설은 지루하고 무기력한 홈스가 거실에서 '7퍼센트 용액'의 코카인을 주사하는 장면으로 시작한다. 마지막에 모든 일을 해결한 후 왓슨 박사는 "자네가 이 사건을 해결하기 위해 모든 일을 했잖아. 나는 아내를 얻었고, 존스는 공로를 인정받았어. 자네에게 남은 건 뭐지?"라고 물었다. 셜록 홈스는 "내게는 아직 코카인 병이 남아 있어"라고 대답한다.

지크문트 프로이트는 코카인의 열렬한 지지자였고, 1884년에는 "이 마법 같은 물질에 대한 찬가"라고 설명하면서 『코카에 대하여』를 출간했다. 그는 코카인이 우울증과 발기부전을 치료하는 강장제라고 말했다.

1914년 해리슨 마약 단속법에 따라 미국에서는 코카인 사용이 금지되었고, 불법 거래가 성행했다. 콜 포터는 1934년에 뮤지컬《애니딩 고스》에 등장하는 노래〈나는 너에게서 짜릿함을 느껴〉를 썼다.

> 어떤 사람들은 코카인에서 짜릿함을 느끼지.
> 나는 확신해. 만약
> 내가 한 번이라도 냄새를 맡으면

100가지 식물로 읽는 세계사

엄청나게 지루해지기도 할 거라는 사실을….

이 마약은 1970년대 포스트 히피 시대에 본격적으로 유행하기 시작했다. 이 무렵에는 마약 복용이 궁극적인 진리를 추구한다는 개념이 아니라 순전히 쾌락을 위한 행위였다. 코카인은 특히 젊은 사업가들에게 인기가 있었다. 이전에 히피들이 마약을 하지 않는 이성애자라고 경멸하던 사람들이었다. 그들은 종종 코카인을 고액권 지폐로 말아서 코로 흡입했다. 코카인은 자신감과 성적 능력을 높인다고 여겨졌고, 비싸서 높은 사회적 지위를 상징하기도 했다. 물질만능주의가 팽배하는 문화에서 코카인은 완벽한 마약처

| 좋은 약: 〈잉카의 포도주〉(알폰스 무하, 1897년)

럼 보였다.

찾는 사람이 많아지면서 공급량도 늘어나 1980년대에는 코카인의 가격이 80퍼센트 정도 떨어졌다. 새로운 형태로도 판매되었다. 코카인 가루에 암모니아와 물을 섞은 다음 끓여서 단단한 덩어리로 만들면 크랙 코카인이 된다. 그런 다음 피우면 더 짧지만 더 강렬한 황홀감을 느낄 수 있다. 편리하면서도 중독성이 강해서 적어도 판매자 입장에서는 완벽한 상품이었다.

코카인 생산은 국제 정치와도 관련이 있다. 미국 중앙정보부가 니카라과에서 코카인 생산을 지원한다는 비난을 받았다. 불법 거래로 어마어마하게 부를 쌓은 사람들도 생겼다. 그중 콜롬비아의 메데인 카르텔을 운영했던 파블로 에스코바르는 1993년 사망 당시 재산이 300억 달러에 이르렀다고 한다. 『포브스』는 시날로아 카르텔의 호아킨 '엘 차포' 구즈만을 2009년부터 2013년까지 세계에서 가장 강력한 네 명의 인물 중 하나로 꼽았다.

국제사회는 코카인 거래를 중단시키기 위해 커다란 노력을 기울여왔다. 그러나 사려는 사람과 팔려는 사람이 있는 한, 코카인 거래는 유지되고, 앞으로도 계속될 것이다. 불법으로 코카나무를 재배하는 지역에서는 글리포세이트 제초제를 공중에서 살포한다. 새롭게 발견된 코카나무 품종이 글리포세이트의 영향을 받지 않기 때문이다. 이 제초제를 살포하면 경쟁 식물만 죽이고 코카나무는 영향을 받지 않아 재배하는 데 도움이 된다. 이 품종이 주도면밀한 육종의 결과인지, 아니면 유전자 변형으로 개발한 것인지는 확실하지 않다. 이러한 새로운 코카나무를 슈퍼코카(supercoca) 또는 라 밀리오나리아(la millionaria)라고 부른다.

094
옥수수

옥수수를 보면 세계의 빈부 격차가 보인다

옥수수는 코끼리 눈 정도의 높이다.

ㄴ 뮤지컬 《오클라호마!》 중 오스카 해머스타인의 노래 〈오, 얼마나 아름다운 아침인기〉

옥수수는 아마도 세계에서 가장 차별적인 작물이다. 북아메리카와 오스트레일리아에서는 옥수수를 콘(corn)이라고 부르고, 아프리카 대부분에서는 밀리(mealie)라고 부른다. 남극 대륙을 제외한 모든 대륙에서 옥수수를 재배한다. 사하라사막 이남 아프리카의 많은 지역에서 옥수수는 가장 중요한 식량이다. 그래서 옥수수가 흉작이면 기근이 뒤따른다. 반면 세계의 다른 지역에서는 특권의 상징이 되기도 한다. 영국에서는 종종 순전히 사소한 이유로 옥수수를 재배한다.

잠비아에서 매일 먹는 기본적인 음식이 은시마와 렐리시다. 옥수수 가루를 끓인 죽에 스튜나 수프를 곁들여 맛과 단백질을 더한 식사다. 그들은 함께 이 음식을 만들어 먹으면서 나눔과 생존의 의미를 되새기는 의례를 매일 치른다. 미국에서 재배하는 옥수수는 사람이 거의 먹지 않는다. 가축에게 사료로 먹이거나 바이오 연료를 만드는 데 사용한다. 영국에서는 취미로 즐기는 꿩 사냥을 위해서 옥수수를 재배한다. 옥수수밭은 사냥터에서 꿩의 은신처가 된다. 부자와 가난한 나라의 차이를 이보다 더 명확하게 드러내는 작물도 없다.

조상 옥수수는 멕시코에서 자생하고, 13미터 높이까지 자란다. 옥수수는 밀과 호밀, 보리, 쌀, 사탕수수처럼 일년생 풀로, 멕시코 테후칸 계곡에서 처음 재배되었다고 추정한다. 여러 곳에서 거의 동시에 재배하기 시작한 것이 아니라, 특이하게도 오래전에 한 곳에서 재배하기 시작해 퍼져 나갔을 가능성이 높다. 옥수수는 그 자체로도 나름 유용한 작물이지만, 그보다는 좀 더 전략적으로 활용하기 좋은 식물이었다. 최초의 옥수수는 낟알이 달린 속대의 길이가 2.5센티미터 정도밖에 되지 않았다. 당시에는 감자(32장 참조)가 주식이었고, 옥수수는 뜻밖의 괜찮은 선물을 주는 작물이었다. 옥수수는 콩(60장 참조), 호박과 함께 '세 자매'로 불리며 전략적으로 재배되는 작물이었다. 콩은 땅속에 질소를 가두고, 옥수수는 콩이 타고 오를 수 있게 하고, 호박은 땅을 뒤덮어 경쟁 식물이 자라지 못하게 한다.

옥수수는 재배하는 과정에서 변화했고, 훨씬 더 생산성이 높아졌다. 지금의 옥수수는 속대가 18센티미터에 달하고, 하루에 3밀리미터씩 자란다. 그리고 보통 속대가 둘씩 달린다. 옥수수는 콜럼버스 교환의 일부로 스페인 사람들이 유럽에 가져왔고, 유럽에서 전 세계로 퍼져 나갔다. 스페인 사람들은 옥수수를 음식으로 인정하지 않았다. 두 가지 이유가 있는데, 첫 번째는 스페인 사람들의 삶과 문화에서 중심 역할을 하는 성찬식에서는 밀로 만든 빵만 사용할 수 있었기 때문이다. 두 번째는 어떤 음식을 먹느냐에 따라 그 사람의 정체성이 달라진다고 믿었기 때문이다. 원주민의 음식을 먹기 시작하면 그들처럼 된다고 생각했다.

옥수수는 멕시코와 남아메리카에서 중요한 작물이었다. 오늘날에도 여전히 토르티야와 타말레라는 음식을 만드는 데 쓰여 탄수화물을 제공하는 중요한 작물이다. 옥수수는 죽으로도 만들어 먹는다. 미국 남부의 유명한, 혹은 악명 높은 호미니 그리트라는 음식이 바로 그런 옥수수 죽이다. 옥수수를 알칼리수에 익혀서 만든다. 그리트라고 부르게 된 가장 그럴듯한 이유는

모두를 위한 음식: 옥수수를 파는 시장을 그린
멕시코 벽화(데시데리오 에르난데스 소치티오친)

거친 식감(gritty) 때문이다. 마이크 헤런은 〈웜 하트 페이스트리〉에서 이렇게 노래했다.

> 어이, 나는 배고픈 사람이야. 그리고 내가 그리트에 대해 이야기하는 게 아니란 걸 너도 알잖아.

이탈리아에서는 옥수수 가루로 만든 음식을 폴렌타라고 부르는데, 짭짤한 음식에 곁들여 먹는다. 포르투갈 사람들은 아프리카로 옥수수를 전파했다. 다양한 용도로 활용할 수 있고, 적응력이 뛰어나서 비교적 다양한 기후에도 잘 견디는 작물이기에 아프리카에서도 성공적으로 정착했다. 그러나 추위를 잘 이기지 못하고 수분이 필요해서 건조한 날씨가 오랫동안 지속되면 농사를 망친다. 그러면 취약한 지역들에서는 기근을 겪는다.

1894년, 존 켈로그와 동생 윌 키스는 미시간에서 배틀 크리크 요양원을 운영하고 있었다. 그들은 어느 날 요양원 사람들에게 제공할 밀 요리를 밤새 방치해버렸다. 음식이 엉망이 되었지만, 예산이 빠듯해서 버리지 않기로 했다. 그들은 밀을 납작하게 눌러서 구운 다음 우유와 함께 요양원 사람들에게 주었다. 놀랍게도 음식은 금방 인기를 끌었다. 그들은 그렇게 아침 식사용 시리얼을 발명했다. 그들은 다른 식재료로도 시험해보았고, 옥수수로 시리얼을 만드는 것이 가장 먹기 좋다는 사실을 1889년에 발견했다. 그렇게 콘플레이크를 발명했다. 제칠일 안식일 예수 재림 교회 신자였던 켈로그가 맛이 밋밋한 음식을 먹으면 자위 충동이 줄어든다고 믿어서 콘플레이크를 만들고 홍보했다는 이야기가 종종 나돈다. 그러나 이런 이야기는 보통 인터넷에서 떠도는 근거 없는 소문이다. 콘플레이크에는 100그램당 8그램 정도의 설탕이 들어간다. 그런데 프로스트(설탕을 바른) 콘플레이크에는 100그램당 37그램 정도의 설탕이 들어간다.

옥수수는 사하라사막 이남 아프리카와 라틴 아메리카에 사는 12억여 명을 먹여 살리는 식량이다. 개인 평균 칼로리 섭취량의 30퍼센트 정도를 공급한다. 미국에서는 막대한 양의 옥수수를 재배하지만, 사람은 거의 먹지 않는다. 수확하는 작물의 40퍼센트는 바이오 연료를 만드는 에탄올, 36퍼센트는 동물 사료로 활용한다. 옥수수는 버번위스키를 만들 때도 사용된다. 4,050제곱미터가량의 땅에서 재배한 옥수수는 1년에 1,500만 칼로리 정도의 식량을 공급할 수 있다. 그런데 미국에서는 300만 칼로리밖에 공급하지 않는다. 작물 대부분이 식량이 아니라 가축 사료나 자동차 연료로 쓰이기 때문이다.

인간은 옥수수 사료를 먹은 동물의 고기를 먹는다. 그러나 이 과정은 효율적이지 못하다. 동물이 먹는 사료의 양을 식탁에 오르는 고기의 양과 비교한 사료 전환율을 따져봐야 한다. 그나마 닭이 가장 효율적인데, 닭 한 마리를 기르는 데 필요한 사료의 양은 닭이 실제로 제공하는 고기 양의 두 배 정도이다. 반면 소는 평균 열 배 정도의 사료가 필요하다. 가축별 사료 전환율에 대해 간략히 정리해보았다.

닭	2~5배
돼지	4~9배
소	6~25배

영국에서는 꿩 사냥을 할 수 있도록 상당히 넓은 전원 지대를 관리하고 있다. 자연스러운 환경이라면 꿩은 영국보다는 흑해 연안이 더 어울리는 외래종 새다. 영국에서는 매년 5,000만 마리 정도의 꿩을 풀어놓는다. 그리고 꿩들의 먹이와 안식처를 제공하기 위해 옥수수를 재배한다. 때때로 총에 맞아 죽은 꿩을 사람이 먹기도 하지만, 많은 꿩이 그냥 매장된다.

현대의 옥수수는 재배종이다. 다시 말해 야생에서는 생존할 수 없다. 재배한 옥수수의 속대는 저절로 떨어지지 않기 때문에 옥수수는 스스로 번식할 수 없다. 보통 스위트 콘이라고 부르는 당도가 높은 옥수수 품종도 있다. 유전자 변형 옥수수도 개발되었다. 2016년에는 미국과 캐나다에서 재배하는 옥수수의 92퍼센트, 전 세계에서 재배하는 옥수수의 33퍼센트가량이 유전자 변형 옥수수였다. 유전자 변형 옥수수는 제초제에 내성이 있다. 경쟁 식물이 자라지 못하도록 제초제를 더 많이 사용해서 진정한 단일 재배를 할 수 있다는 뜻이다.

한편 아프리카에서는 옥수수가 삶과 죽음의 문제다. 오늘 밤에도 (운이 좋은) 10억여 명이 옥수수로 만든 음식이 든 냄비와 렐리시 주위에 둘러앉아 식사를 한다.

100가지 식물로 읽는 세계사

095
유채

바이오 연료는 인류를 구할 수 있을까

〈기쁨의 운송〉
└ 런던 버스에 대한 미이클 플랜디스의 노래 제목

농업의 발명은 6500만여 년 전 소행성이 지구에 충돌해 공룡과 많은 생물을 멸종시킨 이후로 지구 역사상 가장 중요한 사건이었다. 그 이후로 먹을거리를 주우러 다니지 않고 재배하기 시작했다. 땅을 좌지우지할 수 있다면, 땅이 내어줄 때까지 기다려야 할 이유가 있을까? 이 책에서 여러 차례 살펴보았듯, 농업은 1만 2,000여 년 전부터 시작된 과정이었다. 아마도 거의 같은 시기에 여러 지역에서 진행되었을 것이다. 그 후 1만 2,000여 년 동안(지질학적으로 보면 눈 깜빡할 시간에) 인간은 지구를 새로운 형태로 바꾸어놓았다. 우리는 우리가 먹을 식량을 재배하고, 우리가 기르는 가축이 먹을 먹이를 기르고, 식물과 균류가 바꾸는 마음 상태를 즐기고, 질병을 치료하고, 건축 자재를 생산하기 위해 지구를 변화시켰다.

이제 상황이 한 단계 더 발전했다. 인간은 동력을 얻기 위해서 식물을 재배하기 시작했다. 화석화한 식물과 다른 유기체에서 얻은 연료(석탄과 석유)가 바닥나고 있다. 우리는 이제 화석연료 사용이 지구에 끼친 피해를 잘

알고 있다. 그래서 우리는 식물이 화석화할 때까지 번거롭게 수백만 년을 기다리는 대신 식물을 재배해서 연료(강력한 엔진에 동력을 공급하는 연료)로 활용하기 시작했다. 우리는 우리 밭에서 동력이 될 식물을 재배할 수 있다.

북아메리카의 옥수수처럼 유럽에서는 유채가 이런 목적으로 많이 재배된다. 그런데 이 식물의 이름이 조금 불편하다. 유채의 영어 단어(rape)에는 '강간하다'라는 의미가 있다. 유채속(*Brassica*) 식물은 양배추와 관련이 있고, 라틴어 라품(rapum)은 순무라는 뜻이다. 유채를 뜻하는 레이프(rape)는 이 단어에서 유래했다. 라틴어 라페레(rapere)는 '붙잡다'라는 의미인데, 성폭력을 뜻하는 영단어(rape)는 여기에서 유래했다. 이렇다 보니 유채를 부르는 완곡한 표현이 만들어졌다. 유채는 때때로 지방종자(oilseed), 유채씨(rapeseed), 지방종자 유채(oilseed rape) 혹은 평지(colza)라고 부른다. 북아메리카에서는 카놀라유라는 이름으로 기름을 생산한다.

유채는 양배추처럼 겨자과 식물로, 6,000여 년 전부터 재배해왔다. 인도에서 처음 재배했고, 그곳에서 중국과 인도로 퍼져 나갔다. 유채는 더 유용한 작물들을 재배하는 틈새에 재배하고 갈아엎는 간작(間作) 작물로 활용했다. 그러한 과정을 거치면 잡초가 줄어들고 토양의 질이 좋아진다. 유채는 좋은 농사법의 전형적인 사례다.

으깬 씨앗으로 짠 기름은 질 좋은 윤활유가 된다. 산업혁명을 하는 동안에 기계에 사용되었다. 심장 근육을 손상시키는 에루크산이 많이 들어 있어서 인간이 먹으면 좋지 않다. 하지만 1973년에 식용유로 쓰기에 알맞은 유채유가 개발되었다. 산성이 낮은 캐나다산 오일(CANadian Oil Low Acid)이라고 해서, 앞 글자를 따 카놀라유(canola)라고 부른다. 카놀라유의 개발로 선진국에서 유채 생산량이 급증했고, 유럽연합에서는 보조금을 넉넉하게 주면서 유채 생산을 지원했다. 완제품은 보통 '식물성 기름'으로 판매된다.

그 결과 유럽 시골의 색과 공기가 바뀌었다. 꽃이 활짝 핀 유채밭은 놀랍도록 선명하고 호사스러운 노란색이다. 몇몇 지역의 유채꽃밭은 관광객을 끌어들이기도 한다. 일본 관광객들은 활짝 핀 영국의 유채꽃밭을 보려고 길을 돌아가기도 한다. 벚꽃과는 또 다른 매력이 있기 때문이다. 상당히 넓은 땅에 유채를 재배하면서 유달리 톡 쏘는 꽃가루가 공기를 채우기 시작했다. 그런데 이 꽃가루에 알레르기가 있는 사람이 많다. 한때 내가 소유했던 말은 유채꽃 알레르기로 고생했다. 꽃이 피는 시기에는 말에 망사 마스크를 씌워야 했다.

기후변화로 인한 위기는 심각해지고 화석연료는 고갈되고 있는 요즘, 대체에너지에 대한 논의가 활발해지고 있다. 그중에서도 바이오 연료가 하나의 해결책으로 제시되고 있다. 유채는 콩과 같은 경쟁 작물보다 단위 면적당 기름을 더 많이 생산한다. 바이오 연료로 쓰일 유채유를 짜고 남은 으깨진 씨앗은 콩과 맞먹는 고단백 사료로 만들어 소와 돼지, 가금류에 먹일 수 있다. 유채는 또한 겔화점이 낮아 경쟁 식물보다 낮은 온도에서 엉겨 굳기 시작한다. 굳어버린 연료는 더 이상 퍼올릴 수 없기 때문에 겔화점이 낮을수록 유리하다.

바이오 연료는 그리 새로운 개념이 아니다. 인류는 까마득한 옛날부터 나무를 태워 연료로 활용해왔다. 나무를 철도 기관차의 동력으로도 사용해왔다. 그러나 엔진을 가동하는 바이오 액체 연료가 개발되면서 속도가 더욱 빨라졌다. 바이오 액체 연료에는 주요한 두 가지 유형이 있다. 첫 번째는 에탄올로, 옥수수나 사탕수수 같은 작물을 발효해서 얻는다. 이러한 에탄올은 휘발유(가솔린)와 혼합해 사용한다. 미국과 브라질이 이 방식을 선호한다. 유럽에서는 유채와 대두, 기름야자에서 추출한 바이오 디젤을 석유계 디젤과 혼합하는 방식을 더 좋아한다.

바이오 연료를 지지하는 주장은 매력적이다. 더 청정한 연료이면서 배출하는 가스는 더 적고, 휘발유보다 비싸지 않으면서도 생산량이 늘어날수록 더 싸진다. 엔진에 바이오 연료를 사용하면 윤활 효과가 뛰어나 오래 지속될뿐더러 공급하기 쉽고, 무엇보다 재생 가능하며, 식물을 재배할 땅이 있는 한 계속 이용할 수 있다. 바이오 연료 사용으로 온실가스를 65퍼센트까지 줄일 수 있다는 주장도 나온다. 아마도 가장 매력적인 점은 대부분 나라가 수입해야 하는 화석연료에 대한 의존성을 줄일 수 있다는 것이다.

반론도 만만치 않다. 첫 번째는 생산 비용이 높다는 점이다. 식물을 액체 연료로 바꾸는 과정은 복잡하다. 바이오 연료 작물들은 단일 재배로 기른다. 이 책에서 여러 차례 살펴보았듯, 단일 재배는 점점 더 많은 노동력을 들여 비료, 제초제, 살충제 등을 뿌려야 하는 걱정스러운 과정이다. 땅은 결국 농업으로 오염되고 만다. 인구가 계속 증가하고 식량 부족 문제가 심각해지는 요즘, 식량이 아닌 작물을 재배하기 위해 농토를 사용해야 하는지에 대한 의문도 제기된다. 바이오 연료를 만드는 데도 연료가 필요하고, 많은 양의 물이 사용된다. 따라서 수질이 오염되고, 유해 물질도 배출된다. 식용 작물뿐 아니라 연료가 될 작물까지 길러야 해서 땅은 점점 부족해지고 있다. 인간의 손이 닿지 않았던 땅까지 이제는 이런저런 작물을 기르는 땅으로 바뀌어갈 것이다.

바이오 연료를 둘러싼 이 모든 상황은 올바른 일을 하기가 얼마나 끔찍하게 어려운지 보여준다. 좋다, 우리는 화석연료 사용을 줄여야 한다. 이제 그렇게 할 수 있는 능력도 있다. 그런데 화석연료 의존도를 줄이는 방법이 완벽한 해결책은 아니라고 한다. 이전부다 더 나쁘지는 않지만, 여러 측면에서 이전보다 더 좋지도 않다. 우리가 듣고 싶은 이야기는 이런 것이 아니다.

096

조류

생명체의 기원이자 인류 문명의 연료

나의 성공 공식은 일찍 일어나기, 열심히 일하기 그리고 석유를 발견하기다.

└ 존 폴 게티(미국의 사업가)

어떤 질문은 하지 않는 편이 낫다. 경솔한 질문이어서가 아니라 만족할 만한 답이 존재하지 않는 질문이기 때문이다. 그것은 예술인가? 인간은 유인원인가? 새들은 공룡인가? 그리고 조류(algae)는 식물인가? 글쎄, 이런 질문은 모두 누구에게 묻느냐에 따라 답이 달라진다. 심지어 그들이 어떤 기분이냐에 따라서도 답이 달라진다. 그렇다고 했다가 다시 아니라고 대답할 수도 있다. 마지막 질문에 답하자면, 대체로 그렇기도 하고 그렇지 않기도 하다고 말할 수밖에 없다. 물론 그것은 전적으로 조류라는 단어가 어떤 의미인지에 달렸다. 우리가 절대적으로 확실히 알 수 있는 한 가지는 조류가 없다면 우리가 사는 세상이 완전히 달라진다는 사실이다. 조류가 없다면 땅속에서 원유를 얻지 못하기 때문이다.

조류는 분류법에 따른 정확한 용어가 아니다. 물속에 살면서 광합성을 하는 온갖 종류의 생물을 비공식적으로 부르는 용어다. 즉 조류는 햇빛을 직접 먹고 산다. 많은 조류가 미세하고, 단세포로 존재한다. 반면 누구에게 묻느냐에 따라 해초도 일종의 조류다. 거대한 켈프(다시마목 다시마과의 대형 갈조류―옮긴이)의 엽상체는 길이가 50미터에 이를 수도 있어서 박테리아와 같이 분류하기 꺼려진다. 물에 살면서 광합성을 하는 진핵생물. 이것이 조류의 대략적인 정의다. 진핵생물의 세포에는 각각 세포핵이 있는데, 물론 인간도 진핵생물에 속한다. 우리가 조류로 묶는 많은 종은 서로 밀접한 관련이 없다.

앞에서 극상 식생에 대해 이야기했다. 예를 들어, 영국 저지대의 극상 식생은 하늘을 가리는 참나무다. 잼 병에 물을 채운 후 그대로 두고 관찰해 보자. 극상 식생의 특징을 발견할 수 있다. 일주일 정도 지나면 녹색 찌꺼기로 보이는 무언가가 생기는데, 그것이 바로 조류다. 즉, 우리가 만든 환경의 극상 식생이다.

조류는 광합성을 하므로 식물에 포함하고 싶다. 그러나 거의 모든 식물이 지닌 특징 가운데 대부분까지는 아니어도 상당 부분을 지니고 있지 않다. 이끼와 마찬가지로 진짜 뿌리도, 줄기도, 잎도, 관다발계도 없다. 조류는 군락을 이루고, 서로의 이익을 위해 협력한다. 또, 다른 유기체와 중요한 공생 관계를 형성하기도 한다. 산호초는 그저 지나가는 먹이를 사냥하는 데 그치지 않고 광합성을 하는 조류와 강력한 관계를 맺기도 하는 산호 종들이 모여 형성된다. 조류는 보호를 받는 대가로 산호에게 먹이를 제공한다. 그래서 산호초는 햇빛이 잘 들어오는 얕은 물속에 있다. 햇빛을 받지 못하면 산호초는 죽는다. 동반자인 조류가 광합성을 더 이상 할 수 없기 때문이다. 조류는 나무 둥치, 동물의 털, 뜨거운 온천과 눈 더미 안처럼 뜻밖의 여러 장소에서 살아갈 수 있다.

조류가 식물이 아니라면 분명 식물의 조상이다. 광합성은 세상을 바꾸었다. 작은 생물이 마침내 물에서 뭍으로 올라올 수 있게 해주었다. 보통 차축조류라고 부르는 조류 집단을 (역시 누구에게 묻느냐에 달렸지만) 육상 식물의 조상으로 여긴다. 일반적으로 4억 7,500만여 년 전에 이러한 과정이 시작되었다고 본다.

따라서 조류를 생명체의 시작으로 볼 수도 있다. 조류가 없었다면 인간을 포함해 지구의 모든 몸집 큰 생명체는 존재하지 않았을 것이다. 조류는 여러 다양한 형태로, 종종 서로 관련 없는 형태로 수백만 년에 걸쳐 계속 생존해왔다. 조류는 죽으면 보통 물속에 가라앉는다. 가라앉은 조류는 그렇게 우리에게 석유가 되었다.

물론 모든 것이 한꺼번에 이뤄지지는 않는다.

조류는 플랑크톤으로부터 시작한다. 대부분 바다 위를 떠다니는 플랑크톤은 한때 지구를 점령한 생물 형태였다. 우리 모두 플랑크톤에서 비롯되었고, (다음 장에서 살펴보겠지만) 플랑크톤은 지구의 생명을 유지하는 데 꼭 필요한 존재다. 광합성을 하는 플랑크톤은 태양에너지를 흡수해 탄소 분자로 저장한다. 그 플랑크톤은 결국 (올바른 사람에게 물어본다면) 동물로 여길 수 있는 작은 생물의 먹이가 된다. 그렇게 일부는 태양에서 곧장 에너지를 얻고, 일부는 먹이를 먹으며 간접적으로 에너지를 얻는 생물 체계가 생겨났다. 이러한 생물들이 모두 살고, 죽고, 가라앉는다. 이제 이 과정에서 시간의 흐름을 가늠해보자. 원숭이가 진화 과정을 거쳐 햄릿의 초고를 쓰기까지 걸리는 어마어마하게 긴 시간을 상상해보자.

떠다니는 식물과 동물의 잔해는 진흙과 모래, 바위 밑에 묻혀 지구의 자원 중 일부가 된다. 지구의 어마어마한 힘이 작용하며 지표면 아래 깊은 곳에서 올라온 엄청난 압력과 고온이 이런 가라앉은 자질구레한 잔해들을 변화시킨다. 산소가 부족하면 한때 생명체였던 작은 조각들이 케로겐이라는 밀랍 같은 물질로 변한다. 여기에 열과 압력, 시간이 더해지면 카타제네시스(catagenesis)라는 과정을 통해 다양한 유형의 탄화수소가 만들어진다. 이런 탄화수소 중 한 유형이 원유다. 원유는 압력이 높은 곳에서 낮은 곳으로 다공성 암석을 통해 마치 무한하게 느린 기상 관측 모델같이 이동한다. 그래서 원유는 종종 이상하고 이해할 수 없는 방식으로 솟아오른다. 때때로 지표

| 세계의 동인: 남조류의 구조를 보여주는 그림

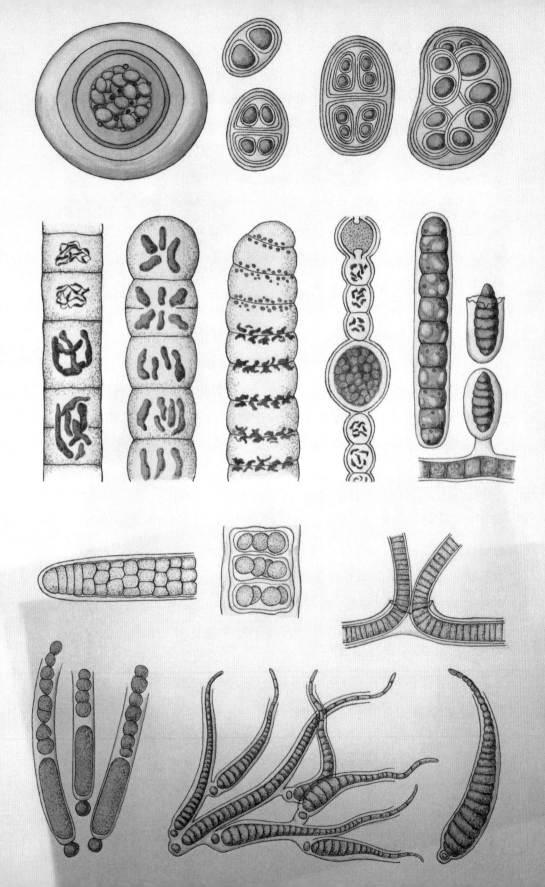

면 가까이 올라올 수도 있지만, 원유가 매장된 퇴적층에 쉽게 접근할 수 있던 시절은 거의 지나갔다. 1949년 유정(석유의 원유를 퍼내는 샘―옮긴이)의 평균 깊이는 1킬로미터 정도였지만, 2000년에는 6킬로미터였다. 가장 깊은 곳은 에베레스트 높이보다 더 깊은 12킬로미터에 달했다. 석유 시추는 수직뿐 아니라 수평으로도 종종 엄청난 범위에 걸쳐 이루어진다.

석유는 20세기 내내 그리고 그 이후에도 계속 인류에게 동력을 공급했다. 그로 인해 지구는 쉽게 상상할 수 없을 정도의 속도로 눈부시게 변화했다. 알다시피 우리는 그 대가를 심각하게 치르는 중이다. 화석연료를 태운 가스는 우주로 빠져나가지 않는다. 배출한 가스는 지구의 열을 유지해주는 대기층에 남는다. 이른바 온실가스는 본래 나쁜 것이 아니다. 지구의 역사 내내 대기층이 유지해온 열이 없었다면 생물이 살아남을 수 없었을 것이기 때문이다. 오늘날 존재하는 생명체들은 분명 존재하지 못했을 것이다. 그러나 화석연료를 태워 훨씬 더 많은 양의 가스를 배출하면서 속도가 바뀌고, 균형이 깨졌다. 그렇게 지구는 점점 더 뜨거워지고 있다. 우리 인간에게는 서서히, 끊임없이 커져가는 위기로 보이지만, 지질학적 시간으로 보면 순식간에 일어난 일이다.

2억 5,000만여 년 전 페름기 말기에 갑작스럽고 급격한 온도 변화로 일어난 위기가 있었다. 지구의 열을 가두고 있던 화산이 대규모로 연달아 폭발하면서 기온이 급격히 상승했기 때문이라는 것이 통설이다. 우리가 눈으로 확인할 수 있듯, 그 이후 지구는 그런대로 회복되었다. 문제는 회복하기까지 시간이 2,000만 년 남짓 걸렸다는 사실이다..

여행을 갈 때마다 실감하듯이, 우리는 여전히 석유 시대에 살고 있다. 우리가 사용할 석유가 고갈되는 시기는 수천 가지로 답할 수 있는 또 다른 질문이다. 놀랍도록 정확한 한 추산에 따르면, 2067년에 고갈된다고 한다. 화석연료 사용을 단계적으로 중단하자는 우리의 계획은 말만 요란하고 실천은 별로 이루어지지 않는다. 그러나 머지않아 우리, 혹은 우리에게 감사할 마음이 안 들 수도 있는 우리 자녀와 손자 세대가 화석연료 사용을 중단할 수밖에 없을 것이다. 우리는 변화의 시작점에 서 있다. 우리에게는 원자력이 있지만, 비싸고 위험하다. 우리에게는 이른바 재생에너지도 있다. 재생에너지로는 앞 장에서 살펴본 바이오 연료가 있고, 바람과 물의 힘을 활용하는 다양한 방법도 있다.

재생에너지 개발은 오늘날과 같은 형태의 인간 사회, 또한 그 사회의 바탕인 생태계가 장기적으로 생존하기 위해 꼭 필요하다. 문제는 인간 사회를 운영하는 사람들, 정치인과 대기업이 언제나 3개월 정도의 단기 대책이나 선거와 관련된 대책만 우선한다는 점이다. 우리가 이렇게 충돌하는 이해관계를 어떻게 조정하느냐에 따라 인류와 우리가 사는 지구의 미래가 결정될 것이다.

097
식물성 플랑크톤

우리가 지구 위에서 숨 쉴 수 있는 이유

이 가장 훌륭한 차양이 되는 공기… 어째서, 내 눈에는 더럽고
해로운 증기가 모여 있는 것으로밖에 보이지 않을까?
└ 윌리엄 셰익스피어의 희곡 〈햄릿〉

식물성 플랑크톤은 플랑크톤의 식물스러운 부분이다. 플랑크톤은 전 세계 바다와 민물의 수면 근처에서 볼 수 있는 미세한 생명체다. 플랑크톤은 크게 두 가지 형태로 존재한다. 살기 위해 무언가를 먹어야 하는 동물성 플랑크톤 과 광합성으로 스스로 먹이를 만드는 식물성 플랑크톤이다. 식물성 플랑크 톤이란 의미의 영어 단어(phytoplankton) 중 'phyto'는 식물이란 뜻의 그리스 어에서 유래했다. 그래서 '초심자(neophyte)'라는 단어는 사실 새로운 식물이 란 뜻이다.

식물성 플랑크톤은 전체 지구 식물 생물량의 1퍼센트를 차지하지만, 지 구에서 이뤄지는 광합성의 절반가량을 식물성 플랑크톤이 해낸다. 그래서 지구에서 이뤄지는 산소 생산량의 절반 정도를 식물성 플랑크톤이 만들어 낸다. 식물성 플랑크톤에 대해 잘 모르거나 들어본 적이 없을 수도 있겠다. 그러나 식물성 플랑크톤이 없다면 우리가 사는 지구는 생명을 지탱하는 능 력이 훨씬 떨어질 것이다.

식물성 플랑크톤은 스스로 먹이를 만드는 자가 영양을 한다. 무엇인가는 그래야만 한다. 그래야 바다에 생명체가 존재할 수 있다. 그로 인해 먹이그물이 시작되고, 유지될 수 있다. 해양 생물의 거대하고 복잡한 먹이그물 중 아주 짧은 한 가닥을 예로 들어보자. 동물성 플랑크톤이 식물성 플랑크톤을 먹는다. 그리고 크릴새우라고 부르는 작은 갑각류가 동물성 플랑크톤을 먹는다. 수백만 마리가 구름처럼 모여서 아주 효율적으로 먹어댄다. 그리고 이 구름 같은 크릴새우 떼는 흰긴수염고래의 먹이가 된다. 지구 역사를 통틀어 가장 거대한 생물이 우리 새끼손가락만 한 크기의 생물을 먹이로 선택해야 한다는 사실은 유명한 역설이다. 흰긴수염고래가 광합성을 하는 파편 같은 생명체, 대부분 너무 작아서 현미경 없이는 볼 수도 없는 존재에 의존한다는 사실 또한, 아니 더욱 교훈적인 역설이다.

엄밀하게 말해, 식물성 플랑크톤의 모든 부분이 식물은 아니다. 또다시 용어 정의로 돌아가야겠다. 5,000종 정도로 알려진 광범위하고 다양한 집단 안에 규조류, 남조류, 와편모조류, 녹조류(앞 장과 일부 겹치는 부분이 있다) 그리고 석회비늘편모류라고 부르는, 석회질로 갑옷을 두른 듯해서 눈을 즐겁게 하는 생물이 있다. 광합성을 하는 능력, 스스로 먹이를 만들고 산소를 만들어내는 능력이 있다는 점이 이들의 공통점이다.

바다 수면을 색색이 물들인 플랑크톤을 맨눈으로 관찰할 수 있다. 바다에 선명한 줄무늬와 소용돌이무늬를 만드는 식물성 플랑크톤을 인공위성을 통해 볼 수도 있다. 셀 수 없이 많은 개체가 모여서 생기는 효과다. 이런 멋진 무늬가 수백 제곱킬로미터를 덮기도 한다. 1972년 아폴로 17호가 처음 촬영한 화려하고 푸른 대리석 같은 지구 사진을 시작으로 우주에서 바라본 지구의 모습은 우리가 사는 지구의 본질을 연달아 드러냈다. 그 사진은 우리가 세계라고 부르는 존재의 유한한 본질을 인류가 처음으로 본능적으로 이해할 수 있게 했다. 플랑크톤의 군집 유형을 보여주는 바다 사진들은 더 깊은 이해로 우리를 이끈다. 이 사진들은 인간이 직감적으로 이해하는 수준을 넘어서는 어마어마한 숫자와 복잡성을 보여줌과 동시에 생명의 취약성을

필수적인: 핀란드에 나타난 해양 식물성
플랑크톤의 대증식

명백하게 드러낸다.

　　식물성 플랑크톤에게는 햇빛이 필요하다. 따라서 그들은 햇빛이 잘 들
어오는 바다의 수면이나 수면 바로 아래, 전문 용어로는 유광층에서만 살 수
있다. 햇빛이 뚫고 들어갈 뿐 아니라 충분히 햇빛을 이용할 수 있는 곳을 말

한다. 땅에 사는 식물처럼 식물성 플랑크톤도 질산염, 인산염, 규산염, 칼슘, 미량의 철분 등의 영양분이 필요한데, 대부분 물에서 얻을 수 있다. 식물성 플랑크톤은 계절에 따라 개체 수의 변동 폭이 크다. 북반구에서는 봄에 엄청나게 폭발적으로 늘어나고, 열대지방에서는 여름철에 상당히 줄어든다.

식물성 플랑크톤이 언제나 호의적이기만 한 존재는 아니다. 일부 종은 유리한 조건에서 빠르게 증식하는데, 그들 중에서는 자신을 방어하기 위해 생물 독소를 만들어내는 종도 있다. 그로 인해 적조라고 부르는, 유해한 조류 대증식이 생길 수 있다. 적조가 생기면 물고기가 폐사하고, 인간을 포함해 물고기를 먹는 동물이 피해를 입어 때때로 죽음에 이르기도 한다. 적조가 바닥에 가라앉아 부패하면 물속의 산소를 고갈시켜 생물이 살 수 없는 죽음의 해역이 된다.

그렇지만 지구에서 생명이 존속하기 위해서는 식물성 플랑크톤이 꼭 필요하다. 식물성 플랑크톤은 대기 중의 탄소를 격리해 기온 상승을 늦추는 중요한 역할을 한다. 식물성 플랑크톤이 대기에서 바다 깊은 곳으로 옮기는 탄소의 양은 매년 10기가톤으로 추정된다. 즉 100억 톤이다.

이제 우리는 바다의 이 매력적인 줄무늬, 너무 작아서 하나하나 개별로는 누구도 볼 수 없는 이러한 생명체가 우리에게 얼마나 중요한지 알게 되었다. 우리가 바다에서 얻는 음식을 계속 먹고 싶다면 식물성 플랑크톤이 꼭 있어야 한다. 우리가 기후변화를 생존 가능한 수준으로 유지하고 싶다면, 우리가 계속 숨을 쉬고 싶다면 식물성 플랑크톤이 꼭 필요하다. 그렇다면 이제 심각한 질문을 던져보자. 전 세계의 식물성 플랑크톤은 건강한 상태일까?

몇몇 연구는 100년에 걸쳐 식물성 플랑크톤의 밀도가 줄어들었다고 주장한다. 연구 결과에 의문을 제기할 수는 있다. 그렇게 오래전부터 식물성 플랑크톤을 연구하지 않아서 비교하기가 어렵기 때문이다. 그러나 염분이나 수온, 수심, 산성화, 바람, 포식자 수 등 식물성 플랑크톤에 영향을 끼치는 문제에 관한 우려가 존재한다. 지난 10년 동안의 위성사진을 보면 식물성 플랑크톤이 조금 줄어든 것으로 보인다.

바다가 따뜻해지면서 생기는 문제 중 하나는 높아진 수온이 수직 혼합 과정을 방해한다는 것이다. 다시 말해, 수면에서 가까운 바닷물과 더 아래쪽의 바닷물이 잘 섞이지 않는다는 뜻이다. 따뜻한 물로 뛰어들면 이런 현상을 직접 체험할 수 있다. 몸이 아래로 곤두박질칠 때 맨 위의 물은 따뜻하지만, 그 아래의 물은 훨씬 더 차갑다. 두 층이 섞이기 어려우므로 중간 영역이 없다. 수직 혼합이 잘 이루어지지 않을 때 나타나는 부작용 중 하나는 식물성 플랑크톤 군집이 필요한 영양분을 쉽게 구할 수 없게 된다는 점이다.

우리는 식물성 플랑크톤에 대해 꼭 필요하다는 사실 외에는 거의 알지 못한다. 우리 대부분은 식물성 플랑크톤의 아름다움을 이해하기 어렵고, 그런 점에서 존재 자체도 이해하기 어렵다. 우리는 이해하기 어렵고 맨눈으로는 볼 수도 없는 존재에 생명을 의존하고 있는 셈이다.

098
바오바브나무

신화를 품은 거대한 나무가 죽어가는 이유

> 지혜는 바오바브나무와 같다. 어떤 개인도 그런 지혜를 품을 수 없다.
>
> └ 아프리카 속담

어디에서든 이상해 보였을 것이다. 그런데 칼라하리사막 한가운데 나지막한 언덕에 서 있어서 더 믿기 어려운 풍경이었다. 주위 수백 킬로미터까지 어떤 다른 생물도 존재하지 않을 것 같은 곳이었다. 바오바브나무의 줄기 둘레 자체만으로도 경이로웠다. 수십 명이 서로 손을 잡고 둘러싸야만 그 나무를 감쌀 수 있을 정도였다. 부자연스럽게 굵은 나뭇가지는 마치 잊힌 나무들의 세계에서 살아남은 야만적인 힘처럼 보였다.

바로 보츠와나 천연기념물인 채프먼 바오바브나무에 관한 이야기다. 탐험가 제임스 채프먼의 이름을 딴 나무다. 채프먼은 이 길로 걸었다. 어떻게 이 길로 오지 않을 수 있겠는가? 그 나무는 수만 제곱킬로미터 땅에서 유일하게 눈에 띄는 이정표였다. 개척자들은 그 나무의 그늘에서 발길을 멈추고 쉬었다. 그들은 그 나무의 구멍에 서로에게 전할 편지를 남겼고, 때때로 전해지지 못한 마지막 편지도 남았다. 그들은 나무줄기에 그들 이름의 첫 글자를 새겼고, 지금도 그 흔적을 알아볼 수 있다. 그들은 그 나무를 선택했다.

| 거대한 이정표: 보츠나와의 채프먼 바오바브나무

두 세기 전에도 그 나무는 몇 주에 걸친 여행길에서 만날 수 있는 가장 인상
적인 나무였다.

　몇몇 사람과 함께 그 나무 아래 앉아 있을 때 나는 이상한 마법에 휩싸
였다. 우리는 거의 비정상적일 정도로 자유롭게 말했고, 다른 때 같았으면
꺼내지도 않을 이야기를 나누었다. 우리는 죽을 뻔했던 경험들을 이야기하
고, 함께 술을 마셨다. 우리는 그 사막이 불러일으키는 묘한 충동에 사로잡
혔으나 진정 예사롭지 않은 나무와의 친밀감 덕분에 풀려났다.

　2016년 7월 7일은 보츠와나 역사상 가장 더운 날이었다. 아마도 내가
그 나무를 찾은 지 10년이 지난 후였다. 그 날의 더위 때문에 채프먼의 바오
바브나무가 죽었다. 지난 10년 동안 아프리카의 가장 오래된 바오바브나무
열세 그루 중 아홉 그루가 죽었다.

　바오바브나무에는 여덟 종이 있고, 모두 아단소니아속(*Adansonia*)이
다. 여섯 종은 마다가스카르, 한 종은 오스트레일리아, 한 종은 사하라사막

　　100가지 식물로 읽는 세계사

이남 아프리카의 고유종이다. 그중 가장 널리 퍼진 아단소니아 디기타타(*Adansonia digitata*)를 이 장에서 주로 다루려 한다. 이 바오바브나무는 거대한 통 같은 줄기에 상당히 작은 왕관을 쓴 듯한 모습이 특징이다. 그 나무의 푸석푸석하고 부드러운 섬유질이 스펀지처럼 물을 빨아들여 12만 리터 정도의 물을 저장할 수 있다. 따라서 가뭄에 잘 견딘다. 그렇다고 사막에만 서식하는 것은 아니고, 많지는 않지만 대초원 전역에서 볼 수 있다.

바오바브나무는 굉장히 오래 산다. 우리는 명확한 사실만으로는 충분히 감탄할 수 없다는 듯 이런 문제를 과장하는 경향이 있다. 2011년에 죽은 짐바브웨 판케 바오바브나무는 2,450살로, 세계에서 가장 오래된 살아 있는 속씨식물이었다. 채프먼 바오바브나무는 아마도 1,000살쯤에 죽었다고 추측한다. 그러나 바오바브나무의 나이를 세기란 어렵다. 나무 안의 섬유질이 지닌 특성으로 인해 나이테를 셀 수 없기 때문이다.

바오바브나무는 기이한 모양으로 눈을 사로잡는다. 나뭇가지들이 뿌리처럼 보이기 때문에 많은 곳에서 바오바브나무를 뒤집힌 나무라고 부른다. 그 나무들은 아주 크고 향기로운 꽃을 피우는데, 주로 밤에만 15시간 정도 핀다. 그러면 박쥐와 여우원숭이, 밤에 날아다니는 나방이 꽃가루받이를 해준다. 어린 바오바브나무는 호리호리해 보인다. 줄기의 지름이 9미터에 달하는 거대한 성인 바오바브나무와는 완전히 다른 모습이다 어린 바오바브나무는 쉽게 잊히고, 우리는 현존하는 모든 바오바브나무가 셀 수 없을 정도로 나이가 많다고 생각한다. 이런 흥미로운 생각은 바오바브나무에 조상의 영혼이 깃들어 있다는 믿음과 연결된다. 바오바브나무가 문화적으로 아주 중요한 이유 중 하나다.

바오바브나무는 또한 신의 분노를 일깨우는 존재다. 신이 파릇파릇하고 무성한 나무를 하늘로 던지니 그 나무는 뒤집힌 채 땅으로 떨어져 뿌리는 드러나고 나뭇가지와 잎처럼 영광스러운 부분은 영원히 땅에 묻혔다는 이야기가 전해진다. 몇몇 이야기에서는 그 나무가 아름다움을 뽐내다 벌을 받아서 그런 모습이 되었다고도 한다. 또 다른 해석에 따르면, 인간이 신의

할 이야기가 있는 나무들: 〈바오바브나
무 옆의 사자〉(조지프 티온고, 2013년)

창조물을 망가뜨리고 있어서 신이 화가 났기 때문이라고 한다. 신은 바오바
브나무에게 어떤 인간도 볼 수 없도록 밤에만 꽃을 피우라고 명령했다. 장이
서는 잠비아의 작은 마을인 시아봉가에 지상의 보물을 함부로 파는 여성이
살았다. 그녀는 화가 난 신이 던진 나무에 맞아 죽었다. 그 나무는 옆으로 떨
어져 그녀를 깔아뭉갰다. 천연기념물인 그 나무는 기이한 모양 때문에 잠자
는 암소라는 뜻의 잉곰베 일레데(Ingombe Ilede)로 불린다.

　바오바브나무는 당당해 보일 뿐 아니라 큰 피해를 겪고도 살아갈 수 있

100가지 식물로 읽는 세계사

다. 나무는 대부분 나무껍질을 벗겨내면 죽는다. 줄기의 바깥층이 나머지 부분으로 물을 운반하기 때문이다. 그러나 바오바브나무는 줄기의 중앙부까지도 물을 운반하는 역할을 하기 때문에 살아남을 수 있다. 줄기에 큰 상처가 생겨도 계속 물을 보낼 수 있는 것이다. 이런 자가 치료 기능 덕분에 바오바브나무는 또 다른 의미를 지닌다. 새로 태어난 아기의 탯줄을 그 엄마의 낡은 천 생리대에 싸서 말린 다음 바오바브나무의 구멍에 밀어 넣으면 아기가 통통하고 튼튼하게 자라고, 질병을 잘 이겨내며 오랫동안 충만하게 살 수 있다는 믿음이 있다.

바오바브나무는 속이 비어 있는 경우가 많아 여러 동물에게 널찍한 은신처가 되어준다. 어느 날 왕도마뱀을 찾아 나무 속으로 들어갔더니 그곳에 벌집도 있었다. 다행히 두 번만 쏘이고 탈출할 수 있었다. 밤이 늦어 마을로 돌아갈 수 없게 된 사냥꾼들은 은신처로 쓸 수 있는 바오바브나무에 대해 알고, 이를 이용한다. 오래된 바오바브나무는 자주 마을의 중심점이 되고, 원로들의 중요한 회의가 열리는 장소가 된다. 모두 바오바브나무에 깃든 조상들의 존재와 지혜 때문이다. 그 나무는 풍요로움과 지속되는 문화의 상징이다. 마을의 부족만 바오바브나무의 힘과 의미에 대한 믿음을 가지는 것이 아니다. 종종 외부인도 그렇게 느낀다. 미국 작가 피터 매티슨은 사하라사막 이남 아프리카에 보내는 연애편지 같은 책을 썼다. 『인간이 태어난 나무』라는 제목의 책이다. 다 자란 바오바브나무 아래 앉아 있는 사람은 누구나 어마어마한 시간의 흐름에 대해 생각하게 된다.

바오바브나무에는 300가지에 이르는 용도가 있다고 한다. 섬유질은 꼬아서 끈이나 바구니를 만들 수 있다. 열매에는 무게당 오렌지보다 다섯 배나 많은 비타민 C가 들어 있다. 잎에는 철분이 풍부하다. 씨앗은 커피 대용품으로 사용할 수도 있다. 씨앗을 빨아먹으면서 씨앗을 덮은 비타민 C가 풍부한 가루를 즐길 수도 있다. 씨앗은 또한 음솔로라는 전통놀이에 활용한다. 요리용이나 화장품에 들어가는 좋은 기름을 만들 수도 있고, 열매로 맥주를 만들 수도 있다. 바오바브나무 묘목의 원뿌리는 당근처럼 먹을 수 있다. 그 뿌리에서 붉은색 염료도 얻을 수 있다.

바오바브나무는 약용으로도 많이 활용한다. 잎과 나무껍질, 씨앗을 설사와 치통, 말라리아 치료를 위해 사용할 수 있다. 내 친구인 식물학자 마니 음불라가 잠비아에서 어린 시절을 보낼 때 학교에서 함께 사용하던 수건 때문에 학생들 사이에 피부 발진이 퍼졌다고 한다. 그런데 한 친구의 삼촌한테 조언을 듣고 으깬 바오바브나무 뿌리와 바셀린을 섞어서 발랐더니 금방 나았다고 한다. 더 놀라운 사례는 이복동생의 아이가 병원에서 겸상 적혈구 빈혈증 진단을 받았을 때다. 마을로 돌아와 바오바브나무 뿌리와 잎을 붉은 마호가니 나무껍질과 섞어서 아이에게 먹였다. 그 후 병원을 찾았을 때 놀랍게도 완전히 형성된 적혈구가 자리 잡은 사실을 확인했다고 한다.

음불라는 빌 애슬과 함께 루앙과 계곡의 식물을 조사하다가 코끼리 엄니가 박힌 바오바브나무를 발견했다. 코끼리가 물과 영양분을 얻으려고 나무를 갉아 먹다 엄니가 부러진 것이었다. 이렇게 코끼리에게 괴롭힘을 당하는 일은 수천 년에 걸쳐 바오바브나무 삶의 일부였는데, 최근 들어 더욱 잦아지고 있다. 여기에는 두 가지 이유가 있다. 첫 번째는 코끼리와 끊임없이 인구가 늘어나는 인간 모두 공간이 더 많이 필요한데, 보통 인간이 코끼리를 내쫓고 공간을 차지하기 때문이다. 이동 경로가 짧아지면서 코끼리는 더 좁은 지역에 갇혔다. 두 번째는 기후변화로 인해 가뭄이 길어지고, 날씨 유형이 바뀌고, 주변에 물이 줄어들었기 때문이다. 이런 요인들이 합쳐지면서 코끼리들이 비상 식수를 얻을 수 있는 바오바브나무에 더 자주 의존하게 되었다. 그 결과, 짐바브웨의 마나풀스 같은 지역에서 전례 없이 빠른 속도로 바오바브나무가 죽어가고 있다. 코끼리 때문만은 아니다. 바오바브나무가 죽어가는 주된 요인은 기후변화다. 한때 오래됨과 장수의 완벽한 상징으로 인류가 숭배했던 바오바브나무는 이제 지구에서의 삶이 얼마나 덧없고 취약한지 생생하게 보여준다.

099
일일초

질병을 치료하는 약초

의술은 자연이 질병을 치료하는 동안

환자를 즐겁게 하는 일이다.

∟ 볼테르(프랑스 계몽주의 시대 철학자)

이 책의 여러 장에서 약효 성분 때문에 높이 평가받는 식물들을 만났다. 그 중 몇몇 주장은 무모하고 터무니없어 보인다. 이 식물이야말로 모든 병을 치료할 수 있는 진짜 만병통치약이라고 떠들기도 하고, 평범하고 가벼운 병의 증상을 완화하는 식물이라고 비교적 신중하게 이야기하기도 한다. 불로불사를 약속하는 식물도 있고, 감기를 조금 더 쉽게 이겨내게 해준다는 식물도 있다. 앞 장에서 바오바브나무가 가벼운 피부 발진과 치명적인 겸상 적혈구 빈혈증을 치료할 수 있다고(아니면 적어도 치료에 도움이 될 수 있다고) 생각하는 사람들에 대해 이야기했다. 우리는 이것이 얼마나 미신인지, 혹은 위약 효과인지, 아니면 생화학적으로 질병을 치료하는 효과가 정말로 있는지 궁금해한다. 이런 질문에 대한 반응은 극단적으로 갈릴 때가 많다. 한편에서는 무비판적으로 믿어버리고, 다른 한편에서는 지나치게 냉소적으로 합리성을 내세운다.

　이 책에 등장하는 유명한 인물 가운데 많은 사람이 식물학자와 약사라는 직업을 겸했다. 예전에는 서로 연결된 직업이었다. 비교적 최근에 와서야 두 직업을 분리해 생각하는데, 특히 서양 문화에서 그렇다. 마니 음불라는 식물마다 전문 용어를 사용하지만, 덤불을 헤치며 걷다가 만나는 식물들의 전통적인 쓰임새도 설명해준다. 그러면서 두 영역을 반드시 적대적으로 분리할 필요는 없다는 사실을 넌지시 알려준다. 식물은 여러 면에서 힘을 발휘할 수 있다. 우리를 죽일 수도 있고, 황홀하게 만들 수도 있다. 아스피린을 복용해본 사람은 누구나 알겠지만(5장 참조), 식물이 우리를 치료하지 못할 이유는 없다.

그렇다면 일일초, 혹은 로지 페리윙클, 마다가스카르 페리윙클, 케이프 페리윙클, 밝은 눈, 묘지 식물, 늙은 하녀로 불리는 식물에 대해 알아보자. 꽃잎이 다섯 장인 예쁜 꽃을 피우는 상록 초본식물이다. 이 식물의 모든 부분에는 강한 독성이 있다. 관상용 식물로 재배되는데, 건조하고 열악한 환경에서 잘 자라기 때문에 가치가 높다. 섭씨 5도 이하에서는 생존할 수 없어서 온대 지역에서는 화단용 화초로 활용한다. 즉, 온실 안에서 재배하다가 따뜻한 계절이 되면 바깥에 심는다.

당연하게도, 아니 어쩌면 자연스럽게, 일일초에는 전통적인 용도가 있다. 일일초는 당뇨병과 말라리아 치료에 활용해왔다. 일찍이 마다가스카르에서 널리 전파되어 기원전 2600년 무렵에는 메소포타미아, 이후에는 인도와 중국에서도 사용했다. 서양에서는 민속학자들의 사소한 호기심의 대상 정도에 머물렀다. 그러나 1950년대에 실험실에서 당뇨병에 대한 효능을 측정하기 위해 일일초를 자세히 조사했다. 당뇨병에 대해서는 세상을 떠들썩하게 할 만한 어떤 사실도 발견되지 않았다. 대신 일일초가 몇몇 종류의 암 치료에 어마어마하게 효과적인 물질을 만들어낸다는 사실을 발견했다. 먼저 알칼로이드 성분 중 하나인 빈블라스틴은 면역 체계를 공격하고 주로 젊은 성인에게 치명적인 호지킨병의 치료제가 된다. 빈크리스틴은 또한 소아

암을 치료하는 식물: 일일초(고노 바이레이, 1900년)

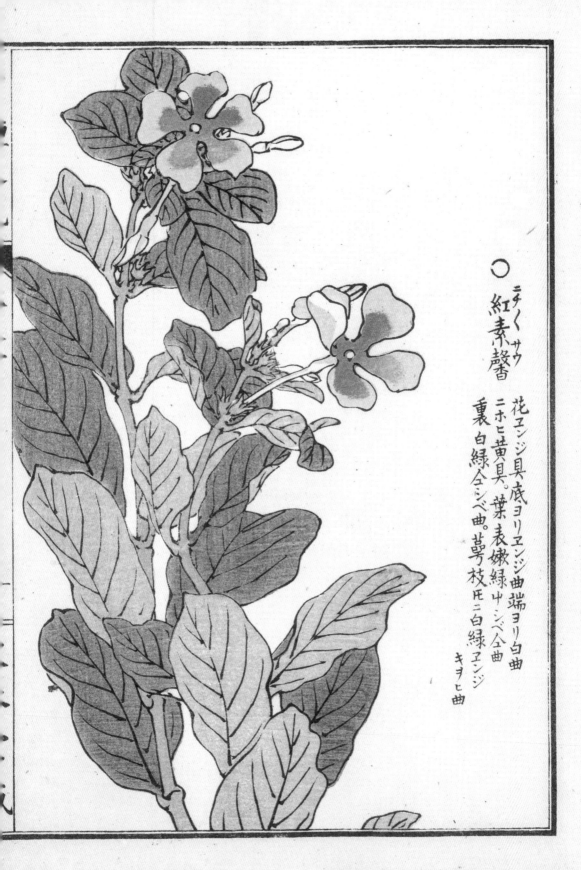

○

ニホヒくサウ

紅素馨

花ヲ﹅ンジ具底ヨリ﹅ンジ曲端ヨリ白曲
ニホヒ黄具。葉表嫩緑中シベ全曲
裏白緑合シベ曲。萼枝モニ白緑﹅ンジ
キヲヒ曲

급성 림프구성 백혈병 치료에 활용된다. 빈크리스틴을 활용하기 전에는 이 병을 진단받는 것이 거의 사형 선고와 다를 바 없었다. 이전에는 진단받은 환자 가운데 10퍼센트가 생존했지만, 지금은 90퍼센트가 생존한다.

마다가스카르의 자연 서식지에서 일일초는 멸종 위기에 빠진 종이다. 하지만 오스트레일리아와 말레이시아, 인도, 파키스탄, 방글라데시에서는 널리 재배된다. 오스트레일리아 일부 지역에서는 침입 식물이 되었고, 유해한 잡초로 분류된다. 이 식물의 연간 거래액은 7억 5,000만 파운드(대략 1조 3082억 원—옮긴이)에 이른다고 추산한다. 그중 어떤 돈도 마다가스카르로 돌아가지 않는다. 이 식물에서 추출한 물질에 대한 특허를 보유한 제약 회사들이 생물 자원을 수탈한다는 비난을 받고 있다.

우리는 일일초가 많이 필요하다. 필요한 알칼로이드 1그램을 추출하려면 500킬로그램의 일일초가 필요하다. 2018년 영국 노리치의 존 이네스 센터에서 일일초 게놈의 배열 순서가 밝혀졌다. 따라서 그 약물을 싸고 효율적으로 합성하는 방법을 개발할 수 있게 되었다. 그러나 지금 당장은 아직 살아 있는 식물이 필요하다.

마다가스카르에서는 농사를 짓기 위해 자연 녹지를 계속 없애고 있다. 극도로 가난한 이 나라에서는 나무를 베고 태워서 농경지로 만드는 화전농법이 널리 퍼져 있는데, 이것이 그 나라의 미래를 점점 더 위협하고 있다. 실험실에서 연구하기 전에 일일초가 멸종했다면 어떻게 되었을지 곰곰 생각해보자. 그리고 인류에게 굉장히 유용했을 수도 있는 식물이 얼마나 많이, 이미 영원히 사라졌는지도.

5,000여 종의 식물을 대상으로 약물로 활용할 알칼로이드 성분에 대한 시험을 했다. 상당히 많은 숫자이지만, 시험할 식물이 아직 20만 종 이상 더 남아 있다. 그 식물들에서 생명을 구하고, 온갖 방식으로 놀라운 일들을 해낼 특성을 찾을 수도 있다. 아직 그 식물들을 실험실에서 시험하지는 않았다. 그러나 그들 하나하나는 이미 어떤 과학자가 고안해낸 것보다 훨씬 더 철두철미한 시험 과정을 통과했다. 바로 자연선택이라는 과정이다. 식물들

은 후손을 남기는 과정에서 방어 수단과 전략을 개발한다. 이 과정에서 그들은 셀 수 없이 많은 경쟁을 거치며 시험을 받는다. 진정한 성취를 이룬 식물만 살아남을 수 있다. 진화생물학자 에드워드 윌슨은 "그 식물들은 실용적인 생체분자를 합성하는 일을 전 세계 어떤 화학자보다 잘한다"라고 썼다.

생각해보면 그럴 수밖에 없다는 사실을 이해할 수 있다. 식물이 그들 자신을 보호하기 위해 개발한 물질을 인간이 우리 자신의 목적을 위해 활용할 수도 있다. 우리는 이 책에서 그런 물질 가운데 아스피린, 카페인, 코카인, 코데인, 디기톡신, 모르핀, 페니실린, 퀴닌 그리고 이 장에서는 빈블라스틴과 빈크리스틴을 살펴보았다. 미국에서 약사가 처방하는 모든 약의 4분의 1이 식물에서 얻은 성분이다.

아직 과학적으로 검증되지 않은 효능을 지닌 식물은 정말 많다. 그만큼 우리가 사는 지구의 생물 다양성과 생물 풍부도를 유지해야만 하는 이유도 아주 많다. 그중에서는 특별한 상상력이나 이타심, 폭넓은 사고나 오랜 시간이 걸리는 이해가 필요하지 않은 이유도 있다. 그 이유는 바로 적어도 한동안은 우리의 죽음을 물리쳐줄 수 있는 식물이 있다는 것이다. 우리가 지구의 천연자원을 파괴하면 미래를 위한 가능성도 함께 파괴하는 꼴이다.

딥테로카프나무

생물 다양성을 떠받치는 열대우림의 기둥

푸른 숲의 나무 아래

나와 함께 눕고 싶은 사람….

└ 윌리엄 셰익스피어의 희곡 〈당신 뜻대로〉

1만 2,000여 년 전에 농업을 발명한 이래로 우리 인간은 길들이고 세심하게 관리해 우리 풍경의 일부가 된 지역과 자연 그대로 길들이지 않아서 통제할 수 없는 지역을 뚜렷하게 구분해왔다. 그러나 오랜 시간이 흐르면서 사람의 손길이 닿지 않은 지역에 대한 우리의 태도가 바뀌었다. 한때는 그곳이 무시무시하고, 위협적이고, 꺼림칙해서 가장 용감한 사람만 접근할 수 있는 장소였다. 자연이 우리를 잡으러 오고 있고, 우리 인간이 이루어온 모든 것, 우리가 감히 문명이라고 부르는 모든 것을 파괴하려고 영원히 기다리고 있다는 생각을 보편적으로 받아들였다. 이제 우리는 인간의 손길이 닿지 않은 지역이 취약하고, 아름다우며, 영원히 사라지기 직전이라는 사실을 받아들인다. 특히 이러한 변화를 압축해서 보여주는 풍경이 열대우림이다.

그러므로 마침내 전형적인 열대우림 나무로 이 책을 마무리하려고 한다. 그 나무는 주변 숲의 키 큰 나무들보다 더 큰 키로 우뚝 서 있다. 지붕처럼 하늘을 가리는 우거진 나뭇가지들 위로 불쑥 고개를 내밀어 풍경을 좌지

우지한다. 그 나무는 햇빛이 2퍼센
트밖에 닿을 수 없는 어두운 땅 위
의 길에서 봐도 다른 나무들과 구
분할 수 있다. 거대한 나무를 부벽
처럼 지탱해주는 부분이 있어서
금방 알아볼 수 있다. 그것은 땅 위
에서 뻗어 나가기 시작하는 뿌리
로, 때때로 우리 머리보다 더 높이

| 날개 달린 열매: 딥테로카프나무의 씨앗

뻗어 있기도 하다. 엄청난 확신과 신념을 가지고 뻗어 나가면서 거대한 나무
를 튼튼하게 지탱해준다.

　이 나무가 딥테로카프다. 16가지 속에 700종에 가까운 식물이 포함된
집단이다. 그들 모두가 이런 식으로 지탱받으면서 불쑥 솟아올라 있지는 않
지만, 사람들 마음에는 그런 모습으로 자리 잡고 있다. 그들이 바로 취약하
면서 강력하기도 한 열대우림이다.

　딥테로카프(dipterocarp)라는 이름에는 날개 달린 열매라는 뜻이 있다.
그 나무의 씨앗은 공기역학적 구조를 지녀서 바람을 이용해 널리 퍼질 수
있다. 그래서 적어도 일부 씨앗은 부모 식물로부터 상당히 멀리 이동한다.
이 나무들은 전 세계의 중간 부분에 해당하는 열대 전역에서 발견되지만,
보르네오섬에서 가장 잘 볼 수 있다. 보르네오섬의 숲은 전체 나무의 22퍼
센트가 딥테로카프나무다. 그 섬에 269종의 딥테로카프나무가 있다. 그중
162종은 다른 곳에서는 발견되지 않는 종이고, 그중 60퍼센트 이상이 멸종
위기를 겪고 있다. 가장 큰 종인 쇼레아 파구에티아나(Shorea faguetiana)의 한
나무는 93미터의 키를 기록하기도 했다.

　거대한 딥테로카프나무는 지구에서 가장 큰 생명 공동체의 중심인 열
대우림에 사는 다른 많은 종에게 거대한 자원이 된다. 이렇게 큰 나무에 맺
히는 열매는 수많은 동물이 노리는 매력적인 먹이다. 동물이 먹어야 그 동물
의 배설물을 통해 씨앗을 퍼뜨릴 수 있는 나무들도 있는데, 그런 나무의 열

매는 예쁘고 맛있다. 그러나 딥테로카프나무는 다른 전략을 활용한다. 바람을 이용해 씨앗을 퍼뜨리기 때문에 동물들이 소박하지만 영양분이 많은 딥테로카프나무의 열매를 너무 많이 먹어치우면 심각한 문제가 될 수 있다.

딥테로카프나무는 몇 년 동안 열매를 맺지 않고 미루다가 한꺼번에 많이 맺는 방식으로 이 문제를 극복한다. 같은 종의 다른 나무들과 열매를 맺는 시기를 조절해 모두 같은 시기에 열매를 맺는데, 전문 용어로 '결실년(mast year)'이라고 부른다(참나무도 비슷한 전략을 활용하지만 규모는 덜 화려하다). 그런 식으로 밀림에 사는 동물들이 먹어치울 수 있는 양보다 훨씬 더 많은 열매를 맺는다. 이른바 포식자 포만 전략이다. 이 전략에는 대가도 따른다. 다음번 결실년이 있기 전에 죽을 수도 있기 때문이다. 열대우림에서 높

이 솟은 나무들의 흔한 최후는 벼락에 맞아 죽는 것이다.

인간은 딥테로카프나무의 목재를 오랫동안 사용해왔다. 가장 큰 나무는 자연스레 합법이든 불법이든 벌목꾼들이 가장 탐내는 대상이 된다. 딥테로카프나무는 느리게 자라면서 밀도가 높은 목재를 만들어낸다. 곤충과 곰팡이에 강하고, 오랫동안 버티는 목재다. 그동안 목초지나 농경지 등 인간을 위한 개발을 명목으로 딥테로카프나무를 선별적으로 혹은 여러 번에 걸쳐 대규모로 벌목해왔다.

열대우림은 지구 표면에서 기껏해야 6퍼센트 정도를 차지하지만, 모든

보르네오섬 사바주 다눔 계곡 중심부의 일출 직후, 저지대 딥테로카프나무 열대우림 위에 엷은 안개와 낮은 구름이 드리운 풍경(사진: 닉 가버트)

생물 분류군에 속한 모든 종의 50퍼센트 이상이 그곳에 서식한다. 그보다 훨씬 더 많은 종이 서식한다고 말하는 사람들도 있다. 열대우림 파괴는 그저 안타까운 일로 그치지 않는다. 말 그대로 인류에게 재앙이 될 수 있다. 생물 다양성은 그저 꽤나 흥미롭기만 한 개념이 아니다. 그것은 생물이 작동하고 지속되는 방식이다. 다양성은 회복력과 활력을 뜻한다. 생물은 서로 복잡하게 얽혀 서로에게 의존하면서 작동하고, 그런 복잡성에서 힘을 얻는다. 지구의 생물은 종종 거미줄에 비유된다. 한 가닥이 끊어지면 전체 구조가 약해진다. 리벳 포퍼 가설도 있다. 하늘을 날아가는 비행기가 리벳(금속 재료를 서로 연결할 때 쓰는, 대가리가 둥근 굵은 못―옮긴이) 하나를 잃어버린다. 그러면 어떻게 될까? 비행기에는 리벳이 많다. 하지만 하나, 또 하나, 또 하나… 리벳을 계속 잃어버리면 비행기는 결국 하늘에서 떨어지고 만다. 하나의 리벳을 하나의 종으로 생각해보자. 열대우림에는 다른 어느 곳보다 많은 종이 서식하고 있고, 우리는 무서운 속도로 리벳을 없애고 있는 셈이다.

생물 다양성이라는 단어는 21세기에 들어서면서 많이 사용되고 있다. 과학자이자 작가 레이먼드 F. 다스먼이 1968년에 만든 용어로, 에드워드 O. 윌슨이 1992년에 출간한 중요하고 영향력 있는 책 『생물의 다양성』에서 사용한 이후로 두루 쓰이게 되었다. 열대우림이란 단어 또한 거의 비슷한 시기에 널리 퍼졌다.

인간은 생물 다양성이라는 현상을 『창세기』가 쓰이기 훨씬 전부터 이해하고 있었을 것이다. 『창세기』의 한 구절에서 이를 확인할 수 있다. "하나님께서 땅은 풀과 씨를 맺는 식물과 씨가 든 열매를 맺는 온갖 과일나무를 내어라 말씀하시니 그대로 되었다." 이 이야기는 동물과 인간의 창조로 이어진다. 모든 것은 식물의 창조로 시작되었고, 지구의 모든 생명체는 지금도 식물에 의존한다. 우리는 언제나 생물을 수많은 다양한 종의 집합으로 이해해왔다.

오래전부터 그런 개념을 알고 있었다면 왜 20세기 말이 되어서야 생물 다양성이라는 단어를 만들어냈을까? 생물 다양성을 언제나 당연한 현상으로 여겼기 때문이다. 말할 필요도 없이 땅과 바다에 생물이 풍부했고, 그것이 곧 생물의 방식 그 차제였다. 인간이 얼마나 파괴적일 수 있는지 깨닫기 시작하고 나서야 비로소 우리에게 그 단어가 필요해졌다.

말 그대로 다른 모든 나무보다 위에 있는 딥테로카프나무는 그저 열대 우림의 상징일 뿐 아니라 모든 생물 다양성과 인간의 모든 어리석음을 상징하는 존재다. 우뚝 솟은 살아 있는 딥테로카프나무의 부벽 같은 뿌리들 사이에 서서 나는 영광스러움을 느끼는 동시에 겸손해졌다. 또 한때 딥테로카프나무가 서 있었던 곳들을 걸어가면서 어찌할 바 모를 슬픔을 느꼈다. 오늘날까지 산림 개긴을 계속하고 있는 보르네오섬에서 후탄이라는 자연보호 단체를 방문한 적이 있다. 그곳에서 나무 심기에 참여해달라는 초대를 받았고, 아주 어설프게나마 그에 응했다. 이 책을 쓴 손으로 딥테로카프나무도 심었다. 나는 이 책을 쓴 일과 그곳에서 나무를 심은 일 가운데 무엇이 이 지구에 사는 인류와 모든 생명체의 미래에 더 큰 공헌을 했는지 안다.

나가며

그날 하루는 장미 정원에서 시작했다. 그러나 인간의 손으로 심지도 않았고, 가지치기를 하거나 가꾸지도 않은 정원이었다. 코카서스 산기슭의 평지에서 흐르는 얕은 개울 양옆으로 야생 장미들이 자라고 있었다. 분홍색 장미와 흰색 장미가 뒤편에서 떠오르는 햇살을 받고 있었다. 마치 에덴동산 같아서 아담과 이브를 만날지도 모른다고 반쯤 기대하게 만드는 그런 곳이었다. 아담과 이브는 아마도 그곳의 눈부신 열매를 나눠 먹을 것이다.

　나는 야생생물및문화재보전재단이라고 부르는 아르메니아의 비정부 기구와 함께 그곳에 갔다. 나는 영국에 기반을 둔 자연보호 단체 월드랜드 트러스트와 함께 코카서스 야생 생물 보호구역을 보전하고 확장하기 위한 계획을 세우고 있었다. 완벽하게 해내기에는 상당히 이른 듯 보였고, 우리는 그저 시작만 했을 뿐이라는 사실을 그곳에서 알게 되었다.

　우리는 떠오르는 해와 함께 올라갔다. 정신없이 흔들리는 차를 타고 산으로 점점 더 높이 올라갔다. 곧 고산 목초지를 지나쳤다. 아무도 돌보지 않

100가지 식물로 읽는 세계사

는 듯한 곳이었다. 하지만 작은 소와 양 그리고 뼈가 앙상하지만 강인해 보이는 작은 말과 같은 가축들이 야생 양, 야생 염소들과 함께 드문드문 흩어져 있었다.

색채가 흘러넘치는 장소, 너무 풍부해서 한눈에 이해하기 어려운 풍경이었다. 따뜻함과 햇살, 생명력이 넘쳐서 일 년 중 절정인 시기에 수많은 꽃이 서로 아름다움을 다투면서 꽃가루받이를 해줄 곤충을 유혹하고 있었다. 지금이 유일한 기회였다. 내 주위의 산비탈도 모두 지금을 선택하고 있었다. 종종 꽃에서 떨어져 나간 색채들이 허공을 물들였다. 나비와 꽃가루받이를 해주는 다른 화려한 곤충들이 어지럽게 날아다니고 있었기 때문이다. 커다

란 수염수리도 종종 하늘을 덮으며 날아다녔다.

우리는 계속 올라가면서 세속적이지만 의욕적인 생각에 잠겼다. 이 장소를 보전하면서 앞으로 몇 년 동안 돌볼 자금을 마련할 수 있을까? 우리는 마침내 정상에 도착했고, 차가운 공기와 그 모든 무성함이 사라졌다. 가파른 바위 위에서 야생 염소가 옆으로 밀쳐낸 돌들이 달가닥거리며 떨어지는 소리가 가끔 들려 왔다. 나는 가장자리에 앉아 바위의 튀어나온 부분에 편안하게 발을 올려놓았다. 내 부츠 사이로 또 다른 수염수리가 보였다.

그리고 석회암 지대의 식물들이 내 주위를 온통 감싸고 있었다. 황홀할 정도로 다양한 색깔이지만, 이렇게 험난한 조건에서는 키가 몇 센티미터 이상 넘게 자라는 식물이 하나도 없다. 아주 작은 식물들이 빽빽이 자라고 있었다. 그 풍경은 내게 식물들이 살아가는 또 다른 방식, 생명체가 더 많은 생명체를 만들어내는 또 다른 방식을 보여주었다.

오랫동안 힘들게 산을 올랐던 그날, 풍요로움과 아름다움, 생물의 다양성과 풍부도에 대해 깨달음을 얻었다. 찬란한 세계가 그곳에 있었다. 이 식물들을 보라. 이 식물들의 왕국을 보라. 이 지구와 그 위에 사는 무수히 많은 식물을 보라. 우리는 그들에게 모든 것을 빚지고 있다.

좋은 시작: 2012년에 말레이시아 보르네오섬의 후탄 프로젝트에서 딥테로카
프나무 묘목을 심고 있는 이 책의 저자 사이먼 반즈의 모습(사진: 데이비드 베버)

감사의 말

저자가 아무리 숨기고 싶어도 이런 책은 언제나 여러 사람이 함께 노력한 결과다. 그래서 『100가지 식물로 읽는 세계사』가 세상에 나오도록 도와준 모든 분께 감사드린다. 먼저 아프리카 식물들에 대해 귀중한 도움을 준 식물학자이자 야생 생물 보호주의자 마니 음블라에게 특별히 감사 인사를 전하고 싶다. 많은 도움을 주면서 중요한 제안을 해준 랠프 매크리지와 질 밀러에게도 감사드린다. 사이먼앤슈스터 출판사에서 이 책을 기획한 이언 마셜과 진행해준 로라 니콜에게도 감사를 전한다. 편집자 빅토리아 고든, 디자이너 키스 윌리엄스, 교정을 해준 메리 체임벌린, 그리고 절대 포기하지 않고 끈질기게 관련 그림과 사진을 찾아준 리즈 무어에게 고마움을 전한다. 원고를 전문가의 안목으로 검토해준 사라 올드필드에게 깊은 감사의 마음을 표하고 싶다. 조지나 카펠 에이전시의 조지 그리고 아이린 발도니와 레이철 콘웨이에게도 언제나 감사한다. 그리고 물론, 노퍽에 있는 나의 가족, 신디와 조지프, 에디가 없었다면 이 일을 해낼 수 없었을 것이다.

찾아보기

이미지 저작권자

Pg6 Henry Dawson (1811-1878), The Major Oak 1844. Alamy / Artepics

Pg10 Claude Monet (1840-1926), Weeping Willow, 1918-19. Bridgeman Images / Kimbell Art Museum

Pg14 Alamy / Archivart

Pg21 Dreamstime / Gerrit Rautenbach

Pg23 Pieter Breughal the Elder c1525-1569, The Harvesters, 1565. The Metropolitan Museum of Art, New York, Rogers Fund, 1919. Acc No: 1916

Pg29 Bridgeman Images

Pg33 Giovanni Boccaccio (1313-75), Ms 2617 Emilia in her garden, Plate 22, from 'La Teseida', 1340-41 (vellum). Bridgeman Images / The Stapleton Collection

Pg37 Getty Images / Bettmann

Pg42 Wikimedia Commons / Nino Barbieri

Pg43 Bridgeman Images / Kimbell Art Museum

Pg46 Bridgeman Images / Photo © Patrice Cartier. All rights reserved 2022

Pg48 Wikimedia Commons

Pg52-53 Anon, First Grand Match of Cricket Played by Members of the Royal Amateur Society on Hampton Court Green, August 3rd, 1836. Alamy / Album

Pg58 Alamy / World History Archive

Pg60 Alamy / Album

Pg180 Getty Images / de Agostini Picture Library

Pg186 A Yew Tree, c1890. Alamy / Chronicle

Pg188 Wikimedia Commons / Mogens Engelund

Pg193 Marc Auguste Bastard (1863-1926), Bieres de la Meuse poster, 1895-1896. Alamy / The Protected Art Archive

Pg199 akg-images / Roland and Sabrina Michaud

Pg205 Bridgeman Images

Pg211 Alamy / incamerastock

Pg215 Mary Evans Picture Library / Medici

Pg221 Getty Images / © Fine Art Photographic Library / Corbis

Pg224 akg-images / De Agostini Picture Lib. / M. Seemuller

Pg228-229 Mark Tedin, Vinelasher Kudzu. © Wizards of the Coast LLC

Pg234 David Bebber

Pg238 Dreamstime.com / © Francesco Abrignani

Pg241 Getty Images / Bettmann

Pg244 Pickpik

Pg246 Getty Images / Print Collector

Pg251 Saturnino Herrán (1887-1918), The Offering 1913. Museo Nacional de Arte, Mexico. https://commons. wikimedia.org/wiki/File:Saturnino_Herr%C3%A1n_-_The_offering_-_Google_Art_Project.jpg

Pg252 Wikimedia Commons / Jim Evans

Pg256 Illustration from Ernst Benary's Album Benary-Tab. XVII, 1876-82. Album Benary, 1877. © RBG KEW

Pg263 Bridgeman Images / PICTURE CREDITS © Look and Learn

Pg268 © Barbara Philip, www.africanpainting.com

Pg274-275 Alamy / agefotostock

Pg279 akg-images / André Held

Pg284 왼쪽 Wikimedia Commons / Pancrat

Pg284 오른쪽 Wikimedia Commons / Agnieszka Kwiecień, Nova

Pg285 Histoire Generale des Antilles Habitees par les Francois Vol 2 by Jean Baptiste Du Tertre (1610-1687), published 1667. Bridgeman Images

Pg289 akg-images / Mark De Fraeye

Pg295 Bridgeman Images / © Look and Learn

Pg301 Livre de maison Cerruti, Ail / Manuscrit, fin du 14e siècle, Vienna Austrian National Library. Cod. ser. nov. 2644. Alamy / Album

Pg302-303 Alamy / Peter Horree

Pg307 Getty Images / Bettmann

Pg308 Wikimedia Commons

Pg314 Alamy / History & Art Collection

Pg320 Alamy / Heritage Image Partnership Ltd

Pg326 Glenn Marshall, Easy Grow Japanese Knotweed seeds, 2015. Cartoonstock / © Glenn Marshall

Pg327 Science Photo Library / Lizzie Harper

Pg332 Bridgeman Images

Pg337 © The Estate of Frank Moss Bennett. All rights reserved. DACS 2022. akg-images / © Sotheby's

Pg340-341 Marianne North (1830-1890), Tea Gathering in Mr Holles Plantation at Garoet, Java. Copyright © RBG KEW

Pg343 Bridgeman Images / © Harris Museum and Art Gallery

Pg346 Wikimedia Commons

Pg346 Wikimedia Commons / Damouns

Pg349 Bridgeman Images / © Historic England

Pg353 danielsfotowelt (https://www.needpix)

Pg356 Getty Images / Universal Images Group

Pg361 Getty Images / Fine Art

Pg369 Bridgeman Images / © Bristol Museums, Galleries & Archives / Given by Miss Margery Fry, 1935

Pg371 Bridgeman Images / © Mondadori Electa

Pg376 위 Wikimedia Commons / Andreas Kunze

Pg376 중간 Wikimedia Commons / Matej Frančeškin

Pg376 아래 Wikimedia Commons / larsjuh

Pg377 Rawpixel

Pg378 Alamy / Heritage Image Partnership Ltd

Pg382 Alamy / Chronicle

Pg384 Wikimedia Commons / Anand.osuri

Pg388-389 Alamy / The Print Collector

Pg394 Alamy / CPA Media Pte Ltd

Pg402-403 The Metropolitan Museum of Art, New York, Robert Lehman Collection, 1975. Acc No: 1975.1.74

Pg405 Alamy / Hercules Milas

Pg407 Wikimedia Commons / Bilby

Pg411 Bridgeman Images

Pg414 akg-images / De Agostini Picture Lib. / A. Dagli Orti

Pg418 Wikimedia Commons / Liné1

Pg420-421 Getty Images / De Agostini Picture Library

Pg424-425 akg-images

Pg430 Wikimedia Commons

Pg432 Bridgeman Images / © Look and Learn

Pg436 Alamy / Stocktrek Images, Inc.

Pg441 Bridgeman Images / © Archives Charmet

Pg446 Wikipedia Commons / https://commons.wikimedia.org/wiki/File:Hieronymus_Bosch_-_The_Garden_of_Earthly_Delights_-_Prado_in_Google_Earth-x2-y0.jpg

Pg450 Wikimedia Commons

이미지 저작권자

자연과 인간: 〈안데스의 심장〉(프레더릭 에드윈 처치, 1859년)

옮긴이 + 이선주

연세대학교 사학과를 졸업하고 서울대 대학원에서 미술사를 공부했다. 조선일보 기자, 조선뉴스프레스 발행 월간지 『톱클래스』 편집장을 지냈다. 현재 전문 번역가로 활동하고 있으며, 옮긴 책으로는 『세계사를 바꾼 16가지 꽃 이야기』 『코끼리도 장례식장에 간다』 『인생 처음 세계사 수업』 『애프터 라이프』 『바빌론 부자들의 돈 버는 지혜』 『상처받은 관계에서 회복하고 있습니다』 등이 있다.

100가지 식물로 읽는 세계사

사과와 장미부터 크리스마스트리까지
인류와 역사를 함께 만든 식물 이야기

1판 1쇄 발행 2024년 12월 3일
1판 3쇄 발행 2025년 1월 16일

지은이 사이먼 반즈
옮긴이 이선주
발행인 박명곤   **CEO** 박지성   **CFO** 김영은
기획편집1팀 채대광, 이승미, 김윤아, 백환희, 이상지
기획편집2팀 박일귀, 이은빈, 강민형, 이지은, 박고은
디자인팀 구경표, 유채민, 윤신혜, 임지선
마케팅팀 임우열, 김은지, 전상미, 이호, 최고은

펴낸곳 (주)현대지성
출판등록 제406-2014-000124호
전화 070-7791-2136   **팩스** 0303-3444-2136
주소 서울시 강서구 마곡중앙6로 40, 장흥빌딩 10층
홈페이지 www.hdjisung.com   **이메일** support@hdjisung.com
제작처 영신사

ⓒ 현대지성 2024

"Curious and Creative people make Inspiring Contents"
현대지성은 여러분의 의견 하나하나를 소중히 받고 있습니다.
원고 투고, 오탈자 제보, 제휴 제안은 support@hdjisung.com으로 보내 주세요.

현대지성 홈페이지

이 책을 만든 사람들
기획 박일귀   **편집** 강민형   **디자인** 구경표